21世纪经济管理新形态教材·财税系列

税收学原理

尚可文 ◎ 主　编
李　爽　黄文君　周雪梅 ◎ 副主编

清華大学出版社
北京

内 容 简 介

"税收学原理"是高等院校财政、税务等专业的主干课程,主要从收入角度研究政府的经济活动及规律。本书按照税收基础理论—税收实践—税收政策的思路构建税收学的理论体系。重点阐述了政府征税的理论基础、政府征税的指导思想、政府征税的效应分析、税收负担与转嫁规律、税种配置及税制设计合理化等问题。在编写过程中,我们借鉴了国内外税收理论研究的最新成果,结合我国经济社会实践发展的特点进行分析,做到理论与实践的紧密结合,确保内容的可读性、方法的科学性及教材的实用性。

本书可用作本科和研究生教学的教材,以及税务人员、财会人员培训的参考读物。

本书封面贴有清华大学出版社防伪标签,无标签者不得销售。

版权所有,侵权必究。举报:010-62782989,beiqinquan@tup.tsinghua.edu.cn。

图书在版编目(CIP)数据

税收学原理 / 尚可文主编. —北京:清华大学出版社,2023.2
21世纪经济管理新形态教材. 财税系列
ISBN 978-7-302-62790-6

Ⅰ. ①税… Ⅱ. ①尚… Ⅲ. ①税收理论—高等学校—教材 Ⅳ. ① F810.42

中国国家版本馆 CIP 数据核字 (2023) 第 032145 号

责任编辑:付潭娇　刘志彬
封面设计:汉风唐韵
版式设计:方加青
责任校对:王荣静
责任印制:曹婉颖

出版发行:清华大学出版社
网　　址:http://www.tup.com.cn,http://www.wqbook.com
地　　址:北京清华大学学研大厦 A 座　　**邮　　编**:100084
社 总 机:010-83470000　　**邮　　购**:010-62786544
投稿与读者服务:010-62776969,c-service@tup.tsinghua.edu.cn
质 量 反 馈:010-62772015,zhiliang@tup.tsinghua.edu.cn

印 装 者:北京国马印刷厂
经　　销:全国新华书店
开　　本:185mm×260mm　　**印　张**:19.5　　**字　数**:443 千字
版　　次:2023 年 2 月第 1 版　　**印　次**:2023 年 2 月第 1 次印刷
定　　价:55.00 元

产品编号:098426-01

前言 PREFACE

　　税收学作为财政学的一个重要分支,其研究对象仍以财政学的研究对象为基础。财政学的研究对象主要是政府收支活动及其规律的经济学。纵观其发展的历程,其实就是一部政府与市场关系的演变史,从亚当·斯密时代的自由放任论,到凯恩斯时代的国家干预论,再到20世纪七八十年代的政府适度干预论,政府与市场的关系经历了划时代的变革,实现了市场万能论到政府万能论再到政府与市场结合论的转变,由此带来了财政学研究对象的根本性转变。因此,作为研究政府经济活动及其规律的财政学科,必须做到科学界定政府职能,理顺政府与市场的关系;明晰政府角色,理顺政府与企业的关系;规范政府权限,理顺中央政府与地方政府的关系。税收学作为研究财政收支活动及其规律的学科,要求财政分配活动首先必须做大"蛋糕",实现社会资源的合理配置;其次还要分好"蛋糕",实现社会财富在政府、企业和个人之间的公平、合理分配。作为研究公共部门经济活动及规律的学科,要求财政制度的设计必须做到有效弥补市场失灵、规范干预私人经济部门、确保社会稳定与发展、维护生态平衡与和谐。

　　税收学作为财政学的分支,主要是从收入角度研究政府的经济活动及其规律,包括征税、管税、用税、评税、查税、筹税、务税等环节。通过对税收分配活动规律的研究,要力争做到:征好税,坚持依法征税、公平征税、效率征税;管好税,实现从经验型管理到科学化管理的转变,从管户制到管事制再到管数制的转变;用好税,用好税收资金、用好税收政策、用好税收杠杆;评好税,既是税收征管质量的评估,又是纳税服务的重要途径;查好税,是确保税收收入实现的安全网,关键是要运用现代信息技术,特别是区块链技术,建立涉税疑点自动识别、自动校正、自动处罚的机制;筹好税,实施税收战略管理、谋划税收长期收益、规避税收运行风险、获取税收财务价值;务好税,建立现代智能化纳税服务体系,提供个性化、专业化、智能化税收服务。

　　在此基础上,税收分配活动还要处理好八大关系:政府与市场的关系,科学界定政府职能,要有所为,有所不为;政府与政府的关系,构建财权与事权匹配的现代财政体制;政府与企业的关系,政府是"裁判员"而不是"运动员",通过构建"收租、分红、征税"的新型分配模式重构政府与国有企业的关系;政府与个人的关系,通过"提低、扩中、限高"实现收入分配公平化;政府与经济的关系,合理配置资源、确保经济稳定、实现高质量发展;政府与社会的关系,保障民生,提高福利,构建和谐社会;政府与环境的关系,确保生态安全,实现可持续发展;政府与外交的关系,承担大国责任,维护世界和平。

　　随着经济、社会的发展,税收体制的改革又面临着新的改革背景:构建新发展格局的宏观背景,供给侧改革的经济背景,"互联网+"发展的技术背景,政府治理模式转变的政治背景,现代财政制度改革的体制背景等。面对新的改革背景,税收理论与政策一方面要适应经济社会发展的需求,充分发挥财税体制在国家治理中的基础性、制度性、保障性作用。另一方面要与时俱进,不断创新。以构建新发展格局为中心,切实转变治税思想,实现税收宪治、税收善治和税收共治,树立新发展理念;保护市场主体,提升国际竞争能力,构建新发展格局;深化税制改革,创新政务服务模式,激活新发展活力;促进经济转型,推动高质量发展,培育新发展动能。

基于上述认识,本书以中国税收理论与制度建设、改革与创新为背景,结合政府、市场与财政关系的演变规律,将税收理论研究与税收制度发展的实践经验相结合,重点讨论税收学的福利经济学基础、公共产品理论、税收效应理论、税收负担与转嫁理论、税制结构理论、最优税制理论等内容。在体系安排上,本书以公共产品理论和市场失效理论为核心概念,以实现税收分配的公平化和提高税收分配效率为目标,在遵循税收分配活动客观规律的基础上,按照基础理论—税收实践—税收政策的思路构建税收学的理论体系。

本书分六大模块,共14章,分别如下:第一模块为税收基本理论,探讨政府征税的理论基础及根源,回答政府为何征税的问题。第二模块为税收原则理论,探讨政府征税的指导思想,回答政府如何征税的问题。第三模块为税收效应理论,分析政府征税的经济效应,回答政府征税的结果对经济运行带来的影响。第四模块为税收负担与转嫁理论,探讨政府征税的规模及税收负担的运动规律,回答税收负担的合理性问题。第五模块为税制结构理论,探讨政府征税模式的类型及选择,回答税种的配置及税制设计合理化的问题。第六模块为税制设计理论,主要论述现代西方最优税收理论的新发展,以及对税收前沿理论进行研究。在本书的写作过程中,我们力求突出以下特点。

1. 强调针对性

一是注重税收理论经济依据的探讨,旨在建立科学的税收理论体系。二是注重税收实践经验的总结,旨在发现和掌握税收分配的规律。三是注重课程结构的优化,旨在通过税收根据、税收思想、税收效应、税收负担、税收结构、税收管理等方面构建完整的知识体系。四是注重课程思政的教学,将教学内容与中国古代税收思想、解放区红色税收思想、新时代中国特色税收思想紧密结合,实现思政教育与专业教育的深度融合。

2. 突出理论性

一是突出税收理论的经济学理论基础,如税收与经济增长的关系,主要基于经济增长的决定因素架构税收与经济增长的关系,重点讲授税收与劳动、税收与储蓄、税收与投资的关系。二是突出税收理论的经济学研究方法,如税收超额负担理论的研究主要运用生产者剩余理论和消费者剩余理论进行分析;税负转嫁理论主要运用市场竞争理论进行分析等。通过税收理论与经济学理论的融合,旨在构建运用经济学理论和方法研究税收问题的理论体系。

3. 注重适用性

考虑便于学生学习和教师教学重点把握的需要,本书在编写体例的安排上,做到课前提炼学习目标，课中给出扩展阅读材料，课后通过思考题和即测即练巩固所学内容。同时，结合案例分析税收现象，便于读者更直观地理解税收分配的内涵，准确判断税收政策的效果，更好地掌握税收分配的规律。

4. 兼顾前瞻性

税收理论总是伴随着税收实践在不断发展和完善，因此，我们必须树立动态研究的理念，既要关注目前成功的实践经验，更要关注未来发展的趋势；既要立足目前税收管理的实践需要，更要关注未来税收理论与方法的创新。这样才能既给授课教师讲授时以充分的发挥空间，又可以延长教材的生命周期。

参与本书写作的人员均是多年从事税收学教学和科研的中青年骨干教师，具体写作分工如下：尚可文负责第 1 章、第 2 章、第 3 章；李爽负责第 4 章、第 5 章、第 6 章；黄文君负责第 7 章、第 8 章、第 9 章；蔡玉莲负责第 10 章；周雪梅负责第 11 章、第 12 章；莫紫琪负责第 13 章；刘珊珊负责第 14 章。本书的总体设计、提纲拟定和通撰修改由主编尚可文教授负责，副主编李爽、黄文君、周雪梅参与了本书部分章节的审稿工作。

另外，在写作过程中，我们借鉴了国内外在税收学研究方面的成功经验，结合我国经济社会实践发展的特点，以新时代中国特色社会主义理论为指导，运用历史比较分析法，以实现税收理论的创新为目标，构建对税收学问题研究的理论框架，尽可能做到本土化。由于受作者水平与资料的限制，对税收学的研究还存在许多缺陷，恳请读者批评指正。

同时，对本书写作过程中引用的相关文献的作者表示衷心的感谢，有了你们的付出和我们共同的努力，我国税收理论研究必将开创新的局面。

编　者

2022 年 10 月

目录 CONTENTS

第1章　税收基础理论 / 1
　1.1　政府为什么要征税 / 1
　1.2　税收的概念及特征 / 15
　1.3　税收的产生和发展 / 19
　1.4　税收的职能和作用 / 29

第2章　税收要素与分类 / 35
　2.1　税收要素 / 35
　2.2　税收分类 / 47

第3章　税收原则理论 / 54
　3.1　税收原则的产生和发展 / 55
　3.2　税收财政原则 / 62
　3.3　税收公平原则 / 68
　3.4　税收效率原则 / 74
　3.5　税收法治原则 / 79

第4章　税收与资源配置 / 83
　4.1　资源配置的必要性及标准 / 83
　4.2　资源配置中的税收效应及内容 / 87
　4.3　税收与外部性问题 / 93

第5章　税收与经济稳定 / 100
　5.1　税收对国民收入的影响 / 100
　5.2　税收对就业的影响 / 103
　5.3　税收对价格的影响 / 105
　5.4　稳定经济的税收政策机制 / 111

第6章　税收与经济增长 / 116
　6.1　经济增长的决定因素 / 116
　6.2　税收与劳动供求 / 123
　6.3　税收与储蓄 / 130
　6.4　税收与投资 / 136

第 7 章　税收与收入分配 / 145

7.1　收入分配的含义及标准 / 145

7.2　收入分配的市场决定及政府调控的意义 / 150

7.3　税收影响个人收入分配的机制 / 152

7.4　税收影响企业收入分配的机制 / 160

7.5　中国实现收入分配公平化的政策选择 / 163

第 8 章　税收负担理论 / 172

8.1　税收负担概述 / 172

8.2　税收负担的衡量指标 / 175

8.3　税收负担的影响因素 / 178

8.4　税收负担分析 / 179

第 9 章　税负转嫁理论 / 184

9.1　税负转嫁与归宿的概念 / 184

9.2　税负转嫁的方式 / 186

9.3　税负转嫁的条件及影响因素 / 189

9.4　税负转嫁规律分析 / 192

第 10 章　税制结构理论 / 201

10.1　税制结构的概念及演变 / 201

10.2　税制结构的类型 / 206

10.3　税种设置的理论与实践 / 212

10.4　各税系概况 / 218

10.5　税制结构的比较分析 / 232

第 11 章　税式支出理论 / 239

11.1　税式支出的含义及特征 / 239

11.2　税式支出的分类 / 245

11.3　税式支出的原则 / 247

11.4　税式支出的效应 / 250

11.5　税式支出的管理 / 255

第 12 章　税制设计理论 / 259

12.1　税制设计原则 / 259

12.2　税制设计的最优税收理论 / 262

12.3　最优商品税税制设计 / 264

12.4　最优所得税税制设计 / 267

12.5　最优税收理论对我国税制改革的启示 / 270

第 13 章　税务管理 / 272

  13.1　税务管理的概念 / 272

  13.2　税收征管制度 / 275

  13.3　税收行政管理 / 279

  13.4　纳税信用管理 / 285

第 14 章　税收管理体制 / 288

  14.1　税收管理体制的概念及原则 / 288

  14.2　税收管理体制的模式 / 291

  14.3　现行分税制管理体制的现状及改革 / 292

参考文献 / 299

第 1 章
税收基础理论

学习目标

1. 掌握税收的定义及特征；
2. 掌握税收的本质；
3. 掌握税收的职能；
4. 了解政府征税的原因；
5. 了解税收产生的历史过程。

扩展阅读 1-1

三张票证，揭开一段刻骨铭心的红色"税"月

税收是现实社会中普遍存在的一个范畴，每个人都离不开税收。正如美国政治家富兰克林（Franklin）所说："人的一生有两件事情是不可避免的，一是死亡，一是税收。"那么政府为什么要征税，什么是税收，税收具有什么特征？让我们一起走进奇妙的税收世界，共同开启税收之门。

1.1 政府为什么要征税

回答政府为什么要征税的问题，是税收理论研究的逻辑起点，只有明确了政府征税具有客观的必然性，才有必要进一步去研究什么是税收及政府如何征税的问题，否则，政府的征税行为就是可有可无的，也就没有必要去研究政府征税的相关理论问题。关于政府为什么要征税，我们可以从四个层面去认识：首先是人们的现实生活离不开税收；其次是国外和国内关于政府课税根据的理论；再次是政府征税的直接原因；最后是政府征税的根本原因。

1.1.1 人们的现实生活离不开税收

在日常生活中，我们处处都能感受到税收带来的便利，漂亮的公园，宽阔的大道，优质的义务教育，各种公共设施等，都是税收的功劳。可以说，每个人的衣食住行都离不开税收。

衣：我们买衣服所付款中就包含着税款。即使是妈妈亲手缝制的衣服，所买的布和线也是纳过税的哟。

食：我们吃的大米、面、油、盐、酱、醋，在购买时也含着税款，但须注意：我们从农民伯伯那直接购买的大米、蔬菜等粮食的价格中是不含税款的。

住：我们购买的住房，在房屋的价格中也包含着税款。

行：我们乘坐公共交通工具出行，买票时就缴纳了税款。即使是乘坐私家车，加油时也同样缴纳了税款。

学：我们阅读的课外书本、学校发给我们的学习教材，以及我们购买的学习用具都已经缴纳过税款。

娱：周末父母带我们到游乐园或者是名胜古迹游玩，所购买的门票也都已缴纳过税款了；还有小朋友的玩具，玩具的价格里面也包含着税款。

可见，人们的衣食住行都离不开税收，我们每人每天都在和税收打交道，而且不同的人从不同角度出发，对税收都有不同的认识。例如，政治家认为税收是国家机器的"润滑油"，因为有了税收，国家机器才能够正常运转，保护国家安全的军队才能够拥有先进的装备。企业家认为税收就是生产的成本，因为无论企业生产什么产品，其成本中总有一个相对固定的成本，利润可以少一点，但是税收是少不得的。政府官员认为税收就是收入，因为有了税收收入，政府才能安排财政支出，才能给公务员涨工资，才能增加教育投资或者更好地保护环境。普通百姓认为税收是一种国家福利，因为有了税收，我们才有更好的环境，才有更加宽敞的道路，才感觉到更加安全。法官则认为税收就是法律，每一个税收的规定都是法律的条文，在法律面前，人人平等已经成为铁的法则，无论是谁，敢于偷税的，都要受到法律的制裁。人们从不同的视角认识税收，答案似乎是不统一的，但有一点是完全统一的，那就是我们每一个人都不可避免地都需要缴税，税收与我们的生活如影随形！

不仅如此，在国外，人们对税收有更深层次的认识。例如，19世纪美国大法官霍姆斯（Holmes）说："税收是我们为文明社会所付出的代价。"这句名言镌刻在了美国国内收入署（internal revenue service，IRS）的入口处。国外人们用来形容纳税范围之广的一句经典名言是："在我们这里，除去阳光和空气外都要纳税。"马克思也曾经说："国家存在的经济体现就是捐税。"这充分说明国家与税收是共存亡的，有国家就必然有税收，没有税收也就没有国家的存在。在土耳其洗个脸要付3种税：一是"环境清洁税"（垃圾税），新税法颁布后，该税被纳入到水费中；二是"污水费"，由政府按照自来水费50%的标准收取；三是"增值税"，按照水费的18%收取，不论是家庭还是写字楼都要支付这个费用。有老百姓表示，以后洗脸的时候也要想想，随着哗哗地流水，要不断往外掏税费，实在是心疼！干脆用湿纸巾擦擦算了！

在历史上曾经开征过很多新奇的税种。例如，古希腊征收的开窗税规定，凡是朝着大街和向外打开的窗户，户主要缴纳开窗税。比利时新的法律中规定，父母可以任意给子女改名，但必须缴纳200比利时法郎的"改名税"。美国加州一小市镇规定，凡是住在海滨，住宅面向海洋的居民，每年须缴纳66美元至184美元的风景税。在澳大利亚的新南威尔士州，凡是犯罪者，除被法庭判刑和罚款外，还要缴纳50澳元的税。印度尼西亚西部地区当局下令当地居民必须缴纳"灭鼠税"，才能够耕作、出国旅游、结婚和离婚。可见，自古以来税收始终伴随着国家的存在与发展，也与人们的社会生活紧密相关。

1.1.2 国内外关于政府课税根据的理论

1. 国外关于政府课税根据的理论

从 17 世纪开始，国外学者就已经开始对国家凭什么征税、百姓凭什么纳税的问题展开激烈的争论，形成了许多有价值的理论和学说，如公共需要说、交换说、保险说、义务说、牺牲说、掠夺说、社会政策说、经济调节说等。

1）公共需要说

"公共需要说"是西方早期的税收根据理论，它也常常被称作"公共福利说"。"公共需要说"最早是由德国旧官房学派于 17 世纪提出的一种税收根据学说。德国的克洛克（Klock）、法国的波丹（Bodin）和卜攸（Beaulieu）及意大利的柯萨（Cossa）等人，是"公共需要说"的主要代表人物。

"公共需要说"认为，国家的职责在于增进公共福利，而国家欲尽其职责就必须有各种物质资料，从而产生了公共需要，税收就是为满足公共需要而向人民征收的物质资料，因此税收存在的客观依据就在于公共需要或公共福利的存在。如克洛克说："租税如不是出于公共福利的公共需要，即不得征收，如果征收，则不得称为正当的租税，所以，必须以公共福利的公共需要为理由。"

这种学说产生于 17 世纪初，尚处在君主专制时代，当时资产阶级学者能提出增进公共福利作为征税根据，是比较进步的税收理论，但它把君主专制国家压迫和剥削劳动人民的职能，美化为"增进公共福利"，从而抹杀其税收的剥削性，具有很大的欺骗性。

2）交换说

17 世纪，随着民本主义的契约思想和民生主义的交换意识深入人心，"交换说"日渐流行起来，主要代表人物有亚当·斯密（Adam Smith）、霍布斯（Hobbes）、洛克（Locke）和蒲鲁东（Proudhon）等。

"交换说"或称"买卖说""利益说"。它认为国家征税和公民纳税是一种权利和义务的相互交换，税收是国家保护公民利益时应获得的权利。国家能够保护个人的生命财产安全，能够为个人提供公共服务，个人必须缴纳相应的税收作为获得公共服务的补偿。这同商品交换一样，需求者要获得商品的使用价值，就必须支付供给者等价的货币。

"交换说"是一种突破了传统劳动价值理论的学说。生产公共服务产品的抽象劳动生产价值，生产公共服务产品的具体劳动生产使用价值，这同生产非公共服务产品的人类劳动应该是一样的。所以，公共服务产品同非公共服务产品一样具有价值和使用价值，能够作为商品生产和商品交换。市场经济是一种商品生产和商品交换的经济，公共服务产品同非公共服务产品一样，都是在交换的制度安排下满足人们的共同需求的，"交换说"是市场经济制度安排下的理论产物。

3）保险说

18 世纪法国的梯埃尔等代表人物提出"保险说"。"保险说"认为国家的存在是保护人民，人民的生命财产受到国家的保护，人民向国家纳税，犹如投保人向保险公司缴纳保险费用一般，人民应依据所受保护的利益大小按比例纳税。此学说就一般道理而论似乎有一定的合理性，但实际上，国家的活动完全不同于保险公司，人民纳税并不与其受国家保护的利益成比例。

4）义务说

"义务说"源于19世纪初期盛行于欧洲的黑格尔（Hegel）的国家主义。黑格尔认为，人类为了共同生活必须组织国家，国家是人类社会组织的最高形式。人民是国家共同体的成员，个人的生活有赖于国家的存在。国家为实现其职能，就应该具有征税权，这种征税权是国家生存的条件。在国家主义思潮的影响下，德国的一些学者在税收理论上反对以社会契约说为基础的"交换说""保险说"，提出纳税是人民应尽的义务，任何公民不得例外。

"义务说"是人类社会历史发展的产物，国家为了实现其职能具有征税权，可以强制公民缴纳赋税，从而提出公民纳税只是他们应尽的一种义务的税收根据，是一种离开国家阶级属性的税收学说。

5）牺牲说

"牺牲说"的提出始于19世纪，主要代表人物有德国瓦格纳（Wagner）、法国的萨伊（Say）、英国的穆勒（Mill）和巴斯泰布尔（Bastable）。"牺牲说"认为税收是国民应作的牺牲，因为国家的职责在于保卫和谋求全体人民的利益，所以经费开支必须取自全体人民，不过这种分担是国家凭借政治权力以税收形式规定的，是强制的、无偿的，不管纳税人是否自愿和是否享受利益都须做出牺牲。

"牺牲说"与"交换说"相反，它明确提出了国家的课税权与税收的强制性、无偿性。但是它忽视了国家与人民的相互依存关系，而把税收理解为纳税人单方面作出的牺牲，既没有阐明税收的实质，也未能揭示税收的阶级性。

6）掠夺说

"掠夺说"把税收看作是掌握政权的统治阶级掠夺其他阶级财富的手段。该学说认为，税收是国家实现其职能的公共需要，不过其性质不是义务的分担，而是强制性的掠夺。这一学说是19世纪空想社会主义者欧文（Owen）、圣西门（Saint-Simon）及历史学派的人物提出来的。

"掠夺说"与"公共需要说"的相同之处是它们都把税收看作是国家为了实现其职能的公共需要。"掠夺说"有其独到之见，是认为税收是国家中占统治地位的阶级凭借国家的政治权力，对其他阶级的一种强制性掠夺。

"掠夺说"是一种把税收说成是一个阶级掠夺其他阶级的手段的学说。其认为税收分配是在特定社会条件下，在国家中占有统治地位的阶级，凭借国家的政治权力，支配其他阶级的一种方式。此学说深刻揭露了剥削阶级占统治地位的国家的税收实质，但却不能说明建立在公有制基础上的社会主义税收的分配属性。

7）社会政策说

"社会政策说"产生于19世纪末。主要代表人物德国社会政策学派的瓦格纳、美国著名的财政学家塞里格曼（Seligman）、汉森（Hansen）等人。

该学说主要强调税收的社会意义，认为社会财富分配不公平是造成社会动荡的根本原因，税收可以在一定程度上矫正社会财富与所得分配不均的现象。该学说认为税收应是矫正社会财富与所得分配不公的手段，是实现社会政策目标有力工具。

（8）经济调节说

"经济调节说"是西方资本主义发展到国家垄断阶段以后产生的，以英国的凯恩斯（Keynes）、美国的萨缪尔森（Samuelson）为代表人物的理论观点。

该学说认为税收除作为国家筹集财政资金的手段外，还是国家调节经济运行的重要工具。因此，税收除实施聚集财政收入等基本职能外，还参与国家经济的调节，调节社会总供求及产业结构、地区平衡，在促进经济稳定增长等宏观经济政策目标发挥作用。

这一学说主张国家干预经济，强调国家运用财政、税收手段调控市场经济的运行。政府应充分运用税收政策工具，调节资源配置，实现社会资源的有效利用，调节国民收入和财富的分配，增进社会的福利，刺激投资和消费需求，实现充分就业，从而促进经济的稳定和增长。

总之，国外关于政府课税根据的理论从不同层面探讨了政府课税的根据，在税收理论发展过程中做出了积极的贡献，但又具有一定的局限性，不能从根本上阐述政府为什么要征税，纳税人为什么要纳税这一本质问题。"公共需要说"在税收基础理论方面有重要建树。它既肯定了税收的必要性是公共需要，也提出了征税的可能性是君主并经民会承诺的课税权（即国家权力）的观点。"交换说"为税收根据理论的研究提供了两个新的视角：一是关于税收的必要性由公共需要变为私人利益的需要，强调税收是为取得私人利益而付出的报酬；二是关于税收的可能性由国家权力变为等价交换的财产权力。"义务说"对税收根据理论做了比较科学的论述：一方面肯定了国民纳税义务的必要性；另一方面认为征税是国家主权的体现，是凭借强制力量进行的，既不是人民对国家的自由献纳，也不是国家与人民的等价交换。"牺牲说"对税收根据理论具有重要的贡献，它明确提出国家的课税权与税收的强制性、无偿性。"掠夺说"有一定的片面性，强调了政府征税的权力，但忽视了国民纳税的义务；强调了税收的特性，但忽视了税收的共性。"社会政策说"值得借鉴，它在肯定税收财政职能的同时，从社会正义的角度提出了税收的目的。"经济调节说"是税收根据理论的一个重大发展。随着国家经济职能的不断扩大，经济不稳定性不断增大，税收调控经济的功能在不断完善。

2. 国内关于政府课税根据的理论

1）公民需要论

"公民需要论"认为一个国家的公民要安居乐业，需要政府提供的公共服务、社会福利，还需要政府保证公民的人身财产安全。为了满足公民的公共需求，政府需要向公民征税。

2）社会职能论

"社会职能论"认为税收具有稳定社会的职能，通过制定和贯彻实施税收政策制度来稳定社会，以保证社会政治经济的协调发展，维护统治阶级的利益。

3）国家需要论

"国家需要论"认为国家为满足实现其职能的需要就必须以强制的、无偿的方式参与对社会产品的分配，税收是国家为了实现其职能，依照法律向经济组织或者个人无偿征收收入的一种方式，是国家进行经济管理的一个重要杠杆。

4）商品交换论

国家的存在能够保护个人的生命财产安全，能够为个人提供公共服务，个人必须缴纳相应的税收作为获得公共服务的补偿。这同商品交换一样，需求者要获得商品的使用价值，就必须支付供给者等价的货币，税收就是这样一种方式。

5）社会费用论

社会费用又称社会成本，是指生产者或消费者在生产或消费特定物品和劳务中，直接由他们支付的私人费用与由他们造成的外部费用之和。社会费用是经济活动总成本的度量，它与私人费用的差额反映了该经济活动的外部不经济性程度，这种外部不经济性的补偿必须采用税收的形式。

国内关于政府课税依据的理论对我们正确认识税收的本质有重要的意义。

社会费用的补偿论。社会再生产三种费用的内在矛盾，决定国家执行社会公共事务所需费用的补偿必须采用税收的形式。整个社会再生产运动必须满足以下三部分费用才能顺利进行：家庭生活费用、经济组织的生产费用和社会费用。

剩余产品分配论。社会成员和经济组织的经济利益独立化决定国家只能以税收的形式参与其剩余产品的分配。经济利益独立化的经济组织和社会成员也称为独立的经济利益主体，它包括三个要素：①生产经营活动的客观过程决定其客观需要；②能够通过自身的经济活动不断创造出满足其客观需要的物质条件；③能够自主地支配满足自身需要的物质条件。

社会财富公平论。税收是一种凭借政治权力的分配手段，它可以改变社会财富的自然分配状况，社会财富的自然分配状况和社会所需要的分配状况一般是不一致的。

经济稳定增长论。国家经济职能的目标是要达到国民经济的稳定增长，要实现这个目标必须运用一定的经济手段，税收是一个重要的经济手段，运用它可以促进国民经济的稳定增长。

1.1.3 政府征税的直接原因

政府征税的直接原因可以从政治、经济、社会三个层面进行分析。

1. 政治层面：实现政府职能的客观需要

政府作为统治阶级行使国家权力、实施阶级统治的工具，是随着阶级和国家的出现而产生的；随着国家的发展和社会政治、经济生活的日益复杂，政府的职能将不断扩大，机构也逐步完善。政府是国家机器的最主要组成部分，具有鲜明的阶级性，它的职能是代表统治阶级实行政治统治和管理社会公共事务。政府直接指挥国家军队、警察、监狱、法庭等暴力机器，维护有利于统治阶级的社会秩序，进行政治统治。同时，政府还必须管理社会公共事务，这是政府进行政治统治的前提和基础。政府的职权包括对内和对外两个方面：

对内,指挥国家机器,维持统治秩序和社会秩序,调整各种社会关系,管理公共服务事业,发展社会福利等;对外,发展与其他国家的政治、经济、文化交流,保卫本国领土完整和主权不受侵犯,维护国家的独立等。政府的职能随着社会的发展在不断扩大,现代社会中的政府是社会秩序的提供者,公共事务的管理者,而且政府存在的终极意义是使社会更加公平公正,政府的存在是为了能更好地促进社会的发展,规范人的行为准则,带动市场经济的发展,调节市场,为人民争取福利,保护人民的利益不受侵害。所以,政府的存在是非常必要的。而政府的存在和运作是靠赋税来维持的,税收是政府机构存在并发挥职能的物质条件。

2. 经济层面:政府宏观调控的重要手段

现代经济是以市场为基础运行的社会再生产过程,因而被称为市场经济。在市场经济活动中,市场机制对社会资源的配置起基础性作用。参与市场活动的所有生产者和消费者,都以市场为平台,以经济利益为纽带,按照不同的分工和需求,向市场提供着各自拥有的要素资源,并获取相应的利益,最终实现社会资源的有效配置。

理论研究表明,如果社会上的每个市场都能满足以下假定条件,就将使市场在充分竞争原则基础上,实现社会经济资源配置的最佳效率。

第一,在市场上有众多的买者和卖者。这意味着单个卖者所能提供的产品数量与单个买者打算购进的产品数量,在市场总量中所占的份额都是微不足道的,以至于单个卖者或买者增减其供给量或需求量都不足以对市场价格的形成产生任何影响。因此,在市场上,任何一个卖者或买者都只是价格的接受者,而不是价格的决定者。

第二,人力、物力和财力等各种资源都能够自由地通过市场在不同企业、行业和地区间转移,即不存在任何法律的、社会的或资金的障碍,阻止个人和企业进入某一行业。

第三,生产者和消费者知晓有关的市场信息,他们不仅掌握今天的信息,而且了解明天、后天将会发生的情况。

第四,生产者所提供的同种产品是同质的,即同一产品是无差别的。对于消费者来说,他们不会由于自身的消费习惯或偏好而对有着不同品牌、包装、服务等的同种产品产生不同的兴趣,从而出现某一厂家的产品因特别受消费者欢迎而占据较大的市场份额,形成某种垄断的现象。

上述四个假设条件,就是所谓完全竞争市场的条件。在这样的市场上,所有生产者和消费者从自身的利益和理性的行为方式出发,相互联系,相互作用,进而推动社会资源的配置达到最优状态。在这一状态下,整个经济都无法通过资源的重新配置在无损于其他社会成员利益的前提下,使其中一个或几个社会成员变得比以前更好。也就是说,社会资源在现有技术条件下已经没有改善的余地了。这就是经济学上所讲的"帕累托效率"。

关于市场有效性的分析,早在自由竞争的资本主义时期,就倍受以亚当·斯密为代表的经济学家们的推崇。他们认为市场经济好像一架精巧无比的机器,所有的市场参与者则如同机器的零部件。在价值规律这只"看不见的手"的牵引下,他们相互之间能够进行精确地自动调整,并保持整部机器的高效运转。只有自由竞争才能带来经济的和谐,而任何企图通过少数人的智慧来达到控制经济运转的努力都无法达到良好的结果。因此，他们反对人为地干预市场活动，主张高度的自由放任。事实上，由于技术革命的巨大成功，技术与经济融合的结果，也的确使得经济增长充满了活力，推动了资本主义经济的迅猛发展。在一定意义上说，好像是市场有效性理论与实践实现了完美的统一。

然而，市场有效理论的假设条件在实践中是难以找到的。自由资本主义经济运行过程中积累了一系列经济内部和外部的矛盾，最终在1929年以经济"大萧条"的方式爆发出来。这场经济危机造成了大量工厂倒闭，大量工人失业，市场极度萧条，大量商品被迫销毁，资本主义经济几乎到了崩溃的边缘。由此可见，所谓市场有效理论只不过是人们的一种美好愿望，完全依靠市场机制来维系庞大的经济机器运转，越来越显示出其内在的脆弱性。经济学家们发现，在一些领域或场合，市场机制本身并不能得到有效发挥，而在另外一些领域或场合，市场机制即使能够充分发挥，也无法达到符合整个社会要求的资源配置结果。这些市场失灵或失效的现象是市场机制自身固有的不可克服的缺陷，它们在任何时候都不能消失，而只会存在程度上的差别。市场失灵主要表现为以下几个方面。

1）外部效应

外部效应是指某一个体单位从事其经济活动时，对其他个体单位产生了有利或不利的影响，但该个体单位并不因此而承担相应的成本费用支出或从中分享好处。外部效应有负效应和正效应之分。例如，在河流上游开办化工厂或造纸厂，工厂对生产排出的废物、废水没有采取任何治理措施，而直接排放到河流中。此时，河流下游的企业、居民就无法使用洁净的水源。他们为了使自己的生产和生活不受影响，就需要为获得洁净的水源而投入必要的金钱，消除河水污染，或另寻新的水源。对于化工企业或造纸企业而言，他们的经济活动就产生了负的外部效应。负的外部效应意味着，制造外部效应的个体单位将部分成本强加于他人。正的外部效应也大量存在。例如，某一家庭在住房周围建造花园，该花园不仅使主人欣赏到美景，而且使邻居受到幽雅环境对身心健康带来的益处。此外，养蜂人也能从中受益，他们无须付费就可使自己的蜂蜜产量得到提高。由于花园的主人没有从邻居家和养蜂人处获得相应的报酬，说明他的劳动发生了利益的外溢，即正的外部效应。外部效应可以发生在生产者与生产者之间、生产者与消费者之间，也可以发生在消费者与消费者之间。外部效应的存在，与市场机制下的利益交换原则形成了矛盾。由此就会导致人们只愿意从事具有负外部效应的经济活动，而不愿意从事具有正外部效应的经济活动。

经济学家对外部效应最早的理论研究可以追溯至马歇尔（Marshall）和庇古（Pigou）所在的时期。庇古在其《福利经济学》一书中根据社会边际成本和私人边际成本的比较来说明这个问题。他指出，当社会边际成本大于私人边际成本时，将产生外部不经济，即负的外部效应，供给就会过多；相反，如果社会边际成本小于私人边际成本，则为外部经济，即正的外部效应，供给就会不足。当存在外部效应时，即使是在完全竞争的市场经济中，价格也不会等于社会边际成本，所以不能达到资源的最优配置。

2）公共产品

公共产品是指具有公共消费或集体受益属性的物品与劳务。例如，国防、社会治安、公共设施、公共环境保护等，都是典型的公共产品。市场机制对于公共产品的提供发生失灵或失效的情形，非常类似于经济活动的外部效应。按照市场交换原则，一种产品或服务的提供者应当能够通过市场价格机制，从该产品或服务的受益者处获得相应的成本补偿。但由于公共产品的受益者不只是一个或几个社会成员，而是众多的社会成员，只要出现公共产品，每个社会成员都可以享用，且社会成员对公共产品的需求并不一致，这就容易产生免费搭车的现象。因此，就难以保证公共产品的提供者能够按照市场机制从受益者处收回其成本，使公共产品提供者的利益受损，从而使市场提供的公共产品数量不足，甚至使该领域出现内资源配置真空的问题。

3）市场垄断

市场机制有效性的一个重要前提是市场处于完全的竞争状态。这意味着任一经济主体在市场活动中都无法左右价格的形成，它们只能适应市场的价格水平，并以此为依据确定自己的经营目标或消费目标。然而，现实的市场并不具备完全竞争的环境。客观地看，每一种商品都存在差异，它们都在特定的领域内满足人们的需要。当某一行业的产量达到相对较高的规模时，就会出现规模收益递增和成本递减的趋势，从而形成垄断。特别是在城市供水、供电、煤气管道、电话服务等领域，这种垄断的现象比较明显。垄断一经形成，垄断者就可能通过限制产量、抬高价格等手段，使价格高于边际成本，获取额外利润。这种情况表明，市场机制的功能在垄断领域失灵了。

4）不完全信息

市场机制的有效性需要建立在灵敏而充分的信息来源基础上。生产者需要了解消费者的需求信息，消费者需要知道市场上的产品销售信息，生产者之间也需要相互了解。但从现实来看，尽管生产者和消费者都能在一定程度上得到自己所需的信息，却无法得到完全足够的信息。而且，许多信息的获取需要付出必要的成本。受到信息来源缺失的影响，生产者和消费者的行为决策难免会发生错误，从而进一步影响到市场配置资源的效率。

5）收入分配不公

分配是经济运行的重要组成部分。收入的公平分配既是社会稳定和谐发展的需要，又是保证市场经济高效率发展的要求。但是，在市场经济运行中，由于社会、政治、经济体制的限制和影响，由于人们的社会地位和自然禀赋方面存在的差异，也由于人们的生活环境、受教育程度、劳动技能、劳动能力等有所不同，使得利润、工资等收入并不能完全取决于竞争条件下的要素价格。结果，经济效率越高，往往伴随着越不公平的分配。显然，这是市场自身的力量难以改变的。

6）宏观经济的失衡

市场经济稳定运行的基本条件之一是保持总供给与总需求的平衡。但是，由于市场经济内部各种矛盾的相互交织，总供给与总需求之间总是在不平衡到平衡再到不平衡的关系中循环发展的。从1929年"大萧条"开始，宏观经济失衡的各种表现最为明显，即通货膨胀、高失业率及周期性的经济萧条，一直伴随着经济发展的进程，对各个市场经济国家形成了持续的压力。例如，日本就经受了长达10年的经济衰退的困扰。自我国改革开放以来的20多年里，也先后遭遇了20世纪80年代中期和20世纪90年代前期的通货膨胀的困扰，及20世纪90年代后期的通货紧缩、需求不振、失业局面严峻的宏观经济失衡难题，而宏观经济失衡总是意味着社会经济资源配置中的损失和浪费。

上述市场经济运行中市场机制失灵的问题，都是依靠市场的自身力量无法解决或解决不好的问题。但是，这些问题的存在，又都直接关系到经济运行稳定与成效。面对这样的问题，就不得不促使人们从市场以外的视角寻求另外的解决问题的途径。正是以此为背景，政府的经济功能或作用受到了人们的重视，并将其与市场机制的力量结合起来，弥补市场机制的缺陷，纠正市场机制的偏差，放大市场机制的能量。对市场经济国家而言，政府经济职能主要在于从效率改善、促进公平和稳定经济等方面来弥补市场缺陷。

因此，市场经济的有效运行离不开税收。"市场缺陷"决定了市场经济不能有效提供公共产品和劳务，而税收是政府提供公共产品和劳务的最佳形式。在解决外部效应的需要上，市场经济不能矫正外部性产品的生产和消费，而通过税收可以实现外部性产品的效率均衡。在实现社会总需求和总供给平衡的需要上，市场经济不能自动实现供求的平衡，而税收是社会总需求调节的重要手段。

3. 社会层面：社会保障制度的必要保证

社会保障制度是现代国家的一项基本制度，完善的社会保障制度已经成为社会文明进步的重要标志之一，是建立健全社会主义市场经济体制的内在要求。市场经济是公开、公平竞争的经济，实行优胜劣汰。在市场经济条件下，市场竞争必然会造成一部分劳动者被迫退出或者暂时退出劳动岗位，给本人及其家庭经济和生活带来困难，需要国家提供生活保障。社会成员在年老、体弱、疾病、伤残、遭遇灾害等情况下，也需要国家提供物质帮助或者给予救济，以维持本人及其家庭的基本生活需求。市场经济还要求劳动力能够合理流动。为了免除劳动者的后顾之忧，促进劳动力资源的有效配置，国家需要建立社会保障制度。因此，建立健全社会保障制度是深化经济体制改革、完善社会主义市场经济体制的内在要求。

社会保障制度也是国家调控经济、促进经济发展的重要手段。社会保障资金是通过国家立法，由劳动者、企业、国家按法定比例筹集的。当经济发展、劳动者失业率下降时，社会保障基金的支出就会减少，从而减少社会需求，防止通货膨胀的发生；当经济不景气、劳动者失业率增加时，社会保障基金的支出就会增加，人们的收入增多，进而刺激消费，从而拉动社会需求的增加。因此，社会保障具有平衡社会支出和需求、调控经济过热和过冷，促进经济持续快速健康发展的重要作用。同时，积累的社会保障基金，除用于消费外，国家还可以将其用于投资，这不仅可以使社会保障基金保值或增值，还可以增加社会生产资金，扩大社会再生产，促进经济的发展，实现对国民经济的宏观调控。因此，社会保障制度也是经济发展的推进器。

社会保障制度还是社会稳定和谐的"安全网"和"减震器"。社会保障是维护社会稳定和国家安定的"稳定器"和"安全阀"。社会保障制度通过对丧失生活能力、没有经济来源、失去劳动能力或者工作岗位、遭遇灾害的社会成员给予必要的物质帮助，保证其基本生活需求，增强其对社会的安全感、信任感，消除或者减少社会不稳定因素，从而维护社会稳定和国家安定。19世纪，资本主义国家之所以要建立社会保障制度，并把社会保障作为公民的基本权利载入宪法，纳入法治化轨道，最根本的原因就是维持资本主义生产方式，缓和社会矛盾，巩固资产阶级的政权和统治。我国是社会主义国家，国家的本质和最终目的就是解放和发展社会生产力，消灭阶级和剥削，实现人的全面发展和社会全面进步。建立健全社会保障制度，有利于促进社会生产力的发展，增进社会福利，从而维护社会稳定。目前，我国正处于经济转轨、社会转型过程中，改革进入攻坚阶段，发展到了关键时期，各种社会矛盾日益突出，为了保障改革顺利进行、经济持续快速健康发展，尤其要高度重视社会保障制度建设，为改革和发展创造稳定的社会环境。

社会保障税是社会保障制度的主要资金来源。要使社会保障体系能够正常的运转并发挥稳定社会的作用，就必须保障稳定的资金来源。作为一种直接税，社会保障税的征收原则是受益原则，指纳税人在获得了某种特定收入的情况下，必须缴纳社会保障税，以此作为社会保险的支出。社会保障税是建立在社会保障体系的基础上的，是社会保障资金的一种重要来源。实行社会保障税能够为社会保障制度的运行提供稳定的资金来源。在美国和西欧等国家中普遍实行的是社会保障税这一筹资方式，也就是通过税务立法来对社会保障资金的来源进行保证。其优点在于能够使社会保障的社会化制度提高，并便于对其进行统一管理。各国的社会保障税税率虽各有不同，但各国社会保障税在税收总额中的比重相对比较大。

1.1.4 政府征税的根本原因：提供公共产品和劳务的需要

1. 公共产品与私人产品：特性的比较

1）私人产品的概念及属性

私人产品是指需要通过市场机制向社会提供，满足作为个体的社会成员私人需要的产品。在自然经济条件下，私人产品是以家庭为基本的生产单位来组织生产的。在市场经济条件下，私人产品则是通过市场机制向社会提供的，一般以企业为基本的生产单位来组织生产。

$$X_j = \sum_{i=1}^{n} X_j^i \tag{1-1}$$

式中：X为产品消费数量；j代表产品种类；i代表第i个消费者。

上式表明私人产品有以下几个属性。

可分割性：私人产品通常都有一定的计量单位，可以在不同的消费者之间分割开来，而且每个消费者对该私人产品的消费数量加总即为全社会对该消费品的消费总量。

竞争性：某一个消费者消费了某一私人产品，就排除了其他消费者消费该产品的可能，或者至少是影响其他消费者消费该产品的数量和质量。

排他性：对私人产品来讲，可以将拒绝付款的人排除在消费范围之外。

2）公共产品的概念及属性

公共产品是指需要通过财政机制向社会提供，满足作为群体的社会成员的公共需要的产品。对公共产品而言，任何一个消费者消费的公共产品的数量就是该公共产品的总量，这意味着公共产品的使用价值在一组消费者中是不可分割的。

$$X_{n+j} = X_{n+j}^{i} \tag{1-2}$$

式中：X 为产品消费数量；j 代表产品种类；i 代表不同的消费者；n 代表不同产品种类。上式表明公共产品有以下几个属性。

不可分割性：公共产品通常是作为一个整体向社会提供的，它没有一定的计量单位，通常是所有的消费者都消费同样数量的公共产品。

非竞争性：一个消费者消费公共产品并不影响其他的消费者消费的数量和质量。例如，在既定的国防力量下，人口增加不会减少每个人的国防受益水平。其包含以下两方面含义。

（1）边际生产成本为零：增加一个消费者对供给者带来的边际成本为零。这就是说，无论某种公共产品消费者的人数有多大的变化，都对这种商品的供给成本没有影响，公共产品消费者的增加不需要追加供给。如灯塔、国防等。

（2）边际拥挤成本为零：每个消费者的消费都不影响其他消费者的消费数量和质量，这种产品不但是共同消费的，而且也不存在消费中的拥挤现象，如不拥挤的桥梁。对于既定的城市人口而言，某条公路可以有效地满足其交通需要，在没有充分利用它的设计通行能力之前，增加通行车辆并不影响行车速度和安全，即增加通行车辆所需的（道路的）边际成本为零。此时，"道路消费"就不具有竞争性。但是，一旦实际通行量达到设计通行能力，如果再增加通行车辆，那么新增加的公路使用者必将与原有消费者形成竞争。在这种情况下，如果不增加供给，必然降低原有消费者的消费水平；如果要保持原来的消费水平不变，必然要投资修建更宽、更多的公路，从而使公共产品的边际成本为正。

国防是最典型的公共产品的例子。只要国家建立了防务体系，就几乎不可能排除任何居住在国境内的人享受该体系的保护。即使是罪犯也是如此；另外，多一个婴儿降生或多一个移民入境也不会增加一国的国防费用或妨碍其他人享受该体系的保护。

非排他性：任何消费者都可以不付任何代价消费该产品，对公共产品的提供者而言，其无法将拒绝付款者排除在消费范围之外，虽然可以排他，但由于排他成本过高以致在经济上不可行。公共产品的非排他性主要表现在以下三个方面。

首先，公共产品在技术上不易排斥众多的受益者。例如，广播、电视节目一旦播出，只要在可以被接收的范围内，任何人都可以收听、收看，所得信息可以被任何人或单位使用。国防就更缺乏排斥性，如果在一国范围内提供了国防服务，就不可能将身处该国的个别人或组织排除在国防受益范围之外。

其次，在有些情况下，公共产品"排他性"消费在技术上是可能的，但却是不必要的。例如，对行车稀少的公路、游人较少的公园来讲，在技术上排他并不困难，但由于增加消费者几乎不增加成本，如果设排他装置（如设卡收费），反而会进一步降低公路和公园的利用效率。

最后，在另一些情况下，"排他"尽管是可能的也是必要的，但排他成本却过于昂贵，经济上不可行。排他成本指设置排他装置、机构和安排人员所需要的成本。对于有些公共产品，排他成本很高，以至于排他成为得不偿失的事情。

当然，随着科学技术的发展，某些公共产品排他成本大大降低，从而有可能使这些公共产品的非排他性消失。例如，科学技术的发展就为电视节目收费提供了新手段，电视台可以采取技术性措施（如对相应频道加密），将拒绝付款的人排除在消费者之外。

3）混合产品的概念及属性

混合产品是兼具公共产品属性和私人产品属性的产品。根据其所具有的两种产品属性的不同组合状况，可将其分为以下三类。

（1）具有非竞争性的同时也具有排他性：如铁路和桥梁都是非竞争物品，但可以具有排他性，如不付费者不许通行。又如教育、影院、高速公路等。

（2）具有非排他性的同时也具有竞争性：如一片公共草地，当某人在此放牧时就会影响他人同时在此放牧。生活小区的健身设施、公有的森林、公海的渔业资源等。

（3）在一定条件下具有非竞争性和非排他性：只要不超过一定的限度，该产品的消费是非竞争的和非排他的，但若超过一定的限度，则具有竞争性和排他性特征。

纯粹公共产品、混合产品和私人产品的划分如图 1-1 所示。

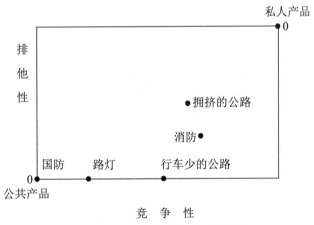

图 1-1 公共产品与私人产品的划分

在图 1-1 中，由左下角出发，横轴表示消费产品的竞争性，纵轴表示消费产品的排他性。左下角表示纯粹的公共产品，在这里，增加一个产品消费者所增加的成本为零，同时对于公共产品的消费不具有任何排他性。相反，在右上角则表示纯粹的私人产品，在这里排斥他人对这类商品的消费非常容易，排他成本很低；同时，对这类产品的消费竞争性非常激烈，增加一个产品的消费者的（边际）成本也很高。在图 1-1 边缘及框内区域的任意一点都表示一种或一组"非纯"商品，即兼有公共产品和私人产品性质的混合产品。

根据纯粹公共产品和混合产品的划分，常见的公共产品和混合产品如表 1-1 所示。

表 1-1 常见的公共产品和混合产品

纯粹公共产品	混合公共产品
国防、外交、公共安全、罪犯改造、法律法规、基础科学研究、社会文明及意识形态传播、环境保护、生态平衡、传染病防治、消防服务、自然现象预报、自然灾害的防治、货币发行、宏观经济政策、宏观经济信息、商品质量信息、消费者权益保护、无线广播电视服务等	教育、交通、通信、能源、城市公共服务、社会保障、有线电视广播、文体节目表演、产品质量认证、企业信誉评级、地质勘探等

2. 提供公共产品是政府的首要职责

公共产品的非竞争性特点说明，尽管有些公共产品的排他性很容易被发现，但这样做并不一定有效率，依照有效率的条件，厂商的定价原则应该是价格等于边际成本，如果桥梁由私人部门提供，他们会索要等于边际成本的费用，既然每辆车花费厂商的边际成本接近于零，那么厂商的价格也应该等于零，故私人不可能供给这些产品。公共产品的这种性质，使得私人市场缺乏动力，不能有效地提供公共产品和服务。政府的运行机制和市场的运行机制是不同的。政府主要通过无偿征税来提供公共产品。但是，征税是可以精确计量的，而公共产品的享用一般是不可以分割的，无法个量化。此外，由于公共产品具有非排他性和非竞争性的特征，它的需要或消费是公共的或集合的，如果由市场提供，那么每个消费者都不会自愿掏钱购买，而是等着他人购买而自己顺便享用它所带来的利益，这就是经济学中"搭便车"现象。由以上分析可知，市场只适于提供私人产品和服务，对提供公共产品是失效的，而提供公共产品恰恰是政府的活动领域，是政府的首要职责。政府关心的经济学问题，是政府提供公共产品与市场提供私人产品之间的恰当组合，及政府提供公共产品所花费的成本和代价，合理地确定政府提供公共产品和财政支出的规模。因此，公共产品的本质特征决定了政府提供公共产品的必要性。公共产品的基本特征是非排他性、非竞争性和外部性。非排他性决定了人们在消费这类产品时，往往都会有不付费的动机，而倾向于成为"搭便车"，这种情形不会影响他人消费这种产品，也不会受到他人的反对（由公共产品的非竞争性特点所决定）。在一个经济社会中，只要有公共产品存在，"搭便车"就不可避免。这样，私人企业如果提供公共产品，就无法收回成本。同时，因为公共产品的个人消费"量"是不确定的，所以价格机制不能有效发挥作用，竞争市场上一般无法提供公共产品，就像经济学家所说，竞争性的市场不可能达到公共产品供给的帕累托最优，无法满足社会对这类产品的需求，因此，需要公共经济部门介入——用税收手段来集资，从而提供这些产品。

3. 税收是政府提供公共产品的最佳形式

一方面，由于公共产品的特性决定公共产品只能由政府提供而不能由市场提供，因为公共产品的效用不可分割性说明公共产品不具有利益边界的精确性，无法按照市场规则进行利益的对等补偿。公共产品的非竞争性说明其边际成本为零，不存在市场定价的机制。

公共产品的非排他性容易产生"搭便车"现象，如果每个人都想"搭便车"，公共产品也就无人提供。而税收具有强制性，政府通过税收提供公共产品，有效解决了人们"搭便车"的问题。税收具有无偿性，政府通过税收提供公共产品，有效解决了公共产品市场定价的问题。因此，从政府角度看，税收就是政府提供公共产品的成本补偿；从纳税人角度看，税收就是纳税人获取公共产品的价格。最终形成纳税人纳税支付公共产品的价款，税务机关将税款用于财政支出作为补偿政府提供公共产品的成本的模式。

另一方面，在众多的财政收入形式中，税收是政府筹集财政收入的最佳形式。政府取得财政收入的形式有多种，如企业收入、发行公债、规费、财政发行等，但其中部分收入形式具有一定的局限性。公债作为信用形式的收入，必须遵循有借有还的原则，相对来讲政府运用公债取得收入的成本比较高。企业收入是一种以财产权力为依据的收入，决定政府只能从国有企业取得企业收入，不符合公平原则。专项基金一般是专款专用，具有临时性，不宜作为长期稳定的收入形式。规费是以政府提供公共服务为条件，需要遵循"受益原则"，实践中不可行。财政发行要以一定时期内的社会产品规模为限度，实践中容易产生通货膨胀，加大财政风险。而税收收入仅仅是社会产品所有权的转移，不会凭空扩大社会购买力，引起通货膨胀。税收又是政府无偿获取的收入，不会给政府带来额外负担。税收具有强制性，政府可以通过征税来广泛获取收入，符合公平原则。基于此，税收是政府筹集财政收入的最佳形式，可以确保政府广泛、及时、连续、可靠地取得财政收入，进而保证政府向社会稳定地提供大量的公共产品和公共服务。

扩展阅读 1-2

百姓税负调查

1.2 税收的概念及特征

1.2.1 税收的定义

从字面来看，"税"字由"禾"与"兑"组成，"禾"为谷物，"兑"有送达的意思。在我国古代，"税"字的本意就是社会成员将以土地为基础收获的农产品上缴给国家。在我国历史上，税收有各种各样的名称，除"税"这个外，还称作赋、租、捐、调、课、算、庸、粮、钱、钞、估等。在不同的历史时期，税有不同的名称，虽各有特点，或特定的内容，但它们之间往往混用或联用。我国历史上，此种混用或联用最多的词是"赋税""租税""捐税"，也是税收通用的旧称或别称。

理论界对税收一词进行了长期探索，并提出了不同的观点。早在新中国建立初期，1949 年出版的千家驹著《新财政学大纲》把税收定义为："租税是统治阶级为了维持国家的统治权力充给其必须费用，税收向被统治者所征收的一种强制的负担。"20 世纪七十年代出版的一些有重大影响的辞书，则多是从强制征收的财物本身来界定税收。例如，

《辞海》对税收的定义是："国家对有纳税义务的组织和个人所征收的货币和实物"。税收从20世纪70年代末期开始，在我国学术界也有试图全面地从税收的基本属性来界定税收定义的。1978年10月17日《财贸战线》报连载的《谈谈税收》较早地提出："税收是国家为了实现它的职能，凭借政权的力量，按照法令预先规定的标准，无偿地、强制地取得财政收入的一种手段，也是国家政权对国民收入进行分配的一种方式，具有强制、无偿和固定征收等项特征。"

目前关于税收的定义具有代表性的观点有：

（1）收入论，认为税收就是政府的财政收入；

（2）手段论，认为税收就是政府取得财政收入的一种手段；

（3）费用论，认为税收就是纳税人为政府提供公共产品所支付的费用；

（4）活动论，认为税收就是政府实现社会产品分配的一种活动；

（5）关系论，认为税收就是政府与纳税人之间的一种分配关系。

这几种观点都从不同层面阐述了税收的不同特征，尽管不能全面反映税收的本质，但我们可以从中看出税收的一些基本特征。

1. 税收是一种以国家或政府为主体的分配活动

税收与国家有本质联系，税收作为取得财政收入的一种手段，其掌握者和运用者只能是国家，也就是说，税收是由国家或政府征收的，而不是别的机构和组织。征税权力只属于国家或政府（中央政府和地方政府），具体说就是征税办法由国家立法机关制定，征税活动由政府组织进行，税收收入由政府支配管理。除政府以外，其他任何组织或机构均无征税权。因此，税收与政府是共存亡的，有政府必然有税收，离开了税收，政府也不可能存在。

同时，税收是一种以政府为主体的分配活动。分配活动有很多种，如价格分配、工资分配、信贷分配等，在众多的分配活动中，税收是一种特殊的分配活动，其特殊性就表现在税收分配的主体是政府，而其他任何分配活动都不具备这一特征。同时，以政府为主体也说明税收分配与一般分配活动的区别，作为一般的分配活动，分配双方的地位是同等的，且双方是在同等的地位下拥有同等的权力。而税收分配的一方只能是政府，另一方是纳税人，在政府与纳税人之间地位是不同等的，权力也是不一样的，政府在税收分配活动中始终处于主导的地位，税收政策、税收制度的决策权始终掌握在政府手中。纳税人在税收分配活动中始终处于被动的地位，只能按税法的规定履行纳税义务。

2. 税收分配的目的是满足社会公共需要

税收作为一种以政府为主体的分配方式或资源配置方式，与市场性的资源配置的目的相同，都是为了满足社会需要。人类的需要可分为两类：一类是私人需要（包括个人生活需要和企业单位的生产经营需要），另一类是社会公共需要。在市场经济条件下，私人需要通过市场机制提供私人物品来满足，社会公共需要由政府通过财政机制提供公共产品来满足。这是市场经济下市场与政府的基本分工。税收由于具有强制性、无偿性、固定性的特征，相对于其他财政收入形式来讲，是政府取得财政收入的最佳方式，因而也成为政府提供公共产品满足社会公共需要的最佳手段。同时，税收分配的目的是满足社会公共需要，这一目的进一步界定了税收的用途，即税收收入只能用来提供公共产品，不得用于其他方面。因此，公共产品和公共需要问题就成了市场经济下财政问题的核心，公共产品的提供和社会公共需要的满足亦成了认识市场经济下税收概念的基点。

3. 税收分配的依据是政治权力

国家取得任何一种财政收入，总要凭借其拥有的某种权力，即财产权力或政治权力。例如，国家凭借其拥有的土地所有权，要求取得土地使用权的企业单位支付土地出让金；凭借对国有企业的财产所有权，分享国有企业的税后利润等。而国家征税凭借的则是政治权力，即税收是以国家的名义，通过一定的法律程序，按法定标准强制进行征收。法律是国家意志的体现，能够强制性地调整人们行为的规范。国家通过法律形式进行征税，使全体社会成员在纳税上得到统一，并运用法律的权威性，保证税收这种无偿性的财政收入及时足额地纳入国库，从而也体现了国家的权威性和执行的严肃性。

4. 税收分配的客体主要是社会剩余产品价值

社会产品主要是指劳动生产物。即人们通过有目的地生产劳动所候选的物质资料，由于人们的生产活动是在一定生产关系下进行的，因此，一切劳动产品都是社会产品。社会产品的不断丰富，是经济发展的标志，也是社会发展新的基础。社会产品分为两个组成部分：一部分是物质生产部门的劳动者在必要劳动时间内生产的社会产品，它是用来满足劳动者及其家属的个人消费的；另一部分是劳动者在剩余劳动时间内生产的社会产品，是社会产品中除去用于补偿物质消耗部分和必要产品部分后所剩余的部分。税收分配的物质来源只能是社会产品，其中主要是剩余产品。

5. 税收分配的实质是一种分配活动

税收作为国家组织财政收入的一种形式，在社会再生产过程中属于分配环节，即税收是分配环节的重要组成部分，其分配的对象自然是社会产品或国民收入。国家征税的过程，就是把一部分社会产品以价值形态从纳税人手中强制地转变为国家所有的过程。

由此，我们可以给出税收的基本定义：税收是以政府为主体，为了满足社会公共需要，凭借政治权利，强制地、无偿地、按规定的标准对社会剩余产品价值进行分配的一种分配活动。这一定义分别从税收分配的主体、目的、依据、方式、客体、实质六个方面对税收进行全面概括。

1.2.2 税收的特征

税收的形式特征是指税收的强制性、无偿性和固定性。通常被简称为税收的"三性"。

1. 强制性

税收的强制性，是指国家征税是凭借政治权力，并通过颁布法律或法令实施的。任何单位和个人都不得违抗，否则就要受到法律的制裁。在对社会产品的分配过程中，存在着两种权力，所有者权力和国家政治权力：所有者权力依据对生产要素的所有权取得收入，国家政治权力凭借政治权力占有收入。税收的强制性是由它所依据的政治权力的强制性决定的。国家征税是对不同的社会产品所有者的无偿征收，是一种对所有者权力的"侵犯"，没有强制性的国家权力作后盾是不可能实现的。这也说明，在税收分配上，国家政治权力高于所有权。正如恩格斯（Engels）指出的："征税原则本质上是纯共产主义的原则，因为一切国家的征税的权力都是从所谓国家所有制来的。的确，或者是私有制神圣不可侵犯，这样就没有什么国家所有制，而国家也就无权征税；或者是国家有这种权力，这样私有制就不是神圣不可侵犯的，国家所有制就高于私有制，而国家也就成了真正的主人。"还需说明的是，税收的强制性是由作为国家政治权力表现形式的税收法律的强制性加以体现的，与纳税人是否自觉自愿纳税的动机是无关的。纳税人自觉纳税（非捐献）表明纳税人自觉遵守税法，是法制观念强的表现，不能以此否定税收的强制性。

2. 无偿性

税收的无偿性，是指国家征税以后，税款即为国家所有，不再归还给纳税人，也不向纳税人直接支付任何代价或报酬。税收的无偿性使人们容易将其与国家信用关系中国债的有偿性区别开来。但也必须指出，税收无偿性也是相对的，因为从个别纳税人的角度来说，纳税后并未直接获得任何报偿，即税收不具有偿还性。但若从财政活动的整体方面来考察，税收的无偿性与财政支出的无偿性是并存的，这又反映出有偿性的一面。在社会主义条件下，税收具有马克思所说的"从一个处于私人地位的生产者身上扣除的一切，又会直接或间接地用来为处于社会成员地位的这个生产者谋福利"的性质，即"取之于民，用之于民"。从这个意义上说，有的学者提出税收具有"个别无偿性，整体有偿性"的看法也是不无道理的。

3. 固定性

税收的固定性，是指国家在征税前就以法律或法规的形式预先规定了征税的标准，包括征税对象、征收的数额或比例，并只能按预定的标准征收。纳税人只要取得了应当纳税的收入，或产生了应当纳税的行为，或拥有了应当纳税的财产，就必须按规定标准纳税。同样，征税机关也只能按规定标准征税，不得随意更改标准。由此看出，税收的固定性还暗含了税收是连续征收和缴纳的意思，这使税收能成为经常性的财政收入。税收的固定性强调的是税收征纳要按法律规定的标准进行，这个法定的标准必须有一定的稳定性，但也应随着社会经济条件的变化在必要时进行更新，使其更为科学、合理。将税收的固定性理解为税收标准是长期固定不变的，则是不正确的。

上述三个税收形式特征是一个统一体,共同构成税收区别于其他财政收入形式的标志。判断一种财政收入形式是不是税收,主要是看其是否同时具备这三个形式特征。凡同时具备这三个形式特征的,无论叫什么名称,都是税收;如果不同时具备这三个形式特征,即便名称是"税",实质上也不是税收。

税收的三个形式特征反映了一切税收的共性,它不会因社会制度的不同而有所改变。税收的三个形式特征是密切联系的。税收的强制性,决定着征收的无偿性,因为如果是有偿的话就无须强制征收。而税收的无偿性,必然要求征税方式的强制性,因为国家征税,收入即归国家所有,不直接向纳税人支付任何报酬,一般纳税人不能做到自愿纳税,必须要求其依法纳税。强制性和无偿性又决定和要求征收的固定性。否则,如果国家可以随意征收,那就会侵犯现存的所有制关系,使正常的经济活动无法维持下去,从而会危及国家的存在。当然,征税本身也是对所有制的一种侵犯,但由于税收的固定性,则把这种侵犯限制在所有制允许的范围内。税收的强制性、无偿性和固定性是统一的、缺一不可的。税收的"三性"成为区别税与非税的重要依据。判断什么是税,什么不是税主要看它是否同时具备这三个形式特征。例如,罚没收入也可以构成财政收入,也是强制的和无偿的,但对缴纳人来说却不一定是固定的,因此不能称之为税。

1.3 税收的产生和发展

税收既是一个分配范畴,又是一个历史范畴。任何范畴的产生都要取决于一定的客观条件。同样,税收的产生和存在也必须具备相应的条件,这些条件构成了税收存在的前提和基础。

1.3.1 税收产生的条件

1. 税收产生的一般条件

税收的产生需要具备两个基本条件,一是政治条件,二是经济条件。

1)**政治条件**

税收产生的政治条件是国家公共权力的建立,即国家的产生和存在。国家的产生和存在为税收的产生和存在提供了必要性和可能性。税收是以国家为主体的产品分配方式,国家的产生是税收产生的一个前提条件。国家是阶级的产物,国家为了行使其职能,必须建立军队、警察、法庭、监狱等专政机构;动用社会力量,征用自然资源,兴办公共建筑和公共事业建立管理国家公共事务的行政管理机构。所有这一切公共需求,都要耗用一定的物质资料。而国家并不直接从事社会生产,于是,为了满足这种需要,就需要向社会成员征税。税收是以国家为主体,以国家权力为依据,参与社会产品分配而形成的一种特定的产品分配方式。任何个体对社会产品的分配显然不具备这样的权力和依据。只有产生了国家和国家权力，才有各社会成员认可的征税主体和依据，从而使税收的产生成为可能。

2）经济条件

税收产生的经济条件是私有制的存在。除了取决于国家公共权力这个前提条件以外，还取决于一定的客观经济条件，即生产资料私有制的存在。税收是社会再生产中的一种分配形式，是一个经济范畴。一个经济范畴的出现，必然有其内在的经济原因。国家凭借其自身的财产所有权参与社会产品分配而形成的收入，是国家的公产收入，而不是税收。税收是国家凭借政治权力而不是财产权力的分配。这种分配只有对那些不属于国家所有或者国家不能直接支配使用的社会产品才是必要的。也就是说，当社会存在着私有制，国家将一部分属于私人所有的社会产品转变为国家所有时，就要动用政治权力，由此产生了税收这种分配形式。因此，国家征税实际上是对私有财产行使支配权，是对私有财产的一种"侵犯"，这就是所谓的"超经济的强制"。

2. 税收产生的具体条件

一般来看，税收的产生和存在取决于四个条件，即剩余产品、社会公共需要、独立的经济利益主体和国家权力。只有同时具备这四个条件，才有可能产生税收。

1）剩余产品的出现是税收产生、存在的物质基础

剩余产品是社会一定时期的总产品扣除补偿物化劳动和活劳动之后的剩余部分。生产活动客观上要求社会产品首先必须补偿物化劳动和劳动消耗的部分，否则就难以维持最基本的简单再生产。因此，税收只能来源于剩余产品。在生产力极不发达，社会产品仅能满足人们基本生存需要的情况下，税收也就不可能产生。剩余产品的出现是税收产生的物质前提。在生产力极其低下的原始社会，人们只能通过集体劳动，平均分享劳动成果才能满足基本的生存需要。在这种情况下，根本就谈不上税收。到了原始社会末期，随着生产力的提高，社会产品出现了剩余，从而为税收的产生提供了物质条件。但税收并不是与剩余产品同时产生的，剩余产品只是税收产生的物质前提。从历史来看，剩余产品的存在远远早于税收的产生。税收只是在剩余产品出现的前提下，同时具备其他决定性条件时出现的。

2）社会公共需要是税收产生和存在的社会前提

税收作为一种分配形式，其根本目的是满足社会公共需要。如果没有社会公共需要，自然也不会存在税收。在原始社会条件下，氏族是社会基本单位。随着剩余产品的出现和生产力的发展，氏族组织里逐渐出现生产活动以外的公共事务，如调节氏族之间及氏族内部的矛盾和纠纷、对外宣战与媾和、举行祭祀活动及进行水利灌溉等。当然，并不是社会公共需要产生的同时就产生了税收，社会公共需要的存在，也只是税收产生的社会条件，税收的产生还必须具备其他的条件。例如，在原始社会末期，出现的强大部落从被征服部落或弱小部落取得的进贡物品根本就不具有税的特征，与我国古代奴隶社会征收的"贡"有着质区别。

（3）独立的经济利益主体是税收产生和存在的经济条件

由于税收是国家凭借政治权力，而不是财产权力进行的分配，因此，只有那些不属于国家所有或国家不能直接支配的社会产品才有征税的必要。或者说只有国家要把一部分不属于自己的社会产品转化为国家所有用以满足社会公共需要时，才有必要征税，在这种条件下，税收才有可能产生。从这种意义上来看，国家征税实际上是对独立经济利益主体拥有财产的"侵犯"。

从发展的眼光来看，独立的经济利益是人类社会发展到一定历史阶段的产物。在人们为满足基本生存需要进行集体劳动，平均分配社会产品的原始社会里，不存在独立的经济利益。随着生产力的发展，原始社会末期社会产品有了剩余，从而出现了私有制。随着生产力的发展，特别是第二次社会大分工——手工业与农业的分离，更促进了私有制的发展。随着私有制的不断发展，社会逐渐出现了贫富分化，从而产生了阶级和国家。在私有财产制度下，经济主体具有独立的经济利益。从人类社会发展的历史来看，奴隶社会、封建社会与资本主义社会都是以私有财产制度为基础。到了社会主义社会，经济制度以公有制为基础。在社会主义条件下，作为公有制经济重要组成部分的集体所有制由于集体组织的局部性，因而集体企业也是具有独立利益的经济主体。对于全民所有制经济来说，要与集体经济和个体经济及其他经济成分进行交换，也要求具有独立的经济利益。不仅如此，在全民所有制经济内部，由于每个企业都是独立的经营实体，加之经营者与劳动者的独立利益，因而全民所有制企业也是独立的经济利益主体。尤其是在所有权与经营权分离的现代企业制度下，企业的独立经济利益更是不言而喻。在不同所有制成分工作的劳动者及其家庭，自然也具有独立的经济利益。因此，社会主义条件下也存在税收。

4）强制性的国家政治权力是税收产生和存在的政治条件

税收的产生除取决于以上三个经济社会条件外，还应具备一定的政治条件，这就是强制性国家政治权力的存在。我们在分析税收的形式特征时指出，非直接偿还性是税收最为本质的特征之一。国家征税使纳税人实实在在地感受到利益的损失，因此，也就必然要求超越所有者权力的强制性的公共权力保证国家征税的顺利实现。

从历史上来看，国家公共权力与氏族权力的根本区别在于国家的公共权力具有强制性，是阶级统治的工具和手段，而氏族权力主要依靠氏族成员自觉、自愿来维护，不具有强制性。因此，强制性公共权力历来都是由国家行使，强制性的公共权力就是国家的政治权力。在旧氏族内部阶级斗争中产生的国家，又是阶级矛盾不可调和的产物。恩格斯指出："国家是表示：这个社会陷入了不可解决的自我矛盾，分裂为不可调和的对立面而又无力摆脱这些对立面。而为了使这些对立面，这些经济利益互相冲突的阶级，不致在无谓的斗争中把自己和社会消灭，就需要有一种表面上凌驾于社会之上的力量，这种力量应当缓和冲突，把冲突保持在'秩序'范围以内；这种从社会中产生但又自居于社会之上并且日益同社会脱离的力量，就是国家。"国家产生以后，政治权力就与一般的社会公共权力结合在一起，以国家的名义进行阶级统治。国家强制性的公共权力成为税收产生和存在的最后一个决定条件，它为税收的存在提供了强制征收的可能性，同时国家的存在也需要通过税收这种分配形式来提供持续、稳定的资金来源。

1.3.2 税收产生的历史过程

就税收产生的过程来看，由于各国的具体历史条件不同，税收的实际产生过程也不尽相同。欧洲古希腊和古罗马等奴隶制国家，在奴隶占有制确立初期就出现了土地私有制，在此基础上形成了奴隶主庄园经济、寺院大地产经济和家庭奴隶制等私有制经济。因此，欧洲国家在奴隶制形成以后，很快出现了对私有土地征收的税。而在我国，因为历史发展中土地私有制的形成有其特殊性，所以使我国税收的产生与西方奴隶制国家不同。

1. 我国税收的雏形——夏、商、周三代的"贡""助""彻"

我国自夏代开始进入奴隶制社会，在夏、商、周三代，土地均归王室所有，即所谓"溥天之下，莫非王土，率土之滨，莫非王臣"。当时的国王不仅是全国的最高统治者，也是全国土地的所有者。国王所拥有的土地，除了一小部分由王室直接管理外，大部分分封给诸侯和臣属，也有一小部分授给平民耕种。在这样的土地所有制度之下，我国税收的产生，经历了一个演变过程，与西方奴隶制国家有所不同。

"贡""助""彻"都是春秋时期以前的租税制度。《孟子·滕文公上》记载："夏后氏五十而贡，殷人七十而助，周人百亩而彻，其实皆什一也。"历代经学家和现代史学家对此有不同的解释，但都肯定我国古代实行过"贡""助""彻"法。

早在夏代，我国就已经出现了国家凭借其政权力量进行强制课征的形式——"贡"。"贡"有两种，一是诸侯进献的土贡，二是百姓缴纳的田赋。"贡"是一种定额税，据说是比较百姓所受土地若干年的产量，得出一年的平均产量，再把这个平均产量的1/10定为贡额。贡额确定之后，不论以后年景、收成如何，百姓都必须如数缴纳。所以丰收之年，百姓纳贡比较容易。但遇到荒年，即使颗粒不收，也必须如数纳贡，所以遇到灾荒，百姓则不堪忍受。

到了商代，"贡"逐渐演变为助法。商朝为了灌溉和耕种的方便，土地都划分成井字的方块，每块土地之间由水渠和道路分开。一井中有九块方形土地，这就是井田制。公田的产品归国家所有，私田的产品则归百姓自己所有。田赋只取公田产品，不取私田产品。一般认为助法以井田下"公田"和"私田"的划分为前提。农夫自耕其"私田"，以维持自己及一家的生活；共耕"公田"，为公社共同体或压迫者、剥削者提供剩余产品。因此，"助"的本质是一种力役之征。在助法条件下，百姓为国家的劳动和为自己的劳动不论在空间上还是时间上都是分开的。而且，私田由自家单独耕种，公田则由八家共耕。如果没有严格的监督，百姓在公田上的劳动必然不会像在私田上的劳动那样努力，这必然要影响公田的产量，影响国家的收入，所以这种税制不可能长期维持下去。周代的"彻"法，可能就是克服助法这种弊端的产物。

到了周代，助法又演变为彻法。周代的井田中，每块土地为100亩（相当于现今20多亩土地），一井共900亩，授与8家共同耕种，最后以800亩的收获物分给8家，100亩的收获物作为田赋缴给国家。这就是"周人百亩而彻"（《孟子·滕文公上》）的"彻"

法。由于此时公田已经不再从井田中单独划出，而是作为私田授与百姓耕种，就可以调动起百姓的劳动积极性，公田就会和私田一样得到精耕细作，从而增加国家的田赋收入。助法和彻法的主要区别在于，助有公田、私田，由民共耕公田、服劳役；彻则无公田、私田之分，由民自耕其田，缴纳部分实物。

总之，夏、商、周三代的"贡""助""彻"都是原始的对土地强制课征的形式，在当时的土地所有制下，地租和赋税还难以严格划分，"贡""助""彻"既包含有地租的因素，又具有赋税的某些特征，从税收起源的角度看，它们是税收的原始形式，是税收发展的雏形阶段。

2. 最早的工商税收的出现——周代的"山泽之赋""关市之征"

早在商代，我国就已经出现了商业和手工业的赋税。商业和手工业在商代已经有所发展，但当时还没有征收赋税，即所谓"市廛而不税，关讥而不征"。到了周代，为适应商业、手工业的发展，国家开始对经过关卡或上市交易的物品征收"关市之征"，对伐木、采矿、狩猎、捕鱼、煮盐等征收"山泽之赋"。这是我国最早出现的工商税收。

3. 税收的成熟阶段——鲁国"初税亩"的实行

春秋时期，鲁国适应土地私有制发展实行的"初税亩"，标志着我国税收从雏形阶段进入了成熟时期。春秋之前，我国没有出现土地私有制。由于生产力的发展，到春秋时期，百姓在公田以外开垦私田增加收入，鲁国在鲁宣公十五年（公元前594年）实行了"初税亩"，宣布对私田按亩征税，即"履亩十取一也"。"初税亩"首次从法律上承认了土地私有制，是我国历史上一项重要的经济改革措施，同时也是税收起源的一个里程碑。

1.3.3 税收的发展

税收自产生以来，随着社会生产方式和政治经济条件的变化，经历了从简单到复杂、从原始形式到现代形式的发展演变过程。对税收的发展可以从两个角度进行探索：一是从历史的演进来看，税收的发展过程经历了奴隶制国家税收、自然经济条件下的封建税收和商品经济税收阶段；二是从税收范畴本身的演进来看，税收的法制程度、税制结构、征纳形式、税收地位、征税权利和税收名称等都经历了不断完善和成熟的演进过程。

1. 税收的历史演进

1）奴隶制经济条件下的税收

税收产生于奴隶制国家，奴隶社会基本上处于税收发展的初级阶段。奴隶制国家的税收种类比较少，主要是实物和劳役征收，征收形式较为简单。

奴隶制国家是从原始部落演变而来的，部落之间征服与被征服、统治与被统治的关系表现为国王与诸侯的关系。在奴隶社会早期，奴隶制国家的收入主要来源于被征服部落的上"贡"。这种"贡"虽然凭借的是奴隶制国家的政治权力，具有税收的强制性和无偿性特征，但其固定性特征是不完备的，或者说表现不明显。被征服部落和诸侯纳"贡"的形式比较简单，也较为灵活，缴纳物品主要是当地的土特产、珍宝、财物等，收获多的时期多贡一些，收获少了可以少贡，因此征收标准和征收对象不固定。随着生产力的发展和奴隶制国家统治的加强，国家的开支越来越大，征收标准和课税对象的不固定使"贡"具有很大的随意性，无法满足奴隶制国家所需的收入。在这种情况下，奴隶制国家为保证国家所需的经费开支充足，就必须使收入来源具有相对固定的标准。例如，孟子所说："夏后氏五十而贡，殷人七十围而助，周人百亩而彻，其实皆一也。"这表明夏、商、周三代的"贡""助""彻"具有比例税率的形式，但这种标准并不是很统一，征收比例也不是很准确。

与现代税收相比，奴隶制国家的税收形式在许多方面只具有税收形式的雏形，尤其是税收的固定性特征表现还不很明显，因此是一种低级的、不成熟、不完善的原始税收形式。

2）封建自然经济条件下的税收

从奴隶社会发展到封建社会是社会生产关系的重大变革，生产关系和社会经济条件的变化必然使税收进一步向前发展。在封建社会条件下，税收不仅从雏形阶段发展到成熟阶段，还形成了封建社会自然经济条件下的税收。

公元前594年，鲁国实行的"初税亩"不仅是对赋税制度进行的一次重大变革，而且确立了土地的私有制度。"初税亩"的实行表明鲁国废除了井田制，承认公田、私田私有，而不论公田、私田都要根据土地面积的大小缴纳一定数量的税额。在此后约100年的时间内，各国都纷纷仿效鲁国的做法，根据土地面积的大小征税。根据土地面积定量征税，表明我国税收由雏形阶段发展到成熟阶段。同时，课税对象与税率的普遍化、固定化对于增加财政收入起到了积极的作用。

在封建社会条件下，农民没有自己的土地，封建的土地私有制使农民严重依附于地主阶级。农民耕种地主的土地，所生产的产品除小部分维持自己和家庭的生存外，大部分供封建地主阶级享用。封建社会这种自给自足的自然经济，决定了与之相适应的税收制度，也必定使土地和人丁成为主要的课税对象。对土地征收的税收总称田赋，是封建社会历朝历代主要的税收。例如，我国唐代初期实行的"租""庸""调"法，是在均田制，即在按人丁分配土地的基础上实行的一种以人丁为课税依据、实际上对土地征收的税。唐代的"租"规定每丁输粟二石；"庸"规定每丁岁役二旬；"调"就是每丁输绢二丈。对人丁征收的税称为人头税。我国历代封建国家征收的人头税名目繁多，如对成年人征收的"算赋"，对未成年人征收的"口赋"，对应服役而不去服役者课征的"更赋"，还有徭役，即成年人应服劳役的义务，及各种名目的"丁赋""丁税"等。一直到清代实行"摊丁入亩"，对人丁税改按土地课征以后，各种对人丁的课税才逐渐取消。"摊丁入亩"使税收由对人和物并行课征发展到完全对物课征，"摊丁入亩"是税收发展史上的一大进步，它不仅降低了农民对地主的依附程度，也减轻了手工业和商业的负担，客观上有利于商品经济的发展。

在封建社会后期，随着手工业和商业的发展，商品交换也在不断地发展，而商品经济的发展对封建自然经济条件下的税收产生了一定的影响。商品交换的发展和范围的扩大对封建统治阶级具有一定的吸引力，要参与商品交换就需要有一定数量的货币，这必然要求统治阶级多以货币形式实施税收。明代万历年间实行的"一条鞭法"就是与明代商品经济的发展相联系的，主要内容是把过去对耕地征收的田赋和按人丁征收的徭役合二为一，统一按田亩计税，并统一折合成银两，以货币的形式缴纳。税收由实物形式发展到货币形式是税收发展史上一大进步，进一步促进了商品经济的发展。

随着商品交换的发展，除对土地和人丁征收的主要税收外，封建制国家还征收有各种杂税，如西汉时期对渔民征收的渔税、对出入关者征收的关税及对商人和高利贷者征收的其他税收等。唐代征收的有盐税、酒税、茶税等。清代的杂税更多，如盐税、关税、矿税、茶税、酒税、船税、契税、商税等。

3）资本主义商品经济条件下的税收

从封建社会发展到资本主义社会，自给自足的自然经济被商品经济所取代。资本主义经济是高度发达的商品经济，几乎所有的社会产品都是商品，从生产到消费需要通过交换来实现。为此，在商品经济发展过程中，与商品经济相适应的现代税收方式取代封建社会的土地税和人头税是必然的。

资本主义上升时期对商品销售课征的流转税逐渐取代封建社会的土地税和人头税而成为主要的税种。在资本主义发展初期，实行流转税是与高度发达的商品交换相适应的。对商品销售征收流转税不仅能够保证资本主义国家的财政收入，而且容易把税转移给消费者，减轻资产阶级的税收负担，同时还能在经济上起到打击和削弱封建势力的作用。资本主义商品经济的发展使商品交换超出了国界，在发展对外贸易的过程中，对进口商品征收流转税，可以抬高进口商品的价格，有效保护本国资本主义工商业的发展。因此，在资本主义经济发展的过程中，资本主义国家都广泛实行了流转税，而且还形成了流转税体系，使流转税成为资本主义国家的主要税种之一。就资本主义各国税收发展的整体情况来看，流转税是资本主义前期的主要税种，随着经济的不断发展，所得税以其特有的优势逐渐成为资本主义后期的主要税种。但直到目前，在许多国家，尤其是在发展中国家及个别发达国家内，流转税仍然是主要的税种之一。当然，流转税也在随着资本主义经济的发展而不断地发生变化，其中最重要的变化是增值税的普及和推广。

在资本主义经济条件下，国民收入以利润、利息、地租和工资的形式在产业资本、借贷资本、土地所有者和劳动者之间进行分配，从而形成各种所得，这就为所得税的推行提供了经济条件。但资本主义国家所得税的推行也经历了一个曲折的过程。英国是最早实行个人所得税的国家。1799年，英国在与拿破仑的战争中，为应付战备需要，首次开征了所得税。1802年，所得税因战争停止而停征，1803年战争又起而再次开征，并在战争结束后废止。因此，当时的所得税还只是一种临时性税种，根据国家的财政状况时征时停。直到1842年，英国政府才通过立法程序使个人所得税成为永久性税种。美国在19世纪初就已经具备了开征所得税的条件，但由于宪法的限制，直到"南北战争"爆发才开征个人所得税，后因效果不佳于1872年废止。随着所得税在各国的广泛推行，到20世纪初，所得税才成为主要资本主义国家的主体税种。就英国的情况来看，1911年英国个人所得税占税收收入的比重还不足22%，但1922年个人所得税占税收收入的比重就达到了45%。

资本主义国家主体税种从间接税向直接税的过渡，是资本主义经济向垄断发展的客观要求。在垄断资本主义经济条件下，政府承担的公共事务大大增加，财政支出也不断扩大。因此，只有增加税收收入才能满足财政支出不断增长的需要。但在原有间接税的基础上，通过扩大征收范围、提高税率来增加税收收入对资本主义经济的发展非常不利。在垄断资本主义的发展对贸易自由化要求不断提高的条件下，间接税的增加会导致的商品价格上升，不仅对资本主义国家的商品输出产生极为不利的影响，而且会助长各国的贸易保护，不利于原料的进口，从而阻碍国际贸易的发展。马克思说："由于现代分工，由于现代大工业生产，由于国际贸易直接依赖于对外贸易和世界市场，间接税制度就同社会消费发生了双重冲突。在国际上，这种制度表现为保护关税政策，它破坏和阻碍同其他国家的自由交换。"而从国内的情况来看，增加间接税也有与经济发展不相适应的一面。间接税重复课征使流通次数越多的商品价格中所含的税收越高，造成不同企业之间税负的不公平，致使专业化分工较细的企业税负沉重，不利于专业化生产的深入发展。因此，许多资本主义国家通过实行广泛的所得税制度增加财政收入，以满足财政支出不断增加的需要。同时，间接税重复课征，不利于专业化分工和自由贸易，这一弊端使间接税在税收中地位不断下降，也促使人们对间接税进行改革，从而使间接税不断地向前发展。其中，最重要的变化是增值税的出现。1954年法国最早实行了增值税。由于增值税具有避免重复征税、能够实现公平税负、促进专业化分工和国际贸易的发展等许多优点，增值税出现以后迅速在西欧和北欧各国得到推广，目前已成为众多发达国家和发展中国家广泛采用的国际性税种。近年来，间接税占税收收入的比重呈上升趋势，这来自于各国进一步认识到增值税在经济中的作用并将增值税广泛推行有着密切的关系。

同时，随着自由资本主义向垄断资本主义的发展，政府职能的逐渐扩大，对经济的干预也不断增强。税收不仅要满足政府不断增长的财政支出需要，还要成为调节社会收入分配和国民经济运行的重要杠杆。经过长期的发展，资本主义国家的税收已经形成比较复杂的体系和严密税收制度。总体来看，资本主义国家普遍实行的税收主要有：销售税、增值税、消费税、关税等商品课税；公司所得税、个人所得税、社会保障税等所得课税；一般财产税、房产税、遗产税等财产课税及资源、行为课税等。此外，资本主义国家的税收还对纳税人、税基的选择、税率的确定、税收减免、纳税时间和期限及征收管理进行了细致的规定，形成了复杂、严密、健全、规范的税制与征收管理制度。了解资本主义国家的税收制度，对于改革和完善我国的税收制度具有重要意义。

2. 税收范畴的演进

随着社会生产力的发展和社会经济情况的变化，税收范畴也经历了一个从简单到复杂、从低级到高级的发展过程。从税收的法制程度、税制结构、征纳形式等几个方面，能够较充分地反映税收的发展情况。

1）税收法制程度的发展变化

税收法制程度的发展变化，体现在行使征税权力的程序演变方面，以此为标准，税收的发展大体可以分为四个时期。

（1）自由纳贡时期。在奴隶时期，国家的赋税主要来自诸侯、藩属自由贡献的物品和劳力。从税收的法制观点看，这种以国家征税权和纳贡者自由纳贡相结合的方式所取得的税收，只是一种没有统一标准的自愿捐赠，还不是严格意义上的税收，只是税收的雏形阶段。

（2）承诺时期。随着国家的发展、君权的扩大，国家财政开支和王室费用都随之增加。单靠自由纳贡已难以维持国家发展，于是封建君主设法增加新税。特别是在战争时期或其他特殊时期，封建君主更需要开征临时税以应急需。由于当时领地经济仍处主导地位，王权受到一定的限制，课征新税或开征临时税，需要得到由封建贵族、教士及上层市民组成的民会组织的承诺。

（3）专制课征时期。随着社会经济的逐步发展，封建国家实行了中央集权制度和常备军制度。君权扩张和政费膨胀，使得国君不得不实行专制课征。一方面，实行专制课征能够笼络贵族和教士，尊重其免税特权，以减少统治阶级内部的阻力；另一方面，能够废除往日的民会承诺制度，不受约束地任意增加税收。在这一时期，税收的专制色彩日益增强。

（4）立宪课税时期。取消专制君主的课税特权曾是资产阶级革命的重要内容之一。资产阶级夺取政权后，废除封建专制制度和教会的神权统治，实行资产民主制和选举制。现代资本主义国家，不论是采取君主立宪制，还是采取议会共和制，一般都要制定宪法和法律，实行法治，国家征收任何税收，都必须经过立法程序，依据法律手续，都经由议会选举产生并制定。君主、国家元首或行政首脑不得擅自决定征税，人人都有纳税义务，税收的普遍原则得到广泛地承认。在这一时期，公众有了必须依照法定标准评定课征的观念。

2）税收制度结构的发展变化

税收制度结构的发展变化，体现在各社会主体税种的演变方面。历史上的税制结构的发展变化，大体上可以划分为四个阶段。

（1）以古老的简单直接税为主的税收制度。在古代的奴隶社会和封建社会，由于自然经济占统治地位，商品货币经济不发达，国家统治者只采取直接对人或对物征收的简单直接税。马克思指出："直接税，作为一种最简单的征税形式，同时也是一种最原始古老的形式，是以土地私有制为基础的那个社会制度的时代产物。"直接税有很多种。例如：人头税，按人口课征；土地税，按土地面积或土地生产物课征；对各种财产征收的财产税，如房屋税等。当时虽然也有对城市商业、手工业及进出口贸易征收的营业税、物产税、关税，但数量很少，在税收中不占重要地位。

（2）以间接税为主的税收制度。进入资本主义社会以后，由于简单的税制已不能满足财政的需要，因而利用商品经济日益发达的条件，加强对商品和流通行为课征间接税，形成了以间接税为主的税收制度。征收间接税既可将税收转嫁给消费者负担，又有利于增加财政收入。马克思曾说："消费税只能随着资产阶级统治地位的确定才得到充分发展。产业资本是一种靠剥削劳动来维持，再生产和不断扩大自己的持重而节俭的财富。在它手中，消费税是对那些只知消费的封建贵族们轻浮享乐的挥霍的财富进行剥削的一种手段。"

（3）以所得税为主的税收制度。随着资本主义工商业的发展，社会矛盾和经济危机日益加深，国家的财政支出亦随之增加。资产阶级国家深感广泛而过分课征间接税，对资本主义经济发展和资产阶级的经济利益也带来不利的影响。首先，对商品的流转额课征的间接税，在商品到达消费者手中之前，往往要经过多次流转，每次流转都要征税，流转次数越多，征税额越大，商品的价格也越高。这种情况很不利于企业的市场竞争和扩大再生产。其次，对消费品课征间接税，相应地提高了消费品价格，这就迫使资本家必须提高工人的名义工资。而提高工资又会提高生产成本，从而影响资本家的经济利益。而且过分扩大间接税的课征范围，还会引起无产阶级及劳动人民的反抗。资产阶级为了维护本阶级的根本利益、增加财政收入、适应国家的财政需要，不得不考虑税制的改革。因此，在18世纪末，英国首创所得税，以后时征时停，直至1842年才将所得税确定为永久税。之后各国先后仿效，使所得税在各国税收收入中逐渐占据主要地位。

（4）以所得税和间接税并重的税收制度。这种税收制度在发展中国家使用得比较普遍，少数发达国家间接税也占一定比重。例如，自20世纪50年代以来，增值税一直是法国的主要税种。自1986年美国里根政府税制改革以后，发达国家鉴于过高的累进所得税率，不但影响投资者的投资积极性，而且还影响脑力劳动者的劳动积极性，因而普遍降低个人及公司所得税税率。但因政府的财政支出又不能随之减少，所以一方面需要扩大所得税税基，另一方面又只能有选择地增加间接税的征收。于是，间接税在一些国家呈现有发展的趋势。

3）税收征收实体的发展变化

税收征纳形式的发展变化体现为力役、实物和货币等征收实体的发展演变。在奴隶社会和封建社会初期，自然经济占统治地位，物物交换是其主要特征，税收的征收和缴纳形式基本上以力役形式和实物形式为主。在自然经济向商品货币经济过渡的漫长封建社会中，对土地课征的田赋长期以征收农产品为主。尽管对商业、手工业征收的商税和物产税，及对财产或经营行为征收的各种杂税，有以货币形式征收的，但货币征收形式在当时还不占主要地位。直到商品经济发达的资本主义社会，货币经济逐渐占据统治地位，此时货币不但是一切商品和劳务的交换媒介，而且税收的征收缴纳形式都以货币为主。其他实体的征收形式逐渐减少，有的只在个别税种中采用。

4）税收地位和作用的发展变化

税收地位和作用的发展变化，体现为税收收入在财政收入中所占比重的变化及其对经济的影响。在封建社会制度下，国家财政收入中特权收入不足时，才征收赋税。但随着资本主义经济发展，资产阶级民主政治取代封建专制制度，特权收入逐渐减少，税收收入在财政收入中所占比重越来越大，成为财政收入的主要来源。自我国改革开放以来，利润在财政收入中所占较大比重的地位被税收取而代之。随着税收地位的变化，税收作用已从过去筹集资金满足国家各项支出的需要，发展成为调节经济的重要手段。税收在促进资源优化配置、调节收入分配、稳定经济等方面起着重要作用。虽然西方国家再次提出了所谓税收的中性原则，但税收调控经济的作用仍是不容否定的。

5）税收征税权力的发展变化

税收征税权力的发展变化，体现在国家税收管辖权范围的演变方面。在奴隶社会、封建社会及资本主义社会初期，由于国家之间经济往来较少，征税对象一般不发生跨国转移，因此，国家税收管辖权只局限于一国领土之内，称为地域管辖权阶段。到了资本主义社会中期，国际交往日益增多，跨国经营逐步发展。生产经营的国际化必然带来纳税人收入的国际化，一些国家为维护本国的利益开始对本国纳税人在国外的收入征税和对外籍人员在本国的收入征税。这种征税权力超过了领土范围，而主要以人的身份和收入来源确定是否属于一国的税收管辖权范围之内。这种被扩大的税收管辖权等于延伸了税收征收权力，即从地域范围扩大到人员范围。现在以人员为确定标准的管辖权即居民或公民管辖权，已在各国广泛应用了。

6）税收名称的发展

税收在历史上曾经有过许多名称，特别是在我国，由于税收历史悠久，名称尤为繁多，但是使用范围较广的主要有贡、赋、租、税、捐等几种。贡和赋是税收最早的名称，它们是同征税目的、用途相联系的。贡是属国和百姓向王室进献的珍贵物品或农产品，赋则是国家为军事需要而征收的军用物品。税这个名称始于"初税亩"，是指对耕种土地征收的农产物，即所谓"税以足食，赋以足兵"。但我国历史上对土地征收的赋税长期称之为租，租与税互相混用，统称为租税，直至唐代后期，才将对官田的课征称为租，对私田的课征称为税。捐这个名称早在战国时代就已经出现，但在很长一段时间内都是为特定用途筹集资金的，带有自愿性。当时，实际上还不是税收。明朝起捐纳盛行，而且带有强制性，成为政府经常性财政收入，以致使捐与税难以划分，故统称为捐税。总之，税收的名称在一定程度上反映了当时税收的经济内容，从侧面体现了我国的税收发展史。

1.4 税收的职能和作用

1.4.1 税收职能

1. 税收职能的含义与特性

税收职能，是指税收作为一种分配范畴所固有的职责与功能，反映了税收在分配过程中所具有的基本属性。一般来看，税收的职能具有内在性、客观性、稳定性三个基本特性。

1）税收职能的内在性

税收职能的内在性，是指税收职能是税收内在本质的反映，受税收本质的决定和制约，是税收内在的基本属性，税收职能内在于税收分配关系中，与税收不可分割。税收的本质表现为国家为满足社会公共需要，依据其政治权力参与社会剩余产品分配所形成的分配关系。税收职能反映了税收分配关系，是内在于税收分配过程的基本功能。

2）税收职能的客观性

税收职能的客观性说明税收职能是不以人的意志为转移的客观存在，只要有税收就必然存在税收的职能，或者说税收职能就不会消失，同时人们也不能创造税收职能，只能随着社会经济的发展客观地认识和反映税收的职能。

（3）税收职能的稳定性

税收职能的稳定性，是指税收职能作为税收所固有的职责与功能，具有相对的稳定性，不因社会经济条件的变化而频繁变化。

2. 税收职能的内容

税收理论界对于税收职能的表述不尽相同，比较一致的看法是把税收职能概括为财政职能、经济职能和分配职能三个方面的内容。

1）税收的财政职能

税收的财政职能就是税收取得财政收入的功能，是指税收参与社会产品的分配，从而占有一部分社会资源的功能，它是税收最基本的功能。税收之所以具有收入手段职能，是由税收的相对优越性决定的。与其他收入形式相比，税收的相对优越性集中表现在以下三个方面：第一是来源的广泛性，政府的公共职能惠及所有的经济活动主体，所有的经济活动主体都有义务向政府缴纳税收；第二是数额的确定性，税收是按事先确定的标准征收的，政府的收入具有确定性，可以有计划地安排政府支出，纳税人的负担也具有确定性，可以有计划地安排生产与生活，这是保持经济稳定增长的必要条件；第三是占有的长久性，税收是一种课征形式，由税收形式形成的收入，可以归政府永久性占有和支配使用。在各国历史上，税收一直是财政收入的重要组成部分。

2）税收的经济职能

税收的经济调节职能是指税收所具有的调节经济活动的职责和功能，通过影响个人和企业的经济行为和社会经济的运行，从而达到调节经济生活的目的。由于市场失灵导致社会经济资源配置的低效或者无效，降低了经济产出，影响了经济的稳定。因此，政府通过一定的经济政策来干预经济生活就成为一种现实的选择。

税收的经济职能包括调节微观经济和宏观经济。在调节微观经济方面，市场经济条件下的经济活动主体都是以利润最大化为活动目标的，此时资源配置主要取决于经济活动主体自身收益与成本的对比关系。然而某些产品与服务的生产，不仅给生产者自身带来收益或成本，而且给他人或社会带来收益或成本，即存在外部性。当出现正外部性时，生产者以自身收益为依据所安排的生产活动对社会而言会显得过少，没有充分利用现有的经济资源最大限度地满足人们的需要；而当出现负外部性时，生产者以自身成本为依据所安排的生产活动对社会而言又会显得过多，造成了经济资源的浪费。为了实现整个社会经济资源的有效配置，就需要由政府对资源配置进行适当的调节，税收就是政府调节资源配置的一种重要手段，出现正外部性时可以采取低税、减税或免税的办法，而出现负外部性时则可以采取征税或加重税负的办法。

从宏观层面看，市场经济的自发运行总是会出现周期性的波动，这意味着宏观经济出现了不稳定。从根本上说，宏观经济运行不稳定是由社会总供给和社会总需求失衡造成的。

但是宏观经济总量失衡不是市场本身所能有效解决的,只能由政府来进行适当的干预和调节。政府可以运用货币政策,也可以运用财政政策对社会总供求进行调节,但更多的时候是通过两者相互配合进行调节。运用财政政策来调节社会总需求又有财政收入与财政支出两种手段,由于支出的刚性较强,所以财政支出手段的作用力度在一定程度上受到限制,此时财政收入手段的作用就显得相对突出。在现代市场经济条件下,税收占财政收入的比重基本保持在90%左右,财政收入的作用主要体现为税收的作用。政府为保持宏观经济的平稳运行,必然把税收作为一个重要的工具。

3)税收的分配职能

税收的分配职能是指税收所具有的调节收入分配、实现社会公平的职能。这就要求在税收的征收和税收资金的使用过程中,通过税收分配职能来消除或减轻由于市场分配造成的社会成员之间的超出合理分配差距的收入分配,完成政府既定的公平收入分配的目标。在市场经济体制下,收入的分配主要是以要素的贡献为依据的。由于初始条件不均等要素的禀赋存在差异,完全以要素的贡献为依据进行收入分配并不符合社会公认的公平状态,这就需要由政府对收入分配进行必要的调节。

政府调节收入分配的手段有三种:一是法律手段,如劳动者最低工资制度;二是行政手段,如农产品价格支持政策;三是经济手段,如累进的所得税、差别的消费税和转移支付等。政府在运用经济手段调节收入分配时,必然把税收作为重要的杠杆。政府可以通过累进的个人所得税、社会保险税、有选择的消费税、遗产赠与税等其他税收制度的安排,缩小收入分配差距,促进社会公平。

3. 税收职能之间的关系

在税收的三种职能中,财政职能是最基本的职能,经济职能和分配职能是从属的、派生的职能。财政职能作为税收最基本的职责与功能,要求税收在任何社会经济条件下都必须以提供给国家满足社会公共需要所必需的财政收入为基本前提。经济职能和分配职能作为税收的派生职能,是在税收职能的基础上产生的,没有税收的财政职能就没有税收的经济职能和分配职能;如果税收的财政职能没有很好地实现,税收的经济调节职能就会受影响,税收的经济职能通常在实现财政职能的同时或不影响国家满足社会公共需要所需财政收入的前提下才能起作用。从税收产生的历史来看,税收先是为了满足社会公共需要,在国家所必需的财政收入得到保证的基础上对经济产生影响后,国家才能有意识地运用税收调节经济运行和收入分配,实现特定的经济社会目标。

1.4.2 税收作用

税收作用是指税收在一定的政治经济条件下对国家、社会和经济所产生的影响或效果,它是税收职能的外在表现。税收作用是对象化的税收职能,是行使税收职能产生的效果,是税收职能与一定的政治经济条件相结合的产物。

1. 税收作用的概念及特征

税收作用是客观与主观、自发性和自觉性的有机统一。它是有条件的，具有因时因地而异的特点，可以随不同国家或同一国家不同历史时期的政治经济条件的变化而变化。在不同社会制度下，由于政治经济条件不同，税收的作用也就存在着广度和深度上的差别。在资本主义社会制度下，税收为实现统治阶级的国家职能发挥作用；在社会主义制度下，税收为实现社会主义国家职能发挥作用。在同一社会制度下，由于各个历史时期的经济和政治条件的差异，税收发挥的作用也不尽相同。

在社会经济的发展过程中，税收的存在是客观的，作用是现实的，但税收也不是万能的，同其他所有事物一样，税收的作用是相对的、局限的。税收作用的局限性来自于税收自身的功能。首先，任何一个税种的征税对象都是特定的，税收作用只能在征税范围之内得到发挥，其作用对象也只针对特定的纳税人，对于不属于征税范围的领域或不是纳税人的经济活动主体，税收的作用也就无从谈起。其次，税收作用还受到征税深度的限制，由于税收的作用是通过税收负担水平的界定和调整来实现的，所以税收作用的力度就会受到纳税人缴纳税额的限制。税收作用的有效性不单取决于政府，还有赖于纳税人对税收政策或税收制度调整带来的税收负担变化的敏感性，有时纳税人对税收负担变化的行为选择会使税收作用达不到预期的效果。最后，税收制度设计和实施过程中存在的一些问题，也可能会限制税收作用的发挥。在一些国家，由于多方面的现实原因，有时甚至是受既得利益的影响而在税收制度设计时就没有达到最优，在这样的情况下，税收的作用必然也是具有局限性的。在现代社会，税收制度是经过法定程序批准的，在一定时期内应具有相对稳定性，而不能频繁地调整。即使要调整，也需要经过法定程序批准，由此也决定了税收作用于社会经济存在着明显的时滞。此外，税收作用的发挥还要受到一定征管水平和税收成本的制约，离开现实的征管水平、不问税收成本，也不可能发挥税收应有的作用。

2. 税收作用的内容

在我国现行市场经济下，税收的作用可以包含两方面：收入作用和调节作用。其中调节作用还包括调节需求总量、调节经济结构、调节收入分配。

1）收入作用

在社会主义市场经济条件下，税收成为我国财政收入的主要形式，税收收入逐年大幅度上升，税收组织财政收入的作用，体现在以下两个方面：其一，税收来源的广泛性，税收不仅可以对流转额征税，还可以对各种收益、资源、财产、行为征税，不仅可以对国有企业、集体企业征税，还可以对外资企业、私营企业、个体工商户征税，等等。税收保证财政收入来源的广泛性，是其他任何一种财政收入形式不能比拟的。其二，税收收入的及时性、稳定性和可靠性，由于税收具有强制性、无偿性、固定性的特征，因此，税收就把财政收入建立在及时、稳定、可靠的基础之上，成为国家满足公共需要的主要财力保障。

2）调节作用

（1）调节需求总量的作用。税收对需求总量进行调节，以促进经济稳定，其作用主要表现在以下两个方面：其一，运用税收对经济的内在稳定功能，自动调节总需求，累进所得税制可以在需求过热时，随着国民收入的增加而自动增加课税，以抑制过度的总需求；反之亦然，从而起到自动调节社会总需求的作用。其二，根据经济情况变化，制定相机抉择的税收政策来实现经济稳定，在总需求过度引起经济膨胀时，选择紧缩性的税收政策，包括提高税率、增加税种、取消某些税收减免等，扩大征税以减少企业和个人的可支配收入，压缩社会总需求，达到经济稳定的目的；反之，则采取扩张性的税收政策，如降低税率、减少税种、增加某些税收减免等，减少征税以增加企业和个人的可支配收入，刺激社会总需求，达到经济稳定的目的。

（2）调节经济结构的作用。在社会主义市场经济条件下，税收对改善国民经济结构发挥着重要作用：一是促进产业结构合理化。税收涉及面广，通过合理设置税种、确定税率，可以鼓励薄弱部门的发展，限制畸形部门的发展，实现国家的产业政策。二是促进产品结构合理化。通过税收配合国家价格政策，运用高低不同的税率，调节产品之间的利润差别，促进产品结构合理化。三是促进消费结构的合理化。通过对生活必需消费品和奢侈消费品采取区别对待的税收政策，促进消费结构的合理化。

（3）调节收入分配的作用。在市场经济条件下，由市场决定的分配机制，不可避免地会拉大收入分配上的差距，客观上要求通过税收调节，缩小这种收入差距。税收在调节收入分配方面的作用，具体表现在以下两方面：一是公平收入分配。通过开征个人所得税、遗产税等，可以适当调节个人间的收入水平，缓解社会分配不公的矛盾，促进经济发展和社会稳定。二是鼓励平等竞争。在市场机制失灵的情况下，由于价格、资源等外部因素引起的不平等竞争，需要通过税收进行合理调节，以创造平等竞争的经济环境，促进经济的稳定和发展。

1.4.3 税收职能和作用的关系

税收职能是内在于税收分配过程中的固有的、本质的属性，是无条件的。而税收作用是税收职能的外在表现，是有条件的。税收的各种作用反映了税收的固有职能，而税收的作用又是税收职能现实化、条件化、具体化的表现。想要有效地发挥税收的职能，就必须正确认识税收的作用，既不能忽视税收对社会经济生活所产生的影响，也不能任意夸大税收的作用。

思 考 题

1. 国家征税的主要目的是什么？
2. 税收的定义及特征是什么？
3. 你认为税收的本质是什么？

4. 在现代社会中，税收具有哪些职能？

5. 如何客观认识税收在社会经济运行中的作用？

6. 税收产生的条件是什么？

7. 如何认识税收是政府提供公共产品的价格？

8. 税收产生的直接原因和根本原因是什么？

扩展阅读1-3

案例分析

即测即练

第 2 章 税收要素与分类

学习目标

1. 掌握税收的基本要素；
2. 掌握不同税率的计算方法；
3. 掌握主要的税收分类依据和方法；
4. 了解税种相互间的区别与联系；
5. 了解不同税率形式的效应。

扩展阅读 2-1

税收趣闻

税收要素就是税收制度的构成内容，尽管各个税种有着不同的特点，而且不同时期作出的制度安排也不尽相同，但每一个税种征税办法的构成要件却是相同的，包括税收基本要素、税收补充要素和税收调整要素。

2.1 税收要素

2.1.1 税收基本要素

税收基本要素包括纳税人、征税对象和税率。由于这三个要素回答了由谁纳税、对什么征税、征多少税的最基本税收问题，能直接反映税收分配关系，所以相对于其他税收要素而言，它们是最基本的要素，也是税收要素的核心与重点内容。

1. 纳税人

纳税人是纳税义务人的简称，是指税法规定的直接负有纳税义务的单位和个人，法律术语称为课税主体。

纳税人既可以是自然人，也可以是法人。每一个税种都规定有各自独立的纳税人。确定某一税种的纳税人，是通过此税种处理政府与纳税人之间分配关系的首要条件。纳税人的法人一般是指经工商行政管理机关审查批准和登记、具备必要的生产手段和经营条件、实行独立经济核算并能承担经济责任、能够依法行使权利和义务的单位、团体。纳税人的自然人是指负有纳税义务的个人，如从事工商经营的个人、有应税收入或有应税财产的个人等。

负税人和扣缴义务人是与纳税人存在关联关系的两个概念。负税人是指实际负担税款的单位和个人。对部分税种而言，税款最终是由纳税人承担的，在这种情况下纳税人就是负税人；也有部分税种，税款虽然是由纳税人缴纳的，但纳税人却可以通过一些途径和方式将税款转嫁给其他人负担，在这种情况下，纳税人就不等同于负税人。扣缴义务人是指按照税法的规定，负有代扣代缴税款义务的单位和个人。在税收的征收管理中，相当一部分税种的纳税人和税源比较分散。在这种情况下，各国一般都规定支付款项的经济活动主体为扣缴义务人，一方面是为了实行源泉控制，可以有效地防止偷税逃税的发生，另一方面也可以在一定程度上简化纳税手续、节省征税成本。

2. 征税对象

征税对象又称课税对象，是指税法规定的征税的目的物，法律术语称为课税客体。征税对象表明政府到底对什么样的东西征税，在总体上确定了税种的征税范围，具体规定了每一种税的征税界限，是一个税种区别于另一个税种的主要标志，是税收制度的基本要素之一。不同税种之所以在名称、性质及其功能等方面存在差别，在相当大程度可以归因于征税对象的不同。征税对象既可以货币形态存在，也可以实物形态存在。

征税对象只是决定了征税客体的一般外延。为了计算应缴税额，在税种制度中还必须对征税对象作出具体的规定，这就是税目与税基。

税目是指税法规定的征税对象的具体项目，它是征税对象"质"的表现，代表政府征税的广度，反映了各税种具体的"征税范围"。征税范围，是指税法规定的征税对象的具体内容或范围，也就是课征税收的界限。凡是列入征税范围的都应征税。设置税目，一方面为了体现公平原则，根据不同项目的利润水平和国家经济政策，通过设置不同的税率进行税收调控；另一方面为了体现"简便"原则，对性质相同、利润水平相同且国家经济政策调控方向也相同的项目进行分类，以便按照项目类别设置税率。税目的设置方法主要有列举法和概括法。列举法按照每一征税项目一一列举，分别设置税目，列举法一般适用于税源大、界限清楚的征税对象。列举法又可进一步细分为正列举法和反列举法。正列举法也被称为"直接列举法"，将属于本税目征税范围的项目予以具体列举，未列举的则不属于本税目的征税范围。反列举法也被称为"间接列举法"，将不属于本税目征收范围的项目予以具体列举，未列举的属于征收范围。采用列举法，税目设置界限比较明确，便于征收管理，也有利于体现税收政策，但设置的税目数量较多，相应的制度安排也比较复杂。概括法对同一征税对象用集中概括的方法将其分类归并，性质相近的征税项目概括在一起作为一个税目。使用概括法的优点在于税目数量少，相关的制度安排也相对简单，但每个税目包含的范围较大，界限容易混淆。

税基指的是政府征税的基础。从"质"上来把握税基，其实就是政府的征税对象。税种不同，税基亦不同。例如，商品税的税基是商品销售额或增值额，所得税的税基是各种所得额。税基的选择是一个国家税制建设过程中的重要问题，因为它直接关系到政府财政收入的规模和社会经济政策的绩效。一般来说,政府征税应选择覆盖面宽广、税源充裕的税基。从"量"上来把握税基,就是计算应缴税额的依据或标准,它也被称为"计税依据"。税基直接决定税额的大小,在其他因素保持不变的前提下,扩大税基会增加应缴税额,缩小税基会减少应缴税额。税基的计量单位通常有实物和货币两种形态。税基计量单位的选择,制约着税率的具体形式。当选择重量、面积、数量或容积等实物量来度量税率时,一般采用定额税率;当选择收入和利润等价值量来度量税基时,与之相对应的税率形式是比例税率或累进税率。在部分情况下,税基直接是征税对象数量的某种表现形式。例如,对商品征税,税基往往是商品的交易额。在有的情况下,税基只是征税对象的一部分,而不是它的全部。例如,对企业所得征税时,征税对象数额是全部所得额,但税基却是从中做了一些扣除之后的余额。表2-1显示的是我国现行环境保护税的征税对象、税目和计税依据。

表 2-1　我国环境保护税的征税对象、税目与计税依据

征税对象	应税污染物
税目	《环境保护税税目税额表》《应税污染物和当量值表》规定的大气污染物、水污染物、固体废物和噪声
计税依据	应税大气污染物按照污染物排放量折合的污染当量数确定 应税水污染物按照污染物排放量折合的污染当量数确定 应税固体废物按照固体废物的排放量确定 应税噪声按照超过国家规定标准的分贝数确定

资料来源:根据《中华人民共和国环境保护税法》整理。

另外,与征税对象相关联的概念还有税源和税本。税源是指税收的经济来源。理论上,税源归根结底是国民收入。但在实践中,每种税的税源不尽相同,可能是直接征税对象,也可能是间接征税对象。就税源与征税对象的关系来说,在内容上,有些税种的征税对象与税源是一致的,如所得税的征税对象和税源都是纳税人的所得;有些税种的征税对象与税源则是不一致的,如财产税的征税对象是纳税人的财产,而税源一般是纳税人的收入。在目的上,征税对象主要解决对什么征税的问题,而税源则表明征税对象的来源及纳税人的负担能力。税收制度注重税源问题的主要意义有两点:其一,税源的丰腴状况是制约税收规模的一个主要因素;其二,税源是税收政策调节作用的归宿。因此,无论是从增加税收收入的角度,还是从增强税收政策作用效果的角度来看,培育税源始终是税收工作中的一个重要内容。税本是指产生税源的物质要素和基础条件。税源是税本所产生的果实,有税本才有税源,有税源才有税收。一般把人力、资金、资源等生产要素作为税本,因为通过这些生产要素的运用和有机结合才能生产社会产品,进而提供丰富的税源。

3. 税率

税率是应纳税额与征税对象数额之间的比例,是计算应纳税额和税收负担的尺度,它体现征税的深度。税率既是税收制度的中心环节,也是税制中最活跃、最有力的因素。税

率的高低，直接关系到国家财政收入和纳税人的负担，同时也反映了国家经济政策的要求。在征税对象既定的情况下，税率形式的选择和税率档次的设计，决定了税收规模和纳税人负担水平及纳税人之间的税负水平。

1）税率的基本形式

不同税率可细分为若干种税率形式，税率的基本形式可分为比例税率、定额税率、累进税率和累退税率四种。

（1）比例税率，是对同一征税对象，不分数额大小，规定相同的征收比例的税率。在比例税率下，应纳税额与征税对象的数量之间成固定的正比关系。比例税率的基本特点是税率不随征税对象数额的变动而变动，计算简单，便于征收，适用面比较广，在商品税制、所得税制和财产税制中都可以见到，但是比例税率调节收入分配的效果不太理想，难以体现税收调节社会经济运行的职能。在具体运用上，比例税率有统一比例税率、差别比例税率和幅度比例税率三种形式。

①统一比例税率，是指一个税种只规定一个比例税率，所有的纳税人都按这一个税率纳税。例如，车辆购置税实行统一比例税率，税率为10%。

②差别比例税率，是指一个税种设两个或两个以上的比例税率，它具体又可分为产品差别比例税率、行业差别比例税率和地区差别比例税率三种形式。产品差别比例税率，即对不同产品规定不同的税率，同一产品采用同一税率。例如：摩托车消费税规定汽缸容量在250ml（含250ml）以下税率为3%；汽缸容量在250ml以上税率为10%。行业差别比例税率，即对不同行业规定不同的税率，同一行业采用同一税率。例如：交通运输业提供交通运输服务，增值税税率为9%；餐饮业提供餐饮服务，增值税税率为6%。地区差别比例税率，即对不同地区实行不同的税率。例如：纳税人所在地在城市市区的，城市维护建设税税率为7%；纳税人所在地在县城、建制镇的，税率为5%；纳税人所在地不在城市市区、县城、建制镇的，税率为1%。

③幅度比例税率。即由税法规定统一比例幅度，由各地区根据本地具体情况确定具体的适用税率。例如，我国契税实行3%~5%的幅度比例税率，各省（区、市）人民政府可在此幅度税率规定范围内按照本地区的实际情况决定。

（2）定额税率，它是税率的一种特殊形式，是指对每一单位的征税对象直接规定固定税额的一种税率，而不是按照征税对象规定征收比例，所以又称为"固定税额""单位税"。根据价格、质量和规格标准来固定，较统一的产品又被区分为地区差别定额税率、幅度定额税率和分类分级定额税率等形式。

①地区差别定额税率，即地区差别税额，是指根据不同地区的自然资源、成本水平和盈利水平的情况，分别制定不同的税额。我国现行税制中的资源税、城镇土地使用税、车船税、耕地占用税等都属于地区差别定额税率。例如，我国现行的资源税，对煤炭非统配矿的税率，按不同省区分别规定，如山东省每吨1.20元、河北省每吨0.90元、北京市每吨0.60元。又如，海盐的资源税，北方海盐每吨25元，南方海盐每吨12元。

②幅度定额税率，即幅度税额，是指税法统一规定税额幅度，各地区再规定不同税额的定额税率。例如：我国城镇土地使用税，大城市每平方米年税额为1.5~30元；中等城

市每平方米年税额为1.2~24元；小城市每平方米年税额为0.9~18元；县城、建制镇、工矿区每平方米年税额为0.6~12元。

③分类分级定额税率，即分类分级税额，是指按照征税对象的不同种类和不同等级，分别规定不同税额的定额税率，现行税制中的车船使用税及船舶吨税即采用这种税率。

（3）累进税率，是指同一征税对象，随数量的增大，征收比例也随之提高的税率。它是将征税对象按数额大小分为若干等级，不同等级适用由低到高的不同税率，征税对象数额越大税率越高，数额越小税率越低。累进税率的基本特点是税率等级与征税对象的数额同方向变动，相对符合税收的公平原则；从宏观层面上看，它还可以在一定程度上发挥稳定经济运行的功效。累进税率主要适用于对所得和财产征税。

累进税率的累进依据有绝对数和相对数两种。以绝对数为累进依据的累进税率，可被称为"额式累进税率"。大部分采用累进税率的税种都是以绝对数为累进依据，如个人所得税。以相对数为累进依据的累进税率，常被称为"率式累进税率"。相比较而言，采用率式累进税率的税种并不多，在我国现行税收制度中，只有土地增值税采用这一税率形式。累进税率的累进方式即适用税基，也有总量和增量两种。以总量作为适用税基的累进税率形式，通常被称为"全累税率"，以增量作为适用税基的累进税率形式，通常被称为"超累税率"。根据累进依据和累进方式的不同，累进税率实际上可以分为全额累进税率、超额累进税率、全率累进税率、超率累进税率四种，其中使用时间较长和应用较多的是超额累进税率。

全额累进税率，是指按征税对象的绝对数额划分征税级距，就纳税人的征税对象全部数额按与之相对应的级距税率计征的一种累进税率，即一定征税对象的税额只适用一个等级的税率。新中国成立初期征收的工商所得税，曾实行21级全额累进税率，最低一级为所得额未满300元的税率为5.75%；最高一级为所得额在万元以上的税率为34.5%。如果纳税人的所得额超过万元，则全部所得额都按34.5%的税率征税。

全额累进税率规定征税对象的数额只适用于一个档级的税率，当征税对象数额增加到需要提高一个档级时，则将全部征税对象的数量按高一档税率计算应纳税额，也就是同一征税对象的全部数额都按与之相应的最高档级的税率计征。全额累进税率下应纳税额的计算，直接用应税税基乘以适用税率，这可用公式（2-1）表示。

$$应纳税额 = 税基总量 \times 适用税率 \qquad (2\text{-}1)$$

全率累进税率，是指按征税对象的相对比例划分征税级距，就纳税人的征税对象全部数额按与之相应的级距税率计征的一种累进税率。它与全额累进税率的原理相同，但税率累进的依据不同。全额累进税率的依据是征税对象的数额，而全率累进税率的依据是征税对象的某种比率，如销售利润率、资金利润率等，全率累进税率在我国尚未使用过。

超额累进税率，是指按征税对象的绝对数额划分征税级距，就纳税人征税对象全部数额中符合不同级距部分的数额，分别按与之相对应的各级距税率计征的一种累进税率，即一定征税对象的应纳税所得额会同时适用几个等级的税率。表2-2为我国现行个人所得税对工资、薪金所得预扣所采用的7级超额累进税率表。

表 2-2 中国个人所得税税率表（工资、薪金所得适用）

级 数	全年应纳税所得额	税率/%	速算扣除数/元
1	不超过 36 000 元的	3	0
2	超过 36 000 元至 144 000 元的部分	10	2520
3	超过 144 000 元至 300 000 元的部分	20	16 920
4	超过 300 000 元至 420 000 元的部分	25	31 920
5	超过 420 000 元至 660 000 元的部分	30	52 920
6	超过 660 000 元至 960 000 元的部分	35	85 920
7	超过 960 000 元的部分	45	181 920

资料来源：《中华人民共和国个人所得税法》。

在超额累进税率下，会出现某一征税对象同时适用多个档级税率的情况，其应纳税额的计算是先用各档级的税基增量分别乘以对应的税率，求出各档级税基应当缴纳的税额，再将各档级税基应当缴纳的税额相加求出总的应纳税额，这可用公式 2-2 表示。

$$应纳税额 = \sum 各级别的税基增量 \times 各档级对应的税率 \tag{2-2}$$

由于累进方式不同，因而全额（率）累进税率与超额（率）累进税率在税收征管和税收公平等方面各具特点：第一，全额（率）累进税率下应纳税额的计算相对简便，而超额（率）累进税率下应纳税额的计算要复杂一些；第二，在名义税率相同的情况下，全额（率）累进税的累进程度高、税收负担重，而超额（率）累进税的累进程度相对低、税收负担轻；第三，在所得额级距的临界点附近，全额（率）累进税会出现税收负担的增加超过所得额增加的不合理现象，超额（率）累进税则不存在这个问题。综合对全额（率）累进税率与超额（率）累进税率各自的优势和不足之处，目前各国在实践中更多地采用超额（率）累进税率。

当甲的应纳税所得额分别为 400 元、4 000 元、20 000 元、20 001 元时，在全额累进税率和超额累进税率下，甲应纳的个人所得税，税率如表 2-3 所示。

表 2-3 个人所得税率表

级 数	应纳税所得额	税 率/%
1	应纳税所得额低于 500 元的	5
2	应纳税所得额不低于 500 元不足 2 000 元的	10
3	应纳税所得额不低于 2 000 元不足 20 000 元的	15
4	应纳税所得额不低于 20 000 元不足 100 000 元的	20
5	应纳税所得额不低于 100 000 元的	25

①当甲的应纳税所得额为 400 元时：

全额累进税率下应纳税所得额 =400×5%=20（元）

超额累进税率下应纳税所得额 =400×5%=20（元）

②当甲的应纳税所得额为 4 000 元时：

全额累进税率下应纳税所得额 =4 000×15%=600（元）

超额累进税率下应纳税所得额 =500×5%+（2 000-500）×10%+（4 000-2 000）×15%
=475（元）

③当甲的应纳税所得额为 20 000 元时：

全额累进税率下应纳税所得额 =20 000×15%=3 000（元）

超额累进税率下应纳税所得额 =500×5%+（2 000-500）×10%+（20 000-2 000）
×15%=2875（元）

④当甲的应纳税所得额为 20 001 元时：

全额累进税率下应纳税所得额 =20 001×20%=4 000.2（元）

超额累进税率下应纳税所得额 =500×5%+（2 000-500）×10%+（20 000-2 000）
×15%+（20 001-2 000）×20%=2875.2（元）

由①②比较可知，在第一级时，全额累进税率与超额累进税率计算结果相同；在第二级时，全额累进税率下应纳税额为 600 元，超额累进税率下应纳税额为 475 元，全额累进税率的累进速度较快。

由③④比较可知，甲的收入增加 1 元，全额累进税率下应纳税额增加 1000.2 元；超额累进税率下应纳税额增加 0.2 元。可见，在临界点上，全额累进税率会出现税收增加幅度超过收入增加幅度。从避税角度考虑，纳税人会避免增加最后 1 元钱的收入，扭曲了资源配置；而超额累进税率则不存在这样的问题。

从上面的计算过程可以发现，在税率档次较多时，按照逐级累加的方法计算应纳税额比较麻烦。在实践中，引入了速算扣除数，使计算变得简单。所谓速算扣除数，是在采用超额累进税率计税时，简化计算应纳税额的一个数据。速算扣除数实际上是在级距和税率不变条件下，即先采用全额累进税率的方法计算应缴税额，然后从中扣除速算扣除数，具体可用公式（2-3）表示。

$$应纳税额 = 税基总量 \times 适用税率 - 速算扣除数 \quad (2\text{-}3)$$

其中速算扣除数是在税率和级距不变的条件下，全额累进税率下应纳税额比超额累进税率下应纳税额多缴纳的一个常数。速算扣除数的计算方式可用公式（2-4）表示。

$$本级速算扣除额 = 上一级级距的最高额 \times (本级税率 - 上一级税率) + 上一级速算扣除数 \quad (2\text{-}4)$$

用上述公式求得的速算扣除数，可用直接计算法验证其准确性。以表 2-3 为例，第 2 级的速算扣除数计算方式如下。

500×（10% -5%）+0=25（元）

速算扣除数的另一种计算方法如公式 2-5 所示。

$$速算扣除数 = 全额累进税率下应纳税额 - 超额累进税率下应纳税额（逐级累加） \quad (2\text{-}5)$$

同样以表 2-3 为例，第 2 级的速算扣除数计算方式如下。

全额累进税率的应纳税额 =2 000×10% =200（元）

超额累进税率的应纳税额 =（500×5%）+（1 500×10%）=175（元）

速算扣除数 =200-175 =25（元）

超率累进税率。即以征税对象数额的相对率划分若干级距，分别规定相应的差别税率，相对率每超过一个级距的，对超过的部分就按高一级的税率计算征税。目前，我国采用这种税率的是土地增值税，以增值额与扣除项目余额之间的比例为依据来确定。表2-4 显示的是我国现行土地增值税税率表。

表2-4 中国土地增值税税率表

级 数	级 距	税率/%
1	增值额未超过扣除项目金额50%的部分	30
2	增值额超过扣除项目金额50%，未超过扣除项目金额100%的部分	40
3	增值额超过扣除项目金额100%，未超过扣除项目金额200%的部分	50
4	增值额超过扣除项目金额200%的部分	60

资料来源：《中华人民共和国土地增值税暂行条例》。

（4）累退税率与累进税率的基本原理大致相同，只不过累退税率在设计上与累进税率相反。在累退税率下，征税对象标志的数量越大，税率越低。在现代社会中，几乎没有一个国家采用累退税率，但作为一种分析税收调节公平效果的工具，它还是被广泛使用。

因为不同形式的税率具有不同的特征，所以它们在财政、公平和效率等方面所产生的效应也各不相同。从财政功能上看，采用比例税率取得的税收收入与税基是同比增长的，其收入弹性等于1；采用累进税率税种取得的税收收入往往会快于税基的增长，其收入弹性大于1；而采用定额税率税种取得的税收收入不能随着税基的增长而同比增长，其收入弹性小于1。在实现社会公平方面，采用累进税率的个人所得税的收入再分配效应最佳，比例税率次之，而定额税率最差。在效率方面，比例税率和定额税率一般不会对经济活动主体的行为产生太大的影响，基本保持税收中性，然而累进税率却会在一定程度上影响到经济活动主体的行为。

2）税率的其他形式

为了分析税收负担和税收效应等，税率还常常被区分为名义税率和实际税率、边际税率和平均税率、零税率和负税率。

名义税率和实际税率分别用来衡量纳税人的名义税收负担和实际税收负担。名义税率通常指的是税法规定的适用税率，而实际税率则是指纳税人在一定时期内实际承担的税额占其计税依据的比例。由于存在税收减免和税负转嫁等方面的原因，实际税率往往要低于名义税率。与名义税率相比，实际税率反映了纳税人实际承担的税负水平，它的变化对纳税人经济行为有着更为直接的影响。区分名义税率和实际税率，为确定纳税人实际负担水平和建立完备的税收制度提供了必要的依据。

边际税率（marginal tax rate，MTR）指的是在征税对象的一定数量水平上，征税对象的增加导致的应纳税额的增量与征税对象的增量之间的比例。平均税率是指全部税额与征税对象总量之间的比例。边际税率和平均税率的计算公式可以分别用公式（2-6）和公式（2-7）表示。

$$t_M = \frac{\Delta T}{\Delta Y} \qquad (2\text{-}6)$$

式中：t_M 表示边际税率；ΔT 表示应纳税额的增加额；ΔY 表示计税依据的增加额。

$$t_A = \frac{T}{Y} \qquad (2\text{-}7)$$

式中：t_A 表示平均税率；T 表示应纳税额；Y 表示计税依据总额。

如图 2-1 所示，在不同的税率形式下，边际税率和平均税率的变化趋势及相互间的关系是不同的。在比例税率条件下，由于税率不随税基的变化而变化，因而当税基发生变化时，其边际税率和平均税率均保持不变，并且边际税率等于平均税率；在累进税率条件下，随着税基的增大，其边际税率和平均税率都呈现上升的趋势，但边际税率往往要大于平均税率；在累退税率条件下，随着税基的增大，其边际税率和平均税率都呈现出下降的趋势，但平均税率始终要高于边际税率。

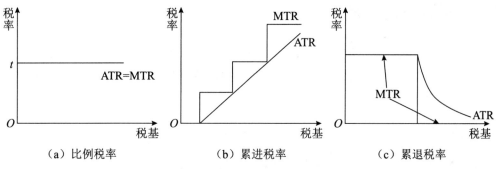

图 2-1 不同税率形式的边际税率和平均税率

平均税率（average tax rate，ATR）的高低直接关系到税收收入效应的强弱，平均税率越高，税收的收入效应也就越强，反之就越弱。然而在经济活动主体行为的影响下，边际税率比平均税率的影响要大一些，即边际税率的高低直接关系到税收替代效应的强弱。这是因为如果边际税率较高，那么增加收入中的大部分会被政府以税收的方式拿走，这无疑会极大地影响经济活动主体的积极性。

在进行税收经济分析时，人们还经常提到税收的累进性和累退性。税收的累进性和累退性不同于累进税率和累退税率。税收的累进性和累退性很难予以准确的界定，通常是以平均税率为依据，或者以纳税人承担的税收负担与其收入间的比例关系为标准来进行判断。如果纳税人的收入越高，其承担的税收负担与其收入的比例也越高，或者说平均收入随着收入的增加而上升，则可以说税收具有累进性（参见公式（2-8））。如果低收入阶层承担的税收负担占其收入的比重高于高收入阶层承担的税收负担占其收入的比重，则可以说税收具有累退性。通常用边际税负率来判断其累进性和累退性。

$$\text{边际税负率} = \frac{t_1/Y_1 - t_0/Y_0}{Y_1 - /Y_0} \qquad (2\text{-}8)$$

另一种衡量税收累进性和累退性的方法是看其收入的弹性，收入弹性越大或者说税收

收入变化的比例除以收入变化的比例越大,则越具有累进性,反之,则具有累退性。(参见公式(2-9))

$$税收收入弹性 = \frac{\frac{t_1 - t_0}{t_0}}{\frac{Y_1 - Y_0}{Y_0}} \quad (2\text{-}9)$$

式中:Y_0 和 Y_1 表示的是两种不同的收入水平,并且 $Y_0 < Y_1$;t_0 和 t_1 分别表示收入为 Y_0 和 Y_1 时缴纳的税款。

零税率是以零表示的税率。负税率是指政府利用税收形式对所得额低于某一特定标准的家庭和个人予以补贴的比例。负税率主要用于负所得税的计算。负所得税是指现代一些西方国家把所得税和社会福利补助制度相结合的一种主张与试验,即对那些实际收入低于维持一定生活水平所需费用的家庭或个人,按一定比例付给所得税。

2.1.2 税收补充要素

税收补充要素具体包括纳税环节、纳税地点、纳税期限和违章处理,旨在科学配置税制结构,方便税收征纳,防止漏征和重复征税,保证政府及时取得财政收入,有利于政府财政收入的均衡和稳定。

1. 纳税环节

纳税环节指的是处于运动之中的征税对象,在商品流转的众多环节中,按照税法的规定应当缴纳税款的环节。应税商品从生产到消费,中间往往需要经过多个环节,具体在哪个环节缴纳税款是一个非常重要的问题。合理选定和设置纳税环节,不仅对于科学配置税制结构、调节税收负担、促进商品流通、保证政府及时取得财政收入有着重要的意义,而且对于方便征税纳税也有积极作用。根据选择纳税环节的多少,可分成一次课征制和多次课征制两种课征制度。一次课征制只在商品流转的某一个环节征税,而多次课征制在商品流转的两个或多个环节征税。

2. 纳税地点

纳税地点是纳税人缴纳税款的地点。纳税地点的确定,关系到税收管辖权的归属和是否便于纳税人缴税等问题,在税法中明确规定纳税地点也有利于防止漏征或重复征税。纳税地点既可以是纳税人的住所地,也可以是营业地、财产所在地或特定行为的发生地。一般来说,纳税地点和纳税义务发生地是一致的,但在某些情况下,纳税地点和纳税义务发生地也可能不一致,如经过政府税务机关批准后,与总公司不在同一地点的分公司的利润可以在总公司汇总纳税。纳税地点的选择直接关系到税收收入在不同地区间的分配,因而在实行分级财政体制的国家显得尤为重要。

3. 纳税期限

纳税期限是指纳税人发生纳税义务后，必须依法缴税的时限。纳税期限的确定主要解决多长时间征一次税和什么时间纳税两个问题。纳税期限是根据纳税人的经营规模和各个税种的特点，本着既有利于税收及时入库，又可控制税收成本的原则确定的。税务机关一般会根据征税对象性质的不同和各行业生产经营的不同特点，来确定纳税期限的长短。纳税期限有两层含义：结算期限和缴款期限。

结算期限是指结算应纳税款的期限，即多长时间纳一次税。我国现行税制有以下三种形式：一是按期纳税，纳税间隔期为1天、3天、5天、10天、15天和1个月，共6种期限；二是按次缴纳，以纳税行为发生的次数作为结算期限；三是按年计征、分期预缴，即按规定的期限预缴税款，年终汇算清缴，多退少补。

缴款期限是指税款缴纳入库的期限，即结算期满后税款多长时间必须入库。缴款期限的长短取决于结算期限的长短。比如在增值税中，纳税人以1个月为一期纳税的，应自期满之日起15日内申报纳税；以1日、3日、5日、10日、15日为一期纳税的，应自期满之日起5日内预缴税款，于次月1日起15日内申报纳税并结清上月应纳税款。

4. 违章处理

违章处理是税务机关根据税法的规定对有违反税法行为的纳税人采取的惩罚性措施。它是维护税法严肃性的重要手段，体现了税收的强制性。纳税人的税务违法行为通常有逃税、欠税和抗税等。对纳税人税务违法行为采取的惩罚性措施包括加收滞纳金、处以罚款、送交人民法院依法处理等。

2.1.3 税收调整要素

税收调整要素具体包括减税和免税、起征点和免征额及加成征收和加倍征收。尽管各种税的税收法律及暂行条例等对其征税范围和适用税率都有明确规定，但为了体现税收公平原则，照顾低收入纳税人，调节收入再分配，有时会通过不同方法对原有法定税负进行调整。

1. 减税和免税

减税是对应纳税额少征一部分税款，免税是对应纳税额全部免征。减免税是对某些纳税人或征税对象的鼓励或照顾措施。减税免税是为了解决按税制规定的税率征税时所不能解决的具体问题而采取的一种措施，是在一定时期内给予纳税人的一种税收优惠，同时也是税收的统一性和灵活性相结合的具体体现。

减税免税根据实施时间的不同可以分为法定减免、特定减免和临时减免。

法定减免是指税收法律（法规）中直接规定的对某些项目给予的减免。它体现了该种税减免的基本原则规定，具有长期的适用性。法定减免必须在基本法规中明确列举减免税项目、减免税的范围和时间。例如，我国现行《中华人民共和国增值税暂行条例》明确规定：农业生产者销售的自产农业产品、避孕用品等免税。

特定减免是根据社会经济情况发展变化和发挥税收调节作用的需要，由国务院或其授权的机关颁布法规、规章特别规定的减免制度。特定减免主要有两种情况：一是在税收的基本法确定以后，随着国家政治经济情况的发展变化所作出的新的减免税补充规定；二是在税收基本法不能或不宜一一列举时采用补充规定的减免税形式。以上两种特定减免的情况，通常是由国务院或作为国家主管业务部门的财政部、国家税务总局、海关总署作出规定。特定减免可分为无限期的和有限期的两种减免。大多特定减免都是有限期的，减免税到了规定的期限，就应该按规定恢复征税。

临时减免又称"困难减免"，是指除法定减免和特定减免以外的其他临时性减免，主要是为了照顾纳税人某些特殊的、暂时的困难，而临时批准的一些减免税。它通常是定期的减免税或一次性的减免税。例如，纳税人遇有风、火、水等自然灾害或其他特殊原因，导致纳税有困难的，经税务机关批准后，可给予定期的或一次性减税、免税照顾。

减免税根据实施的具体形式不同可以分为税基式减免、税率式减免和税额式减免。

税基式减免是指通过缩小税基的方式来实现免除或减轻纳税人的税收负担，具体包括起征点、免征额或税收扣除、亏损递补、跨期结转等方式。

税率式减免是指对特定的纳税人或特定的经济活动，采用较正常税率低的税率征收的方式，来实现免除或减轻税收负担，具体包括重新确定税率、选用其他税率和规定零税率。此外，一些国家也基于特定的目的规定部分纳税人承担税收负担的最高限额，这实际上是一种间接的税率优惠形式。

税额式减免是指通过直接减少应纳税额的方式实现免除或减轻税收负担，具体包括全部免征、减半征收、核定减免率及核定减征税额等。

2. 起征点和免征额

起征点是指开始计征税款的界限。征税对象没有达到起征点的不征税，一旦征税对象的数额达到或超过起征点，则要就其全部数额征税，而不是仅对其超过起征点的部分征税。规定起征点是为了照顾收入水平较低的纳税人，它实际上起到了对低收入纳税人给予补贴的作用。

免征额也被称为"税收扣除"，是指在征税对象全部数额中预先减除或免予征税的数额。它是按照一定标准从征税对象全部数额中预先扣除的数额，免征部分不征税，只对超过免征额的部分征税。税收扣除额既可以采用定额扣除的方式，也可以采用定率扣除的方式。税收扣除多用于对所得或财产的课税，它一般通过直接扣除法和费用加成法来实现。直接扣除法指允许纳税人在缴税时就其某些规定的项目所发生的费用直接进行全部或部分扣除。而费用加成法指允许纳税人对其某些规定费用项目的列支可以超过实际发生数，以多计成本的办法来减轻税负。在采用累进税率的情况下，税收扣除不仅可以直接减轻纳税人的负担，而且会使纳税人降入低的适用税率档次。

3. 加成征收和加倍征收

加成征收是按应纳税额的一定成数加征税款。加成征收实质是税率的延伸，是税率的补充形式，是税法规定对纳税人或征税对象加重征税的措施。实行加成征收的目的在于配合国家的方针政策，调节纳税人某些过高的收入，或限制某些不利于社会经济发展的经营活动。例如，《中华人民共和国个人所得税法实施条例》规定，对于个人一次取得劳务报酬，其应纳税所得额超过 2 万元的实施加成征收；应纳税所得额超过 2 万元至 5 万元的部分加征 5 成，超过 5 万元的部分加征 10 成。

加倍征收是指在纳税人应纳税额的基础上加征一定倍数的税额，是一种不改变法定税率大幅度提高征收强度的方法，所以其实质是税率的大幅度延伸，是税率的补充形式。实施加倍征收的目的是配合国家的某种政策，以限制或打击某些不利于社会经济发展的经营活动及纳税人的各种违法行为，因此加倍征收是针对特定纳税人的特殊办法。例如，我国曾经在营业税征管中对从事临时经营的实施过加倍征收。

2.2 税收分类

当今世界，各国都实行复合税制，有的国家有几十种税，有的国家有上百种税。从不同的角度选择不同的分类标准，税收体系会显现不同的构成。可以说，现代税收体系是由多种结构组成的多面体。不同的分类方法会有不同的税收构成，具有不同的理论和实践意义。人们就是通过比较不同国家、不同时期、不同侧面的税收体系，研究税收的发展变化趋势，揭示税收分配的一般规律和特殊规律，找出现存税收体系中存在的问题，提出解决这些问题的对策。为了进一步加深对税收的认识，正确发挥税收的作用，不断开拓税源，建立合理的税收制度，有必要对税收进行分类，即按照一定的标准，把诸多税种中性质、特征相同或相近的归于一类，以示与其他税种的区别。为此，可以依据不同的标准对税收进行分类，同一种税可以选择多种标准进行分类，但无论采用何种标准，选择方式主要取决于分类的目的和要说明的问题。

2.2.1 按税收缴纳形式分类

按照税收缴纳形式的不同，可以将税种分为力役税、实物税和货币税。力役税是指纳税人以直接提供无偿劳动的形式缴纳的税种；实物税是指纳税人以实物形式缴纳的税种；货币税是指纳税人以货币形式缴纳的税种。力役税和实物税主要存在于商品经济不发达的时代和国家；货币税则是市场经济国家最普遍、最基本的税收形式。

2.2.2 按税负能否转嫁分类

以税收负担是否容易转嫁或以纳税人与负税人之间的关系为标准，可以将税种分为直接税和间接税两大类，这种分类方法与税收经济分析有着密切的联系。

直接税是直接向负税人征收的各种税种，其基本特点是纳税人不能或不容易把自己缴纳的税款转嫁出去，纳税义务人同时是负税人。正因为在税收的征纳过程中，政府与负税人之间的关系是直接的，两者之间不存在第三方，所以将其称为"直接税"。一般认为，所得税和财产税属于直接税的范畴。

间接税是间接对负税人征收的各种税种，其基本特点是政府直接向纳税人课税，但纳税人能够通过提高或压低价格等方式，将其缴纳的税款转嫁给其他人来承担。正因为在税收征纳过程中，政府与负税人之间介入了纳税人，使得两者之间的关系变成间接关系，所以将其称为"间接税"。一般认为，商品税属于间接税范畴。

将税负能否转嫁作为税收分类的标准，决定了直接税和间接税在税负上的不同性质和特点。具体来说，由于所得税、财产税等直接税不能转嫁，税负透明，纳税人对这一类税负的感受较为强烈，心理上难以承受，因此直接税的课征阻力较大；商品劳务税等间接税能够转嫁，纳税人可以通过商品或劳务的价格将其转嫁给他人负担，其自身少负担甚至并不负担税收，特别是在采用价内税的情况下，税负隐含在商品或劳务的价格中，消费者在购买商品或劳务的过程中不知不觉地便负担了税收，他们不易觉察这一类税负，在心理上也容易接受，因此间接税的课征阻力较小，较易征收。

按照税负能否转嫁进行税收分类：一方面便于分析税源结构，明确每一种税在收入和负担上的源头，结合各个税种的性质和各类型、各阶层的社会成员对税收的心理和经济承受能力，建立能够满足国家财政支出需要的、与社会承受能力相适应的税制结构，实现国家一定时期的财政收入目标，为政府履行其公共职能服务；另一方面便于分析税负的运动状况，研究每种税负的最终归宿，明确税收调节的对象和着力点，通过制定相应的税收政策，改革或调整税收制度，体现一定时期国家宏观经济政策的意图，促进宏观调控目标的实现。

2.2.3 按征税对象性质不同分类

按征税对象性质的不同，可以将税种分为商品税、所得税、财产税、行为税和资源税。

商品税是对商品的生产、流通、消费及劳务的提供课征的各税种的统称，它也常常被称为"货物和劳务税"。由于商品税是以商品和劳务的流转额为计税依据，所以它在我国也习惯性地被称为"流转税"。目前我国开征的商品税种主要有增值税、消费税和关税等。

所得税是以纳税人的"应税所得"为征税对象开征各税种的总称。根据要素所有者性质的不同，所得税可以分为个人所得税和企业所得税。根据税款用途的不同，所得税又可以分为一般性质的所得税和社会保障税。

财产税是对纳税人在某一时点拥有或支配的财产课征的各税种的统称。比如，我国现行税制中房产税、契税、车辆购置税和车船使用税都属于财产税。

行为税是国家为了对某些特定行为进行限制或开辟某些财源而课征的一类税收。比如，我国现行税制中城市维护建设税、车辆购置税、印花税等都属于行为税。

资源税是以各种应税自然资源为征税对象、为了调节资源级差收入并体现国有资源有偿使用而征收的一种税。比如，我国现行税制中资源税、耕地占用税和城镇土地使用税都属于资源税。

2.2.4 按税收管理权限分类

按税收收入归属为标准，可以将税种分为中央税、地方税和中央与地方共享税。

中央税是由一国的国家政府或中央一级政府征收管理和使用的税，属于中央级政府的财政收入。中央税一般是指收入大、征收范围广、政策上需要全国统一、宜于全国统一立法和统一征收管理的税种。

地方税是由一国的地方政府征收管理和使用的税，属于地方政府的财政收入。地方税一般是指收入分散、与地方经济及利益关系密切、宜于由地方政府立法或自定办法征收管理的税种。地方税的管理权限原则上交给地方政府，由地方政府制定法规组织征收。但是，为了保持税收政策在全国范围内的统一和平衡税负，地方税的税种、征收原则和税率的上限也可以由中央统一制定。

中央与地方共享税是指中央和地方共享税收收入的税种。在财政收入以税收为主的制度下，中央财政与地方财政必然存在实行按税种划分收入的管理体制。中央税全部作为中央财政收入，地方税全部作为地方财政收入。但由于各地区经济发展的不平衡，有些地方征收的地方税不能满足地方财政的需要，因此，需要在中央税和地方税之外，将一些直接涉及中央与地方共同利益、需要依靠地方征收管理的税种作为中央与地方的共享税，其收入按一定比例分配给中央财政和地方财政。

1994年，我国开始实行分税制财政体制，根据财力与支出责任相结合的原则，将税种统一划分为中央税、地方税和中央与地方共享税。目前，我国的税收分别由税务系统（国家税务总局系统）、海关等系统负责征收管理。表2-5、表2-6分别显示了我国税收征收管理范围划分情况、税收收入划分情况。

表2-5 税收征收管理范围划分表

征 管 主 体	负责征管的税种
税务系统（国家税务总局系统）	增值税；消费税；车辆购置税；城市维护建设税；企业所得税；个人所得税；资源税；城镇土地使用税；耕地占用税；土地增值税；房产税；车船税；印花税；契税；烟叶税；环境保护税
海关	关税；船舶吨税；代征进出口环节的增值税、消费税

表 2-6 税收收入划分表

收入划分	税　种
中央固定收入	消费税（含进口环节海关代征部分）；车辆购置税；关税；海关代征的进口环节增值税
地方固定收入	房产税；城镇土地使用税；耕地占用税；土地增值税；车船税；契税；烟叶税；环境保护税
中央地方共享收入	增值税（不含海关代征的增值税）；城市维护建设税；企业所得税；个人所得税（除储蓄存款利息所得的个人所得税外）；印花税（证券交易印花税归中央，其他印花税归地方）；资源税（海洋石油企业资源税归中央，其他资源税归地方）

2.2.5 按税率特点分类

按税率特点为标准，可以将税种分为累进税、比例税和定额税。

累进税是指随着征税对象数额或相对比例的增大而逐级提高税率的一种递增等级税类。根据累进依据和累进方式的不同，累进税率实际上可以分为全额累进税率、超额累进税率、全率累进税率、超率累进税率等。我国的个人所得税综合所得适用超额累进税率，为3%~45%；土地增值税适用超率累进税率，为30%~60%。

比例税是对同一征税对象，不论量的多少，都按同一比例征税的税类。我国曾经实行的工商统一税、产品税、营业税及现行的烟叶税、车辆购置税、关税等都属于比例税。

定额税指按定额税率计征的各种税。定额税的应纳税额，按照应税产品的课税数量和规定的单位税额计算，税率不受征税对象价格升降变化的影响。如我国现行消费税中对汽油、柴油，直接规定每升消费税税额。土地使用税按使用土地面积，规定每平方米税额。资源税对各税目（如原油、煤炭、盐等）均规定按吨（或立方米）征收一个固定税额。

2.2.6 按计税方法分类

按课税的计税方法为标准，可以将税种分为从价税和从量税。

从价税亦称"从价计征"，是指以征税对象的价值或价格为计税依据的税收。我国现行增值税、个人所得税、企业所得税等都属于从价税。从量税亦称"从量计征"，指以征税对象的重量、面积、件数、容积等数量指标为依据，采取固定税额计征的税收。我国现行的资源税、车船税、耕地占用税等都属于从量税。

从价税的税额随商品价格或劳务收费的变化而变化，符合税收合理负担的原则且保证国家财政收入的稳定性，因而大部分税种都采用这种计税方法。从量税的税额随征税对象的实物量变化而变化，不受商品价格变动的影响，虽然计算简便，但税收负担和财政收入不能随价格高低而增减，因而税收负担不尽合理，目前只有少部分税种采用这一计税方法。

2.2.7 按税收与价格的关系分类

按税收与价格之间的关系为标准,可以将从价课征的商品税分为价内税和价外税。

价内税是将税收作为价格组成部分的税种,计税依据是含税价格,其基本特点是税款作为组成部分包含在商品价格之中,税收负担较为隐蔽,税款缴纳绑定商品销售,有利于及时取得财政收入。我国现行的消费税属于价内税。

价外税是将税收作为价格外加部分的税种,计税依据是不含税价格,其基本特点是税款独立于商品价格之外,税收负担较为明显,容易让纳税人感到切身利益的损失,而且征收管理相对要复杂一些。我国现行的增值税属于价外税。一般认为,价内税较价外税更容易实现税负转嫁。在各国的税收实践中,价内税课征的侧重点为厂家或生产者,价外税课征的侧重点为消费者。

具体来说,价内税和价外税有以下几点区别。

1. 计税价格不同

价内税是指税金包含在价格之中,这种价格由成本、税金和利润三部分组成,称为含税价。企业在销售商品时,只收取按含税价计算的价款,不另收取价内税,因为价格中已包含有税金。价外税是指不包含在价格之中的税金,这种价格由成本和利润两部分组成,称为不含税价。企业在销售商品时,除收取按不含税价计算的价款外,还另外收取价外税。简单来说,价内税以含税价格计税,价外税以不含税价格计税。

2. 对生产者和消费者的影响不同

对生产者来讲,价内税和价外税最大的区别在于价内税作为纳税人企业经营收入与成本的重要组成部分,影响企业经营行为,而价外税恰似一个独立系统,似罩在价格上的一层"面纱",对企业经营行为基本不构成影响。因此,价内税影响企业经营行为,从而对生产有较大影响,而价外税则影响甚微,是"中性"的,更有利于企业生产经营决策的科学化。对消费者来讲,消费者购买商品的价格是物品的真实价格,与价税是否分开无关,所以消费者感受不到价内税和价外税的不同,无论价内税还是价外税都没有影响。

3. 会计核算方法不同

无论是价内税还是价外税,实际纳税时,会计核算都是借记"应交税费"科目,贷记"银行存款"科目。但是由于计算申报和实际缴纳都存在时间差,期末应交未交的税金是一项流动负债,价内税与价外税在该过程的核算是不同的。价内税计征模式下,企业取得的收入金额 = 销售数量 × 单位价格(含税价格),取得收入时的会计核算为借记"银行存款"等科目,贷记"主营业务收入"等科目,对于计算提取的税金则应按照配比原则在成本费用中核算,借记"税金及附加"科目,贷记"应交税费——应交××税"等科目;价外税计征模式下,由于价格中不包含税金,收入中也不含税,企业销售商品时收到的价外税应单独核算,会计核算为借记"银行存款"等科目,贷记"主营业务收入"科目和"应交税金——应交××税"科目。按配比原则,因收入中不含税,计算提取的税金也不应列支成本费用。因此,价内税可以扣除,价外税不得扣除。会计核算价内税与价外税的区别还在于它们在会计报表上的反映不同:价内税不但应在资产负债表中反映,还应在利润表中反映,对企业的损益有直接影响;价外税仅须在资产负债表中反映,对企业的损益无直接影响。

4. 换算公式不同

在价内税条件下,由于计算税额的税基包含税金,因此,当一种产品的价格不含税价时,在计算税额时需要把它换算成含税价格,即含税价=不含税价/(1-税率),否则税基就会缩小,减少国家税收收入。当然不同的产品不含税价的具体内容是不同的,如企业自制产品不含税价=成本+利润;委托加工产品不含税价=原材料成本+加工费;进口产品不含税价=关税完税价格+关税。在价外税条件下,由于计算税额的税基不含税金,因此,当一种产品的价格若为含税价时,在计算税额时需要把它换算成不含税价格,即不含税价=含税价/(1+税率),否则税基就会扩大,加重购买者的税收负担,推动产品价格总水平上涨。含税价之所以要换算成不含税价,与一个国家长期形成的产品价格制度有关,在西方国家,由于长期使用价外税制度,企业在定价时,不考虑税金,只考虑其成本与利润,因此,企业所确定的产品价格本身就是不含税价,企业计税时无须换算,直接采用其价格计算即可;在我国,由于长期实行价内税制度,市场上商品的标价皆为含税价格,因此,当我国新的增值税采用价外税制度时,不能直接以市场上的商品标价作为税基,而必须把其换算成不含税价格。

2.2.8 按征税对象是否具有依附性分类

按征税对象是否具有依附性,可以将税种分为独立税和附加税。

独立税是不需要依附于其他税种独立课征的税。我国现行的税种大多属于独立税。附加税是追随于正税按照一定比例征收的税,其纳税人与独立税的纳税人相同,但是税率另有规定,附加税以正税的存在和征收为前提和依据。我国现行的附加税有城市维护建设税,没有独立的征税对象,必须在增值税、消费税的基础上课税。

除以上几种分类以外,还有其他的税种分类方法。例如,按预算收入口径和征收管理机关不同,可以将税种分为工商税、农业税和关税;按税收与社会再生产的联系,可以将税种分为生产环节课税、流通环节课税、分配环节课税、消费环节课税;按税收收入的用途,可以将税种分为一般税和特定税;按税种的法定期限,可以将税种分为经常税和临时税;按纳税人的国籍,可以将税种分为国内税和涉外税等。

思 考 题

1.在税收实务中,实际的税款是由纳税人申报并缴纳的,因此,"纳税人就是负税人",

你同意这种说法吗？请说明理由。

2. 利用 MTR 和 ATR 并借助图形来解释比例税率、累进税率和累退税率的概念。

3. 试对比例税率、累进税率和定额税率等税率形式在财政、效率和公平等方面的异同进行比较分析。

4. "起征点与免征额均是国家给予纳税人的税收减免，因此，两者本质是相同的。"你认为这种说法正确吗？请说明理由。

5. 价内税和价外税的分类有何经济价值？

计 算 题

1. 某纳税人本月取得收入 1 000 元，税法规定起征点是 800 元，税率为 10%，并加征两成的税款，计算该纳税人应纳税总额。

2. 某纳税人本月取得收入 1 000 元，税法规定免征额是 800 元，税率为 10%，并加征两倍的税款，计算该纳税人应纳税总额。

扩展阅读 2-2
直接税和间接税的来源

即测即练

第3章 税收原则理论

学习目标

1. 掌握税收原则理论的产生与发展；
2. 掌握税收财政原则的内涵及实现途径；
3. 掌握税收公平原则的内涵及选择；
4. 掌握税收效率原则的内涵及选择；
5. 了解税收法定原则的内涵及实现途径；
6. 了解我国历史上的治税原则。

扩展阅读 3-1

鄂豫皖苏维埃根据地税收历史及其红色税收精神的传承

税收原则是建立税收制度所应贯彻遵循的指导思想，是国家设计税收制度、制定税收政策时必须遵循的基本准则和行为规范。税收原则是税收理论的中心内容之一，它主要回答政府应该如何征税的问题。

税收原则是保证税收制度和税收政策合理性的重要前提，只有符合税收原则的税收制度才是合理的，因此，税收原则通常被作为衡量一国税制优劣的标准，正因如此，税收原则也成为引领各国税制改革的航向标。

从古至今，税收原则在国内外都得到相当的重视，历代经济学家在不同的历史阶段都提出了不同的税收原则理论，我国古代理财家也从不同角度提出了不同的税收原则主张，现代国外经济学家基于不同的经济学流派对税收原则理论进行了有益的探索，因此，税收原则又是一个古老而又常新的论题。

尽管当代经济学家提出了多种税收原则理论，有四原则论、五原则论、六原则论等，但对税收的公平原则和效率原则大家都是认同的，因此，公平原则与效率原则就构成了税收的两大核心原则。而公平原则和效率原则又是一对矛盾的统一体，实践中要实现公平目标就得损害效率，要实现效率目标就得牺牲公平，二者很难兼顾。因此，税收的公平原则和效率原则往往是一道难求最优解的方程式。

3.1 税收原则的产生和发展

3.1.1 国外税收原则理论的产生和发展

在国外较早涉及税收原则问题的经济学家是英国古典经济学的创始人威廉·配第（William Petty）和德国重商主义经济学家尤斯蒂（Justi），但他们都没有明确列举或系统表达出自己的税收原则思想。在税收学史上，率先将税收原则系统化并上升到理论高度的是英国经济学家亚当·斯密（Adam Smith）。此外，较具代表性且影响非常大的还有德国财政学家瓦格纳（Wagner）和美国财政学家马斯格雷夫（Musgrave）的税收原则理论。纵观国外税收原则理论的历史沿革，大体分为税收原则的提出、税收原则的发展、税收原则的完善、税收原则的繁荣四个阶段。

1. 税收原则的提出

历史上首次提出税收原则理论的经济学家是英国古典政治经济学家威廉·配第，他在其经典著作《赋税论》中，提出政府征税主要涉及两个最基本也是最核心的原则，一是公平，二是效率，但对公平和效率原则的具体内容威廉·配第没有进一步展开论述。对税收原则明确而系统地加以阐述的是英国古典政治经济学家亚当·斯密。他在1776年出版的代表作《国民财富的性质和原因的研究》中，提出了著名的"税收四原则"理论：平等、确定、便利、最少征收费用。

平等原则（canon of equality）指公民应根据自己的纳税能力来承担政府的经费开支，反对贵族和僧侣的特权。亚当·斯密认为"每个国家的国民，都应尽量按照各自能力的比例，即按照各自在国家保护下享有的收入的比例，缴纳赋税，以维持政府。"可见，亚当·斯密的平等原则要求每一个社会成员依照其从政府提供的公共服务中获得收入的多少为标准来纳税，不应因身份或地位的特殊而享有免税特权。

确定原则（canon of cetainty）指课税应以法律为依据，国民应纳的税种、缴纳的方法、应纳税额都必须是确定的，不得随意变更。亚当·斯密指出"每个国民应当完纳的赋税必须是确定的，不得随意变更。完纳的日期、方式和数额都应当让一切纳税者及其他所有人了解得十分清楚。否则，每个纳税者就不免或多或少被税吏的权力所左右；税吏会借端加重赋税，或以加重赋税为恐吓，勒索赠物或贿赂。"亚当·斯密所强调的确定原则，实质上是要求政府课税要以法律为准绳。在亚当·斯密看来，税收的不确定性比税收不公平对国民的危害更大。

便利原则（canon of convenience）指政府在纳税人缴纳税款时应为纳税人提供较大的便利，在征收办法、征收时间、征税地点等方面，为纳税人提供便利。亚当·斯密提出"各种赋税征收的日期和方法，必须给予纳税者最大便利"。也就是说，便利原则要求政府在纳税时间、地点、方法和形式上，都应尽可能地为纳税人履行纳税义务提供方便。

最少征收费用原则（canon of economy in collection）是指在征税过程中，尽量减少不必要的费用开支，使所征税款尽可能多地归入国库。亚当·斯密主张"一切赋税的征收要有所安排，设法使从人民那里的征收，尽可能等于最终国家得到的收入"。也就是说，最少征收费用原则要求政府在征税的过程中取得的实际收入额与纳税人缴纳的数额间的差距越小越好，税务部门征税时所耗的费用应减少到最低程度。

亚当·斯密的"税收四原则"在当时成为各国财政法规的典范，对资本主义经济的发展起到积极的推动作用，对后世的税收理论也产生了深刻的影响，从而也奠定了其在税收学说史中的地位。然而，由于亚当·斯密处在资本主义自由竞争发展的阶段，由此导致他的税收原则仅仅是一套单纯的财政准则，而不是完整的税收原则体系，因为其中没有涉及税收与国民经济之间的关系。亚当·斯密将国民经济原则排除在外的原因，与他所处的时代密切相关。亚当·斯密生活在工业革命早期和资本主义上升阶段，经济上流行的是个人主义的利己和自由放任思想，在政治上社会契约论占据着主导地位。作为新兴资产阶级的代表人物，亚当·斯密自然极力主张自由放任和自由竞争，反对国家干预，他认为政府的职能应当受到限制，政府财政支出也应当削减到最低限度，不应多征税。亚当·斯密的税收原则，反映了资本主义上升时期经济自由发展和作为"守夜人"的政府不干预或尽可能地少干预经济的客观要求，这就决定了亚当·斯密的税收原则只能是消极的理财原则。

2. 税收原则的发展

亚当·斯密的税收原则理论是自由资本主义阶段自由放任思想的反映，长期实行自由放任的结果导致了 1929—1933 年的"大萧条"，经过这次经济大危机，自由放任理论受到了严峻挑战。特别是随着资本主义进入垄断时期，贫富分化日益严重，阶级矛盾日趋激化，社会改良思潮的影响逐渐扩大，随之带来了税收原则理论的进一步发展，其标志是德国历史学派的代表人物瓦格纳提出了税收原则理论。

瓦格纳是德国 19 世纪社会政策学派的主要代表，他主张由国家调节社会生活，缓和阶级矛盾，实行社会改良。瓦格纳在其四卷本的名著《财政学》中，集前人税收原则理论之大成，提出了著名的"四端九项"的税收原则理论。

1）财政政策原则

财政政策原则（canon of fiscal policy）又被称为"财政收入原则"。瓦格纳认为，政府征税的直接目的是取得财政收入以满足财政支出的需要，所以税收收入的来源必须充分并且有弹性。即财政政策原则具体包括收入充足原则和收入弹性原则。

（1）收入充分原则意味着当非税收入来源不能取得充分的财政收入时，税收收入应充分满足政府财政支出的需要，尽量避免产生赤字。从保证财政收入的角度看，应选择税源充足、收入及时的可靠税种。

（2）收入弹性原则要求税收能够适应政府财政需要的变化而相应地增减，尤其是当政府的财政支出增长或其他收入减少时，税收收入能够随着经济增长自然增收、提高税率或开设新税种等方式实现法定增收来适应这种变化。

2）国民经济原则

国民经济原则（canon of national economy）。要求政府征税时不应妨碍国民经济的发展，要有利于经济的发展，避免危及税源。国民经济原则具体包括慎选税源和慎选税种两个方面的内容。

（1）慎选税源原则指的是税源选择必须适当，应有利于保护税本，而不能伤害税本。一般来说，所得资本和财产都可以作为政府的税源。但从发展经济的角度考虑，以所得为税源最好，若选择资本和财产作为税源，则有可能会伤害税本，导致税源枯竭。当然也不能以所得作为唯一的税源，基于社会政策等方面的需要，也可以适当地选择某些资本或财产作为税源。

（2）慎选税种原则要求税种的选择应当考虑税收负担的转嫁问题，因为它关系到国民收入的分配和税收负担的公平。政府在征税过程中应尽量选择税收负担难以转嫁或者转嫁方向较为明确的税种，以解决税收负担的合理分配问题，并且不过多地影响市场活动的效率。

3）社会正义原则

社会正义原则（canon of social ethics）。社会正义原则是瓦格纳所主张的社会政策的直接体现。由于税收可以影响社会财富的分配，因而要通过政府征税来矫正社会财富分配过程中的不公平和贫富两极分化的现象，从而达到用税收政策实行社会改革和缓和阶级矛盾的目的。社会正义原则具体包括普遍原则和平等原则两个方面的内容。

（1）普遍原则指的是一切从政府提供的公共产品和服务中享受利益的国民，都应当向政府履行纳税义务，任何人均不得因社会地位或身份特殊而减税或免税，即每个社会成员均应分担税收负担。然而，从社会政策的观点出发，对于劳动所得或低收入者可以适当给予减免税的照顾。

（2）平等原则要求政府按照纳税人的负担能力大小来征税，使税收负担与纳税人的负担能力相称。为此，对财产性所得的课税应重于劳动所得，对非劳动所得及意外收入应加重课税，对低收入者生存必需的收入应减轻负担，对贫困者免税。只有这样，才符合社会正义的要求。

4）税务行政原则

税务行政原则（canon of tax administration）又被称为"课税技术原则"。它体现的是对税收行政管理的要求。税务行政原则具体包括确实、便利和最少征费等内容。

（1）确实原则要求税收法律要简明确实，纳税的数额、时间、地点和方法均应事先明确，不得随意变更，以避免征纳过程中发生误解。

（2）便利原则是指政府征税手续要简便，在纳税时间、地点和具体的方式等方面应尽量给纳税人以便利。

（3）最少征费原则指的是税收的征收管理费用应力求节省，同时也应减少纳税人因纳税而发生的各项费用。

我们把瓦格纳的税收原则理论与亚当·斯密的税收原则理论作以比较，就会发现瓦格纳的税务行政原则就是亚当·斯密的税收原则。由此得知，瓦格纳的税收原则理论首先是继承了亚当·斯密的税收原则理论，在此基础上，瓦格纳又建立了一套多中心的原则体系，它较亚当·斯密的"税收四原则"更全面，也更为具体，故瓦格纳的税收原则理论是亚当·斯密的税收原则理论的进一步发展。从总体上看，瓦格纳以社会政策和财政政策为中心的税收原则体系，反映了资本主义从自由竞争向垄断过渡时期社会矛盾激化的基本状况。从19世纪下半叶开始，资本主义由自由竞争开始走向垄断，资本不断集中，社会财富分配不公的问题日益严重，社会矛盾日益尖锐，于是以瓦格纳为代表的一些学者从社会改良的角度出发，主张由国家通过税收等手段来调节社会生活，以缓和阶级矛盾。在这种背景下，瓦格纳强调社会正义原则和税收在矫正分配不公中的作用，是具有相当积极的意义的。由于资本主义从自由竞争进入垄断后，政府的职能不再局限于国防和维护社会秩序，还要执行相应的社会政策，因而政府必须有充裕的收入，税收要充分满足政府财政支出的需要，于是瓦格纳提出了财政收入原则。此外，瓦格纳明确将国民经济作为税收的一个原则，从而说明了税源和税种的选择都要以保护税本为前提，这在当时的社会经济条件下也是有积极意义的。可见，瓦格纳的税收原则理论对各国税收制度的设计和税收政策的制定都产生了深远的影响。

但是瓦格纳的税收原则理论也是有缺陷的，主要表现在他只认识到了政府干预经济的必要性，强调税收被动地适应经济发展的需要，而没有认识到税收如何才能积极地干预经济的运行。

3. 税收原则的完善

面对1929—1933年的"大萧条"，很多经济学家逐步认识到市场机制并不是万能的，它也存在着失灵的可能性，要维持宏观经济的稳定就必须引入政府的机制，随之产生国家干预理论。其典型代表人物就是英国的经济学家约翰·梅纳德·凯恩斯（John Maynard Keynes）。

凯恩斯的理论是建立在他提出的有效需求原理和乘数原理之上，凯恩斯从宏观角度研究分析税收问题，并将税收作为国家进行宏观干预的主要手段，这些以宏观思想为依托的税收理论，突破了古典学派传统的中性税收，"夜警"国家等理论体系，对以后税收政策的制定实施产生了深远的影响。其中凯恩斯的税收思想和税收政策的论述主要体现在他的成名作《就业、利息和货币通论》（简称《通论》）中，凯恩斯在《通论》中提出了积极的税收政策的思想，主要包括公平财富分配和经济稳定增长两个方面的内容。

公平财富分配。税收要有利于收入的再分配，调节收入差距。关于税收如何消除社会财富分配不公，凯恩斯认为，一是有必要征收高额遗产税，"高额遗产税固然有增加社会消费倾向之功效，但是，因为当消费倾向作永久增加时，在一般情形之下（即除去充分就业情形），投资引诱也同时增加。"二是要对食利者阶层课以高税，他认为，食利者阶层的存在是资本主义社会的一大弊病，也是社会分配不公的一大根源，对经济和社会都不利，应加以限制和消灭。为此，一要增加资本数量，使得资本不再有稀少性，毫无功能的投资者从此不能再坐收利益。二要建立一个直接税体系，使得理财家、雇主及诸如此类人物之智慧、决策、行政技能等，在合理报酬之下为社会服务。

稳定经济增长。凯恩斯认为难以实现充分就业和存在经济危机的原因，在于社会有效需求不足，而边际消费倾向递减和资本边际效率递减，又直接影响有效需求不足，必须通过加强国家干预来刺激有效需求增加。为此，一要改变税收体系，提高消费倾向。凯恩斯认为各种间接税，如销售税和消费税，其征税对象实际是人们手中原来可以用作消费支出的货币，如果将这笔货币通过征税作为政府支出，则达不到提高有效需求的效果，因为这类税实际是将私人消费转变为政府消费，即私人支出转变为政府支出，原来的效果和征税后的效果几乎一样。所以，凯恩斯认为，间接税是不合适的税种，应当"改变租税体系"，将以间接税为主的税收体系改变为以直接税为主的税收体系。二要实施赤字性财政税收政策。根据凯恩斯的理论，在政府增加支出的同时，税收不宜提高，收支必然出现差额，即出现赤字。赤字性财政税收政策正是凯恩斯政府政策的基本主张。他认为，政府支出的增加，不应由变更税率来弥补，相反，税率还可以适当降低。由于提高税率往往使人们的消费倾向和投资倾向降低，因此他主张应实行一种以不变动消费倾向为目标的税收政策，即不变动或降低税率的政策。

凯恩斯摒弃了传统的健全财政税收的理论和政策，主张实行赤字性财政税收政策，实现了由税收对经济的被动干预到税收对经济的主动干预的转变，因此，凯恩斯税收思想是国外税收原则理论的进一步完善。而且，这种政策成为以后许多资本主义国家，特别是美国制定政策的依据，但由于凯恩斯是国家干预理论的奠基人，他片面强调政府对经济的全面干预，结果导致了资本主义经济在20世纪70年代与20世纪80年代出现的"经济滞胀"，面对"经济滞胀"的困境，时任美国总统的里根（Reagan）率先抛弃了凯恩斯主义的思想，转而采取综合学派的思想，主要是供给学派和货币学派，使美国又一次率先摆脱了"经济滞胀"的困境。

4. 税收原则的繁荣

随着凯恩斯主义主流地位的丧失，各种经济学流派纷纷兴起，带来了经济学繁荣的局面，同时不同经济学流派提出不同的税收思想，随之又带来了税收原则的繁荣。

马斯格雷夫（Musgrave）的"最优税制四原则"理论——被誉为现代财政学之父的美国财政学家马斯格雷夫，于1959年出版的《财政学原理》一书中提出了财政三大职能理论，即配置职能、分配职能和稳定职能。与财政三大职能理论相对应，进一步提出政府课税应遵循四大原则：按配置职能要求实行效率原则；按分配职能要求实行公平原则；按稳定职能要求实行经济稳定原则；税务行政原则，便形成"最优税制四原则"理论。

斯蒂格利茨（Stiglitz）的"最优税制五原则"理论——诺贝尔经济学奖获得者，美国经济学家斯蒂格利茨在《公共经济学讲义》（麦格劳-希尔图书公司，1980年）一书中提出了最优税制的五个判断标准，即效率原则、管理原则、灵活性原则、政策负责性原则、公平原则。效率原则即税制不应干预资源的有效配置，如果可能的话，税收应利于增进经济效率；管理原则即税制应易于管理，且成本较低；灵活性原则即税制应该能够易于（某些情况下自动地）对发生变化的经济环境作出反应；政策负责性原则即税制的设计应该使个人可以确认他们的支付，评估多大程度上准确反映他们的偏好；公平原则即税制应该是公平的，而且看来也是公平的，对处于同样环境的人同等对待，对可以负担更多税收的人征较高的税。

鲍得威（Boadway）的"税制六原则"理论——1984年加拿大财政学家鲍得威提出最优税制的六个判断标准：公平原则、效率原则、经济稳定原则、经济增长原则、易管理原则、稳定收入原则。

日本经济学界公认的"税制四原则"理论——日本学者坂入长太郎在《欧美财政思想史》提及了日本经济学界公认的"税制四原则"，即效率原则、稳定原则、公平原则、增长原则。

尽管不同学者从各自的经济思想出发提出了不同的税收原则理论，但我们从中可以看出有两个原则是大家公认的，这就是公平原则和效率原则，因此，公平原则和效率原则便成为税收的两大核心原则，通常成为判断一国税收制度是否合理的主要标准。

3.1.2 中国历史上的治税原则

我国历史上征税原则大致从四方面需要出发而提出的。一是从争取民心、稳定秩序出发；二是从发展经济的需要出发；三是从组织财政收入出发；四是从税务管理的要求出发。

中国古人的经济学智慧

1. 从争取民心的角度出发，强调征税要合乎道义和公平的理念，实现为公为民

"为公原则"即强调国家只能为公为民而征税。荀悦指出，国君应"有公赋而无私求""有公役而无私使"。如果为私征赋役，必然产生不良的后果。"私求则下烦而无度，是谓伤情""私使则民扰而无节，是谓伤义"。

"有义原则"即强调国家征税要合乎道义。孔子说："义然后取，人不厌取""有君子之道，其使民也义"。这里强调的"义"，就是要行仁政、轻徭薄赋。因为"财聚则民散，财散则民聚"，轻征赋税有利于争取民心，长治久安。

2. 从发展经济的需要出发，强调征税要适时、有度，要培养税源

"有度原则"即强调国家征税要适度。《管子》书中指出："地之生财有时，民之用力有倦，而人君之欲无穷，以有时与有倦养无穷之君，而度量不生于其间，则上下相疾也。"所以，应坚持"取于民有度"的原则。

"适时原则"即强调征税所规定的时间和时限要适当。《管子》中提到，纳税的时限规定应适当，时限越短，纳税人所受的损失越大。"令日十日而具，则财物之价什去一；令日八日而具，则财物之价去二；令日五日而具，则财物之价什去半；朝令而夕具，则财物之价什去九"。

"增源养本原则"即强调国家治税中要重视培养税源。荀况认为，生产乃财富的本源，税收乃财富的末流，国家应"节其流，开其源"，这样，所得的财利"实出百信"，就可达到"上下俱富"。

3. 从组织财政收入的角度出发，强调征税要普遍且有弹性，税民所急

"弹性原则"即强调赋税的征收量有伸缩性，依条件的变化而变化。孟子反对征定额税，主张丰年多征，灾年少征。《管子》书中，将年成分为上、中、下三等，提出不同的年成依不同的税率征收，最坏的年成"不税"。

"普遍原则"即强调征税的面要宽，纳税人要普遍。《周礼》一书提出，国中从事各种职业的人都要缴纳赋税。耕田的贡九谷；经商的贡货物；从事牧业的贡鸟兽；从事手工业的贡器物；无职业的也要"出夫布"。

"税民所急原则"即强调选择人民必需的生活、生产用品征税，以保证税收充沛、可靠。刘晏认识到："因民所急而税之则国用足"。他通过整顿盐务，降低了成本，增加了盐税收入，"天下之赋，盐利居半"。

4. 从加强税务管理的角度出发，强调征税要明确、便利、统一、有常

"明确原则"即强调让纳税人对征税的有关规定有明确的了解。苏绰认为，贯彻明确的原则，对征纳双方都有利。因为生产财富有一个过程，纳税人预先知道有关规定能"先时而备"，就能做到"至时而输"，避免滞纳，官府也就能顺利完成征税任务。

"便利原则"即强调定税应尽量给征纳双方以便利。《史记》载，夏禹时就注意定税要方便纳税人，"禹乃行相地所有以贡及山川之便利"。因地制宜，贡纳当地土特产，同"舍其所有、征其所无"比，给纳税人带来了便利。

"统一原则"即全国的税政要统一，商鞅主张全国税政统一，"上一而民平，上一则信，信则臣不敢为邪"。即国家税政统一，对所有的一视同仁，没有歧视，人民就感到赋税公平，就能取信于民，官吏也不便营私舞弊了。

"有常原则"即强调国家定税要有常规，税制要相对稳定。傅玄指出，应坚持赋税有常的原则，"国有定税，下供常事，赋役有常，而业不废"。而要做到"有常"，关键在于中央决策者和地方官吏的行为规范化。"上不兴非常之赋，下不进非常之贡，上下同心以奉常教"。

3.1.3 中华人民共和国成立以来各个时期的税收原则

中华人民共和国成立以来，在不同的发展时期，根据社会经济发展的不同要求，也先后提出过不同的税收原则。比如，成立初期（1950—1952年），国家的税收政策以保障革命战争供给、照顾生产的恢复和发展及国家建设的需要为原则，提出了"保障供给、发展生产、简化税制、合理负担"的原则。生产资料私有制社会主义改造时期（1953—1956年），为了加快对资本主义工商业进行社会主义改造的进程，对不同经济成分实行不同的税收政策，提出了"区别对待、繁简不同"的原则。生产资料私有制社会主义改造完成后（1957年后），与高度集中的计划经济体制相适应，比较强调保证收入、简化税制的原则。改革开放以后（1979年），适应我国经济体制的改革不断深入、商品经济不断发展的要求，为了鼓励多种经济成分共同发展，进一步提出"公平税负、鼓励竞争、促进效益、稳定经

济发展"的原则。中国共产党第十四次全国代表大会（1992 年）以后，为适应社会主义市场经济体制的要求，提出了"公平税负、合理负担、提高效率、促进经济稳定发展"的原则等。尽管各时期税收原则的表述形式和强调的重点不同，但是从基本共性的角度，可以把我国的税收原则归纳为财政、经济、社会三大原则。

3.2 税收财政原则

税收财政原则指税收分配活动在保障财政收入过程应当遵循的基本准则。它是制定税收政策、法律、规范税收活动的基本出发点。一国税收制度的建立和变革，都必须有利于国家财政收入的需要。

财政原则是税收的首要原则和基本原则。税收就是为政府取得财政收入而产生的，取得财政收入从来都是政府征税的主要目的之一，其他的诸如税收调控的目的、社会稳定的目的等都是在取得财政收入的基础上实现的。同时，取得收入也是实现税收职能的基础和保障，只有在财政收入充裕的前提下，政府才能运用财政支出、转移支付、财政补助等手段，进行经济调控或实现收入分配的公平化，从这个角度看，财政原则又是税收的基本原则，离开了财政原则就无法实现税收的职能，更谈不上公平课税和效率课税。

税收财政原则的内容主要包括三个方面：充分的原则；适度的原则；弹性的原则。

3.2.1 充分的原则

税收的充分性是指税收收入应当能够为政府活动提供充实的资金，保证政府提供公共产品和公共服务的需要。充分性的税收应该满足三个基本要求：足额、稳定、符合配置效率。

足额是指税收要为政府筹集足额的资金，以满足政府向社会提供公共品的财力需要。为了满足社会公共需要，政府必须有充裕的财政收入用以保障其各项职能的实现，因而税收的财政原则最基本的要求，就是税收制度的设立必须有利于国家取得财政收入，能够充分满足一定时期财政支出的需要。因此，税收的充分性是一个相对的概念，是相对于政府向社会提供公共产品的财力需要而言的。在一定时期内，只要税收收入能够确保政府提供公共产品的财力需要就符合充分的原则。

稳定是指税收收入要相对稳定，把税收同国民生产总值或国民收入的比例稳定在一个适度水平，不宜经常变动，特别不宜急剧变动，以避免税收对经济正常秩序的冲击。公共产品需要政府稳定连续地提供，因而要求税收收入也要具有稳定性和连续性。因此，为取得充裕的税收收入，在进行税收制度设计时，政府一般应选择税基宽广、税源充沛的税种作为主体税种；与此同时，税率也应适当，过高的税率有时非但不能增加税收收入，反而有可能减少税收收入；此外，税收征管要严格，尽量避免不必要的税收减免。

当然，充分原则并不意味着税收收入越多越好，我们应以社会福利最大化为标准，从国民经济整体运行的角度来评判税收收入的规模。政府课税的直接目的在于为公共产品和服务的提供筹集资金，因而税收收入是否充分取决于它是否能够满足提供适当规模的公共产品和服务的需要，或者说取决于它是否有助于提高公共产品与私人产品之间的配置效率。图 3-1 可以用来说明这一点。

在图 3-1 中，生产可能性曲线 AB 表示在社会资源总量和技术水平既定的条件下，一个社会所能生产的公共产品与私人产品的组合情况，社会无差异曲线 μ_1、μ_2、μ_3 表示整个社会从公共产品和私人产品的提供中所获得的效用水平。生产可能性曲线 AB 与社会无差异曲线 μ_3 相切于 E 点，它代表了社会在现有约束条件下提供公共产品和私人产品所能实现的最高效用水平。在没有政府介入的情况下，市场将不提供或者只提供极少量的公共产品，社会资源在公共产品和私人产品间的配置只能在 B 点附近。此时，假设公共资源点为 C 点，C 点位于社会无差异曲线 μ_1 上，它所能够实现的效用水平远低于 E 点所能达到的效用水平。假定政府征收 FB 数量的税收，提供 DF 数量的公共产品，此时公共产品和私人产品的组合位于 D 点，能够实现的效用水平为 μ_2，高于没有政府介入时的效用水平，但低于实现公私产品最优配置时的效用水平 μ_3，可见 FB 数量的税收收入是不充分的。只有征收 GB 数量的税收、提供出 EG 数量的公共产品和服务，才能实现社会资源在公共产品和私人产品间的最优配置，并达到效用的最大化，此时的税收也就满足了充分原则的要求。

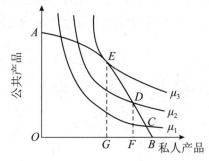

图 3-1 税收的充分原则

3.2.2 适度的原则

税收适度原则是指在税收制度设计中，社会整体税收负担的确定，要充分考虑国民经济发展状况和纳税人负担能力，既能基本满足国家的财政需要，又不能使税负太重影响到经济发展与人民生活。在中国历史上，主张并实行税收适度思想的人，都程度不同地促进了经济的发展和社会的稳定。

税收适度原则，反映了税收量度与社会经济之间的辩证关系。一方面，经济决定税收，经济发展的一定阶段与水平及社会产品总量等，决定了可供税收分配的金额，并形成税收收入的社会产品总额。另一方面，税收分配的量度合理，即税收在人民所能负担的范围内恰当地分配，不仅能够基本满足国家建设的资金需要，有利于宏观经济和社会的稳定发展，而且兼顾了人民的负担能力，有利于企业的自我发展和人民生活水平的适当提高。如果税收分配量度不合理，当税收分配超过经济和人民负担能力时，虽然增加了国家的税收收入，却损害了企业自我发展能力，挫伤了劳动者的积极性，最终会破坏社会经济的持续发展。当税收分配量度过低时，虽然一时减轻了纳税人的负担，有利于宏观经济的发展和人民生活的暂时提高，但却削弱了国家的整体发展。可见，税收适度原则是国家税收制度建设，特别是全社会整体税负设计的指导思想。

衡量税收适度原则的基本标准是宏观税负要合理。宏观税负是指一定时期一个国家或地区的税收总量与其经济总量的比例，它是国家参与国民收入分配的体现，一般通过一个国家特定时期内税收总量占同期 GDP 的比重来反映。宏观税负水平是政府制定各项具体税收政策的重要参考标准，也是各项具体税收政策实施的最后落实点。有关宏观税负的相关理论将在第 8 章"税收负担理论"详细论述。

税收适度原则的理论依据是美国供给学派经济学家阿瑟·拉弗（Arthur Betz Laffer）提出的拉弗曲线。阿瑟·拉弗生于 1941 年，美国南加利福尼亚大学商学研究院教授，在尼克松政府时期曾担任行政管理和预算局的经济学家。1974 年的一天，阿瑟·拉弗和一些著名记者及政治家坐在华盛顿的一家餐馆里。他拿来一张餐巾并在上面画了一幅类似倾斜的抛物线的图，向在座的人说明税率与税收收入的关系——拉弗曲线（图3-2），尽管这一曲线最初是画在华盛顿饭店餐巾纸上的，但由于其对税收政策影响经济的解释更形象、更形式化，从而确立了"拉弗曲线"作为供给学派思想精髓的地位。

如图 3-2 所示，拉弗曲线说明了税率与税收及经济增长之间的一般关系，具有至少四方面的经济含义。

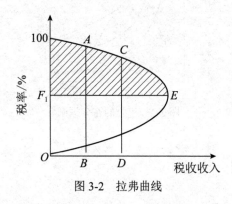

图 3-2　拉弗曲线

（1）高税率不一定能够取得高收入，高收入也不必然要求高税率，两者之间没有必然的相关性。

（2）普遍实行高税率往往导致对减免税等税收优惠的依赖，一是容易造成对税制完整性、稳定性的冲击；二是容易产生课税的不公平现象。

（3）在同样的收入水平上可以适用两种税率。

（4）既然税率和税收收入、经济增长存在着相关性，那么必然存在一个最优税率，即 OF。

拉弗曲线问世四十多年来，并没有多少国家的实践能够证明拉弗的这一假设，但经济学家们大都相信税收会造成社会总经济福利的减少，过高的税率带给政府的很可能不是税收增加的美好前景，美国经济学家曼昆（Mankiw）把税收造成的总福利的减少称为税收的"无谓损失"。

无论如何，拉弗曲线具有一定的合理性。一是它创造性地进行了税率与税收之间的相关性考察，用简明的抛物曲线形象地揭示出两者之间辩证作用的关系，即"高税率未必带来高税收"，而这一点在以前往往被直观机械的思维所忽视；二是它将税率视为影响总产出的决定性因素，同时认为税率变化导致的要素供给变化最终决定了总产出等宏观经济变量，因而从微观经济因素的角度，为宏观经济控制提供了新的思路；三是它将抽象的经济原理引入了一个可以操作，可以量化分析的领域。通过对收入和税率两者数据的估计，最终找到一个最佳税率。

但同时由于各国国情不同，我们还应该看到拉弗曲线的局限性。一是拉弗曲线本身有理论缺陷。影响税收收入的因素很多，拉弗曲线只使用单一变量，过分强调税率使其对众多的宏观经济变量缺乏考虑，所以就经济理论自身而言，拉弗曲线既不成熟，也不完善，只能作为解决具体经济问题而提出的特定方法。二是在研究拉弗曲线对具有极为特殊国情的中国经济的适用性问题上更应加以注意。简单地利用拉弗曲线，只会认为我们处在税收的禁区，盲目削弱政府对经济的干预，过度夸大市场的作用只会使经济混乱失控。三是拉弗曲线的理论含义强调的是以所得税税率为"调节器"，刺激总供给的微观经济因素。而我国目前的税制与国外的税制有很大差别，所得税还不是税收的主体。因此，不论从形式上还是内容上，照搬照抄国外的税收理论都是毫无意义的。

3.2.3 弹性的原则

税收弹性原则指税收收入应当能够随着国民收入的增长而增长，以满足长期的公私产品组合效率的要求。税收弹性要求在设计税收政策和税收制度时应当选择对国民经济增长和税率变化有一定弹性的税种，保证税收收入增长的自动性。

在总量既定的社会资源和现有技术条件等条件的约束下，公共产品和私人产品之间总存在一个最优的产品组合以实现效用水平的最大化。随着经济的发展和技术的进步，一个国家可供使用的社会资源总量都会较前一时期有所增加，与之相对应的生产可能性曲线也会随之移动，并且下一时期的生产可能性曲线总是处于前一时期生产可能性曲线的右上方。此时，公共产品和私人产品之间的最优组合及需要通过税收筹集的财政资金数额也随之变化。

在图3-3中，曲线AB、$A'B'$、$A''B''$分别表示第一、第二和第三时期的生产可能性曲线，社会无差异曲线μ_1、μ_2、μ_3与上述三条生产可能性曲线分别相切于E_1、E_2和E_3点，如果将这些切点连接起来，就会形成一条逐步上升的曲线OM。曲线OM表明随着经济的发展，社会所需要的公共产品将逐步增加，能够满足这一要求的税收就是有弹性的税收。如果公共产品和私人产品的组合沿着图3-3中曲线ON或ON'变化，则表明税收无法随着经济的发展而满足相应的公共产品和私人产品有效配置的要求，难以支持社会所需要公共产品的数量,与之对应的就是无弹性或弹性不足的税收。

通常使用税收弹性系数(tax elasticity)来衡量税收收入是否具有弹性。税收弹性系数一般被界定为税收收入的增长率与经济增长率之间的比率的含义,一般包括税率弹性和税收收入弹性。

(1)税率弹性即税率与税收收入之间的数量关系,反映税收收入对于税率变化的灵敏度,如公式(3-1)所示。

$$Et=(\Delta T/T)\div(\Delta t/t) \quad (3\text{-}1)$$

式中,Et 为税率弹性,T 为税收收入,t 为税率。

它说明税率与税收收入的变动并不总是成正比例的,因此,必须研究最适课税问题。

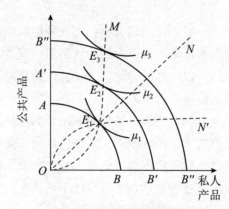

图 3-3 税收的弹性原则

(2)税收收入弹性即税收收入与国民收入之间的关系,反映税收收入对于经济增长的灵敏度,说明税制结构与税率结构的合理性问题,如公式(3-2)所示。

$$EY=(\Delta T/T)\div(\Delta Y/Y) \quad (3\text{-}2)$$

如果我们对该公式(3-2)进行进一步推导,就会发现税收收入弹性主要取决于边际税率和平均税率的关系,如公式(3-3)所示。

$$EY=(\Delta T/T)\div(\Delta Y/Y)=(\Delta T/\Delta Y)\div T/Y=MTR/ATR \quad (3\text{-}3)$$

式中,EY 为税收收入弹性,Y 为国民收入,T 为税收收入。

当 EY>1 时,表明税收收入富有弹性,此时税收收入会随经济的发展而增加,而且税收参与国民收入分配的比例也呈现出上升的趋势。从税制设计的角度看,此时 MTR>ATR,因此累进税制往往被认为是富有弹性的税制。

当 EY<1 时,表明税收收入的增长速度落后于经济的增长速度,这时税收收入的绝对量有可能还是在增加,但税收收入占国民收入的比例却在下降。从税制设计的角度看,此时 MTR<ATR,因此累退税制或定额税制往往被认为是缺乏弹性的税制。

当 EY=1 时,表明税收收入与经济是同步增长的,此时税收收入具有单位弹性。从税制设计的角度看,此时 MTR=ATR,因此比例税制往往被认为是一种单位弹性税制。

当 EY=0 时,表明税收收入对经济增长没有反应,此时税收就是无弹性税制,这个时候 MTR 与 ATR 的关系具有不确定性。

好的税收制度应当使税收收入富有弹性,无须通过经常调整税基,变动税率或者开征新的税种,就可以使税收收入与国民收入同步或更快地增长,从而满足不断增长的财政支出的需要。

税收之所以要保持富有弹性,主要基于四个方面的理由:从财政职能看,税收必须保持一定的增长规模,其弹性应能确保税收收入与经济增长协调发展;从国际实证分析来看,税收的弹性系数大于1是保持经济稳定发展的需要,也是保持税收增长与经济增长良性循环的基本要求;从经济职能看,具有弹性的税收制度是政府进行宏观调控的重要工具,只有具有弹性的税收制度才能实现税收自动稳定器的功能;从资源配置看,具有弹性的税收制度有助于提高资源配置效率,只有通过税负的差别性才能引导社会资源合理流动。

影响税收弹性系数变动的因素有很多,主要有以下三个方面。

1. 经济增长、经济结构的优化

经济总量决定税收规模,"经济决定税收,税收依赖于经济"这是宏观经济的基本原则。随着经济总量的增加,在税制要素不变的情况下,税收收入也会相应增长。经济效益决定税收质量和数量,这是经济决定税收的深层次含义。比如,经济结构对税收增长的影响,包括由于产业结构、所有制结构、国民收入结构和分配结构的调整及变化,导致税源结构和税收收入质量的改变,税制改革及统计口径等原因,都会造成经济与税收增长不同步。

2. 政策影响

税收制度的类型和构成,是决定税收收入与 GDP 能否同步增长的重要因素。税收的覆盖面、税制的设置、税基的组成、税率的形式和结构、征收管理的模式、起征点及税收优惠等,都会影响到税收收入能否与 GDP 同步增长。例如,税收优惠政策虽减少了短期收入,其长期效益却具有很大潜力。税收优惠政策的核心是通过税收负担分布的结构差异促使不同税负部门、行业或特定纳税主体高速发展。

3. 税收征管影响

税收征管水平差异直接影响当期税收收入量的变化,从而对税收弹性产生影响。随着市场经济的进一步发展和税制改革的不断深入,税收的征管难度也在不断增加。申报率是税收真实性的表现,申报率过低会严重影响到税收收入的实现。此外,税收入库率、欠税额都会对税收弹性系数产生一定的影响。

自改革开放以来,我国税收弹性系数维持在 1.2~2.0 区间上下起伏,如表 3-1 所示,1980 年到 2018 年期间,其中有 3 年弹性系数在 2 以上。2017 年,国家税务总局组织的税收收入增长 8.7%,比 2016 年提高 3.9%,导致 2017 年税收弹性系数上升;2018 年税收收入近 140 000 亿元,同比增长 9.5%,但由于自 2018 年开始我国推出了一系列减少降费政策,导致税收弹性系数相应下降。从整体来看,税收弹性系数在 0.8 左右,处于合理区间。

表 3-1　中国历年税收弹性系数

年　份	税收弹性	年　份	税收弹性	年　份	税收弹性
1980	0.53	1993	1.14	2006	2.05
1981	1.34	1994	1.29	2007	1.57
1982	1.26	1995	4.60	2008	1.05
1983	0.90	1996	0.18	2009	1.17
1984	1.06	1997	0.14	2010	1.22
1985	0.93	1998	0.47	2011	1.27
1986	0.56	1999	1.09	2012	1.24
1987	0.68	2000	0.35	2013	1.27
1988	0.85	2001	0.36	2014	1.05
1989	1.75	2002	0.43	2015	0.96
1990	1.23	2003	1.82	2016	0.54
1991	1.36	2004	2.45	2017	1.04
1992	1.04	2005	1.67	2018	0.86

备注：表中税收弹性系数是以现价 GDP 和税收收入的增长率计算。数据根据历年《中国税务年鉴》汇总所得。

从瑞典、法国、意大利、西班牙、澳大利亚、加拿大、英国、新西兰、美国、荷兰、比利时、葡萄牙、奥地利、丹麦、爱尔兰、希腊、芬兰、德国 18 个发达国家来看，1994—2006 年发达国家的税收弹性系数分布在 0.8~1.3 区间。其中税收弹性系数最高的国家瑞典和法国为 1.3，最低的德国为 0.8，与最高的税收弹性系数相差 0.5；税收弹性系数超过 1 的有 16 个国家，低于 1 的有 2 个国家。我国 1995—2006 年税收弹性系数为 1.3，与瑞典和法国持平，比德国高 0.5。

从伊朗、南非、智利、泰国、俄罗斯、捷克、波兰 7 个发展中国家看，1995—2006 年发展中国家的税收弹性系数分布在 0.8~1.6 区间。其中税收弹性系数最高的国家伊朗为 1.6，最低的捷克和波兰为 0.8，与最高的税收弹性系数相差 0.8；税收弹性系数超过 1 的有 5 个国家，低于 1 的有 2 个国家。我国 1995—2006 年税收弹性系数 1.3，比伊朗低 0.3，比捷克和波兰高 0.6。

3.3　税收公平原则

税收公平（fairness in taxation）不仅仅是一个经济问题，也是一个社会问题和一个政治问题。在任何国家，任何时期，税收的公平性对维持税收制度的正常运转都是不可或缺的。由于公平本身就是一个极为复杂的问题，对"什么是公平"至今都还没有一个普遍接受的观念，因而具体到税收负担的公平分配问题上也没有公认的标准。

3.3.1 公平与税收公平的含义

关于公平问题，人们总是从不同的角度去理解。有的从心理学角度理解，则有心理公平；有的从伦理学角度理解，则有伦理公平；有的从社会学角度理解，则有社会公平；有的从经济学角度理解，则有经济公平；还有的从政治学角度理解，则有政治公平；等等。编者认为，公平是指人们根据一定的标准，对某一事物或行为所进行的价值判断。一般我们在研究税收公平问题的时候有以下几个角度。

1. 经济公平和社会公平

经济公平是市场经济的内在要求，强调的是要素投入和要素收入相对称，它是在平等竞争的条件下由等价交换来实现的。经济公平首先指的是机会均等和规则公正，即每一个市场主体都应该有同等市场竞争的权利，而且在统一的市场规则下平等开展竞争。其次，从更深的层次讲，经济公平指收入分配公正。这是对收入分配的尺度标准而言的，即等量劳动获得等量报酬，等量资本获得等量利润，如果因收入分配不公平，导致投入生产要素多者不能获得较多利润，投入少者反倒获得较多利润，那么劳动、技术、资本、土地就不可能被更多地投入，社会资源就不可能得到充分有效地配置。

社会公平是公共制度的本质要求，是市场经济体制的基本内容，是检验经济体制的根本标准。社会公平体现的是人们之间一种平等的社会关系。社会公平包括生存公平、产权公平和发展公平，追求社会的公平与公正一直是社会主义的一个基本目标和核心价值，也是社会主义的魅力所在，更是建设社会主义必不可缺少的重要因素。

经济公平与社会公平既相区别，也相联系。经济公平有助于社会公平，社会公平也有利于经济公平，它们是相互促进、相互作用的。此外，经济公平与社会公平还具有互补性和替代性。所谓互补性和替代性，是指经济公平与社会公平在其作用上可以相互替代和互为补充。但是，在相互替代和互为补充过程中，应掌握一定的"度"，否则会影响到公平的效率。

税收公平应该是经济公平与社会公平的统一。一方面，通过政府的课税要为不同市场主体创造一个公平的竞争环境，实现经济公平的目标；另一方面，通过政府的课税要能够改变市场分配中出现的分配不公的现象，并以此推动社会公平目标的实现。

2. 起点公平、规则公平和结果公平

起点公平不仅要求竞争过程中要公平，而且对于所有社会成员来说，竞争的起点也应该是公平的，起点公平强调在起点一致的条件下的规则公平。

规则公平是指经济活动是所有社会成员参与的竞争，竞争的规则必须公平。规则公平的含义仅在于所有社会成员都按统一的竞争规则行事，个人的收入份额与其对生产的贡献份额相一致。

结果公平强调生产成果在分配上的均等，强调各社会成员之间所拥有收入份额的相对关系——个人收入份额均等，公共经济学将结果公平作为收入分配的理想状态。

三者的关系表现为：起点公平是基础，是实现结果公平的前提；规则公平是核心；结

果公平是目的。毫无疑问，只有起点公平了，才有可能通过自己的努力实现结果公平，这就好比赛跑，所有运动员只有在同一起跑线上起跑，比赛的结果才是公平的。结果公平是目的，各种竞争规则的制定、收入分配的调控等最终目的是实现结果公平，确保社会稳定，经济协同发展。但我们往往忽略了规则公平，实际上规则公平才是核心，没有规则的公平就谈不上结果的公平。

对规则公平的重要性理论界有一个"分粥的启示"：从前有7个和尚住在一起，他们每天的饭就是一大桶粥。可粥每天都不够吃，分粥成了他们很头痛的一件事。请大家发挥聪明才智，为这7个和尚公平、合理地分食这一大桶粥制定分配规则？

规则一：指定一个人负责分粥事宜，成为专业分粥人士。结果总是主持分粥的人碗里的粥最多最好。权力导致腐败，绝对的权力导致绝对的腐败。

规则二：指定一个分粥人士和一名监督人士。起初比较公平，但到后来分粥人士与监督人士从"权力制约"的关系走向"权力合作"的关系，于是分粥人士与监督人士分到的粥最多，这种制度失败。

规则三：谁也信不过，干脆大家轮流主持分粥，每人一天。虽然看起来平等了，但是每人在一周中只有1天吃得饱而且有剩余，其余6天都饥饿难耐。大家认为这一制度造成了资源浪费。

规则四：大家民主选举一个信得过的人主持分粥。这位品德尚属上乘的人开始还能公平分粥，但不久以后他就有意识地为自己和溜须拍马的人多分。大家一致认为，不能放任其腐化和风气的败坏，还得寻找新制度。

规则五：民主选举一个分粥委员会和一个监督委员会，形成民主监督与制约机制。在这种机制下公平得到了保障，但是由于监督委员会经常提出各种议案，分粥委员会又据理力争，等粥分完时，粥早就凉了此制度效率太低。

规则六：对于分粥，每人均有一票否决权。这一规则带来了公平，但恐怕最后谁也喝不上粥。

规则七：每个人轮流值日分粥，但分粥的那个人要最后一个领粥。令人惊奇的是，在这一制度下，7只碗里的粥每次都是一样多，就像用科学仪器量过一样。每个主持分粥的人都认识到，如果7只碗里的粥不同，他确定无疑将享用那份最少的。

这就是规则。规则至关重要，它比技术更重要；规则是人选择的，它是不断博弈和交易的结果。但很遗憾，人们在谈到公平问题的时候，大多数情况下侧重于追求起点公平和结果公平，以至于出现税收调控的失灵，如在面对收入分配公平化的问题，尽管政府采取了很多措施，诸如增加高收入者的税负、对低收入者发放财政补贴、加大转移性支出的力度等，但其结果却是收入分配差距越来越大，之所以会出现这种状况，根本原因在于人们取得收入的规则是不公平的，诸如垄断收入、灰色收入等。因此，要从根本上改变收入分配不公的状况，就必须制定一个公平取得收入的规则，这是今后我们在设计税收制度的时候需要关注的。

3. 税收公平的含义

税收的公平原则主要包括两方面的内容：一是政府必须通过一定的方式，把税收负担公平地分摊到每一个社会成员的身上；二是税收分配应能够改变市场分配形成的分配不公的现象，并推动社会公平目标的实现。对于第二个方面的内容实际上是税收实现收入分配公平化的职能，因此，我们放在收入分配中的税收效应部分去阐述。在此我们只探讨第一个方面的税收公平，即税收分摊的公平化问题。仅就税收分摊的公平来讲，税收公平包括普遍征税和平等征税两个方面：所谓普遍征税，通常是指征税遍及税收管辖权之内的所有法人和自然人。不论其国籍、地位和所具有的经济性质，只要发生了应税行为，取得了应税收入，都必须照章纳税。所谓平等征税，通常是指国家征税的比例或数额与纳税人的负担能力相称。根据实现公平的方式不同，税收公平又分为以下两种类型。

（1）绝对公平和相对公平。绝对公平是指每个人都负担同等的税收，其典型表现就是人头税，政府对每个人都课同等的税，这一方式显然是极不公平的，因此，税收绝对公平是不存在的。我们讲的税收公平都是一种相对公平，即相对人们的经济条件来讲，每个人应该负担与其经济条件相匹配的税收份额，这时的税收分摊就是公平的。

（2）横向公平和纵向公平。横向公平是指经济能力或纳税能力相同的人应当缴纳数额相同的税收，亦即应该以同等的课税标准对待经济条件相同的人；纵向公平指经济能力或者纳税能力不同的人应当缴纳数额不同的税收，经济能力强的多缴税，经济能力弱的少缴税。

3.3.2 税收公平的实现

如何将政府的税收公平地分摊到每个纳税人的头上，实现税收的公平，往往有两个衡量标准，即受益原则和能力原则。

1. 受益原则（benefit principle）

受益原则是指根据纳税人从政府提供的公共产品中受益的多少，判定其应纳税的多少和税负是否公平，受益多者应多纳税，反之则相反。由于这一原则按照市场平等交换的观点，把纳税多少、税负是否公平同享受利益的多少相结合，因此又称为"利益说"。

受益原则的优越性在于将税收问题与政府支出问题联系在一起，为纳税人监督税款提供依据，有利于提高财政支出效率。但受益原则的局限性也是很明显的，即受益原则在收入分配方面是中性的，它不改变市场分配所形成的分配格局，因而难以实现收入再分配的目的。同时，按受益原则也难以用于分配某些纯公共劳务的费用负担。要严格地实现受益原则分配税负，就必须知道纳税者中谁受益了及受益的数量是多少，而在现实生活中，很多公共产品的受益对象和数量都难以确定，导致无法按照人们获得的利益大小分配税负。即使能够确定受益对象，但由于人们的偏好难以真实表露，按照受益原则也是很难准确分配税负的。因此，受益原则课税只能用来解释某些特定的征税范围，而不能推广到所有场合。例如，某些特定受益税，如汽车驾驶执照税、汽油消费税、汽车轮胎税、公路使用的课税及城市设施的建设方面的课税等，从产品属性出发，可作为收费的替代办法来征税。但受益原则却不能说明人们在政府的国防、教育、社会福利支出中获得受益和人们的纳税情况。每个人从国防和教育支出中获得的效益很难说清,也就不可能根据每个人的受益情况确定其应纳税额的多少。至于社会福利支出,主要是由穷人和残疾人享受的,在他们的纳税能力很低甚至完全没有纳税能力的条件下,按照受益原则,穷人就要比富人负担更多的税负,显然是极不合理的。所以,就个别税种来说,按受益原则征税是可能的,也是必要的,但就税收总体来说,按受益原则来分摊则是做不到的。显然,这条原则只能解决税收公平的部分问题,而不能解决有关税收公平的所有问题。

2. 能力原则（ability-to-pay principle）

能力原则是指根据纳税人的纳税能力来判断其应纳税额的多少和税负是否公平,纳税能力强者即应多纳税;弱者则少纳税。由于这一原则侧重于把纳税能力的强弱同纳税多少、税负是否公平相结合,因此又称为"能力说"。在现实社会中,关于如何衡量纳税人的纳税能力的观点有两种。

1）客观说

客观说主张以纳税人拥有财富的多少作为量其纳税能力的标准。而财富的衡量一般采用收入、支出和财产三个指标。

第一种观点主张以收入作为衡量纳税能力的指标,收入多的多缴税,收入少的少缴税。收入作为衡量纳税能力的指标具有基础广泛,易于掌握的特点。同时,收入体现了一定时期内纳税人对经济资源的支配权,它决定着纳税人在特定时期内增添财富或增加消费的能力,所以许多学者认为收入是衡量纳税人支付能力的重要标准。

将收入作为衡量纳税人支付能力的标准的方式,尽管已被绝大多数国家所采用,但也存在一些问题：一是纳税人的收入一般是以货币收入来计算的,而许多纳税人除货币收入外,还有一些实物收入。实物收入的取得,也意味着纳税人实际支付能力的提升。只对货币收入征税而不对实物收入征税,显然是不公平的。即使对实物收入也征税,却因缺乏一个度量不同形式实物收入的客观标准而显得非常困难。二是纳税人取得收入的渠道有多种,既有劳动所得,也有不劳而获的意外所得或其他所得,如资本利得和赠与所得等。如若对这些不同来源渠道的收入不加区别地征税,也有失公平。三是纳税人的支付能力还受其他一些因素的影响,如独身和已婚、健康和疾病、多子女和少子女等,这给收入的认定和纳税能力的确定带来技术上的困难。可见,收入并不是精准衡量纳税人支付能力的标准。

第二种观点主张以支出作为衡量纳税能力的指标,支出多的多缴税,支出少的少缴税。以支出作为衡量纳税能力的指标,虽然具有鼓励投资,抑制消费的作用,但它同收入相比,缺少广泛的基础,一般已将储蓄扣除；在管理上不如收入易于掌握,支出一般比较分散。在实践中支出多少容易受人们偏好不同的影响,总有一部分高收入者因为某种原因而不消费或消费不多,导致收入多纳税少的不公平问题。更为极端的情况是无收入者借债消费,按消费支出课税却要多负担税款,显然是不合理的。因此,消费支出不可能成为衡量纳税能力的主要指标。但我们也不排除个别税种使用按消费支出的多少分摊税负的方式是公平的,如对奢侈品的课税,有利于实现收入分配的公平化。

第三种观点主张以财产作为衡量纳税能力的指标,财产多的多缴税,财产少的少缴税。

财产表示纳税人对其所拥有的经济资源的独立支配权,反映着个人的经济能力。纳税人可以利用财产赚取收入,或通过获得遗产、赠与等使财富增加,增强其纳税能力。按纳税人拥有的财产来衡量其纳税能力的缺点在于,财产种类繁多,难以查实和评估,且同等数额的财产其收益未必相同。此外财产所有者有无负债及负债多少也是不同的。因此仅以财产作为纳税能力的标准,也是不公平的。

从收入、支出和财产三个指标比较分析,相对而言,收入基础广泛,易于掌握,是反映纳税能力的最主要指标,而支出、财产也是反映纳税能力的重要指标,因此公平税负应该主要以收入作为课税标准,同时兼顾选择支出和财产作为课税标准。

2)主观说

主观说认为纳税能力的衡量应以纳税人因纳税而感受到的牺牲程度作为测定其纳税能力的尺度。纳税必然会带来效用的损失,如果税收的课征使每个纳税人所感受到的牺牲程度相同,那么课税的数额就同人们的纳税能力相符,税收就是公平的,如果税收的课征使每个纳税人所感受到的牺牲程度不同,则税收就是不公平的。主观说的意义在于,假设社会上所有人对收入具有相同的偏好,即边际收入效用曲线相同,那么不同境遇的人的税负应有何区别?对此主观说对效用牺牲程度相同或均等有着不同的理解,形成了均等牺牲说、比例牺牲说和最小牺牲说三种不同的理论。

均等牺牲说,是指每个纳税人因纳税而牺牲的总效用相等。按照边际效用递减规律,人们的收入与其边际效用呈反方向变化,收入越多,边际效用越小;收入越少,边际效用越大。如果对边际效用大小不同的收入征收同样比例的税收,则前者的牺牲程度就要大于后者,这样的税收就是不公平的。所以为使每个纳税人牺牲的总效用相等,就必须对边际效用小的收入部分征高税,对边际效用大的收入部分征低税,也就是对高收入者征高税,对低收入者征低税。在图3-4中,纵轴表示收入的边际效用,横轴表示收入。MUL 为低收入者的边际效用曲线,MUH 为高收入者的边际效用曲线,并假定收入的边际效用是递减的。在征税前,低收入者 L 和高收入者 H 的收入分别为 OB 和 $O'B'$,总效用分别为 OBDM 和 $O'B'D'M'$,按照均等牺牲学说,收入为 OB 的低收入者 L 负担的税收为 CB,收入为 $O'B'$ 的高收入者 H 负担的税收为 $C'B'$。$CB+C'B'$ 等于税收总额。低收入者 L 的效用牺牲 CBDE 等于高收入者 H 的效用牺牲 $C'B'D'E'$。

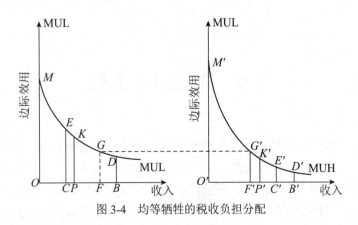

图 3-4 均等牺牲的税收负担分配

比例牺牲说，是指每个纳税人因纳税而牺牲的效用要与其收入成相同比例。虽然纳税人收入的增加伴随着边际效用的减少，但高收入者的总效用要比低收入者的总效用大。为此，须对所获总效用大者（即收入多者）多征税，对所获总效用小者（即收入少者）少征税，从而有可能使征税后各纳税人所牺牲的效用与其收入成相同比例，以实现税收公平的目的。在图3-4中，低收入者 L 负担的税收为PB，高收入者 H 所负担的税收为P′B′，PB+P′B′等于全部税收。低收入者 L 的效用牺牲比例PBDK/OBDM 等于高收入者的效用牺牲比例P′B′D′K′/OB′D′M′。

最小牺牲说，是指社会全体因纳税而承受的总效用牺牲最小。每个纳税人完税后，因最后一单位税收而损失的边际效用应彼此相等。由于纳税人的能力与其货币收入成正比，与货币收入的边际效用成反比，因此政府应按自己的需要，从最高收入者始递减征税，对最低收入者实行免税。对纳税者来说，可以使其感受到相等的边际牺牲，对全社会来说，可使社会牺牲总量达到最小限度。就纳税人个人的牺牲来讲，如果甲某纳税的最后一个单位货币的效用，比乙某纳税的最后一个单位货币的效用为小，那么，就应该将乙某所纳的税收加到甲某身上，使得二者因纳税而牺牲的最后一个单位货币的边际效用相等。就社会全体成员来说，要让每个纳税人完税后因最后一单位税收而损失的收入边际效用彼此相等，甚至要求对最高收入者实行100%的边际税率，对最低收入者实行免税。在图3-4中，低收入者 L 负担税收为FB，高收入者 H 负担的税收为F′B′，FB+F′B′为全部税收。此时FG=F′G′，同时总效用的牺牲FBDG+F′B′D′G′是最小的。

3.3.3 两种衡量标准的权衡

从衡量税收公平的标准看，受益原则和纳税能力原则各有其优点，但这两种原则都不能单独解释税制设计的全部问题，也不能单独地实现税收政策的全部职能。因此，公平的税收制度的设计有赖于两个原则的配合使用。

扩展阅读3-3

超额负担的税收实践

从技术上看，两个原则的真正实现都存在一定困难。尽管二者各有缺陷，但两个原则的配合运用，能够为公平税制的设计提供较为理想的选择。

3.4 税收效率原则

税收效率原则就是政府征税，包括税制的建立和税收政策的运用，应讲求效率，遵循效率原则。政府的征税行为不可避免地会给经济运行和纳税人带来一定的影响，这些影响包括：政府的征税行为对资源配置的影响，政府的征税行为给纳税人带来的税收负担和税款之外的负担，政府征税行为本身所付出的代价等。税收效率原则就是要求政府征税活动有利于资源的有效配置和经济的有效运行，尽可能地缩小税款之外的负担，以较少的成本取得税收收入。与之相适应，税收效率原则可以从两个方面加以考察。一是政府的征税结果要有效率，即政府的征税行为要有利于资源配置的优化、尽可能减少纳税人的额外负担，我们把这一层次的效率就叫做税收的经济效率。二是政府的征税过程本身也要有效率，即政府征税过程中取得的税收收入要大于政府为取得收入而付出的成本，我们把这一层次的效率就叫做税收的制度效率。前者是税收经济效率原则的主要内容，而后者则构成税收的行政效率原则。

3.4.1 税收的经济效率原则

税收的经济效率原则包括两个方面的内容。一是相对于市场机制来讲，税收经济效率就是指政府课税应有利于资源配置的优化和经济效率的提高。税收作为一种再分配工具，肯定会对纳税人的生产、消费和投资行为产生影响，进而影响资源的有效配置。如果通过征税促进资源的有效配置，刺激经济的增长，那么该税制就是高效的税制；反之通过征税扭曲资源的有效配置，阻碍经济的发展，那么该税制就是低效的税制。税收是否有效率必须结合经济运行本身的经济状况来考察，如果经济运行本身已经是高效率的，这时应尽量减少税收对经济的干扰，即税收尽可能保持中性；相反，如果经济运行本身低效率，就应当强化税收调控。因此，相对于市场机制来讲，税收经济效率原则就是如何在税收中性与税收调控间作出选择。二是相对于纳税人来讲，税收效率就是指政府课税给纳税人造成的福利损失或无谓损失最小化。税收是对社会产品所有权的单方面转移，政府通过征税活动就将纳税人所拥有的一部分社会产品无偿转移到政府手中，即"政府所得，纳税人所失"，所以税收对纳税人来讲就是一种损失。然而政府的征税行为除给纳税人带来这部分损失之外，还有可能扭曲纳税人的行为选择，进而给纳税人带来额外的损失，即福利损失或超额负担。政府的征税行为给纳税人造成的福利损失越小，说明政府的征税效率越高，反之，政府的征税效率就越低。因此，相对于纳税人来讲，税收效率就是指政府课税给纳税人造成的福利损失或无谓损失最小化。

1. 相对于市场机制的税收经济效率

相对于市场机制来讲，税收经济效率就是指政府课税应有利于资源配置的优化和经济效率的提高。我们不能仅从税收本身来判断税收是否有效率，是税收保持中性有效还是进行税收调控有效，这必须结合经济运行的整体状况来考察，如果在一定时期内市场机制很完善，通过市场机制能够实现资源的有效配置，这时就应该减少政府的干预，税收就应该保持中性；如果在一定时期内，通过市场机制不能实现资源的有效配置，这时就应该进行政府的干预，强化税收调控功能。

所谓税收中性（tax neutrality）是指政府课税不扭曲市场机制的运行，或者说不影响私人部门原有的资源配置状况。税收中性包括两个方面内容：一是国家征税使社会所付出的代价以税款为限，尽可能不给纳税人或社会带来其他的额外损失或负担；二是国家征税应避免对市经济正常运行的干扰，特别是不能使税收成为超越市场机制，而应成为资源配置的决定因素。

税收中性与非中性的区别主要在于二者的理论基础不同、实践基础不同、作用目标不同。

（1）二者的理论基础不同：税收中性是以自由放任理论为基础，假定市场是完善的，通过市场机制完全可以实现资源的有效配置，确保经济有效运行。因此，这时就没有必要再进行税收干预，税收只是政府取得收入的一种手段。税收非中性是以国家干预理论为基础，假定市场是不完善的，往往存在着市场失灵，通过市场机制无法实现资源的有效配置，这时只有通过政府的干预才能确保经济的有效运转，因此必须强化税收调控的功能。

（2）二者的实践基础不同：税收中性是对市场"有效"而言的；税收非中性是对市场"失效"而言的。

（3）二者的作用目标不同：税收中性着眼于资源配置，主要服务于微观效率目标；税收非中性既与资源配置有关，也关注收入分配，服务于公平和效率两个目标。

基于税收中性和税收非中性的区别，在实践中要正确处理好二者的关系，就必须把握好以下几点：从作用层次看，微观上要保持税收中性，尽量减少纳税人额外负担，而宏观上需要税收调节，获得社会效益；从税制选择看，个别税种如果选择税收中性，则排斥税收调节；从整个税制看，税收中性与税收调节并不是矛盾的，而是相辅相成的（如增值税与消费税的配合）；从政策安排看，无论是"中性"的还是"非中性"的，实质上都是政府的具体政策安排，只是具体执行过程中二者侧重点不同而已，最终出台的税收制度，在更多的情况下往往是"中性"与"非中性"的兼顾，但应注意，税收中性是首要的，差别性的税收政策应当建立在税收中性的基础上；从现实选择看，税收中性原则的实践意义在于尽量减少税收对市场经济正常运行的干扰，在市场对资源配置起基础作用的前提下，有效地发挥税收的调节作用，使市场机制和税收机制达到最优结合。

值得关注的是，税收中性原则尽管存在很多争议，但我们应吸取税收中性思想的合理内核，应"尽可能减少"税收制度对市场机制的扭曲，而不是"完全避免扭曲"。同时，税收"中性"与"非中性"的有机结合应是未来税收制度的必然选择。一方面，我国税收体制还有改进的空间；另一方面，我国市场机制不断完善，客观上需要减少税收干预。最后，税收中性原则为未来税制改革奠定了理论基础。从税制改革的整体上看，用税收中性原则指导我国的税制改革，符合税收中性要求的税制选择应该是一种低税率，宽税基；轻税负，简税种；少减免，无歧视的税收制度。纵观近年的税制改革方案基本上都是按照这样一个指导思想进行的。例如，1994年税制改革的指导思想是：统一税法，公平税负，简化税制，合理分权，理顺分配关系，保障财政收入，建立符合社会主义市场经济要求的税制体系。根据这一指导思想，将原来国有企业所得税、集体企业所得税和私营企业所得税，合并为企业所得税，实现了"三税合一"，体现了简税种的指导思想。2003年10月，中国共产党第十六届中央委员会第三次全体会议明确提出了"简税制、宽税基、低税率、严征管"的新一轮税制改革基本原则。按照这一指导思想，我国在2006年扩大消费税征税范围、2008年合并了内外企业所得税、2009年完成了增值税转型的改革，这一系列改革举措都充分体现了税收中性化的思想。2014年以来的税制改革主要侧重于减税负，尤其自2018年开始实施了大规模的减税降费新政，使得我国税制向中性化要求迈出了一大步。

2. 相对于纳税人的税收经济效率

相对于纳税人的税收经济效率就是政府的课税给纳税人带来的额外收益最大化，额外损失最小化。所谓税收额外损失（excess burden）或者税收超额负担（deadweight loss）是指政府通过征税将社会资源从纳税人转向政府部门的过程中，给纳税人造成了相当于纳税税款以外的负担。主要表现在两个方面：一是资源配置方面，因国家征税导致纳税人的经济利益损失大于因征税而增加的社会经济效益；二是经济运行方面，由于征税改变了商品的相对价格，对纳税人的消费和生产行为产生不良影响。这两方面的损失其本质都是一样的，即政府征税导致社会福利损失大于政府所取得的税收收入的部分，具体可以用消费者剩余和生产者剩余的净损失来衡量。

在图 3-5 中，横轴表示商品的数量，纵轴表示商品的价格，产品的需求曲线 D 和供给曲线 S 相交于 A 点，决定了政府征税前的均衡价格和均衡数量分别为 P_0 和 Q_0，税前消费者剩余和生产者剩余分别为 P_0AP 和 P_0AO。现假定政府对生产者征收既定税率的从价税，产品的供给曲线就会由原来的 S 向左上方移动至 S'，它与供给曲线 D 相交决定了税后供求均衡点为 B，新的均衡价格和均衡数量分别为 P_1 和 Q_1。此时，政府征税使得消费者剩余由 P_0AP 变为 P_1BP，消费者剩余减少了 P_1BAP_0，其中 P_1BCP_0 为政府的税收收入，CBA 为消费者剩余的净损失。由于税后生产者实际得到的价格为 P_2，政府征税使得生产者剩余由 P_0AO 变为 P_2DO，减少了 P_2DAP_0，其中 P_2DCP_0 为政府的税收收入，CAD 为生产者剩余的净损失。消费者剩余和生产者剩余的净损失总和为 ABD（即图 3-5 中的阴影部分），这就是政府征税所带来的超额负担。

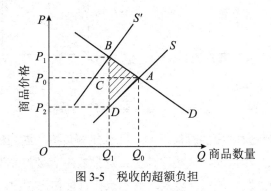

图 3-5　税收的超额负担

据此，我们可以进一步对超额负担进行计量。

① 征收从价税的情况。税收的超额负担如式（3-4）为

$$S_{\triangle ABD} = \frac{1}{2} \times \Delta P \times \Delta Q = \frac{1}{2}\left(\frac{\Delta Q}{Q} \times \frac{P}{\Delta P}\right)\frac{Q}{P} \times \Delta P^2 = \frac{1}{2} \times E_d \times \frac{Q}{P} \times t^2 p^2 = \frac{1}{2} \times E_d \times t^2 \times PQ \quad (3-4)$$

式中：S 为面积；P 为商品价格；Q 为商品数量；E_d 为商品需求弹性；t 为税率。

② 征收从量税的情况。税收的超额负担如式（3-5）为

$$S_{\triangle ABD} = \frac{1}{2} \times \Delta P \times \Delta Q = \frac{1}{2}\left(\frac{\Delta Q}{Q} \times \frac{P}{\Delta P}\right)\frac{Q}{P} \times \Delta P^2 = \frac{1}{2} \times E_d \times t^2 \times \frac{Q}{P} \quad (3-5)$$

根据计算结果我们可以得出影响超额负担的因素主要有三个：课税物品的需求弹性与超额负担成正比；征税前用于该物品的支出总额与超额负担成正比；课税物品的超额负担是税率的平方。在这里我们只证明第一个影响因素。

课税对象的需求弹性是影响政府征税产生超额负担大小的一个重要因素。图 3-6 显示了政府分别对需求完全有弹性和完全无弹性的商品课税时的超额负担。当商品的需求完全有弹性时，需求曲线 D 平行于横轴（图 3-6（a）），它与政府征税后的供给曲线 S' 相交于 E_1 点，决定了政府征税以后商品的均衡价格仍然为 P_0，此时整个社会福利损失为 $P_0E_0E_2P_2$，其中政府取得的税收收入为 $P_0P_2E_2E_1$，税收超额负担为 $E_0E_2E_1$。当商品的需求完全无弹性时，需求曲线 D 垂直于横轴（图 3-6（b）），它与政府征税后的供给曲线 S' 相交于 E_2 点，决定了政府征税以后商品的均衡价格上升为 P_2，此时政府取得的税收收入和整个社会福利损失均为 $P_2P_0E_0E_2$。从图 3-6 中可以清楚地看到，对需求完全无弹性的商品课征商品税，税收超额负担为零；而对需求完全有弹性的商品课征商品税，税收超额负担则相当大（图 3-6（a）中的阴影部分）。即商品需求弹性越大，政府对其课税产生的超额负担也越大；相反商品需求弹性越小，政府对其课税产生的超额负担也越小，即课税物品的需求弹性与超额负担成正比。

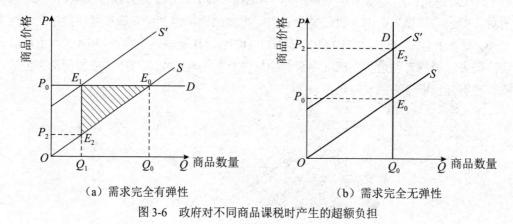

图 3-6 政府对不同商品课税时产生的超额负担

因此，政府在设计税收制度的时候，为了减少超额负担，提高税收效率，就必须选择需求弹性小的商品课税；尽可能以低税率课税；选择非生活必需品课税。当然，具体税制的设计还应结合市场经济发展的状况以及政府的政策目标作出相应的制度安排。

3.4.2 税收的行政效率原则

税收的行政效率就是政府在取得税收收入的过程中，尽可能实现税收成本最小化，税收收入最大化。即以尽可能少的征纳成本获得尽可能多的税收收入，遵循节约与便利的原则。衡量税收行政效率一般可以用两个指标：一是质量指标；二是成本指标。

质量指标主要包括以下四个指标。

集中性指标（concentration index）：尽可能以相对少量的税种筹措税收收入，即税收收入主要来源于少数几个税种，税收征收效率就比较高，如果税收收入比较分散，就会导致征收成本上升，相应地税收征收效率就比较低。

侵蚀性指标（erosion index）：用以估算实际税基与潜在税基相接近的程度，如果实际税基与潜在税基非常接近，说明税收已经应收尽收，税收征收效率就比较高；如果实际税基与潜在税基差距比较大，说明很多税收收入没有征收上来，税收征收效率就比较低。

时滞性指标（lags index）：税款的实际入库时间与其应缴纳时间的差距，称之为征收时滞（collection lags），可分为合法时滞（legal lags）和拖欠时滞（delinquency lags）。

执行性指标（enforcement index）：用以考察法定税制与有效税制之间的偏差。

成本指标一般通过税务成本占税收收入的比重这一标准来衡量。税务成本是指在税制实施过程中征税机关和纳税人发生的各类费用和损失，包括征税成本和纳税成本。征税成本是指征税机关为履行职责，依法征税而发生的各种费用。包括人员费用，设备、设施费用，办公费用等。狭义的税务成本即指征税成本，纳税成本是指纳税人为履行纳税义务，依法纳税所发生的各种费用。纳税成本包括纳税人用于申报纳税花费的时间和交通费用；纳税人被征税机关访问和稽查花费的时间和费用；纳税人雇佣会计师、税务顾问代理涉税事务支付的费用；由于纳税事务引起的心理负担；纳税人为合法避税而进行税收筹划所花费的时间、金钱等。

影响税收成本的因素有很多种，最主要的有两种：一是税收环境，是指影响税制正常运行的各种外部条件，如收入申报制度、财产登记制度、结算制度、计算机应用程度、财会建账状况、公民纳税意识、法治化程度等。二是税收制度，一般说来，商品税、财产税的税收成本低于所得税，从量税的税收成本低于从价税，比例税的税收成本低于累进税，公司税的税收成本低于个人税。此外，中央集中管理的税收成本低于分级分散管理；单一环节的税收比多环节的税收成本低等。

因此，为提高税务效率，一是要优化和简化税制，使征税机关易于执行，纳税人易于理解掌握，进而降低成本；二是要改进管理模式，优化征管资源的配置，同时采用先进的征管手段，最大可能地节约征管方面的人力和物力资源。从统计资料看，我国税务效率与先进国家比还有较大差距，可挖掘提高的潜力还很大。

3.5 税收法治原则

税收的法治原则也叫税收法定原则，即政府征税应以法律为依据。税收的构成要素、征纳双方的权利义务只能由法律确定，没有法律作为依据，国家就不能征税，国民也不得被要求缴纳税款。税收法治原则具有重要的现实意义，因为法治是通向税收现代化的必经之路，税收治理现代化的首要标志是法制化，依法治税是依法治国和依法行政的重要组成部分，税收征管的基本程序和基本要求也应当由税收征管法规定。

理解税收法治原则首先要明确税收法制与税收法治的关系。法制是指法律制度（体系），法治是指依法治理（事务）。延伸之，税收法制就是税收法律制度（体系），税收法治就是依法治理税收事务。法制是法治的前提，没有法制就没有法治，法治是法制的实现和归宿，没有法治，法制就成了虚设的空文。毫无疑义，法制和法治已经成为现代税收的基本特征，是保障国家无偿、强制、固定地取得财政收入的重要依据。没有法制和法治就没有现代税收，就不可能正确发挥税收的杠杆作用，不可能确保国家取得足够的财政收入。

理解税收法定原则需要注意几个方面的关系：一是形式法定与实质法定的统一。形式法定是指税收事项应当通过法律的高位阶形式规定，但该法律本身应是体现宪法精神和保护纳税人权利的法律，实现"良法善治"。二是征税法定与用税法定的统一。税收法定是指税款征收应当严格按照法律的规定执行，但税款入库成为财政资金以后，依然要实施严格的预算管理，实行税款的全流程监督和管理。三是立法规范与法治运行的统一。立法需要与执法、司法相配套，实现良性互动。税收法定既要依托税收立法的严格性，也要依托税收执法的妥适性，还要依托税收司法的公正性。

税收法治原则的基本内容包括以下四个方面。

1. 税种法定

政府开征税种必须由法律予以规定；一个税种必定相对应于一税种法律，未经税种法律规定，征税主体没有征税权力，纳税主体不负缴纳义务。这是发生税收关系的法律前提，是税收法定原则的首要内容。

税种法定的基本要求包括以下几个方面。

（1）有税必有法，无法不成税。

（2）税收基本制度依法规定。

（3）直接立法与授权立法相结合。

（4）税收基本制度只能由全国人民代表大会制定，除国务院授权制定外，其他任何单位无权制定税收优惠政策。

2. 税收要素法定

税收要素即征税要素的各个具体内容，包括纳税人、征税对象、税率等都要由法律来加以规定，任何人在征税过程中都无权更改规定，税务机关只能依法征税，纳税人也只能依法纳税。同时，税收要素法定还要求基本税收要素在法律中的规定应当尽可能明确、详细，避免出现漏洞和歧义。税收要素是税收关系得以具体化的客观标准，是税收得以全面展开的法律依据，因此税收要素法定就成为税收法定原则的核心内容。

3. 税收程序法定

税收程序法定主要包括两方面内容。一是要求立法者在立法的过程中要对各个税种征收的法定程序加以明确完善的规定，这样既可以使纳税得以程序化，提高工作效率，节约社会成本，又尊重并保护了税收债务人的程序性权利，促使其提高纳税的意识。二是要求税务机关必须严格按照法律规定的课税要件和征纳程序来征收税款，不允许随意加征、减征、停征或免征，这样既可以规范税收分配活动，又可以避免税务机关出现不必要的执法风险。

4. 征纳双方权利义务法定

税收法律关系的两个基本主体是纳税主体和征税主体。征税主体包括各级税务机关、海关等；纳税主体包括法人、自然人和其他组织。在税收法律关系中，双方当事人虽然是行政管理者和被管理者的关系，但双方法律地位是平等的、相互对应的。纳税主体的法律地位主要是通过纳税主体所享有的权利及其所承担的义务反映出来的，由于纳税主体所享有的权利和承担的义务主要是针对征税主体的，因此，征税主体的权利义务同样可以反映出纳税主体的法律地位，而纳税主体与征税主体在税收法律关系中的地位正是体现了一个国家税收法制水平的高低。一般情况下征收方（即税务机关）主要拥有六项权利：法规起草拟定权、税务管理权、税收征收权、税务检查权、行政处罚权、其他（如估税权、代位权、撤销权等）。税务机关的义务主要包括：宣传税法的义务，辅导纳税人依法纳税；保密义务；为纳税人办理税务登记，开具完税凭证的义务；受理税务行政复议的义务；进行回避的义务；受理减、免、退税及延期缴纳税款申请等义务。纳税人、扣缴义务人的权利主要包括：知情权、请求保密权、享受减税免税和出口退税权、多缴税款申请退还权、陈述与申辩权、要求税务机关承担赔偿责任权。纳税主体的义务主要包括：按期办理税务登记、按规定设置账簿、按期办理纳税申报、按期缴纳和解缴税款、接受税务机关检查的义务等。明确征纳双方的权利和义务，既是税收法定原则的客观要求，也是维护征纳双方权益的必然选择。

实现税收的法治原则，首先，要建立健全税收法制，实现有法可依。近年来，我国加快了税收立法的进程。截至 2022 年 7 月底，在现行 18 个税种中已制定了 12 部实体税法，包括《企业所得税法》《个人所得税法》《车辆购置税法》《车船税法》《烟叶税法》《耕地占用税法》《船舶吨税法》《资源税法》《环境保护税法》《城市维护建设税法》《契税法》《印花税法》。此外，《土地增值税法》《消费税法》《增值税法》《关税法》等多部税法也在征求意见或已经纳入近期立法安排。随着税收立法进程的加速，税收法制逐步健全。

其次，要加强税法的宣传和执法力度，实现有法必依。在优化税收服务方面要着力提高全民的纳税意识。实现依法治税，需要全体税务人员和社会各界的共同努力。为此，要坚持与时俱进，不断创新宣传的形式，开展全方位、立体化、多层次、多形式的活动，切实增强宣传的针对性、系统性和实效性；要建立健全普法工作制度，进一步落实工作责任制，完善考核评估、监督检查、工作激励等制度，推进法治教育的经常化、制度化；要紧密围绕税收工作大局，根据工作实际，把宪法、市场经济法律法规、行政法律制度作为法制宣传教育的重点。通过深入持久的普法活动，不断增强全民依法纳税意识，优化税收工作环境。在强化税收执法方面要加大执法力度，为此要强化税务处罚，增强执法力度。当前，偷逃税现象比较普遍，与处罚力度不够有着密切的关系，如果处罚有力，使偷逃税者纷纷落网，加大偷税成本，就可以减少这种现象的存在。

最后，要建立健全税务司法机构，实现违法必究。税务司法同税收立法一样，是健全社会主义税收法制必不可少的。制定税收法规，只能做到有法可依；强化税收执法，可以保证有法必依。因此，必须建立相应的税务司法机构和制度，对违反税收法制的行为，按照司法程序给予必要的制裁，才能做到有法必依，执法必严，违法必究，税收的严肃性和强制性才能得以实现。为此，一要建立设立独立的税务法庭，专门审理涉税案件。专业税务法庭的设立是应对税务案件大量性、复杂性的需要，也是更好的保护纳税人权利和维护国家税收债权的需要。国外不仅有税务法庭，而且还有退税法庭，可见税务司法分工之精细。二要建立过错责任追究制度，从税务机关执法特点来看，过错责任追究应分为三个层次：一是岗位责任追究，包括对违反劳动纪律、工作纪律的责任追究；二是税务执法过错责任追究；三是税务违法违纪的追究。

思 考 题

1. 收入、消费和财产作为税基的优点和缺陷分别是什么？
2. 在税制设计中应如何体现横向公平和纵向公平？
3. 按照人们感受到的牺牲程度来衡量纳税能力的观点，税收的公平应如何体现？这对税制设计又提出了怎样的要求？
4. 税收额外负担的形成及影响因素是什么？
5. 政府设计税制为什么要尽可能不干扰私人经济部门的选择，保持中性？
6. 怎样利用税收的受益原则改进税制设计？该原则的运用在现实中有哪些局限性？
7. 税收的中性原则与校正性原则是否矛盾，为什么？
8. 简化税制往往与税收的其他原则发生冲突，试举例说明。这些问题应如何解决？

扩展阅读 3-4 拉弗曲线

即测即练

第 4 章 税收与资源配置

学习目标

1. 熟悉资源配置的必要性及标准;
2. 熟悉税收资源配置的内容和效应;
3. 了解税收对外部经济的矫正机制;
4. 掌握资源配置中的税收效应分析。

扩展阅读 4-1

孔子的治税思想

资源是指一国或一定地区内拥有的物力、财力、人力等各种物质要素的总称,通常分为自然资源和社会资源两大类。自然资源包括阳光、空气、水、土地、森林、草原、动物、矿藏等;社会资源包括人力资源、信息资源及经过劳动创造的各种物质财富等。自然资源和社会资源都是人类社会经济活动的必不可少的投入,资源是一切经济活动的基础。

经济学所讲的社会资源,是指发展社会经济所必需的各种要素,如自然资源、劳动资源、资本资源、科技资源和信息资源等。它可以是自然界中本来存在的,也可以是人类劳动的产物,或者是人类本身所具有的某种能力。这些资源构成社会生产的条件和环境。各部门、各地区在经济发展过程中会对各种各样的资源产生需求。但是资源的种类和数量是有限的,不可能充分满足一切方面的需要。因此,为了使各部门、各地区均衡发展,就要把有限的资源进行合理的配置,才能保持经济的快速增长,最大限度地满足社会需求,取得最佳社会经济效益。

4.1 资源配置的必要性及标准

4.1.1 资源配置的必要性

1. 资源的稀缺性

资源最本质的性质就是稀缺性,稀缺资源有多种,如自然资源,这是来自物质环境中的资源，又如矿物资源、森林资源和原油资源都是稀缺的。劳动、技能和智力等人力资源的数量也是有限的，在一个人口迅速增加、经济增长的世界中，甚至连干净的水和空气也是稀缺资源。但人类社会的需求是无限的，要用有限的资源满足人类无限的需求，就需要对资源的使用作出选择，选择的过程就是资源重新配置的过程。因此，稀缺资源就意味着社会整体必须作出选择，将有限的资源用于社会最需要的领域。任何国家的资源都是稀缺的，因此，任何国家都必须研究资源配置问题——如何把经济中的各种资源分配于各种不同的用途，以便用这些资源生产出更多的为社会所需要的产品和劳务。

2. 资源分布的不均衡

自然资源分布的不均衡性表现在"质、量、时、空"上的差异，自然资源往往是以一定的数量、质量在一定时期内具体定位在一定地域的。这也是自然资源呈现稀缺的一个根本原因。由于资源分布的不均衡，想要有效利用资源就必须对资源进行重新分配，实际上，我国实施的"南水北调""北煤南运""西气东输""西电东送"四大工程的根本原因就是资源分布的不均衡，因此，实施这四大工程，就可以确保资源的充分合理利用。

3. 提高资源利用率

资源的稀缺性决定任何资源要提高利用率，都必须进行资源的重新配置。假定甲有100单位的粮食，乙有100单位的布匹，这就是一种资源的初始分配状况，若没有资源的配置，结果如何？肯定是甲、乙两人均不能生存。若进行了资源的配置，结果又如何？假定甲用50单位的粮食和乙50单位的布匹进行交换，而这种交换的过程就是资源配置的过程，即市场机制的配置，这个时候甲乙两人均能很好的生存。因此，资源只有进行合理配置后才能提高资源的利用率。

4. 市场配置资源的缺陷

资源配置不仅要解决分布不均衡的问题，还要解决如何配置资源的问题，资源的配置方式通常有两种：一是市场机制，即通过市场的供求机制、价格机制和竞争机制引导资源的流向。二是政府机制，即通过税收、政府支出、公债、货币等经济手段引导资源的流向。一般情况下市场机制对资源配置起基础性作用，但市场机制也不是万能的，它也存在缺陷，即市场失灵。因此，对资源的配置就需要引入政府的机制，从这个意义上讲，税收是政府实现资源配置的一种主要手段，因此决定了我们必须研究资源配置中的税收效应问题。

4.1.2 资源有效配置的衡量标准及现实选择

1. 理想状态下的资源配置效率——帕累托效率

为了有效利用资源客观上要求，必须先对资源进行重新配置，但当资源配置达到什么状态的时候，就算是最优状态呢？对这个问题，经济学家通常用帕累托效率标准来衡量。整体来看，对资源配置的结果主要有四种状态。

1）经过对资源的配置，若某人的境况变好，使更多的人境况变坏

这种资源配置显然不符合帕累托效率要求，因为从全社会整体来看，资源配置后的整体状态比资源配置前的整体状态更差，因此，这种状态叫做帕累托无效。

2）经过对资源的配置，若一个人的境况变坏，使更多的人境况变好

这种资源配置尽管使得一个人的境况变坏了，但从全社会整体来看，由于资源配置后使得更多人的境况变好了，因此，资源配置后的整体状态比资源配置前的整体状态要好，这种状态叫做帕累托有效。

3）经过对资源的配置，若一些人的境况未变，另一些人的境况变好

这种资源配置，从全社会整体来看，资源配置后的状态肯定要比资源配置前的状态要好，那么我们认为调整后的资源配置状态比调整前的资源配置状态得到了进一步优化，符合这一性质的调整称为帕累托改进。换句话说，如果一个人可以在不损害他人利益的同时能改善自己的处境，他就在资源配置方面实现了帕累托改进。

4）经过对资源的配置，若某人的境况未变，没有办法使其他人的境况变得更好

这种资源配置状态从全社会整体来看，资源配置后状态已经达到了最优，不可能再有更多的改进余地，因此，符合这种状态的资源配置即为帕累托最优。

所以帕累托最优（Pareto optimality），也称为帕累托效率（Pareto efficiency），是指资源分配的一种理想状态，假定固有的一群人和可分配的资源，从一种状态到另一种状态的变化中，在没有使任何人境况变坏的前提下，使得至少一个人变得更好。帕累托最优状态就是不可能再有更多的帕累托改进的余地；换句话说，帕累托改进是达到帕累托最优的路径和方法。帕累托最优的前提条件是生产技术和消费者偏好都是不变的。但实际情况是，由于社会生产力的发展变化，不仅生产技术在变化，而且变化的速度越来越快。因此，帕累托最优只是理想状态下的资源配置效率，有的人把它称作公平与效率的"理想王国"。

2. 经济效率的现实选择

在现实经济运行中，人们往往把效率的衡量标准用最佳商品数量来代替，如果在一定时期内，通过对社会资源的利用，实现了最佳商品数量，资源配置就是有效率的，非最佳商品数量就是缺乏效率或是无效率的。

在完全竞争市场下，只有当边际收益等于边际成本的时候，厂商获得的总利润是最大的。

当边际收益大于边际成本时，厂商增加一单位产量获得的收益大于付出的成本，所以厂商增加产量是有利的，总利润会随之增加。这说明社会资源没有得到充分利用，如果这个时候厂商不增加产量，只能导致资源的闲置与浪费，显然这种状态不是资源配置的理想状态。

当厂商增加的产量到达一定程度时边际成本就开始增加，在增加到等于边际收益之

前,增加产量都会是总利润增加,当边际成本大于边际收益后,每多生产一单位获得的收益小于成本,多生产多亏损。这说明社会资源已经过度利用,需求大于供给,导致价格上涨,如果这时厂商减少产量,就有利于成本的下降,利润的增加。所以只有当边际成本等于边际收益时,社会资源得到充分利用,厂商获得的总利润是最大的,这时的资源配置状态就是最优的。

因此,经济效率的现实选择应是边际收益等于边际成本。

4.1.3 税收是政府实现资源配置的主要方式

资源配置的任务,就是在不同时间、不同部门和地区之间分配资源使用的数量。因此,资源使用的时间、空间和数量就构成资源配置的三个基本要素。资源配置的目标,是通过资源的合理配置与利用,使有限的资源取得最大的经济和社会效益,以求达到"人尽其才、物尽其用、地尽其利、货畅其流"。资源配置的内容,分为高层次的资源配置和低层次的资源配置。高层次资源配置说明经济资源如何被有效配置到社会各部门去;低层次资源配置说明经济资源在企业和家庭内部如何被有效进行分配。资源配置的手段,通常包括政府、市场两种方式,它们的区别如表 4-1 所示。

表 4-1 市场配置和政府配置方式的比较

资源配置方式	配置主体	配置手段	配置性质	配置特点	配置范围
市场配置	企业和个人	价格机制	初次配置	自发性	私人经济活动
政府配置	政府	税收、财政、公债、货币等	再配置	自觉性	公共经济活动

税收是政府配置资源的最主要的手段和物质保证,它可以直接和间接实现资源的优化配置。从直接作用来看,政府通过对具有正外部性产品实施税收优惠政策,鼓励企业把更多的社会资源用于正外部性产品的生产;政府对具有负外部性产品征收一定的税,减少企业生产负外部性产品的生产,进而实现外部性产品的市场均衡。对于因卖方拥有的信息少于买方拥有的信息而导致市场上无人提供相关产品,政府通过强制性征税的办法向所有人征税,把由此收集起来的社会资源用于对特殊人群的服务,以提高整体社会福利水平,实现社会资源的优化配置。从间接作用来看,对于私人企业无法提供或提供极少的公共产品,政府将征税取得的资金通过政府支出的方式以购买公共产品,即通过把社会资源从私人产品转移到公共产品中去,以提高社会的整体福利水平,达到资源优化配置。特别是面对社会中存在的市场资源配置无效率现象,政府在利用税收政策进行经济干预以实现政府资源配置时,应该充分考虑到具体税收政策如何影响社会资源配置,以及通过哪些途径对资源配置发生作用,从而使政策目的更好地达到预期的效果。

4.2 资源配置中的税收效应及内容

4.2.1 资源配置中的税收效应分析

税收对资源配置的影响主要表现在政府征税对人们消费行为选择的影响,及由此带来的效用损失的大小。这里主要分析税负完全转嫁时商品税对消费的收入效应和替代效应。税收对消费的收入效应,表现为政府对商品课税之后,会使纳税人实际购买能力下降,降低对商品的消费量的需求。税收对消费的收入效应大小由平均税率决定,平均税率越高,消费水平损失越大,收入效应越明显。

税收对消费的替代效应,则表现为政府对商品课税之后,会使课税商品价格相对上涨,这意味着纳税人消费同一课税商品得到的效用不变,代价增大,于是纳税人对消费该商品的偏好降低,以其他无税或轻税商品来代替它。

1. 商品税与所得税对资源配置的影响:商品税的效用损失＞所得税的效用损失

在分析商品税对消费行为的影响时,假定商品税的课征为两个商品(X和Y)的简单模式,如图4-2所示,在征税前,个人的预算约束线为AB,无差异曲线为I_1,两者相交于均衡点E_1,在E_1点个人满足了最大效用。假若政府对商品X征税,引起商品X和Y的相对价格变化,于是,预算线AB内旋至AB'与预算线I_2相交于新均衡点E_2,替代效应发生。替代效应的大小,取决于不同商品的边际税率,边际税率差异越大,替代效应则愈强烈。总体上看,政府对商品课税总会降低纳税人的实际购买能力,无论是收入效应或者替代效应,最终都会使消费水平下降。但是某些特定的商品税,如对烟草,酒类,汽油所征收的消费税,这些商品的过度使用会造成危害人的身体健康、粮食浪费及环境污染等,在这种情况下,不但不会造成税收的经济扭曲,反而能够引导消费,减少一部分社会成本,这种情况下的超额经济负担就是比较少的。另外,在商品课税中,税基范围的宽窄也会影响消费水平,如果税基范围宽,税负转嫁就比较容易,商品价格因课税而上升的幅度大,因而对消费影响较大。

对所得课税(主要是指个人所得税)会减少纳税人可支配收入,从而降低纳税人消费水平,但不会改变商品相对价格和纳税人的消费偏好,所以两种商品的消费同时下降。如图4-1所示,当政府对所得课税后,纳税人可支配收入下降,预算约束线AB平行向下移动至DE,与无差异曲线I_3,交于新均衡点E_3。由于商品X、Y相对价格没有改变,在E_3时纳税人的消费结构没有改变。假定所得税征收的数额和产品税相等,那么DE线就经过E_2。

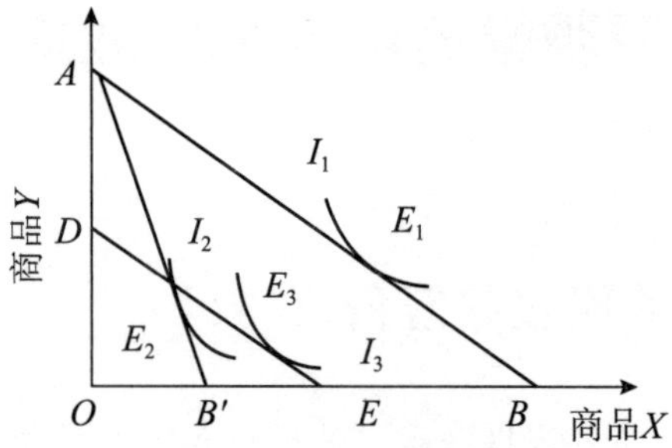

图 4-1 商品税与所得税的效用比较

在以上分析中，我们假设了商品课税和所得课税之间，我们进行了选择，或者是对某种商品征税（商品 X 和 Y 并不同时征收），或者是对一切收入都课征比例所得税。当假设前提发生改变时，结论就改变了，当政府课征商品税（假定 X 和 Y 并不同时征收）时，因为征税导致效用水平由 E_1 点下降到了 E_2；当政府课征所得税时，因为征税导致效用水平由 E_1 点下降到了 E_3。E_1E_2 点的垂直距离要大于 E_1E_3 点的垂直距离，说明政府课征商品税带来的效用损失要大于政府课征所得税带来的效用损失。因此，所得税给纳税人带来的超额经济负担要比商品税轻，这是因为所得税对消费者选择和资源配置产生的干扰要少。

2. 税基选择对资源配置的影响：选择性商品税的效用损失＞一般性商品税的效用损失

就政府课征商品税而言，根据税基选择的不同又分为选择性商品税和一般性商品税两种类型。所谓选择性商品税就是政府只选择部分商品征税，其他商品不征税。征收选择性商品税的目的主要在于发挥税收特殊调节功能，限制某些商品的生产和消费，我国的现行消费税就是一种选择性商品税。所谓一般性商品税就是政府对所有商品普遍征税。征收一般性商品税对人们的消费行为选择不会产生影响，其目的主要是取得财政收入。从政府征税所带来的效用损失看，征收选择性商品税会引起课税商品相对价格的变化，进而产生替代效应，即人们更多地选择不课税商品消费代替课税商品的消费。如图 4-1 所示，假若政府对商品 X 征税，引起商品 X 和 Y 的相对价格变化，于是，预算线 AB 内旋至 AB' 与预算线 I_2 相交于新均衡点 E_2，导致人们更多的选择消费不征税的 Y 商品而代替消费征税的 X 商品，使得人们的效用水平由 E_1 点下降到了 E_2。如果政府征收一般商品税，不会改变商品相对价格和纳税人的消费偏好，所以两种商品的消费同时下降。如图 4-1 所示，当政府征收一般性商品税后，纳税人可支配收入下降，预算约束线 AB 平行向下移动至 DE，与无差异曲线 I_3，交于新均衡点 E_3，使得人们的效用水平由 E_1 点下降到了 E_3 点。因此，征收一般商品税给纳税人带来的超额经济负担，要比选择性商品税来的轻，这是因为一般商品税对消费者选择和资源配置产生的干扰要少，即税基选择对资源配置的影响：选择性商品税的效用损失＞一般性商品税的效用损失。

3. 税率选择对资源配置的影响：差别税率的效用损失＞单一税率的效用损失

在征收商品税的时候，根据税率选择的不同又可以分为差别税率课税和单一税率课税。如果对 X 和 Y 商品征收差别税率，为了便于分析，我们假定对 X 商品征税，对 Y 商品征收零税率，即相当于征收了差别税率，这个时候所产生的效应就相当于前面征收的选择性商品税带来的效用。如果对 X 和 Y 商品征收单一税率，假定都征收 10% 的税率，则所产生的效用就相当于前面所讲的征收一般商品税所带来的效用。据此可以得出结论：差别税率带来的效用损失要大于单一税率带来的效用损失，即征收单一税率对资源配置的影响较小。

4. 弹性反比法则与资源配置

所谓弹性反比法则，就是征税商品选择时商品税率高低同价格弹性成反比，选择价格弹性大的商品不征商品税，或按较低税率征收；选择价格弹性小的商品征收商品税，或按较高税率征收，可以达到减少对市场机制的干扰，减少效率损失的目的。

如图 4-2 所示，为了简化分析，我们假定供给曲线不变，图中需求曲线 D_1 相对 D_2 要陡直，说明 D_1 反映的商品需求弹性要大于 D_2 反映的商品需求弹性，可以看出，D_1 需求弹性状况下，政府课税给纳税人带来的超额负担为 △ABD 的面积，在 D_2 需求弹性状况下，政府课税给纳税人带来的超额负担为 △ABC 的面积。显然 D_2 需求弹性状况下带来的超额负担要大于 D_1 需求弹性状况下带来的超额负担，因此，从提高征税效率，减少对资源配置的影响的角度看，政府应按照弹性反比法则征税，即尽可能选择对弹性小的商品课税或按照较高税率征税，尽可能选择对弹性大的商品免税或按照较低税率征税，给资源配置带来的影响就越小。

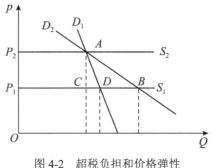

图 4-2　超税负担和价格弹性

4.2.2　税收资源配置的内容

1. 税收与价格配合平衡产销供求

1）税收与价格的关系

价格和税收是既有区别又紧密联系的两个经济杠杆。税收是国家权力作用于经济关系的体现，而价格则是经济活动中交换关系的产物，这是两者间的主要区别。就税收和价格的联系来看，无论税金是包含在价格之内，还是价格之外的附加，都与价格有着密切的联系。二者相互影响，相互配合，共同发挥对生产和消费的调节作用。

一方面，税收影响价格，主要表现在流转税税率的高低制约着价格水平的高低。在价内税条件下，流转税往往是价格的组成部分之一，即价格＝成本＋利润＋流转税税金，这时如果税率提高了，企业生产的成本不会发生变化，如果价格不变，只会导致企业利润的减少，显然，作为一个理性的市场主体是不会轻易选择减少利润的行为的，为了维持既有的利润水平，生产企业就会提高价格水平；相反，如果税率下降，在企业既有利润水平不变的前提下，生产企业更愿意采取降低价格水平的策略，因为它有利于企业扩大产品销售，提高市场占有份额。例如，对烟酒等商品实行高税率征收，就使这些商品的价格难以降低；而对部分商品，如药品实行低税率征收，则可为降低这些商品的价格创造条件。对实行价外税的商品来讲，课税可能直接引起价格的上升。因为课税直接减少生产单位或经营者的经济利益，为求得补偿，生产单位或经营者就可能通过提高价格的方式把负担转给商品购买者，这是市场调节领域内不可避免的现象。

另一方面，价格反过来也会影响税收。价格对税收的影响是有多种情况的，价格的变动既可以增加税收收入，也有可能减少税收收入。对流转税来讲，价格的变动引起各种从价计征的流转税的增减。在税率既定的前提下，价格上升，企业销售额增加，按销售额计算的流转税金也会相应增加；反之，价格下降，企业销售额减少，按销售额计算的流转税金也会相应减少。但所得税来讲，价格上升，引起流转税增加，这就意味着企业在计算所得税时允许扣除的销售税金也会相应增加，导致应税所得额减少，所得税收入就会相应减少。

图4-3更直观地揭示了市场均衡的情况。在图中，政府课税之前，D 和 S 在 E 点相交，由此决定的均衡价格水平为 P^*，消费者和生产者都按同一价格 P^* 进行交易。政府课税之后，消费者面临的价格水平由 P^* 上升至 P_d，生产者面临的价格水平由 P^* 下降至 P_s。P_d 和 P_s 之间的差额即为税款 t。

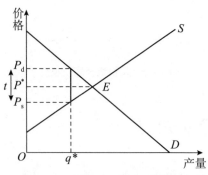

图4-3　税收对市场价格的影响

2）税收可以克服计划价格的缺陷平衡产销供求

在计划价格体制下，单纯通过价格杠杆很难实现产销平衡。如图4-4所示，对某种需要限制消费的商品，政府定价可以高于均衡价格，减少消费；但对生产企业来讲，价格高又会带来利润的增加，导致生产企业就会扩大生产，进而出现供给过剩的现象。对某种需要鼓励消费的商品，政府定价可以低于均衡价格，增加消费；但对生产企业来讲，价格低又会带来利润的减少，导致生产企业缩小生产规模，进而出现供给短缺的现象。无论是供给过剩还是供给短缺，对整体社会福利来讲都是一种效率损失。这个时候就有必要采取税收与价格的配合的方式来实现产销供求的平衡。其基本的配合模式就是高价高税、低价低税。即对某种需要限制消费的商品，政府定高价的同时，对生产企业课以高税，这样生产企业的利润就不会因为定价高而增加，也就不会盲目扩大生产规模，出现供给过剩的现象，有利于实现供求均衡；对某种需要鼓励消费的商品，政府定低价的同时，对生产企业课以低税，这样生产企业利润就不会因为定价低而减少，也就不会盲目缩小生产规模，出现供给短缺的现象，有利于实现供求均衡。

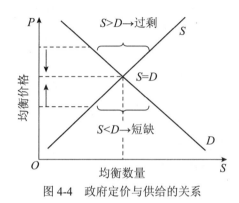

图 4-4 政府定价与供给的关系

3）税收可以配合市场价格，调节产销供求

在市场自由价格体制下，税收同样可以配合价格调节产销供求。因为在市场自由价格体制下，虽然政府不能直接规定价格水平，但政府可以通过税收杠杆影响价格水平，进而调节产销供求。其基本配合模式仍然是高价高税、低价低税。即对某种需要限制消费的商品，政府对生产企业课以高税，进而引起课税商品价格水平上升，减少消费，实现供求均衡。对某种需要鼓励消费的商品，政府对生产企业课以低税，进而引起课税商品价格水平下降，增加消费，实现供求均衡。例如，对烟酒等产品，政府通过征收高税，迫使价格上涨，减少消费。

从以上论述当中，我们可以看出无论是计划价格体制还是市场自由价格体制，税收都能够和价格配合实现产销供求的均衡，只不过在计划价格下，先价后税，目的是实现供求平衡。市场价格下，先税后价，目的是通过"寓禁于征"，实现消费结构的合理化。

2. 税收调节产业结构，促进经济结构的合理化

在高度集中统一的计划管理体制下，国家调整产业结构主要依靠财政计划和物资计划对投资方向和规模的制约及行政手段来进行调节。在社会主义市场经济的管理体制下，各商品生产者成为相对独立的物质利益主体，国民收入分配格局分散化，国家需要更多地借助包括税收等在内的经济杠杆来进行调节。

根据社会化大生产按比例发展的客观要求和国家在一定时期的产业政策，税收调节产业结构的基本政策取向是：对鼓励发展的产业少收税；限制发展的产业多收税；对需限制

发展的产业部门，要通过税收调节，降低该部门的税后利润，减少其生产者的物质利益，以压缩社会用于该部门的发展性投资，缩小该部门在产业结构中的比重；对需加快发展的产业部门，则要利用税收调节，提高该部门的税后利润，增加其生产者的物质利益，以促使社会投资向这些部门倾斜，扩大该部门在产业结构中的比重。例如，对短线产业、鼓励发展的行业、涉及民生事业的领域，政府课以低税或给予比较优惠的税收政策，引导这些产业的发展；对长线产业、限制发展的行业，政府课以重税加以限制发展，进而实现产业结构的合理化。特别是要加大对制造业智能化发展、新兴产业与传统产业融合发展、创新创业创造支持、就业支持的税收政策力度。另外，通过对有益商品减税，对有害商品提高税率，以鼓励有益商品的发展，限制有害商品的发展。

从调节产业结构的税收政策类型看，主要有鼓励性税收政策和限制性税收政策。鼓励性的税收政策积极引导产业结构调整方向，为实现经济结构预期调整目标，通过鼓励性税收政策引导生产要素的合理配置，主要表现在：重点扶持小型微型企业，发展高新技术产业，鼓励企业资产重组、兼并联合和集团化发展，引导投资落后地区、发挥中西部地区的比较优势。限制性的税收政策可以制约高能耗、高污染产业的发展，促进经济结构调整，实现社会福利最大化的目标。

税收手段包括税种的设置、课税范围的选择、计税依据的设定、税率的确定、税式支出政策的设计等多种手段。从调节产业结构的税收手段来看，主要有直接调节手段和间接调节手段。仅税式支出政策就包括税收豁免、优惠税率等直接调节手段和加速折旧、税收抵免、费用扣除、退税、准备金制度等间接调节手段。在运用于产业结构政策时，可以分别不同的情况选用适当的手段，以达到理想效果。例如，通过实施国产设备投资抵免所得税和技术研发支出企业所得税前加计扣除等税收优惠政策的引导，大力促进传统产业的技术更新改造和产业结构优化升级。另外，税收对产业结构的调节，着眼于对存量方面调节的，可以运用流转税的有关税种；着眼于增量方面调节的，则可以运用所得税和有关投资税的税种。除了税种以外，税目和税率也是关系到具体调节方向和调节力度的重要手段。而减税免税以及加成加倍征税，则可以用来作为配合税率，灵活适度地控制调节力度的手段，以便使税收对产业结构的调节更加有效。

在经济全球化的背景下，调节产业结构的税收政策还应注重"竞争力政策"与"竞争政策"的协调。"竞争力政策"是指为提升一国企业、产业、行业和国家的竞争力而实行的各类倾斜性支持政策，体现在税收政策上就是运用各类优惠促进某一特定对象竞争力的提高，其本质是一种非中性税收行为；而"竞争政策"要求对所有市场主体一视同仁，各类政策运用的目的在于创造一个符合市场经济公平竞争要求的经济环境，体现在税收政策上，其本质就是中性税收政策。长期以来，我国比较注重对竞争力税收政策的运用，在经济全球化环境下，我国税收政策的运用有一个依照世界贸易组织（World Trade Orgnization，WTO）规则体系和国际惯例进行调整的过程，从一定意义上，可以认为是一个由"竞争力税收政策"向"竞争税收政策"逐步转变的过程，因为贸易自由化，促进公开、公平、公正的经济往来是 WTO 的一般指导性原则。但是，经济全球化下我国税收政策这种趋势上的转变并不意味着我们应彻底放弃竞争力税收政策，即便是在 WTO 规则体系中也有例外条款和保障发展中国家利益的优惠措施。从发展中国家与转型国家的现实出发，保留适当的竞争力税收政策有利于我国保障国家主权与经济安全，提升企业与行业竞争力。因为从本质上说，加入 WTO 的根本目的是促进我国国际竞争力的提高，也决定了我国税收政策的选择也必须是"竞争力政策"与"竞争政策"的结合。要依据国家产业政策和宏观调控意图，实施一定政策倾斜的竞争力税收政策。例如，在 WTO 规则允许的范围内，加大对农业、科技进步与发展以及国有经济发展的税收支持力度；为引导鼓励外资参与西部大开发，对投向西部地区的资金给予一定的政策优惠等。

以上税收调节产业结构作用的内在机制，是通过税收改变不同产业部门的投资利润率和产品利润水平结构，从而改变人们的投资意向和经营方向。对投资者来说，投资税负的轻重，会引起预期投资利润率的升降，从而影响其投资抉择。对现有企业来说，产品税负的轻重，会引起企业利润水平和留利水平的相应变动，从而促使其在一定范围内调整原有的产品结构。税收调节产业结构机制的客观条件是，被调节者要有自身相对独立的物质利益和调整自己行为的权力。此外，税收调节同国家掌握的其他各种直接调节手段和间接调节手段的相互配合，也是通过税收实现调节产业结构的目标的保证。

4.3 税收与外部性问题

经济学家对外部效应的最早理论研究可以追溯至马歇尔（Marshall）和庇古（Pigou）。庇古在其《福利经济学》一书中根据社会边际成本和私人边际成本的比较来说明这个问题。庇古指出，当社会边际成本大于私人边际成本时，将产生外部不经济，即负的外部效应，供给就会过多；相反，如果社会边际成本小于私人边际成本，则为外部经济，即正的外部效应，供给就会不足。当存在外部效应时，即使是在完全竞争的市场经济中，价格也不会等于社会边际成本，所以不能达到资源的最优配置。因此，税收与外部性问题就成为研究资源配置过程中有关税收效应的一个重要内容。

4.3.1 外部经济效应及其类型

所谓外部效应，是指经济活动中私人边际成本（或收益）与社会边际成本（或收益）的不一致，即某些人或厂商的经济行为影响了其他个人或厂商，却没有为之承担应有的成本费用或没有获得相应报酬的现象。

经济外部性有以下特点：外部性是一种人为的活动，无论非人为事件造成的影响给人类带来损失还是收益，都不能被看作外部性；外部性应该是在某项活动的主要目的以外派生出的影响；外部性是不同经济个体之间的一种非市场联系（或影响），这种联系往往并非有关方自愿协商的结果，或者说非一致同意而产生的一种结果；外部性影响有正有负或为零；外部性影响包括对生态环境等与社会福利有关的一切生物与非生物的影响。

我们在理解外部性的时候还要注意区分货币外部性和技术外部性。货币外部性是外部效应可以通过价格变化转换来体现的一种外部性，在市场经济条件下，这种外部性是不会导致市场失效的。技术外部性是不能反映在价格变化中或通过市场体系表现的外部现象。货币外部性不是真的外部性，只有技术外部性才是真正的外部性。

4.3.2 外部性对资源配置的影响

存在外部性时，私人的边际收益和边际成本与社会的边际收益和边际成本发生偏离。个人和厂商仅从自身利益出发，决定他们的经济选择是私人边际收益和私人边际成本。忽略外部性带给他人的收益和成本，决策可能会使资源配置失效。

1. 负外部性对资源配置的影响

负外部性就是个人或厂商的经济行为影响了他人或其他厂商，却没有为之承担相应的成本。我们把这种成本就叫做外部边际成本（marginal external cost，MEC），即因增加一个单位的某种产品或服务的产量而给第三方所带来的额外的成本。对具有负外部性产品的生产如果完全依靠市场机制自发调节，必然造成具有负的外部经济效应的产品生产过多，如公式（4-1）所示。

社会边际成本＝私人边际成本＋外部边际成本

即：

$$MSC = MPC + MEC \qquad (4\text{-}1)$$

由于私人边际成本小于社会边际成本，因此，私人企业愿意生产。从经济学角度看，这时个人和厂商仅从自身利益出发，往往按照私人边际成本等于私人边际收益的产量标准进行生产，导致私人企业愿意生产的产量大于社会所需要的最佳产量规模，进而扭曲了资源配置，带来了一部分社会福利的损失。如图 4-5 所示，私人企业按照 MPC=MB 时的产量 Q_0 确定生产量，由于这种产品具有负外部性，因此，全社会对这种产品的最佳需求量是由 MSC=MB 时的产量 Q^*，如果没有政府的干预，完全由市场机制自发调节，必然导致供给过剩，表现为 $Q_0 > Q^*$。

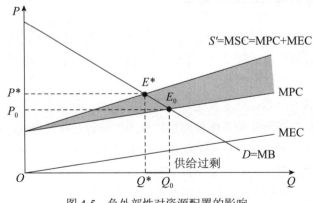

图 4-5 负外部性对资源配置的影响

2. 正外部性对资源配置的影响

正外部性是指在经济活动中，个人或厂商的经济行为影响了他人或其他厂商，却没有为之获得相应的报酬，如接种疫苗等。我们把这种收益就叫做外部边际收益（marginal external benefit，MEB），即因增加一个单位的某种产品或劳务而给外界（或他人）带来的额外收益。对具有正外部经济效应的产品如果完全依靠市场机制自发调节，必然造成具有正外部经济效应的产品生产过少，如公式（4-2）所示。

$$边际社会收益＝边际私人收益＋边际外部收益$$

即：

$$MSB=MPB+MEB \tag{4-2}$$

由于私人边际收益小于社会边际收益，因此，私人企业不愿意生产。从经济学角度看，这时个人和厂商仅从自身利益出发，往往按照私人边际成本等于私人边际收益的产量标准进行生产，导致私人企业愿意生产的产量小于社会所需要的最佳产量规模，进而扭曲了资源配置，带来了一部分社会福利的损失。如图4-6所示，私人企业按照MPB=MC时的产量 Q_0 确定生产量，由于这种产品具有正外部性，因此，全社会对这种产品的最佳需求量是由MSB=MC时的产量 Q^*，如果没有政府的干预，完全由市场机制自发调节，必然导致供给不足，表现为 $Q_0<Q^*$。

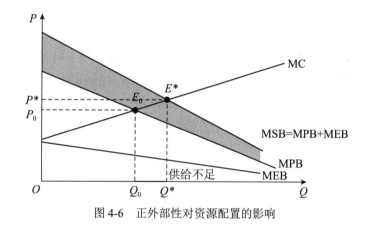

图4-6 正外部性对资源配置的影响

因此，在一个生产社会化的经济当中，外部经济成为一个必须解决的重要问题。

4.3.3 政府解决外部经济效应的必要性与方法

1. 政府解决外部经济效应的必要性在于私人部门纠正外部经济效应的缺陷

对外部效应的纠正，私人部门也有很多手段，如通过一体化生产解决正外部性、通过界定产权解决负外部性、还可以采取社会制裁等方式，但这样一些手段都具有一定的局限性。

所谓一体化生产就是市场机制可通过扩大企业规模，组织一个足够大的经济实体来将外部成本或收益内在化，从而纠正外部效应带来的效率损失。如果园和养蜂场可以合并为一个经营者，就不存在外部性问题。一体化生产有时还可以用来解决一些产业冲突问题。如湖泊里众多捕鱼者可以组成一个企业，将一个化工厂和一个食品厂合并等。一体化的思想意味着在整个社会实行统一产权、统一管理的公共生产。它需要的基本条件包括：所解决的外部性规模不可过大；为解决外部性问题而建立的组织中，其成员最好是自愿加入的。一方面，一体化生产要求企业规模尽可能大，这很难做到，另一方面，一体化生产又将导致垄断，使新的市场失灵，所以一体化生产不是解决外部性的最有效手段。

外部效应问题还可以通过重新分配产权得以解决，这种论点被称为科斯定理（Coase theorem）。经济学家科斯（Coase）认为，外部性问题从根本上说是产权界定不明或不当引起的，只要交易费用为零，那么无论交易的哪一方拥有产权，都能通过双方之间的谈判将外部性内在化，使资源配置达到帕累托最优状态，这就是著名的科斯定理。科斯定理需要两个限制条件：第一，要求产权容易界定；第二，要求外部性影响的方面较少。但这两个条件现实当中很难满足，现实生活中很多资源无法私人化，如空气、洁净的环境等，同时这种办法私人协商，如果涉及的人太多，会使得交易成本太高而无法达成一致的意见，甚至会导致"搭便车"的现象，最终导致交易失败。

总之，私人部门解决外部效应受两种因素的制约：一是公共产品问题；二是交易成本。对于公共产品问题前面我们已经进行了论述，公共产品的提供是一种典型的市场失灵。对于交易成本，现实当中不可能为零，而且现实当中往往涉及的人员数量很多，因此，要么达不成交易，要么达成交易的成本很高。基于以上认识，解决外部性问题不能依靠市场力量，只能依靠政府的力量。

扩展阅读 4-3

私人部门解决外部性的机制及其缺陷

2. 政府解决外部经济效应的方法

政府解决外部经济效应的途径主要是：限制具有负的外部经济效应产品的生产；鼓励具有正的外部经济效应产品的生产。具体包括：罚款、征税、补贴、公共管制、法律措施、行政手段、政府直接充当生产者。在这里，如果我们把补贴看成负税或税收优惠，那么政府就可以通过征税解决负外部性问题，通过减税（补贴）解决正外部性问题。

最早研究外部效应的是 20 世纪初英国经济学家庇古，他指出，如果存在外部经济的话，完全竞争的一般均衡将不是帕累托最优，这主要表现在外部正效应与外部负效应两个方面。从这两方面分析出发，他提出了相应解决或消除外部效应的两种方法：罚款、收税或财政补贴。其中罚款或收税主要用于克服外部负效应；财政补贴主要用于克服外部正效应，也可以用于克服外部负效应。

英国经济学家庇古提出，在存在外部成本的情况下，如果政府向有关企业或个人课以相当于它所造成的外部边际成本的罚款或税收，外部成本就成了有关当事人的内部成本，他们在决策时就会考虑这些成本，进而缩小生产规模，降低污染程度，或者通过改进生产设备和生产技术的方法，来减少污染，从而避免效率损失。由于这一纠正外部成本的方法是英国经济学家庇古首先提出的，所以人们通常将这种方法称做庇古税。

如图 4-7 所示，如果政府征收污染税，必然导致私人边际成本增加，相应地 MC_Y 就会向上移动，政府征税的规模刚好相当于外部性成本，这个时候 MC_Y 和 SMC_Y 重合，私人企业的生产量就会由 Q^* 下降到 Q，从而达到社会所需的最佳产量规模。

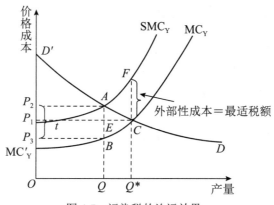

图 4-7　污染税的治污效果

庇古税的基本原理是政府通过采取课征污染税的方法，使污染者的外部性成本内在化、面临真实的社会成本，最终达到防治环境污染的目的。征收污染税的治污效果分析主要体现在三个方面：一是污染税使得污染者的私人边际成本等于社会边际成本，使其面临着真实的社会成本和社会收益。二是污染税使得污染者的生产量减少，污染量也相应减少。三是征收污染税在解决负外部性的同时，还会给社会带来一部分净收益，至少等于 △ AFC 的面积。也正是因为这三个方面的效应，使得庇古税成为世界各国普遍采用的控制污染的措施之一。但庇古税也有一定的缺陷，它要求政府掌握的信息量较多，在现实中实施起来难度大、成本高。

现实中当存在外部成本时，比如对污染性的企业，政府除了可以对其征收排污费（税）外，还可以向企业提供补贴，鼓励其扩大投入消除污染的成本，改进生产工艺，从而达到纠正外部性的目的。原则上补贴额应等于污染治理的社会边际收益与企业的私人边际收益的差额，但后者可以忽略不计，所以补贴额就应等于污染治理的社会边际收益。

当存在外部收益时，为了扩大实际消费量，一方面，政府可以直接提供准公共产品，收取较低的价格，增加消费。另一方面，政府也可以给私人企业提供补贴，降低私人企业的边际生产成本，从而使企业在一定的价格下扩大供给量，达到纠正市场失灵的目的。这一补贴被称为庇古补贴。

我国改革开放 40 多年来，经济得到了较大发展，但同样也面临着资源短缺、污染严重、生态环境破坏的问题。要从根本上有效地治理我国的环保问题，就必须利用法律的、市场的、经济的手段，把利益机制引入到环境保护中来，将环境污染成本内在化。开征污染税不仅可以很好地做到这一点，而且还可以为我国大规模地治理环境问题提供大量的、稳定的资金。因此，在 2016 年 12 月 25 日，第十二届全国

扩展阅读 4-4

政府解决外部经济效应的其他方法

人民代表大会常务委员会第二十五次会议通过了《中华人民共和国环境保护税法》，并于2018年1月1日起施行。这为充分发挥税收在我国经济持续发展过程中应有的调节作用奠定了良好的基础。值得关注的是我国开征环保税的主要目的不是惩罚企业污染环境，而是促使企业改进工艺，引进环保控制装置，主动治理环境污染。

3. 课征污染税与其他治污措施的比较

1）污染税与直接管制的比较

课征污染税可使污染者自由选择低廉且适合于自己的方法，以减少排污量。直接管制却有可能因未经详细调研而制定了有损效率的防治污染的方法，这不但会妨碍污染防治方法的自由选择，而且会造成资源配置的低效率。征收污染税可以通过污染者追求利润最大化的动机，为污染者长期研究与开发治污新方法、新技术提供源源不断的动力，因而可以减少剩余的污染，同时也将降低污染者应付出的污染相关的费用。而直接管制却不存在这种激励效果。管制可能会鼓励企业进入污染性行业，长期会使污染总量增加。

2）污染税与发售污染权的比较

发售污染权的优势：无须了解污染者防治污染的边际成本函数，而且它所需要的信息成本与执行成本也比课征污染税要少。

发售污染权的劣势：由于污染权可以转让，刺激了某些企业购买大量的污染权，形成垄断市场。其他企业要从事生产，必须首先向其购买污染权，形成污染权即为生产权的现象，这显然违背了公平竞争原则。相比之下，在征收污染税的场合，企业每年定期支付一笔税款即可从事生产。由于被使用的污染权数量低于可转让的污染权数量，可能出现资源错误配置现象。

3）污染税与补贴政策的比较

财政补贴是指政府对企业为进行污染防治所发生的费用给予补贴。在补贴政策之下，个别企业可能会减少产量及排污量，而整个行业的总排污量却又可能增加。相比之下，征收污染税后，产生污染的产品的价格大多要上涨，使得市场需求量减少，抑制了污染性的生产活动。对我国这样一个发展中国家来说，政府很难筹措到充足的资金来实施补贴政策，而课征污染税无疑为政府开辟了新的资金来源，因此政府会倾向于选择保证污染税。

综上所述，其他治污措施均有一定的局限性：直接管制违背公平竞争原则，可能导致资源错误配置；发售污染权缺乏弹性和效率；补贴政策可能导致整个行业的总排污量增加。相比较，污染税的优势主要在于公平性和效率性。公平性是指污染税一方面迫使给他人带来危害的污染者要付出一定的代价，另一方面政府还可以利用这种税收所筹集到的资金补偿受害人。效率性是指污染税一方面促使企业选择适当的污染控制技术和研究开发新的更有效地减少污染的工艺过程，既降低成本又减少污染量，另一方面污染税将税款作为专项资金，就可弥补财政拨款的不足，从而为环保部门筹集更多的资金进行综合治理。因此，当前世界各国无一例外地将污染税作为环境治理的重要手段，甚至提出税收生态化的理念。我国于2018年1月份正式开征环保税，主要针对大气污染物、水污染物、固体废物和噪声污染征税，同时，在其他相关税种中也引入了环保的治税理念，如消费税当中对不利于环保的消费品和消费行为都要征收消费税，企业所得税中对购买环保型专用设备投资额的 10% 可以从企业当年的应纳税额中抵免等政策，均体现环保的税制设计思想。

思 考 题

1. 试分析商品税和所得税的效率损失。
2. 试分析弹性反比法则与资源配置的关系。
3. 试分析庇古税对环境的矫正效应。
4. 试分析我国环保税的现状及建立独立的环保税的可行性。
5. 试比较政府与市场配置的区别。
6. 试述我国开征环保税的依据与对策。
7. 试述促进节能减排的税收政策选择。
8. 试述促进新能源开发与利用的税收政策选择。

扩展阅读 4-5

实施新的组合式税费支持政策，巩固和拓展减税降费成效

即测即练

第 5 章 税收与经济稳定

学习目标

1. 掌握税收对国民收入、就业、价格的影响；
2. 掌握稳定经济政策及税收乘数和税收时滞的概念；
3. 了解税收在经济稳定中的作用；
4. 熟悉运用税收政策调节经济。

市场经济的运行有一定的盲目性，这种盲目性造成诸如经济结构扭曲、价格水平不稳定和难以保持充分就业等问题，从而引起经济的周期性波动。现代政府担负的重要职责之一，就是要促进资源的充分利用和经济结构的合理化，保持宏观经济的稳定和均衡发展。为此，需要运用各种财政手段进行结构性和反周期性的调节，税收即为主要的财政调节手段之一，究其原因在于税收客观存在着经济稳定机制，对于实现经济稳定具有非常重要的意义。

扩展阅读 5-1

管仲变法

5.1 税收对国民收入的影响

5.1.1 经济稳定的目标及条件

经济稳定包括内部经济稳定和外部经济稳定。内部经济稳定通常以物价稳定和充分就业稳定为主要内容，集中表现为总供给与总需求的平衡关系；外部经济稳定以实现国际收支平衡为主要内容。

所谓物价总水平基本稳定，即保持市场物价稳定，通常是指价格总水平的相对稳定，物价总水平过高或过低，对于经济的发展与稳定都是不利的。因此，各个国家都把物价稳定作为政府制定宏观经济政策的一个重要目标。这里的物价稳定并非指物价的一成不变，只要物价上涨的幅度是在社会可容忍范围内，比如，物价上涨率在 3%~5%，即可视为物价水平稳定。

充分就业是与失业相对应的一个经济范畴，指凡是有工作能力的并且符合法律规定具有工作资格的人均可以找到有报酬的工作的一种社会就业状态。许多国家的政府之所以要将充分就业作为制定和实施宏观经济管理政策的目标，其原因有三：首先，劳动力资源是一个国家最重要的经济资源，能否充分有效地利用其劳动力资源，是一个国家经济能否健康有序地发展的重要条件之一；其次，人们工作的权力是人权的重要内容之一，大多数国家的政府都十分重视保障其公民的工作权力得以实现；最后，充分就业也是一个国家社会安定与稳定的重要前提。这里的"充分"并不意味着就业人口的100%的就业，而指就业率达到了某一社会认可的比率。

国际收支平衡是指在按照复式记账原理编制的国际收支平衡表上，一个国家的国际收支在量上平衡对等关系，即经常性项目和资本项目的收支合计大体保持平衡，具体表现在一个国家的进口与出口的关系，只要没有大的贸易顺差和贸易逆差都可以认为是平衡的。在开放的经济条件下，国际收支平衡是经济稳定的一个重要内容和标志。

要实现经济的稳定增长，关键是做到社会总供给与社会总需求的平衡，包括总量平衡和社会结构平衡。因此，实现经济稳定的基本条件是一定时期内的社会总供给（AS）等于社会总需求（AD），如公式（5-1）所示。

$$AS=AD \tag{5-1}$$

市场机制能自动实现稳定是建立在完全竞争市场的假设基础上的。现实经济稳定的实现需借助于外力的作用，税收政策是实现经济稳定的重要手段。因此，经济稳定中的税收效应就主要表现为税收与AD、税收与就业、税收与价格的关系。

5.1.2 国民收入水平的决定

决定国民收入大小的主要方面在总需求，因此，凡是使总需求增加的因素都会使国民收入增加，即增加投资（储蓄减少）、增加政府支出（减少税收）、增加消费都可以增加国民收入，反之亦然。短期国民收入的均衡条件为：$S+T=I+G$。我们又通常把等式右侧使国民收入增加的因素称为注入因素，把左侧使国民收入减少的因素称为漏出因素。如图5-1所示，当注入因素政府支出G增加时，使总需求曲线向上平移，结果使国民收入增加，由Y_0增加到Y_1。在三部门经济中，从消费支出角度看，增加了政府购买，从国民收入角度看，增加了税收。即：

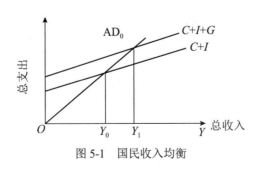

图5-1 国民收入均衡

总支出：$AE = C + I + G$（其中：C代表消费需求，是指国内居民对产品的需求；I代表投资需求,是指企业对资本品的需求;G代表政府采购,是指政府采购产品的需求。)

总收入:$Y=C+S+T$(其中:C代表消费,是指收入当中用于消费的部分;S代表储蓄,是指收入当中用于储蓄的部分;T代表政府税收,是指收入当中上缴给政府的部分。)

因为$AE=Y$,所以$C+I+G=C+S+T$。

因此,三部门经济实现中国民收入均衡条件为:$I+G=S+T$。

其中,税收有累进税、定量税和比例税之分,此时,家庭消费函数中的自变量从Y变为Y_d,其中:$Y_d=Y-T$。

5.1.3 税收对国民收入水平的影响

为了进一步说明税收对国民收入水平的影响,我们可以对国民收入水平决定公式进行进一步推导。

如上所述:$Y=C+I+G$;不考虑政府的转移支付,宏观消费函数为$C=a+b(Y-T)$,其中b为边际消费倾向,$0<b<1$,所以:$Y=a+b(Y-T)+I+G$。

如果税收为定量税,则解之得:

$$y=\frac{\alpha+I+G-bT}{1-b} \tag{5-2}$$

如果税收为比例税,则解之得:

$$y=\frac{\alpha+I+G}{1-b(1-t)} \tag{5-3}$$

从上述公式中,我们可以看出,在一定时期内,如果投资和政府购买支出是相对固定的量,则影响国民收入水平变动的主要因素就是税收。因此,税收是国民收入水平决定中的一个重要变量。因此,税收的变动就会影响到国民收入的变动。

同时,从公式(5-2)、公式(5-3)当中,我们还可以进一步认识到,税收和国民收入水平的变动呈反方向变化,政府增加税收会导致国民收入水平下降,政府减少税收会导致国民收入水平上升。

但是国民收入增减同税收收入的增减并不是等额的,而是倍数地起作用,即税收乘数。根据税收乘数的定义,可得

$$k_t=\frac{\Delta y}{\Delta t} \tag{5-4}$$

因为

$$y_0=\frac{a_0+I_0+G_0-bt_0}{1-b} \tag{5-5}$$

则

$$y_1=\frac{a_0+I_0+G_0-bt_1}{1-b} \tag{5-6}$$

$$\Delta y = y_1 - y_0 = \frac{-b\Delta t}{1-b}$$

所以

$$k_t = \frac{\Delta y}{\Delta t} = \frac{-b}{1-b} \tag{5-7}$$

$\frac{-b}{1-b}$ 即为税收乘数，它表明在其他因素不变的情况下，当税收减少 1 个单位时，均衡的国民收入将会增加 $\frac{b}{1-b}$ 单位。税收乘数通常用来说明税收对经济的刺激和制约作用。

5.2 税收对就业的影响

5.2.1 就业水平的决定

就业水平通常取决于现实国民收入水平和潜在国民收入水平的关系。所谓现实的国民收入水平也叫做均衡国民收入，它是指总需求和总供给达到一致时的国民收入水平。而潜在的国民收入水平是指一个经济社会的生产要素或经济资源，在被充分利用的条件下所实现的产出。在实践中，由于机器、设备、劳动、土地等全部生产要素是否已经被充分利用的信息难以精准测算，而计算生产要素中的劳动力被利用的状况相对容易，因此，潜在国民收入水平也被定义为充分就业条件下所实现的产出。实际上，当劳动资源被充分利用即实现充分就业以后，也标志着其他生产要素也已被充分利用，而如果在经济中存在着严重的劳动失业，也一定意味着其他生产要素存在着大量的闲置，所以，经济学中的充分就业一词在很多场合都是生产要素或资源被充分利用的代名词。潜在国民收入的增加就是经济增长。潜在国民收入与实际国民收入的差别反映了经济周期的情况，如果实际国民收入水平大于潜在国民收入水平，则经济高涨，有通货膨胀的压力；如果实际国民收入水平小于潜在国民收入水平，则经济衰退，有失业的压力。因此，潜在国民收入是正常能生产的最终产品和劳务的最大产出量。在一定时期中，实际国民收入不一定等于潜在产出量，尤其在经济衰退时期，工人被解雇，工人也会少些工作时间,此时实际产出量会低于潜在产出量。

由此可见，均衡国民收入是指总需求和总供给达到一致时的国民收入。潜在国民收入也叫潜在 GDP（potential GDP）或潜在产出，是指一国在一定时期内可供利用的经济资源在充分利用的条件下所能生产的最大产量，也就是该国在充分就业状态下所能实现的国内生产总值。这里的国内生产总值就反映了在该时期内的最大产出能力，是指经济中实现了充分就业时所能达到的国民收入。均衡国民收入并不一定等于潜在国民收入，两者区别在于在总需求不足以吸收充分就业产出水平时，会出现通货紧缩的缺口，均衡的国民收入低于潜在的国民收入；在总需求超过充分就业产出水平时，会出现通货膨胀的缺口，均衡国民收入高于潜在国民收入；在总需求等于充分就业产出时，均衡国民收入就等于潜在国民收入。据此，我们就可以判断一定时期内一国的就业水平。

当现实国民收入＝潜在国民收入时，说明社会资源已经得到充分利用，包括劳动力资源也得到了充分利用，这就表明经济的潜力得到了充分发挥，经济处于正常运行的理想状态。因此，这时的就业状况就是符合充分就业要求的就业水平。

当现实国民收入＜潜在国民收入时，说明社会资源尚未得到充分利用，经济潜力没有发挥出来，资源处于闲置状态，那就是经济紧缩。因此，由于有效需求不足，导致企业对原材料及劳动力的需求相应下降，结果就会引发有效需求不足的失业。

当现实国民收入＞潜在国民收入时，说明经济的发展超出了现有资源条件下的发展潜力，必然导致资源超额利用，要么就是固定资产"带病"运转，要么就是劳动力过度使用，进而就会引发经济过热，出现通货膨胀。因此，这时就要相应减少对劳动力的使用，即减少就业。

5.2.2 税收对就业的影响

税收作为影响社会总需求的一个重要变量因素，税收变动会直接影响社会总需求的变动，并间接影响就业水平的变动。

当现实国民收入＜潜在国民收入时，说明经济处于萧条时期，社会总需求小于社会总供给，导致产品积压滞销。此时降低税率有利于扩大需求，有利于增加企业对原材料、固定资产和劳动力的需求，进而增加就业水平，有利于维持经济的稳定。

当现实国民收入＞潜在国民收入时，说明经济处于繁荣时期，社会总需求大于社会总供给，导致供给不足，原材料和劳动力价格上涨，带来引发通货膨胀的风险。此时提高税率有利于缩减需求，有利于减少企业对原材料、固定资产和劳动力的需求，进而减少产出，减少就业水平，有利于维持经济的稳定。

5.2.3 充分就业的税收政策实践

充分就业并非字面意义上的人人都有工作。失业可以分为由于需求不足而造成的周期性失业和由于经济中某些难以克服的原因而造成的自然失业。消灭了周期性失业的就业状态就是充分就业，充分就业时的失业率称为自然失业率，充分就业与自然失业的存在并不矛盾。充分就业时仍然有一定的失业。这是因为，经济中有些造成失业的原因是难以克服的，劳动市场不总是十分完善的。自然失业的存在不仅是必然的，而且还是必要的。

经济学家们最初认为自然失业率为2%~3%即为充分就业，随着20世纪70年代中期以后发生的经济和技术变革，标志充分就业中包含的自然失业率水平也上升到5%左右。当代经济学家们认为，实现社会充分就业还有三个特征：一是劳动力供求基本平衡；二是劳动关系相对稳定；三是劳动者素质得到较充分开发，对其就业产生积极作用。

自然失业根据其产生的原因不同又分为摩擦性失业和结构性失业。所谓摩擦性失业是指劳动力在正常流动过程中所产生的失业。在一个动态经济中，各行业、各部门和各地区之间劳动需求的变动是经常发生的。摩擦性失业量的大小取决于劳动力流动性的大小和寻找工作所需要的时间。由于在动态经济中，劳动力的流动是正常的，所以摩擦性失业的存在也是正常的。所谓结构性失业是在对劳动力供求不一致时产生的，劳动力的供求之所以会不一致，是因为对某种劳动的需求增加，而对另一种劳动的需求减少，与此同时，供给没有迅速做出调整。因此，当某些部门对劳动力的需求相对于其他部门出现增长时，我们经常看到各种职业或地区之间供求不平衡。这种情况下，往往"失业与空位"并存，即一方面存在着有工作无人做的"空位"，而另一方面又存在着有人无工作的"失业"，这是劳动力市场的结构特点所造成的。这两种失业不属于税收调节的范围，我们只能通过完善劳动力市场、加强就业指导、强化就业服务等措施尽可能减少自然失业。

因此，属于税收调节范围的失业类型主要是有效需求不足导致的失业，由于这种失业是因为经济运行过程中需求量的下降，导致生产规模下降，因而进一步引起对劳动力需求的减少，所以，我们可以通过降低所得税税率、增加减免税等税收优惠政策，扩大社会总需求，增加企业的产出，进一步带动就业的增加。例如：在实践中对企业下岗失业人员从事个体经营（国家限制的行业除外）自领取税务登记证之日起，3年内免征个人所得税；为安置失业人员和下岗职工举办的劳动就业服务企业，开办当年安置失业人员和下岗职工超过企业从业人员总数60%的，经劳动部门审核，报主管税务机关批准，一次性免征所得税3年，免税期满后，当年新安置失业人员和下岗职工占企业原从业人员30%以上的，再减半征收所得税2年等，通过这些政策，都可以对实现充分就业起到积极的作用。

5.3 税收对价格的影响

5.3.1 价格水平的决定

1. 总需求变化对价格水平的影响

在不同的资源利用情况下，总供给曲线，即总供给与价格水平之间的关系是不同的，在不同的总供给曲线条件下，总需求的变化对价格的影响也是不同的。凯恩斯主义的总供给曲线，表明在价格不变的情况下，总供给可以增加；短期总供给曲线，表明总供给与价格水平同方向变动；长期总供给曲线，表明无论价格水平如何上升，总供给也不会增加。

首先是凯恩斯主义的供给曲线。凯恩斯主义供给曲线有两个假设条件：第一，货币工资 Y 和价格 P 具有"刚性"——不能调整。即货币工资不会轻易变动。这个条件是在经济大萧条的背景下提出的，经济大萧条时期劳动力和资本大量闲置，存在大量失业人口和生产能力。当产量增加时，对劳动的需求增加，但是货币工资和价格水平均不发生变化。第二，凯恩斯研究的是短期的情况：没有时间来调整货币工资和价格。凯恩斯主义总供给曲线是一条水平的总供给曲线，这表明，在既定的价格水平时，厂商愿意供给社会所需求的任何数量产品。

如图5-2所示，在凯恩斯主义的总供给曲线条件下，总需求的增加会使国民收入增加，而价格水平不变；总需求的减少会使国民收入减少，而价格水平也不变，即总需求的变动不会引起价格水平的变动，只会引起国民收入同方向的变动。

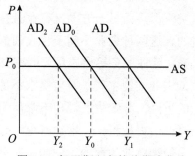

图5-2 凯恩斯主义的总供给曲线

其次是短期总供给曲线。如图5-3所示，水平的总供给曲线和垂直的总供给曲线都被认为是极端的情形。很多经济学家认为，在短期现实的总供给曲线更多地表现为向右上方倾斜的曲线。向右上方延伸表示，价格水平越高，经济中的企业提供的总产出就越多。从微观经济学的角度看，在短期，当经济中的工资和其他资源的价格相对固定或不太容易变化时，随着企业产品价格的提高，企业增加产量通常能够盈利。因此，更高的价格水平将导致更高的总产量。这意味着，在短期，总供给曲线是向右上方延伸的。在短期总供给曲线条件下，总需求的增加会使国民收入增加，而价格水平也上升；总需求的减少会使国民收入减少，价格水平也会下降，即总需求的变动引起国民收入与价格水平的同方向的变动。所以，通过增加总需求来增加国民收入，要以价格水平的上升为代价。

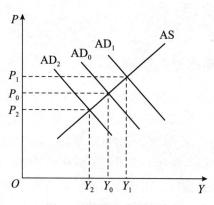

图5-3 短期总供给曲线

最后是长期总供给曲线。如图 5-4 所示，长期总供给曲线是与凯恩斯主义完全相反的极端情形。长期总供给曲线是一条位于充分就业产量水平上的垂线。这表明，无论价格水平如何变动，总供给量都是固定不变的。长期总供给曲线又被称为古典总供给曲线。古典总供给曲线基于下面的假定：货币工资具有完全的伸缩性，它随劳动供求关系的变化而变化。当劳动市场存在超额劳动供给时，货币工资就会下降。反之，当劳动市场存在超额劳动需求时，货币工资就会提高。简单地说，在古典总供给理论的假定下，劳动市场的运行毫无摩擦，总能维护劳动力的充分就业。既然在劳动市场，在工资的灵活调整下充分就业的状态总能被维持，那么，无论价格水平如何变化，经济中的产量总是与劳动力充分就业下的产量即潜在产量相对应，也就是说，因为全部劳动力都得到了就业，即使价格水平再上升，产量也无法增加，即国民收入已经实现了充分就业，无法再增加了。故而长期总供给曲线是一条与价格水平无关的垂直线。

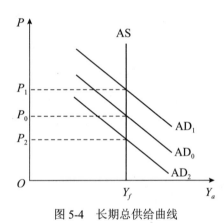

图 5-4 长期总供给曲线

在长期总供给曲线条件下，由于资源已得到了充分的利用，所以总需求的增加只会使价格水平上升，而国民收入不会变动；同样，总需求的减少也只会使价格水平下降，而国民收入不会变动，即总需求的变动会引起价格水平的同方向变动，而不会引起国民收入的变动。

2. 总供给变化对价格水平的影响

与总供给曲线不同，总需求曲线只有往右下倾斜的状况。总需求曲线向右下方倾斜的原因：首先是价格总水平对消费支出的影响。在既定的收入条件下，价格总水平提高使得个人持有的财富可以购买到的消费品数量下降，从而消费减少。反之，当价格总水平下降时，人们所持有财富的实际价值升高，人们会变得较为富有，从而增加消费。即价格总水平与经济中的消费支出呈反方向变动系。其次是价格总水平对投资支出的影响。随着价格总水平的提高，利息率上升。而利息率上升会使得投资减少，即价格水平提高使得投资支出减少。相反，当价格总水平下降时，实际货币供给量增加，从而利息率下降，引起厂商的投资增加，即价格总水平下降使得经济中的投资支出增加。因此，价格总水平与投资支出呈反方向变动关系。最后是由于当价格水平上升的时候，出口会下降，进口增加，导致了净出口的下降。

如图 5-5 所示，总需求是既定的，不发生变动，变动只出现在总供给方面。当总供给曲线为 AS_1 时，这一总供给曲线和总需求曲线 AD 的交点 E_1 决定的总产量为 y_1，价格水平为 P_1。当总供给曲线由于成本提高而移到 AS_2 时，总供给曲线与总需求曲线的交点 E_2 决定的总产量为 y_2，价格水平为 P_2。这时，总产量比以前下降，而价格水平比以前上涨。

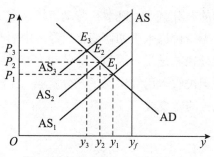

图 5-5　总供给变化对价格的影响

当总供给曲线由于成本进一步提高而移动到 AS_3 时，总供给曲线和总需求曲线的交点 E_3 决定的总产量为 y_3，价格水平为 P_3。这时的总产量进一步下降，而价格水平进一步上涨。所以总需求不变时，短期总供给增加或减少引起国民收入同向变动，引起价格水平反向变动。

5.3.2　税收对价格水平的影响

税收变化会影响总需求或总供给的变化，由此引起价格水平的变化。如果要运用税收手段来抑制通货膨胀，必须先弄清楚所面临的通货膨胀到底是需求拉动型还是成本推进型，然后采取相应的措施。

1. 增税效应——从需求方面抑制通货膨胀

需求拉动型的通货膨胀，是由过度需求引起的。当社会总需求和社会总供给已经达到充分就业的均衡状态时，资本和劳动力等资源已被充分利用，在这种情况下，进一步扩大需求不仅不能使产出增加，反而只能使价格上升。税收作为社会总需求中的重要变量因素，在通常情况下，增加税收能减少社会总需求。当现实的国民收入已经达到潜在的国民收入时，如果经济中还存在超额需求，那么增税将充分降低价格水平，而不会减少国民收入。在图 5-6 中，如果提高税率，则总需求曲线将从 AD_3 下降为 AD_2，价格总水平也从 P_3 降为 P_2，如果继续提高税率，总需求曲线将会从 AD_2 进一步下降为 AD_1，价格总水平降为 P_1。可见，当已经实现了充分就业时，采取削减过度需求的增税政策，其全部效应都表现为减轻通货膨胀的压力。

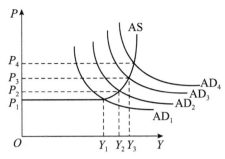

图 5-6　需求对价格的影响

2. 减税效应——从供给方面减轻通货膨胀

扩展阅读 5-2

中国减税政策的
实践及效应

成本推进型通货膨胀是由于包括自然资源和劳动力资源在内的生产投入要素的价格提高，使生产成本上升而引起的平均价格水平普遍上涨而形成的。税收不仅是社会总需求构成中的重要变量因素，而且是成本的重要组成部分。减税主要是通过影响经济运行中的劳动和资本的投入来影响社会总供给。当政府采取减税政策时，经济运行中劳动和资本的投入就会增加，从而增加社会总供给，这在图 5-7 中表现为总供给曲线往右下方移动，即从 AS_1 移至 AS_2。假定社会总需求不变，仍然为 AD_1，这时产出将从 Y_1 增加到 Y_2，价格总水平却从 P_1 下降为 P_2。然而在短期内，减税也具有较强的需求增加效应。降低个人所得税，会增加个人实际可支配收入，从而使作为社会总需求主要组成部分的消费需求增加；降低公司所得税将刺激投资增加，也将增加社会总需求。可见，减税既有可能使得总供给出现增加的程度大于社会总需求的增加程度，也有可能使社会总供给的增加程度小于社会总需求的增加程度。当减税的结果是社会总供给的增加程度大于社会总需求的增加程度，那么在图中就表现为 AD_1 移至 AD_2 的幅度小于 AS_1 移至 AS_2 的幅度，此时产出水平将从 Y_1 增加到 Y_3，价格总水平从 P_1 下降为 P_3。当减税的结果是社会总供给的增加程度小于社会总需求的增加程度，那么在图中就表现为 AD_1 移至 AD_3 的幅度大于 AS_1 移至 AS_2 的幅度，此时的产出水平虽然从 Y_1 增加到 Y_4 价格总水平却从 P_1 提高到 P_4，反而加大了通货膨胀的压力。所以，应尽可能使社会总供给的增加程度大于社会总需求的增加程度，才能达到减税从供给方面降低价格水平从而抑制通货膨胀的效果。

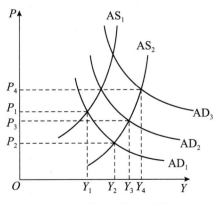

图 5-7　供给对价格的影响

5.3.3 稳定价格的税收政策

1. 通货膨胀的类型

对于通货膨胀，西方学者从不同角度进行了分类。

1）按照价格上升的速度进行分类

按照价格上升的速度，西方学者认为存在着三种类型的通货膨胀：第一，温和的通货膨胀，指的是每年物价上升比例在10%以内。第二，奔腾的通货膨胀，指的是年通货膨胀率在10%~100%之间。这时，货币流通速度提高而货币购买力下降，并且具有较快的速度。第三，超级通货膨胀，指通货膨胀率在100%以上。价格持续猛涨，大大加快货币流通速度，导致货币体系完全崩溃。

2）按照对价格影响的差别分类

按照对价格影响的差别，西方学者认为存在两种类型的通货膨胀：第一种为平衡的通货膨胀，即每种商品的价格都按照相同的比例上升。第二种为非平衡的通货膨胀，即每种商品价格上升的比例并不完全相同。

3）以引发通货膨胀的原因分类

西方学者认为引发通货膨胀的原因有四类：第一，需求拉上型通货膨胀。因社会总需求过度增长，超过了社会总供给的增长幅度，导致商品和劳务供给不足、物价持续上涨的通货膨胀类型，具有自发性、诱发性、支持性的特点。第二，成本推动型通货膨胀。成本推动通货膨胀又称成本通货膨胀或供给通货膨胀，是指在没有超额需求的情况下由于供给方面成本的提高所引起的一般价格水平持续和显著地上涨。第三，输入型通货膨胀，输入型通货膨胀是指由于国外商品或生产要素价格的上涨，引起国内物价的持续上涨现象，即汇率所致。第四，结构型通货膨胀。结构型通货膨胀是指物价上涨是在总需求并不过多的情况下，而对某些部门的产品需求过多造成部分产品的价格上涨现象。

2. 可采取的税收政策

税收作为国家行政手段之一，是国家宏观经济"自动稳定器"，国家可以通过税种、税目、税率结构的优化组合，对经济进行调控。对付通货膨胀的政策主要有以下两种类型。

1）控制需求

通货膨胀的一个基本原因在于总需求超过了总供给。因此，治理通货膨胀首先是控制需求，实行紧缩型政策。紧缩型政策是当前各国对付通货膨胀的传统手段。增加税收就属于用紧缩型政策来控制需求，虽然增加税收可以降低投资水平和消费水平，抑制了需求，但是会使得社会产出减少。如图5-8所示，当抑制了总需求后，总需求曲线由AD_0降到AD_1，价格从P_0下降到P_1，但是产出从Y_0降到Y_1，不利于经济的持续健康发展。

2）增加供给

造成通货膨胀的原因是社会的总需求大于总供给，治理通货膨胀一方面要通过紧缩型政策减少总需求；另一方面要增加总供给。这与单纯的控制需求相比，增加供给会使得社会产出上升，使得抑制通货膨胀的同时又能保证经济的良好发展。如图 5-9 所示，增加总供给后，总供给曲线从 AS_0 下降到 AS_1，价格从 P_0 下降到 P_1，产出从 Y_0 上升到 Y_1。增加供给在税收政策方面的体现就是减少税收，减少税收可以抑制投资需求，减少政府支出，刺激企业生产和供应有效产品。

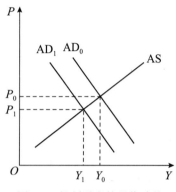

图 5-8　控制需求的税收政策

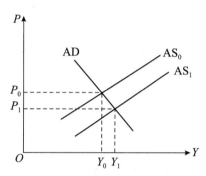

图 5-9　增加供给的税收政策

综上所述，增加供给的税收政策会比控制需求的税收政策更为可取。增加供给减少税收的政策具体有三项举措：第一，降低税率，提高起征点。降低税率，增加消费者的可支配收入，也增加了企业用于投资的资本输出，从而在扩大内需的同时增加供给，使经济增长，税源增加，税收增长。经济增长所提高的税收大于因减少税率所失去的税收，国家将拥有更多的财富去投资拉动内需，刺激经济发展，抑制通货膨胀。第二，优化税种结构。合理运用开征、停征税种，通过调高、调低税率，减免税及法律责任等手段，促进经济结构和产品结构的合理化，促进社会总供求的平衡。第三，实现税收法制的效益化。这指的是税法的制定和实施应体现效率的原则。

5.4　稳定经济的税收政策机制

5.4.1　税收自动稳定机制

税收自动稳定机制指税收制度本身所具有的稳定经济的功能，是税制对经济的一种自动反映能力。由于累进税制等自动调整机制的存在，税收会随着经济的波动而跟随着波动，这就是"自动稳定器"的特点。在我国的税收自动稳定机制中，社会保障制度和个人所得税是主要的"自动稳定器"，对"熨平"经济波幅具有不可或缺的作用。

1. "自动稳定器"的含义

税收的"自动稳定器"功能是指一些税收政策具有自动稳定经济的作用。在不调整税收制度的前提下，依靠税收制度中某些特定的制度安排对国民经济运行周期性变化所产生的反应，就能自动地实现税收收入的增减变化，从而抵消经济波动的部分影响来实现稳定经济的作用。税收的"自动稳定器"功能的实现，并不需要政府随时作出判断并采取相应的措施，这一功能能对需求管理起到自动配合的作用，起到自行稳定经济的效果。

2. 内在稳定机制的具体税制体现

税收自动调节社会总需求的内在稳定机制，主要是依靠累进税率的个人所得税来实现的。当经济处于繁荣时期，生产迅速发展，经济较快增长，个人可支配收入也随之快速上升，累进所得税制运行的结果，一方面可使超过免征额的人数增加，从而扩大了所得税的征税范围；另一方面收入的增加也会使相当一部分纳税人在累进税制中适用税率的档次提升，这些变化都会使税收收入增加，增税的结果是在一定程度上抑制经济过分扩张，从而防止通货膨胀的发生。当经济运行不景气时，生产出现衰退，个人可支配收入有所下降，累进所得税制运行的结果，一方面可使超过免征额的人数减少，从而缩小了所得税的征税范围；另一方面收入降低也会使部分纳税人在累进税制中适用税率的档次下滑，这些都会使税收收入减少，减税的结果是在一定程度上可以防止生产进一步衰退或促进经济恢复。采用比例税率的公司所得税，由于公司利润在整个经济波动中大于其他形式收入的波动，所以在一定程度上也具有内在稳定的功能。一些采用有起征点规定的比例税率的商品税，也含有内在稳定的因素。不同税种自动稳定机制的反向调节能力的大小，取决于税收弹性系数大小。在其他因素既定的情况下，累进税率的税收弹性系数最大，比例税率的税收弹性系数次之，而定额税率的税收弹性系数最小，所以税收内在的制度性调节机制在累进税制下体现得最充分。

3. "自动稳定器"的分类

"自动稳定器"按照作用的方式不同，可以分为"直接自动稳定器"和"间接自动稳定器"。我们拿社会保障制度和所得税制度举例，对于社会保障制度而言：当经济处于成长期和繁荣期时，就业率上升、平均工资水平提高，从而使提取的社会保障金（公积金）增加，当期的有效需求减少，经济增长减缓；当经济处于衰退期和萧条期时，失业率升高、工资水平下降，提取的社会保障金减少，社会有效需求规模缩小，阻碍经济增长的压力减小，与此同时，由于社会保障金的支付规模扩大，增加了即期有效需求，从而对经济的支撑力度加大，经济衰退减缓。同理，就所得税制度而言：当经济衰退时，自动减少税收；而当出现通货膨胀时，税收趋于自动增加。

4. 税收自动稳定机制的优缺点

税收自动稳定机制的主要优点在于其自动反应能力，它完全避免了在相机抉择税收政策中所遇到的认识时滞，同时还可以避免部分执行时滞，而且税收自动稳定机制的作用目标准确、作用效果比较快。但税收自动稳定机制也存在较大的局限性：首先，税收自动稳定机制无法应对经济运行中的外部发生的巨大变化，这种影响仅靠内在稳定机制是不可能抵消的。其次，税收自动稳定机制只能够缓解经济周期的波动幅度，而无法完全消除经济周期波动。在萧条时期，它只能缓和经济的衰退程度，而不能改变经济衰退的总趋势；在膨胀时期，它只能抑制经济膨胀过分地高涨，缓和通货膨胀的程度，而不能改变通货膨胀的总趋势。最后，税收自动稳定机制有可能产生拖累效应，阻碍经济复苏。当经济逐渐走向复苏时，一部分增加的国民收入将被税收的内在稳定机制所吸纳，这实际上就构成经济增长过程中的一种紧缩性因素，从而对经济增长形成财政拖累，并阻碍经济复苏。税收自动稳定机制越强，对经济复苏的阻力就越大。

5.4.2 相机抉择的税收政策机制

1. 相机抉择的税收政策的含义及类型

相机抉择的税收政策指的是政府根据具体宏观经济形势的变化，相应采取灵活多变的税收措施，以消除经济波动，谋求既无失业又无通货膨胀的经济增长。相机抉择的税收政策有扩张性的税收政策与紧缩性的税收政策两种类型。

1）扩张性税收政策

当经济运行过冷、发生通货紧缩时，国民收入小于充分就业的均衡水平，体现为总需求不足，此时就要实行以减税为主要内容的扩张性税收政策，具体包括降低税率、增加减免税、扩大扣除项目等措施。减税的结果有助于增加个人的可支配收入，进而增加消费支出和投资支出，提高社会总需求水平。

2）紧缩性税收政策

当经济运行过热、发生通货膨胀时，国民收入高于充分就业的均衡水平，存在过度需求，此时就要实行以增税为主要内容的紧缩性税收政策，具体包括开征新税种、提高税率、扩大征税范围及降低起征点或免征额等措施。增税的结果是减少个人可支配收入，从而造成私人消费支出下降、社会总需求缩小及国内生产总值水平下降。

2. 税收政策抉择的局限性

为了使相机抉择的税收政策更为有效，政府应选择弹性较大、税基较宽及反应速度较快的税种作为政策工具。所得税和商品税作为两大主体税种，在经济稳定中都发挥着重要作用，但两种税对经济稳定也有不同的特点。从作用方向来看，所得税在控制需求方面更为有效，商品税在影响商品生产成本方面更为有效；而从作用于供给的角度看，所得税和商品税各具特点，所得税对储蓄和投资结构的影响比较大，而商品税对生产结构的影响比较大。

相机抉择具有以下优越性：政策选择具有灵活性，首先，相对于"自动稳定器"，人为政策选择更具有针对性；其次，相比"自动稳定器"，相机抉择能应对相对较大的外生变化。但是相机抉择也有一定的局限性：首先，相机抉择需要政府能够对经济运行状况作出清晰而准确的判断，这就要求政府能够收集大量的经济信息并对其进行认真分析。其次，即使政府能够做出正确的判断，在政府决定实施相机抉择税收政策时，也会因各种阻力导致无法实施，尤其是增税政策会有更多的阻力。再次，政府在调整税收政策时，必须使社会公众认识到这一政策是稳定的，如果社会公众认识到某种增税或减税政策仅仅是临时性的，他们很可能不会改变自己的经济行为。最后，相机抉择税收政策的有效性也面临着政策时滞方面的限制。

上述内容提到相机抉择的税收政策难免会产生税收时滞。税收时滞指的是从认识经济现象变化到应该出台相应的税收政策再到最终对经济运行产生实际影响整个过程需要的时间。税收政策认识时滞是从经济运行中出现问题到政府对是否需要运用税收手段来进行调节有较为清楚的认识之间的时间间隔。执行时滞是决定采取税收手段进行调节到实施该政策之间的时间间隔。反应时滞是一项税收政策从付诸实施到最后实际影响经济运行之间的时间间隔。为了更好理解税收政策时滞，图5-10给出了更为清晰的划分方法。

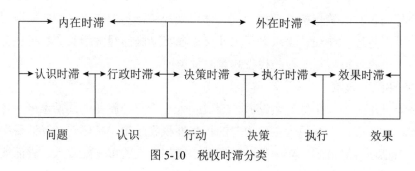

图5-10 税收时滞分类

其中，认识时滞和行政时滞属于内在时滞，也被称为第一类时滞，其中认识时滞指从经济现象发生变化到决策者对这种需要调整的变化有所认识所经过的时间，行政时滞也称行动时滞，是指财政部门在制定采取何种政策之前对经济问题调查研究所耗费的时间，决策时滞、执行时滞、效果时滞属于外在时滞，又被称为第二类时滞，其中，决策时滞指财政部门将分析的结果提交给立法机关审议通过所需要的时间，执行时滞指政策议案在立法机关批准后交付有关单位付诸实施所需要的时间，效果时滞指政策正式实施到已对经济产生影响所需要的时间。

思 考 题

1. 简述税收与国民收入水平变动的关系。
2. 税收是怎样影响就业的？

3. 如何通过增税和减税政策实现价格稳定？
4. 税收自动稳定机制和税收的相机抉择有哪些区别？
5. 如何理解税收时滞？

扩展阅读 5-3
关于粮食税收的调控故事

即测即练

第 6 章
税收与经济增长

> **学习目标**
> 1. 掌握税收与经济增长的关系；
> 2. 掌握经济增长的决定因素；
> 3. 掌握税收如何影响劳动供给、储蓄、投资；
> 4. 了解两种经济增长模型；
> 5. 了解经济增长中的税收效应。

"粟米秸秆税"中的税收智慧

经济增长是指一个国家的经济体系所生产产品和劳务数量的增加。从绝对数值来看，经济增长表现为国民收入或国内生产总值的增加，从相对数值来看，经济增长表现为国民人均收入或国内人均生产总值的增加。经济增长与税收的关系通常表现为经济决定税收，税收又反作用于经济，二者之间存有互相依存、互相影响、互相促进的辩证关系，而税收反作用于经济又主要是通过税收对劳动供给、储蓄、投资和技术的影响来实现的。因此，我们在研究经济增长中的税收效应的同时，就必须研究税收与劳动供给、税收与储蓄、税收与投资、税收与技术进步的关系。

6.1 经济增长的决定因素

经济增长是在多方面因素共同作用下完成的，其中最重要的是经济投入要素，具体包括劳动供给、储蓄、投资和技术。由于经济增长的主要源泉是资本形成、劳动供给和技术进步，因而税收对经济增长的影响，就是通过作用于劳动力供给、资本形成和技术进步来实现的。

6.1.1 两种经济增长模型

1. 哈罗德-多马模型

在重商主义对经济增长进行了初步的探索之后，后来的各种学派对经济增长理论进行不断地探索，从而形成了目前关于经济增长理论的各种研究基础。与重商主义的经济增长观不同，现代经济增长理论的起源来自凯恩斯主义，但是真正创立经济增长理论体系的则是英国的经济学家哈罗德（Harrod）和美国经济学家多马（Domar），他们创立的经济增长模型被称为"哈罗德-多马经济增长模型"。

凯恩斯在其 1936 年出版的《就业、利息和货币通论》中就提出所谓的"有效需求"不足的观点，这种观点认为经济活动所能达到的均衡总是会小于充分就业时能够达到的均衡，这就导致经常性的经济危机和失业难以避免，而政府调节总需求，刺激整个社会的"有效需求"，才可能使整个经济体达到充分就业的均衡。但是凯恩斯的分析是建立在这样的假设上，即人口、资本和技术条件既定不变，然后从短期和静态的角度作分析，正因为没有把经济活动看成是具有连续性的活动，从而导致凯恩斯的增长理论具有一定的局限性。克服这种局限性的是哈罗德和多马，他们开创性地对经济增长进行了长期化动态化的分析，1939 年哈罗德发表了其研究成果《论动态理论》，在书中提出了关于经济增长的模型，这本专著被后来的研究者看成是现代经济增长理论产生的标志性著作，与此同时，多马也提出了他的经济增长模型，由于二者观点及形式有极其的相似，因此学界将这个增长模型统称为"哈罗德-多马模型"。该模型是第一次系统化、模型化地对经济增长进行研究的结果，之后的研究者们发展的各种经济增长理论也大都是以此为基础进行修正和扩展得到的。

在哈罗德-多马模型中，哈罗德得出的基本方程式为 $G=\dfrac{S}{V}$（G 为经济增长率，S 为储蓄率，V 为资本产出比率），也就是说要想满足均衡增长，就必须满足 $G=\dfrac{S}{V}$。多马模型的动态均衡中要求 $\dfrac{\Delta I}{I}=\alpha\sigma$，其中 α 为储蓄倾向，即哈罗德模型中的 S；σ 为潜在的社会平均生产力，即"每单位投资所带来的生产能力的增加"，也就是产出—资本比，$\alpha=\dfrac{1}{V}$。如此，多马模型即可以表示为 $\dfrac{\Delta I}{I}=\dfrac{S}{V}$，在多马模型中，如果均衡得以保持，国民收入也将按这个增长率增长，所以说哈罗德模型和多马模型在形式上是等同的。由于哈罗德经济增长模型和多马经济增长模型的都是以凯恩斯的理论为基础的，结论是基本相似的，所以人们常常把这两个模型合称为哈罗德-多马模型。

由哈罗德-多马模型能够看出，凯恩斯在短期的分析中整合进经济增长的长期因素，主要研究了产出增长率、储蓄率与资本产出比三个变量之间的相互关系，其基本模型如下。

$$\text{经济增长率 } G=\dfrac{s}{K}=s\times\sigma$$

$$S（储蓄率）=\dfrac{s}{Y}\quad（储蓄和收入的比例）$$

$$K（投资与产量之比）=\dfrac{I}{\Delta Y}\quad（每增加 1 单位的收入或产量所需要的投资）$$

$$\sigma（资本生产率）= \frac{\Delta Y}{I}（每增加1单位投资能增加的收入或产量）$$

从哈罗德—多马模型中，我们可以看出经济增长率主要取决于储蓄率和资本生产率两个因素。

2. 新古典经济增长模型

萨缪尔森创立的新古典综合学派是凯恩斯主义的两大分支之一（另一个分支为新剑桥学派）。新古典综合学派试图将宏微观经济理论进行融合，因此将微观经济理论引入宏观经济增长模式中，他们认为微观经济依靠市场去调节，宏观经济主要依赖政府的调控，采用这种经济模式能够实现充分就业下的均衡增长。对于经济增长问题，新古典综合派认为哈罗德-多马模型中的有保证的增长率和自然增长率经常会发生背离，从而导致经济经常处于停滞或高涨状态，难以满足充分就业条件下的均衡增长。因此，索洛将哈罗德-多马模型所规定的这条均衡增长条件形象地称为"刃锋"式增长，以此比喻哈罗德-多马模型条件下的均衡增长途径似刀的刃锋那样狭窄，社会经济难以沿着这条路径达到均衡。"新古典增长模型"从其名称到理论体系的构建分别是由经济学家索洛、斯旺（Swan）和米德（Mead）来完成。

新古典经济增长模型对哈罗德-多马模型进行了修正，它放弃了哈罗德-多马模型中关于资本和劳动力不可替代及不存在技术进步的假设，并提出了新的前提条件。并在此条件下得出结论，建立了新的经济增长模型。由于他们的理论具有凯恩斯传统经济学的痕迹，因而被称为新古典经济增长模型。提出该模型基本公式的是英国经济学家米德，米德在分析中首先提出了与哈罗德不同的假设。

（1）社会只生产一种产品，可以是消费品，也可以是投资品。

（2）生产中只使用劳动和资本两种生产要素，且两种要素可以相互替代，因此，资本-劳动比率是一个变化的量。

（3）储蓄总能转化为投资。

（4）规模报酬不变，且要素的边际生产力递减。从而得到

$$sf(k) = \Delta k + nk$$

式中：s 为储蓄率；k 为人均资本占有量；$y=f(k)$ 为人均形式的生产函数；n 为人口（或劳动力）增长率；Δk 为单位时间内人均资本的改变量。

新古典经济增长模型认为，均衡增长可以通过调整资本数量和资本-产出比率来实现。调整这些变量有两大作用：一是使得投资与储蓄趋于一致，将储蓄全部转化为投资；二是改变资本与劳动的构成比，实现充分就业。这样的调整避免了哈罗德-多马模型中苛刻的均衡条件，从而使得经济沿着充分就业的均衡方向增长。

$$经济增长率\ G = \lambda + \alpha\left(\frac{\Delta K}{K}\right) + (1-\alpha)\left(\frac{\Delta L}{L}\right)$$

式中：$\left(\frac{\Delta K}{K}\right)$ 为资本增长率；$\left(\frac{\Delta L}{L}\right)$ 为劳动增长率；α 为资本对经济增长的相对作用权数；

$(1-\alpha)$ 为劳动力对经济增长的相对作用权数；λ 为技术进步因素。

6.1.2 经济增长的决定因素

1. 投资对经济增长具有强有力的推动作用

为了进一步说明投资与经济增长的数量关系，下面建立一个投资—经济增长总量模型。设 Y 为某一时期的国民收入，I 为新增生产要素投资，即生产过程中新购置设备、原材料和新增劳动力等方面的投入，M 为资金-产出比率。因为资金-产出比率可以反映技术进步和社会劳动生产率的提高，因此可以称资金-产出比率为促进国民收入增长的技术因素。在实际经济运行中，还有一些非技术性因素也对经济增长产生积极作用，如改进劳动组织、优化劳动组合、强化质量管理等，这里用 ε 来表示，即非技术因素系数。这样，社会主义经济条件下，投资在经济增长总量的静态模型可以用公式 6-1 来描述。

$$\Delta Y = (1/M) I + \varepsilon Y \tag{6-1}$$

式中：ΔY 表示国民收入的增量；$(1/M) I$ 表示由于新增投资 I 所带来的国民收入增量部分；εY 表示由非技术因素带来的国民收入增量部分。

假定资金—产出系数 M 和非技术因素系数 ε 在一定时期内保持不变，那么国民收入增长率可以用投资率来表示。

$$\Delta Y/Y = (1/m) \times (I/Y) + \varepsilon \tag{6-2}$$

如果 g 来表示国民收入增长率，k 表示投资率，公式（6-2）可以表示为

$$g = (1/m) k + \varepsilon \tag{6-3}$$

由公式 6-3 我们可以看出，当 M、ε 不变时，投资总量与国民收入总量保持同步增长，投资是经济增长的决定因素。

投资乘数理论也证明投资是经济增长的决定因素。投资乘数是指政府在运用财政政策使国民收入达到均衡时的投资增加可能带来的国民收入增加的倍数。投资乘数可以用收入变量对投资变量的比率来表示。投资的增加之所以会有乘数作用，是因为各经济部门是相互关联的，某一部门的一笔投资不仅会增加本部门的收入，而且会在国民经济各部门中引起连锁反应，从而增加其他部门的投资与收入，最终使国民收入成倍增长。

按照凯恩斯的定义，投资乘数是这样规定的："当总投资量增加时，所得之增量将 k 倍于投资增量"（凯恩斯，1981）。这里的 k 就是所谓投资乘数，如果写成数学式子，可以用 ΔI 表示总投资量的增量，用 ΔY 表示所得之增量，则可以得到公式 $\Delta Y = k \Delta I$。凯恩斯对投资乘数的规定很清楚，他是在问："当总投资量增加时"，"所得之增量将"是多少？这里总投资量的增加在前，所得之增量在后。

凯恩斯提出的消费倾向 = 消费量 / 收入量，这是平均消费倾向（average propensity to consume，APC）。其边际消费倾向（marginal propensity to consume，MPC）= 消费增量 / 收入增量，即：$MPC = \Delta C/\Delta Y$，随着收入的增加，边际消费倾向递减。

凯恩斯的投资乘数理论是：在一定的边际消费倾向下，新增加的一定量的投资经过一定时间后，可导致收入与就业量数倍的增加，或导致数倍于投资量的 GDP。这个理论可用公式（6-4）概括。

$$\Delta GDP = \Delta I \cdot K \tag{6-4}$$

$K=1/(1-\Delta C/\Delta Y)=1/(1-消费增量/收入增量)=1/(1-边际消费倾向)=1/边际储蓄倾向$

式中：ΔI 为新增投资；K 为投资乘数。

投资乘数的计算，投资乘数 $= \dfrac{1}{1-边际消费倾向}$

公式表示为

$$k = \frac{1}{(1-b)} \tag{6-5}$$

或

$$\Delta Y = \frac{\Delta I}{(1-b)} \tag{6-6}$$

式中：b 为边际消费倾向；ΔY 为收入改变量；ΔI 为投资支出改变量。

例如，投资增加 100 元，边际消费倾向是 0.8，则投资的增加使得国民收入的增加量如公式 6-6 所示。

$$\Delta Y = \frac{\Delta I}{(1-b)} = \frac{100}{(1-0.8)} = 500 （元）$$

投资乘数为 $k = \dfrac{1}{(1-b)} = \dfrac{1}{(1-0.8)} = 5$，即增加 1 单位的投资支出可增加 5 单位的国民收入。

凯恩斯的投资乘数理论是在社会总收入与总消费的基础上，基于边际消费倾向而产生的宏观投资理论，它没有专门分析区域经济和产业经济中投资拉动问题。

2. 投资对经济增长具有双重效应

投资与经济增长之间关系的一个重要方面就是投资对经济增长具有推动或促进作用。由于固定资产投资具有两重性，即它既对生产形成需求，又能增加生产能力，由此又决定了投资对经济增长也具有双重效应：需求效应和供给效应。客观经济过程表明，投资的需求效应是与投资的过程同时产生的，而投资的供给效应是在形成固定资产交付使用或投入生产并与流动资金相结合之后才能显现。两种效应出现的时间是不同的，投资的供给效应滞后于需求效应，两者之间存在时滞，称为供给时滞。因此，从时间范围来看，投资的需求效应属于中短期分析，主要是在宏观经济的周期理论和经济调节理论中进行，着眼于解释中短期经济波动的原因，以及利用投资来调节经济、熨平周期。而投资的供给应属于长期分析，主要是在经济增长理论中进行，目的是分析积累或投资对经济增长的作用。

3. 资本形成是经济增长的核心问题

自 20 世纪以来，资本形成对经济增长的贡献份额就一直在 50% 以上，特别是对技术进步所导致的资本密集型产业来说，资本形成几乎成为企业发展唯一的推动力。资本的形成过程一般分为以下三个阶段。

（1）储蓄的增加——取决于人们的储蓄意愿和储蓄能力。

（2）动员和引导储蓄转化为投资——取决于信贷和金融机构。

（3）利用储蓄投资于人力资本和物力资本。

最终形成"储蓄—投资—增长"的关系，这也是世界各国经济增长过程的一般规律。

6.1.3 经济增长中的税收效应

1. 收入效应和替代效应的一般含义

当一种商品的价格发生变化时会对消费者产生两种影响：一是使消费者的实际收入水平发生变化，此处实际收入水平的变化被定义为效用水平的变化。二是使商品的相对价格发生变化。这两种变化都会改变消费者对该种商品的需求量。例如，在消费者购买商品 X 和商品 Y 时，当商品 X 的价格下降，一方面，对于消费者来说，虽然名义货币收入不变，但是现有的货币收入的购买力增加增强了，也就是实际收入水平提高了。实际水平的提高，会使消费者改变对这商品 X 和 Y 的购买量，从而达到更高的效用水平，这就是收入效应。另一方面，商品 X 价格的下降，使得商品 X 相较于价格不变的商品 Y 来说更便宜了。商品相对价格的这种变化，会使消费者增加对商品 X 的购买，而减少对商品 Y 的购买，这就是替代效应。

显然，替代效应不考虑实际收入水平变动的影响，所以，替代效应不改变消费者的效用水平。总之，一种商品价格变动所引起的人们对该商品需求量变动的总效应可以被分解为替代效应和收入效应两个部分，即：总效应＝替代效应＋收入效应。其中，由商品的价格变动所引起的实际收入水平的变动，进而由实际收入水平变动所引起的商品需求量的变动，称为收入效应。由商品的价格变动所引起的商品相对价格的变动，进而由商品的相对价格变动所引起的商品需求量的变动，称为替代效应。收入效应表示消费者效用水平发生变化，替代效应则不改变消费者的效用水平。

2. 税收的收入效应和替代效应

从税收对纳税人的影响来看，一般可产生收入效应或替代效应，或两者兼有，税收的收入效应是指课税减少了纳税人可自由支配所得和改变了纳税人的相对所得状况。税收的收入效应本身并不会造成经济的无效率，它只表明资源从纳税人手中转移到政府手中。但因收入效应而引起纳税人对劳动、储蓄和投资等所作出的进一步反应则会改变经济的效率与状况。税收的替代效应则是指政府征税改变了一种经济活动的机会成本，使纳税人放弃这种经济活动而选择另外一种经济活动的效应。税收的替代效应是由于某种税影响相对价格或相对效益时，人们就选择某种消费或活动来代替另一种消费或活动，因此，对纳税人来讲，税收的替代效应必然会带来一定的效率损失。理论上认为，所有非中性税收都属于扭曲性税收（distorting taxes），均导致人们在经济资源使用方面产生福利损失或效率损失。这是因为政府税收的加入必然改变原先经济社会处于均衡状态的（商品的）相对价格体系，只要商品的相对价格发生变动，人们就会对个人经济行为进行调整，即发生了税收的替代效应。例如，政府对商品课税可能改变人们在可供替代的商品之间的选择，对企业课税可能改变人们在可供替代的投资之间的选择。人们对经济行为的调整必然造成经济税基的变动，导致个人收入、企业收入，以及政府财政收入的变化。因此，政府的税收政策及其调整总是给经济社会同时带来上述两种效应。这两种效应在税收活动中同时存在且方向相反，但并不会相互抵消，因为具体到微观经济活动中它们的效应大小会有所不同。

3. 税收收入效应与替代效应的分析

假定在一定时期内，消费者只有衣服和食品两种商品可供选择，当政府对服装征税以后，就会导致服装的相对价格上升，从而会对消费者的行为选择产生影响。这种影响有两种情况。一是对衣服征税后，这个人原本用来买衣服的钱不够了，如果想要买原来那么多的衣服就得多花钱，这种由于相对收入购买力下降而减少课税商品的消费称为收入效应。二是对衣服征税后，由于一种商品价格上涨，人们会寻找其他的商品取代，这种因课税商品的相对价格上升而减少此种商品的消费称为税收的替代效应。

如图 6-1 所示，假定政府没有征税之前，消费者的预算线为 FC，它与无差异曲线 I 相切于均衡点 E。当政府对衣服征税之后，消费者的预算线变为 FC'，它与无差异曲线相切于均衡点 E^*。这种由均衡点 E 到均衡点 E^* 的变化就是政府对衣服征税所产生的总效应，对这种总效应可以进一步分解为收入效应和替代效应。为了做到这一点，需要利用补偿预算线这一分析工具。

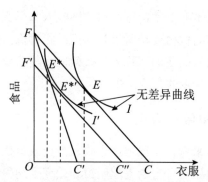

图 6-1 对衣服征税的税收效应与替代效应

补偿预算线是当商品的价格发生变化引起消费者的实际收入水平发生变化时，用来表示以假设的货币收入的增减来维持消费者的实际收入水平不变的一种分析工具。具体地说，在商品价格下降引起消费者的实际收入水平提高时，假设可以取走消费者的一部分货币收入，以使消费者的实际收入维持原有的水平，则补偿预算线在此就可以用来表示使消费者的货币收入下降到只能维持原有的无差异曲线的效用水平（即原有的实际收入水平）这一情况。相反，在商品价格上升引起消费者的实际收入水平下降时，假设可以对消费者的损失给予一定的货币补偿，以使消费者的实际收入维持原有的水平，则补偿预算线在此就可以用来表示使消费者的货币收入提高到只得以维持原有的无差异曲线的效用水平（即原有的实际收入水平）这一情况。为了剔除实际收入水平变化的影响，使消费者能够回到原有的无差异曲线 I 上去，其具体做法是：作一条平行于预算线 FC 且与无差异曲线 I' 相切的补偿预算线 $F'C''$。这一做法的含义是：补偿预算线 $F'C''$ 与无差异曲线 I' 相切，表示假设的货币收入的减少刚好能使消费者回到原有的效用水平。补偿预算线 $F'C''$ 与无差异曲线 I' 相切于均衡点 $E^{*'}$，与原来的均衡点相比，消费者对食品的需求量增加了，衣服的需求量相应减少了，这个变化量就是在剔除了实际收入水平变化影响后的替代效应。它显然归因于商品相对价格的变化，它不改变消费者的效用水平。

收入效应是总效应的另一个组成部分。设想一下，把补偿预算线 $F'C''$ 再推回到 FC 的位置上去，于是，消费者的效用最大化的均衡点就会由无差异曲线 I' 的 $E^{*'}$ 点回复到无差异曲线 I 的 E 点，从 E 点到 $E^{*'}$ 点的变化就是政府税收对纳税人所带来的收入效应，它表明由于政府的课税使得人们的收入水平下降，导致税后人们对食品和服装的需求量同时下降。

扩展阅读 6-2

撒切尔夫人征收人头税为何失败

6.2 税收与劳动供求

税收对劳动力供给和需求的影响，具体是通过个人所得税和社会保障税来实现的。劳动力的供给和需求都有多个方面的内涵，包括工作时间、工作的努力程度、受教育年限以及退休年龄等。由于税收对劳动力供给和需求每一方面的影响都适用于相同的分析，因而这里主要阐述税收对劳动者工作时间决策的影响。

6.2.1 劳动供给曲线与劳动休闲模型

1. 两种劳动供给曲线

劳动供给是指劳动者所提供的一定劳动（工作）或服务的时间数，它涉及消费者对其拥有的既定时间资源在劳动和闲暇两个方面的分配。闲暇是一个描述非工作活动的笼统的词，包括睡觉和吃饭，闲暇被假设为是可享受的。

1）向上倾斜的劳动供给曲线

如图 6-2 所示，简单劳动供给曲线一般是向上倾斜的，横轴为劳动时间 H，纵轴为工资率 W，表明工资率与劳动供给成正比。如图 6-2 所示，随着工资率由 W_1 下降到 W_2，劳动时间相应由 H_1 减少到 H_2。

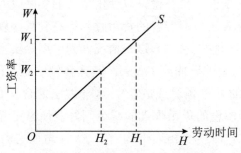

图 6-2　向上倾斜的劳动供给曲线

2）向后弯曲的劳动供给曲线

如图 6-3 所示，劳动供给曲线是向后弯曲的，当 W 较低时，随着 W 的上升，消费者将减少闲暇，增加劳动供给，劳动供给曲线向右上方倾斜；当工资涨到 W_2 时，劳动供给量达最大。继续增加工资，劳动供给量不增加反而减少，劳动供给量从 W_2 处起开始向后弯曲。

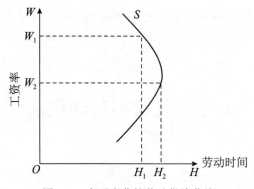

图 6-3　向后弯曲的劳动供给曲线

劳动供给曲线形状主要受到替代效应和收入效应的共同影响，一般说来，它向后弯曲。市场劳动力供给曲线的形状是由劳动力供给弹性决定的。一是和个人劳动力供给曲线相同，向后弯曲，在曲线上表现为三个阶段：富有弹性、缺乏弹性、单位弹性；二是垂直于工作时间轴，供给弹性为零，工资率任何变化也无法影响劳动力供给数量；三是平行于工作时间轴，供给弹性无限大，工资率为某特定值时，可以获得任意数量的劳动力。

替代效应和收入效应是工资率上升的两个方面，如果替代效应大于收入效应，那么，工资率提高使得劳动数量增加，即劳动的供给曲线向右上方倾斜；反之，工资率的提高会使劳动数量减少，劳动供给曲线向左上方倾斜。在工资率较低的条件下，劳动者的生活水平较低,闲暇的成本相应也就较低,从而,工资提高的替代效应大于收入效应,劳动的供给曲线向右上方倾斜。但是,随着工资率的进一步提高和劳动时间的增加,工作的机会成本(即闲暇的效用)增加,替代效应开始小于收入效应,结果劳动供给数量减少。因此,劳动的供给曲线呈现出向后弯曲的形状。

2. 劳动休闲模型

劳动供给涉及劳动者对其拥有的既定时间资源的分配。劳动者可以看成是消费者,他们在闲暇和劳动二者之间进行的选择,就是在消费和收入之间进行选择,以满足自己效用最大化的愿望。劳动休闲模型就是微观经济学用来解释人们在既定的工资率水平下,为了实现效用最大化的目的,而在劳动与休闲之间选择变化的规律。该模型需要先做出以下几方面的假定:第一,劳动力的个人收入来源较单一,只有劳动收入;第二,市场工资率比较稳定,不因课税而发生变化;第三,劳动力的工作时间相对固定。

如图 6-4 所示,横轴为休闲的时间,当人们将时间全部用于休闲的时候,休闲时间达到最大化 OT,这时人们没有付出工作时间,相应的收入为零;当人们的休闲时间为零,即把全部时间都用于工作,这个时候收入达到最大化 OD。显然,这只是两种极端的情况,作为一个理性的经济人,他总会在劳动时间与休闲时间作出最佳选择来满足自己最大化的效用需求,即图中均衡点 E,表明人们工作时间为 FT 的时候,取得收入为 OG,此时休闲时间为 OF,给他所带来的效用水平是最大的。

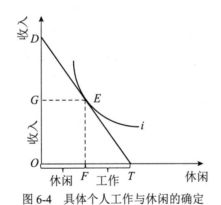

图 6-4 具体个人工作与休闲的确定

6.2.2 税收对劳动供给的效应分析

1. 税收对劳动供给的替代效应分析

政府征收个人所得税,劳动者的实际工资水平会相应地下降,并直接减少纳税人的可支配收入。这就使得闲暇与劳动间的相对价格发生了改变,因为闲暇相对于劳动变得更便宜了。这时,劳动者将增加对闲暇的消费,而减少劳动时间,这就是通常所说的税收对劳动力供给的替代效应,它指的是政府征税会使闲暇相对于劳动的价格降低,引起劳动者以闲暇替代劳动,从而减少劳动、增加闲暇。一般认为,税收对劳动力供给替代效应的大小,是由个人所得税的边际税率决定的。

图 6-5 中的劳动力供给曲线是一条向右上方逐步递增的曲线。在政府课征个人所得税后,劳动者的工资水平由原来的 W_1 下降为 W_2,劳动边际收益的下降意味着闲暇的机会成本降低,而工作的机会成本提高,个人必然趋向于减少工作、增加闲暇,此时劳动者的劳动时间也将由原来的 OL_1 减少到 OL_2。在这种情况下,政府征税对劳动力供给的替代效应大于收入效应,其净效应表现为劳动力供给的减少。

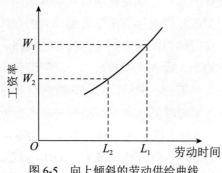

图 6-5　向上倾斜的劳动供给曲线

2. 税收对劳动供给的收入效应分析

政府征收个人所得税,劳动者的实际工资水平会相应地下降,并直接减少纳税人的可支配收入。假定闲暇是一种正常产品,那么劳动者可支配收入的减少将使其不得不减少闲暇的享受,或者说为了维持以往的收入或消费水平,劳动者倾向于更加勤奋的工作。这种影响,就是税收对劳动力供给的收入效应,它指的是政府征税会直接减少个人的可支配收入,从而促使个人为维持既定的收入或消费水平而减少闲暇、增加工作时间。一般认为,税收对劳动力供给收入效应影响的大小,是由个人所得税的平均税率决定的。

图 6-6 中的劳动力供给曲线是一条先向右上方递增然后向左上方弯曲的曲线。在开始阶段,工资水平提高之后,劳动力倾向于增加。但工资水平上升到一定阶段之后,劳动者对工资收入的需要相对就不那么迫切了。工资水平再上升,劳动者的供给便不再倾向于增加,而是趋向于减少。在政府课征个人所得税后,劳动者的工资水平由原来的 W_4 下降为 W_3。随着纳税人税后工资收入的下降,劳动力的供给倾向于增加,劳动时间由原来的 OL_4 增加至 OL_3。在这种情况下,政府征税对劳动力供给的收入效应大于替代效应,其净效应表现为劳动力供给的增加。

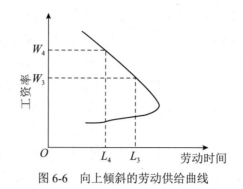

图 6-6 向上倾斜的劳动供给曲线

6.2.3 不同征税方式对劳动力供给的影响

1. 比例所得税对劳动供给的效应

1）定性分析

比例所得税对劳动供给的替代效应体现在政府征税后，劳动者的实际工资水平由 w 变为 $w(1-t)$，这就使得闲暇与劳动间的相对价格发生了改变，闲暇相对于劳动变得更加便宜。这时，劳动者将以闲暇代替劳动，从而减少劳动、增加闲暇，结果是劳动供给减少。

比例所得税对劳动供给的收入效应体现在政府征税后，劳动者的个人收入水平下降，为了维持税前收入水平或消费水平，劳动者不得不减少闲暇、增加工作时间，结果是劳动供给增加。

2）定量分析

图 6-7 可以用来分析比例所得税对劳动力供给两种不同的净效应。在图中，横轴表示劳动者的闲暇时间，而纵轴代表收入。AB 是劳动者在政府征税前的时间预算线，它表明劳动者有限的时间是如何在劳动与闲暇之间进行分配的，其斜率等于劳动者的工资率 w。劳动者在劳动与闲暇之间的偏好或选择，实际上就是在商品消费和闲暇消费之间的选择。如果劳动者将其所有的时间全部用于劳动，那么其闲暇时间就为零，此时他可以获得的工资收入为 OA；如果劳动者将其所有的时间都用于闲暇，那么其劳动时间就为零，此时他获得的工资收入也为零。无差异曲线表示的是劳动者对劳动和闲暇的偏好及其从消费和闲暇中获得的效用水平。政府征收个人所得税之前，时间预算线 AB 与无差异曲线 I_1 相切于 E_1 点，决定了此时劳动者的时间在劳动与闲暇之间的分配是 OL_1 的时间用于闲暇，其他的时间用来工作。如果政府对劳动者的工资收入征收税率为 t 的个人所得税，则税后的时间预算线就由原来的 AB 变为 BC，其斜率也变为 $w(1-t)$。BC 与无差异曲线 I_2 相切于 E_2 点，决定了政府征税以后劳动者为了使自身福利达到最大化，会将 OL_2 的时间用于闲暇，其他的时间用来工作。

为了分解出政府课征个人所得税对劳动力供给的收入效应和替代效应，可以假定政府征税后，劳动者的非工资收入增加，正好补偿了工资收入的下降。这样，政府征税以后，劳动者的无差异曲线仍与政府征税前相同。在劳动者获得了非工资收入补偿的假定下，便形成了一条补偿预算线 DF，DF 与税后的预算线 BC 的斜率相同，因为补偿性非工资收入的获得并没有改变劳动者税后的工资率。DF 与无差异曲线 I_1 相切于 E_3 点，E_3 点对应的闲暇时间为 OL_3。在图6-7（a）中，E_1 点和 E_3 点都位于无差异曲线 I_1 上，但分别处在不同的时间预算线上，它表明只改变了闲暇与劳动的相对价格而没有降低个人的效用水平，因此 L_1L_3 表示的是税收增加闲暇、减少劳动的替代效应。E_2 点所在的时间预算线平行于 E_3 点所在的补偿预算线，两者的斜率相同，但 E_2 点和 E_3 点分别位于无差异曲线 I_2 和 I_1 上，它表明只降低了个人的效用水平而没有改变闲暇与劳动间的相对价格，所以 L_2L_3 表示的是税收增加劳动、减少闲暇的收入效应。此时在图中给定的劳动—闲暇偏好下，税收对劳动力供给的收入效应大于替代效应（在图中表现为 $OL_2<OL_1$），政府征税对劳动供给的实际影响从总体上看是减少闲暇。在图6-7（a）中，L_1L_3 表示的是税收增加闲暇、减少劳动的替代效应，L_2L_3 表示的就是税收增加劳动、减少闲暇的收入效应。此时在图中给定的劳动—闲暇偏好下，税收对劳动力供给的替代效应大于收入效应（在图中表现为 $OL_1<OL_2$），政府征税对劳动供给的实际影响从总体上看是增加了闲暇。

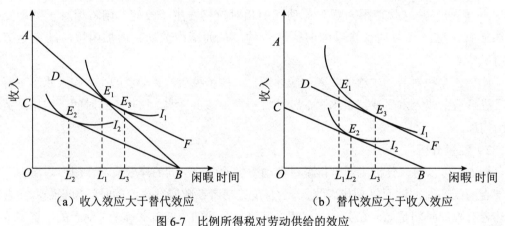

图6-7 比例所得税对劳动供给的效应

（a）收入效应大于替代效应　　（b）替代效应大于收入效应

3）影响收入效应与替代效应的因素

从定量分析中可以清楚地认识到，在理论上无法准确预测出税收对劳动力供给的净效应，它具体取决于税收对劳动力供给的收入效应和替代效应的相对强度，而个人收入边际效用的大小、人们对收入需求弹性的大小及非经济因素的制约，如社会传统道德习惯、价值观念等都会直接或间接地影响个人对劳动力投入增减的选择，从而使收入效应和替代效应受到影响。

2. 比例所得税与总额税对劳动供给的效应比较

总额税按固定数额征收，税额不随收入额的增减而变化，它不会改变收入与闲暇之间的相对价格，因而不具有妨碍劳动力供给的替代效应，相反它还会激励纳税人努力工作，以维持原来的收入水平或消费水平。与总额税相比，比例个人所得税对劳动力供给的影响要大一些，它具有一定的替代效应，在某种程度上会激励人们选择闲暇替代劳动。虽然从理论上难以断言总额税与比例个人所得税的总效应，但一次总付税比取得相同税收收入的比例个人所得税能够更多地激励劳动者努力工作却是肯定的。这可以用图 6-8 来加以说明。

在图 6-8 中，AB 是政府征税前的时间预算线，它与无差异曲线 I_1 相切于 E_1 点，决定了劳动者选择享用 OL_1 数量的闲暇。如果政府征收既定数量的一次总付税，将引起预算线向内平移形成新预算线 DF，它与无差异曲线 I_2 相切于 E_2 点，决定了劳动者在政府课征总额税的情况下选择享用 OL_2 数量的闲暇。如果政府以课征比例个人所得税的形式来取得相同的税收收入，将引起预算线向内转动至 BC，并且它必定与 DF 相交于 E_2 点，BC 与无差异曲线 I_3 相切于 E_3 点，决定了劳动者选择享用 OL_3 数量的闲暇。从图 6-8 中可以清楚地看到，当政府课征总额税时，劳动者享用的闲暇数量为 OL_2，少于政府课征比例个人所得税时劳动者享用的闲暇数量 OL_3，这说明总额税较筹集相同收入的比例个人所得税有更多的激励劳动者工作的效应。之所以如此，是因为总额税和比例个人所得税取得的税收收入相同，其收入效应相同，但征收比例个人所得税会改变工作与闲暇之间的相对价格，它会产生替代效应，而总额税却不会产生替代效应，这两种征税形式的收入效应与替代效应会相互抵消。

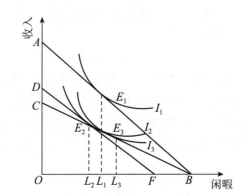

图 6-8　比例所得税与总额税对劳动供给的效应比较

3. 比例税与累进税对劳动供给的效应比较

类似的分析也可用于获得相同税收收入的比例个人所得税与累进个人所得税间的比较。在取得相同税收收入的情况下，比例个人所得税与累进个人所得税对劳动供给具有相同的收入效应。在比例个人所得税下，边际税率与平均税率相等，而在累进个人所得税下，边际税率大于平均税率，这使得累进个人所得税的替代效应大于比例个人所得税。综合比例个人所得税和累进个人所得税的收入效应和替代效应之后，便可以清楚地知道累进个人所得税对劳动供给的总效应要大于比例个人所得税对劳动供给的总效应，即在产生相同税收收入的条件下比例个人所得税比累进个人所得税对劳动供给产生更大的激励作用。

6.2.4 税收对劳动需求的效应分析

税收对劳动需求的影响主要体现在社会保障税上。社会保障税通常按照雇员工资的一定比例分别向雇员和雇用人工的企业征收。企业雇用劳动力,除了要向其支付工资外,还要为其缴纳社会保障税。此时,企业的人工使用成本就不仅取决于人工工资率的高低,而且要受社会保障税的影响。在人工市场工资率一定的情况下,政府对企业征收社会保障税或提高社会保障税的税率,都会增加企业的人工使用成本,进而对企业的人工需求产生或大或小的影响,整体来看将产生替代效应与规模效应。

替代效应:企业为了降低人工使用成本,或保持人工使用成本不变,一个可供选择的方法就是尽可能地通过技术改造来实现以资本代替人工,其结果将是减少对人工的需求。

规模效应:当资本不能够或难以替代人工时,开征社会保障税或提高社会保障税的税率会使得企业的总体成本上升,从而有可能促使企业缩小生产规模,并最终导致企业对人工的需求下降。

扩展阅读 6-3

我国劳动供给的特殊情况

6.3 税收与储蓄

储蓄是财富的积累,是未来消费和投资的来源。储蓄水平的高低,代表着资本形成的潜在力量,是促进经济增长的先决条件。国民储蓄包括家庭储蓄、企业储蓄和政府储蓄等三个方面。一国的总储蓄水平,不仅取决于该国的人均国民收入水平和国内生产总值的部门构成等诸多因素,还依赖于政府采用的储蓄动员政策,而税收是政府动员储蓄的一个强有力的经济手段。

6.3.1 税收对家庭储蓄的影响

1. 家庭储蓄的决定——跨时消费和储蓄模型

跨时消费选择是指一个理性的消费者,在进行消费决策时,所考虑的不仅仅是某一特定时期的效用最大化问题,而是要考虑如何安排不同时期的消费行为,以实现一生的效用最大化的问题,即是一个跨时期的最优选择问题。在跨时期消费选择计划中,理性的消费者在进行消费决策时,不会仅局限于当前的收入约束,他可能会借贷消费(此时他是一个借款者),也可能将当前收入的一部分节省下来以备未来所需(此时他是一个储蓄者)。因此,跨期选择问题实际上分析的是消费者如何规划自己在当前和未来的最优消费计划的问题。

为了简化分析,可以用一个简单的两阶段生命周期模型来分析消费者最优消费计划的选择。两阶段生命周期模型将一个人的生命周期分为两个阶段,第一阶段为工作期,在这一阶段个人收入为 Y_p,其中消费为 C_p,剩余的 S 用于储蓄;第二阶段为退休期,收入为 Y_f(除一笔固定的养老金收入外,没有其他的收入来源),这一阶段的消费 C_f 取决于第一阶段的储蓄及储蓄获得的利息(利率用 r 表示)。

该模型还需要作出以下几方面的假定:第一时期的储蓄在第二时期将完全消费掉;第二时期的收入来源只能有利息所得;政府课征所得税,税率是比例税率。个人一生的预算约束条件可以表示如下两阶段。

第一阶段: $\qquad C_p = Y_p - S \qquad$ (6-7)

第二阶段: $\qquad C_f = Y_f + S(1+r) \qquad$ (6-8)

将公式(6-8)两边同除以(1+r),并和公式(6-7)相加,个人的预算约束条件也可以表示为

$$C_p + C_f/(1+r) = Y_p + Y_f/(1+r) \qquad (6-9)$$

公式(6-9)表明个人一生消费的现值刚好等于一生的收入的现值,其中 $C_f/(1+r)$ 是第二阶段的消费 C_f 在第一阶段的现值,$\dfrac{1}{1+r}$ 是贴现系数,它表示在第二阶段的 1 元消费等同于第一阶段的 $\dfrac{1}{1+r}$ 元,同时它也代表着第二阶段的消费价格。贴现系数越大,也就意味着第二阶段的消费相对于第一阶段的消费来说越昂贵。

再将公式(6-9)两边同乘以(1+r),即可得到公式(6-10)。

$$C_f = [Y_f + (1+r)Y_p] - (1+r)C_p \qquad (6-10)$$

在公式(6-10)中,若 $C_p=0$,表明消费者将当前收入全部用于未来消费,则可得到未来消费的最大值 $C_f = Y_f + (1+r)Y_p$,若 $C_f=0$,表明消费者将未来的收入全部用于当前的消费,则可得到当前消费的最大值 $C_p = Y_p + Y_f/(1+r)$。

因此,第一时期和第二时期消费的比例为:$C_f/C_p = (1+r)$ 或 $C_p/C_f = 1/(1+r)$。

消费者的跨期选择行为有三种情况。

(1)在第一时期消费掉他工作所得的全部工资收入,即 $C_p=Y_p$,这意味着 $C_f=Y_f$,如图 6-9 中的 A 点所示。在极限值点 $A(Y_p, Y_f)$,消费者既不储蓄($S=0$)也不借款($B=0$)。

(2)消费者在第一时期不将其工资全部花完,即消费者在第一时期有储蓄($S>0$),设储蓄为 S,利率为 r,则:$C_p=Y_p-S$,$C_f=Y_f+(1+r)S$,如图 6-9 中的 D 点所示。

(3)消费者在第一时期不仅消费掉他工作所得的全部工资收入,而且还借款消费($B>0$),设借款为 B,则:$C_p=Y_p+B$,$C_f=Y_f-(1+r)B$,如图 6-9 中的 F 点所示。

综合考虑以上三种情形,并取 S 和 B 的不同值,我们可以得到不同时期消费水平的各种组合点,把这些点连接起来(图 6-9 中的 A、D 和 F)我们就可以得到跨时期消费预算约束线。

由此得出,家庭对消费与储蓄的决策大致有以下三种可能:不储蓄也不借款(A 点);储蓄为 S,可增加将来消费 $(1+r)S$(点 D);借款 B,使现期消费超过现期收入(F 点)。

对于每个家庭来说，究竟选择哪一点，则取决于反映个人第二时期消费偏好的无差异曲线的位置。

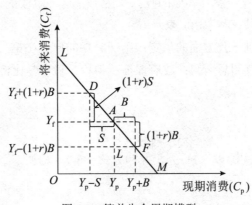

图 6-9　简单生命周期模型

2. 个人所得税的储蓄效应

政府征收个人所得税有两种不同的税务处理方式：一种处理方式是仅对个人的收入征收个人所得税，但不对其储蓄利息征税；另一种处理方式是既对个人的收入征收个人所得税，也对其储蓄利息征税。不同的税务处理方式对家庭储蓄的影响是各不相同的。

图 6-10 可以用来分析政府只对个人收入征收个人所得税时，税收对家庭储蓄的影响。横轴代表第一阶段的消费，纵轴代表纳税人第二阶段的消费。AB 是收入预算约束线，它是在个人可支配收入一定的条件下，纳税人对储蓄和消费各种可能选择的组合。AB 的斜率为 $1+r$，它与 X 轴和 Y 轴的截距分别表示的是当所有的收入全部用于第一阶段消费和第二阶段消费的数量。AB 与无差异曲线 I_0 相切于 E_0 点，决定了在政府征税之前为了实现效用最大化，第一阶段和第二阶段的消费应当分别为 C_{10} 和 C_{20}。政府课征个人所得税会直接降低纳税人的可支配收入，由于可支配收入减少，纳税人对储蓄和消费的选择组合无疑会发生变动。但是政府征税未涉及储蓄的利息，没有改变税后利率，因而不会改变收入预算线的斜率，在图 6-10 中表现为政府征税后的预算线从原来的 AB 向左下方平移到 CD，它与无差异曲线 I_1 相切于 E_1 点，决定了在政府征税后第一阶段和第二阶段的消费分别为 C_{11} 和 C_{21}。可见，政府只对个人收入征收个人所得税，个人第一阶段的消费和第二阶段的消费（或第一阶段的储蓄）都将同时下降。然而在现实生活中，政府只对个人收入征收个人所得税，也有可能由于政府征税后个人对消费时间偏好的改变而使得第一阶段和第二阶段的消费并没有同时下降。例如，某个人更偏好于在工作时期的消费，那么即使政府征税减少了其实际可支配收入，但为了保持第一阶段的消费水平，他可能会作出降低第一阶段的储蓄或第二阶段消费的决策，此时的消费组合点就在 E_2 点，即在保持第一阶段 C_{10} 的消费水平的前提下，将第一阶段的储蓄或第二阶段的消费降低为 C_{22}。也有的人出于对未来的担心而保持其储蓄目标不变，这样他就可能会在可支配收入减少的情况下，宁可牺牲第一阶段的消费也要保持第二阶段的消费不变，也就是保持第一阶段的储蓄水平不变而减少

第一阶段的消费。此时的消费组合点就在 E_3 点，即在保持第二阶段 C_{20} 的消费水平的前提下，将第一阶段的消费降低为 C_{12}。可见，仅对一般性收入征收个人所得税，在家庭储蓄方面只产生收入效应，没有替代效应。

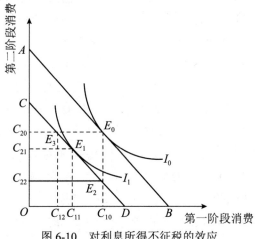

图 6-10 对利息所得不征税的效应

图 6-11 可以用来分析政府既对一般性收入征税也对储蓄利息征税时，个人所得税对家庭储蓄的影响。横轴和纵轴仍分别代表纳税人第一阶段消费和第二阶段消费，AB 是政府征税前的收入预算约束线，其斜率为 $1+r$。AB 与无差异曲线 I_0 相切于 E_0 点，决定了在政府征税之前为了实现效用最大化，第一阶段和第二阶段的消费应当分别为 C_{10} 和 C_{20}。政府对储蓄利息所得征税后，虽然名义利息率仍为 r，但税后的实际利息率却变为 $r(1-t)$，因而政府征税后收入预算线将向内旋转至 BD，其斜率也相应地变为 $1+r(1-t)$。BD 与无差异曲线 I_1 相切于 E_1 点，决定了在政府征税之后第一阶段和第二阶段的消费分别变为 C_{11} 和 C_{21}。即对储蓄利息所得征税使得纳税人的未来可支配收入减少，从而影响了纳税人第一阶段或第二阶段的消费决策和储蓄决策，使其不得不降低第一阶段或第二阶段的消费和储蓄。

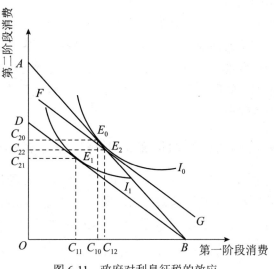

图 6-11 政府对利息征税的效应

为了更好地分析在政府同时对一般性收入和储蓄利息征税的情形下税收对家庭储蓄的替代效应，我们在图6-11中引入一条新的预算线FG，它与预算线BD平行且与无差异曲线I_0相切于E_2点。从E_0点到E_2点的变化，即政府征税对家庭储蓄替代效应作用的结果。预算线AB与FG的斜率不同，意味着政府征税前后第二阶段消费的相对价格是不同的，政府征税后第二阶段的消费价格变得昂贵一些，所以纳税人为了获得同样的效用水平，必然会用相对价格较便宜的第一阶段的消费来代替相对价格较昂贵的第二阶段的消费（这在图6-11中体现为由C_{10}增加到C_{12}），从而减少了第二阶段的消费（这在图6-11中体现为由C_{20}下降为C_{22}）。而从E_2点到E_1点的变化，即政府征税对家庭储蓄收入效应作用的结果。预算线FG与BD平行，意味着第一阶段和第二阶段消费的相对价格没有发生变化，但实际可支配收入减少了。由于可支配收入的减少，纳税人就会同时降低第一阶段和第二阶段的消费（这在图6-11中体现为第一阶段消费的情形下，税收对家庭储蓄的具体效应往往也会因为纳税人的消费—储蓄偏好的不同而有所变化，也就是说E点的位置可能是变化的。有时，纳税人为了维持未来一定的消费水平，并不会减少储蓄，而是保持第一阶段的储蓄水平不变，此时E_1点的位置就可能是在E_0点的左边，而不是左下方。

由于政府征税对家庭储蓄的收入效应和替代效应的作用方向相反，因而税收对家庭储蓄行为的实际影响并不是确定的，它具体取决于税收对家庭储蓄的收入效应与替代效应的相对大小。尽管在理论上无法确定税收对家庭储蓄的收入效应与替代效应的相对大小，但以下结论却是确定的。

3. 消费支出税与所得税对储蓄的影响比较

消费支出税比所得税更有利于家庭储蓄的增长，主要是因为消费支出税比所得税下的储蓄报酬率高，如两种课税模式下的储蓄报酬模型。

所得税下的储蓄报酬模型：$Y_1=Y(1-t)[1+r(1-t)]$。

支出税下的储蓄报酬模型：$Y_2=Y(1-t)(1+r)$。

因此：从税后收入看，$Y_1 < Y_2$；从储蓄报酬率看，$r(1-t) < r$。

为了减少所得税对储蓄的抑制效应，实践中可以采取以下两种方法：一是允许纳税人在其应税所得中扣除一定数量（部分或全部）的储蓄；二是允许纳税人在其应税所得中扣除一定数量（部分或全部）的利息所得和股利所得。需注意这里的储蓄不仅指在金融机构的储蓄，还包括个人向各种社会保障机构的捐款。

4. 累进所得税和比例所得税对储蓄的影响比较（表6-1）

个人所得税的累进程度是决定税收对家庭储蓄收入效应的重要因素。因为高收入者的边际储蓄倾向高于低收入者的边际储蓄倾向，所以征自高收入者的所得税比征自低收入者的所得税会对家庭储蓄有更大的妨碍作用。降低高收入者的税收负担，有利于增加家庭储蓄。

由于税收对家庭储蓄替代效应与个人所得税边际税率的变动方向相同，因而累进个人所得税较比例个人所得税，对家庭储蓄有着更大的妨碍作用。累进程度较高的个人所得税较累进程度较低的个人所得税，对家庭储蓄有更大的障碍作用。降低对家庭储蓄课税的边际税率，有利于减少消费、增加家庭储蓄。

表 6-1　累进所得税和比例所得税对储蓄影响比较

收入级距（元）	税率		边际储蓄倾向	税前收入（元）	税后收入		储蓄	
	比例(%)	累进（元）			比例(%)	累进（元）	比例(%)	累进（元）
0~100	23.33	10	0.1	100	76.67	90	7.67	9
100~200	23.33	20	0.2	200	153.33	170	30.67	34
200~300	23.33	30	0.3	300	230.00	240	69.00	72
300~400	23.33	40	0.4	400	306.67	300	122.67	90
400~500	23.33	50	0.5	500	383.33	350	153.33	140
合计	—	—	—	1500	1150.00	1150	383.34	345

由上述比较内容得出以下结论。

（1）税收对储蓄的收入效应的大小取决于所得税的 ATR，而替代效应的大小取决于 MTR。

（2）高收入者的边际储蓄倾向一般较高，对高收入者征税有碍于储蓄的增加。

（3）所得税的累进程度越高，对家庭储蓄行为的抑制作用越大。

（4）减征或免征利息所得税，将提高储蓄收益率，有利于储蓄的增加。

6.3.2　税收对企业储蓄的影响

企业储蓄在国外又称为公司储蓄，是指企业的保留盈余，即纳税后的企业收入减去分给股东的股息后的剩余，是企业投资的主要资金来源。根据各国的实际情况来看，企业储蓄在国民储蓄当中普遍占有较大比重。例如，2002 年美国的企业储蓄占 GDP 的比重为 10.3%，法国为 9.5%，而日本、韩国则高达 19.4% 和 14.8%，我国则达到 14.3%。

1. 所得税对企业储蓄的影响

高边际税率和高征收率均影响企业税后利润，影响企业储蓄的收入来源。一般而言，公司税税率越高，越会降低企业税后利润水平，从而使企业储蓄越少。而且相对于比例税率公司税来讲，累进税率公司税会进一步降低企业储蓄水平。

2. 折旧费对企业储蓄的影响

折旧是企业购买的实物资本在一定时期内消耗或磨损的价值。折旧也是影响企业储蓄的一个重要因素，因为折旧既可以作为一项投资成本，直接从应税所得中扣除，从而减少纳税人的纳税义务；又可以作为一项基金，由纳税人积蓄起来，用于再投资或将来的固定资产重置。正因如此,折旧提取的时间、方法和数额等对纳税人的储蓄行为有着很大的影响。

私人资本的折旧,具体可以分为实际折旧和税收折旧。实际折旧指的是根据固定资本的实际损耗情况而计提的折旧,而税收折旧则是指由税收制度根据经济政策的需要规定的可以计提的折旧。在现实中,私人资本的实际折旧额和税收折旧额往往并不一致。通过税收制度规定纳税人可以从应税所得中扣除的折旧额度,是政府对企业储蓄施加影响的一个重要途径。由于折旧在征收企业所得税前的成本中列支,因此,折旧期限的长短会影响到企业储蓄规模。

6.3.3 税收与政府储蓄

储蓄的增加,取决于各经济活动主体的储蓄意愿和储蓄能力。政府对个人所得征税会减少个人收入、降低储蓄报酬率,从而减少家庭储蓄;而政府对企业利润征收企业所得税,也会降低企业税后利润,减少企业储蓄。但政府征税在减少家庭储蓄和企业储蓄的同时,会增加政府储蓄。政府储蓄指的是政府预算中经常性收入(即税收)与经常性支出之间的差额。如果经常性收入小于经常性支出,则称为政府负储蓄,如果二者相等,则政府储蓄为零。政府储蓄与家庭储蓄、企业储蓄在一定程度上存在此消彼长的关系。

在发展中国家,政府储蓄率下降,似乎已经成为普遍的规律。政府储蓄率下降主要有两方面的原因:一方面,由于税基被严重侵蚀及税收征管漏洞的广泛存在,税收收入增长缓慢,使得经常性收入的增长速度往往低于经济增长速度;另一方面,经常性支出的增长速度高于经济增长速度,从而使二者出现了不协调,政府储蓄率下降就是二者不协调的结果。防止政府储蓄率下降,既要严格控制政府预算经常性支出的增长,使其与税收收入增长和经济增长相适应,又要增加税收收入,而增加税收收入是提高政府储蓄水平的决定性因素。通过增加税收收入来提高政府储蓄的途径很多,具体包括:第一,在现有税种不变的情况下,周期性地提高税率;第二,开征新税种,开辟新的收入来源;第三,改善税务管理,减少逃税现象的出现,以便在现有税种、税率的条件下组织更多的税收收入;第四,优化税制结构,培植新税源。一般来说,无论是提高某一税种的税率,还是开征新税种,在政治上都会遇到很大的阻力或者根本不可行,而且与经济增长也是相悖的。由于提高税率和增加税种具有很大的限制性,所以通过提高税收收入的途径来增加政府储蓄的主要方式在于挖掘现行税收制度的收入潜力,在不改变现行税制结构的前提下,完善税收制度,同时填补税务管理中存在的种种漏洞。

6.4 税收与投资

从开放的经济体系上看,投资分为国内投资和国外投资,其中国内投资包括政府投资、企业投资和个人投资,在这里,我们主要分析税收与企业投资的关系。从内容上看,投资包括实际投资和证券投资,而实际投资又可分为物质资本投资和人力资本投资。新古典投资模型认为,企业部门的投资决策受众多因素的影响,但最终取决于每一新增投资的边际报酬率;在某一特定的阶段,企业部门将不断积累资本直至最后一单位投资的收益等于其运用资本所产生的机会成本。税收对企业投资的影响,具体是通过作用于企业投资的收益和成本来实现的。

6.4.1 税收对投资报酬率的影响

征税减少投资报酬率,减少投资率,因此,税收对投资的影响从整体来看是消极的。从社会投资来看,税收对投资总量的影响取决于企业和政府的边际投资倾向。

政府征税一方面会减少个人和企业投资,另一方面又会增加政府投资的资金来源。从整个社会的角度来看,当个人和企业的边际投资倾向大于政府的边际投资倾向时,减税有利于增加社会投资;当个人和企业的边际投资倾向小于政府的边际投资倾向时,增税有利于增加社会投资。虽然税收会影响投资,但投资对经济增长的影响,还取决于资本同劳动之间的协调。在生产技术构成既定的情况下,只有当社会资本小于劳动对资本的要求时,通过税收激励、扩大投资才对经济增长产生作用;而且也只有当政府投资效益大于个人和企业的投资效益时,通过税收减少个人和企业投资、扩大政府投资才有利于经济增长。

在图 6-12 中,纵轴 I 表示投资率,横轴 Q 表示投资需求量,S 表示的是投资供给曲线,I_0 表示的是投资需求曲线,S 与 I_0 在 E 点相交,此时均衡投资率为 Q_0。当政府对纳税人征收公司所得税时,纳税人的投资收益率将出现下降,投资需求曲线 I_0 向左移动到 I_1,与投资供给曲线 S 相交于 E',决定了纳税人税后均衡投资率 Q_1 的毛报酬率和净报酬率分别是 I_1、I_2。因此,征税会减少投资报酬率,减少投资率。

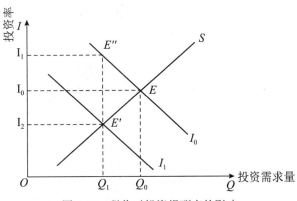

图 6-12 税收对投资报酬率的影响

6.4.2 税收影响投资的途径

1. 税收可以调节投资总量

通过对投资规模的征税，产生收入效应和替代效应，实现投资规模的合理化。税收对私人投资的收入效应指的是政府征税导致纳税人税后投资收益率下降，减少了纳税人的可支配收益，从而促使纳税人为维持以往的收益水平而增加投资，税收对私人投资的替代效应指的是由于政府征税导致纳税人税后投资收益率下降，从而降低了投资对纳税人的吸引力，造成纳税人以消费替代投资。税收对私人投资的替代效应和收入效应，可以借助图6-13作进一步的阐述。因为投资实际上是纳税人放弃当前的消费以便在将来获得更多收入的行为，所以为了兼顾当前和未来的社会福利，纳税人必须在消费和投资之间作出适当的安排。在图6-13中，纵轴表示纳税人对投资的选择，横轴表示纳税人对消费的选择，AB线表示的是在收入既定的情况下，纳税人对投资和消费各种可能选择的组合。AB线与无差异曲线 I_0 在 E_0 点相切，表明 C_0 数量的消费与 V_0 数量的投资的组合，可以给纳税人带来最大的效应。当政府对纳税人征收公司所得税时，纳税人的投资收益率将出现下降。如果纳税人因为税后投资收益率出现下降而倾向于减少投资，那么其对投资和消费的选择组合线就会由 AB 以 B 点为原点向左下方旋转至 BC（参见图6-13），它与无差异曲线 I_1 相切于 E_1 点，决定了纳税人税后可获得最大效用的组合是 C_1 数量的消费与 V_1 数量的投资。从图6-13中可以看到 $C_0<C_1$ 和 $V_0>V_1$，这说明此时政府征税对私人投资的替代效应大于收入效应。如果纳税人因为税后投资收益率出现下降而倾向于增加投资，那么其对投资和消费的选择组合线会由 AB 以 A 点为原点向左下方旋转至 AD（参见图6-14），它与无差异曲线 I_2 相切于 E_2 点，决定了纳税人税后可获得最大效用的组合是 C_2 数量的消费与 V_2 数量的投资。从图6-14中可以看到 $C_0>C_2$ 和 $V_0<V_2$，这说明此时政府征税对私人投资的收入效应大于替代效应。

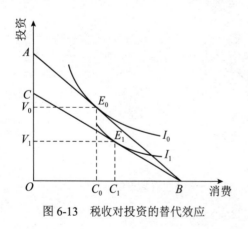

图6-13 税收对投资的替代效应

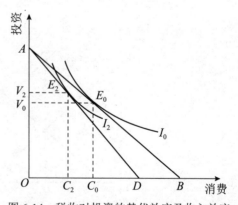

图6-14 税收对投资的替代效应及收入效应

私人投资的目的是追求更高的投资收益，预期的投资收益高，人们的投资意愿必然随之增强；而预期的投资收益低，则人们的投资意愿便会减弱。在投资领域，只要预期存在投资收益，或说投资的边际成本小于投资的边际收益，便会有人不断追加投资，直到投资收益为零为止。政府对投资收益征税，减少了投资的预期收益，降低了投资对投资者的吸引力，抑制了其进一步投资的意愿，从总体上讲，最终就会减少社会投资总额。政府在运用税收对投资总量的调整中，既可以采取直接减免税的方式，也可以采用再投资退税等方法。例如，在西方国家，当经济不景气时，政府通常都会采用一系列的减税计划，时间长达5~8年。再如，在许多国家的税收法规中都有再投资退税的条款，明确规定了再投资退税的原则、方法和程序。

2. 税收也可以调节投资结构

通过差别税率征税，产生替代效应，实现投资结构的合理化。在统一税制下，政府对不同投资项目征收相同的税收，此时，税收只影响投资者的投资水平，不会引起投资的结构性变化，投资结构由市场供求来决定。而如果政府对不同的投资项目采用不同的税收政策，那么税收不仅会影响投资者的投资水平，而且会影响其投资方向。引起投资结构、投资方向变化的税收政策可以体现为征税模式、税率的调整，也可以体现为征税依据、税收优惠的变更。例如，为鼓励高新技术企业的发展，政府在对企业所得税计税依据的制定中，允许这类企业按照快速折旧法计算税前准予扣除的固定资产成本。这样可使企业将固定资产折旧提前计入成本，减少企业前期的会计利润，从而延迟企业所得税的缴纳。特别是高新技术企业一般资本有机构成都比较高，对企业来讲，在这项政策实施后，税款延迟缴纳的数额都是比较可观的。这样的税收政策就会诱导投资者在进行投资项目选择时，优先考虑高新技术的投资方向。

6.4.3 税收对企业发行股票和债券的影响

1. 两种方式的税收待遇

股票和债券都属于有价证券的范畴，是市场竞争的主体在证券市场筹集资金的主要途径。具体来说，股票和债券都可以在一级发行市场上发行，为公开的买卖提供充足的有价证券的供应。股票和债券的价值的发挥集中表现在二级市场上的买卖，通过买卖股票和债券的行为能够实现其交换价值，对投资者及企业都有重要的作用。股票和债券都是投资者进行融资的手段，两者都可以划入资本证券的范畴。另外，股票和债券都受宏观经济因素的影响程度大体相当，都和国民经济的整体运行有关系。

股票和债券共同作为有价证券，都具有很强大的融资功能，是企业筹集资金以扩大生产经营范围的重要途径。但是两者从发行主体、收益性及风险负担程度上都有所不同。第一，两者的发行主体不同，债券的发行主体比较广泛，国家、各级人民政府、企事业单位、企业都可以按照法律的规定发行债券，不同的主体在发行条件、发行程序上的要求不同。根据债券发行主体的不同，投资者要承担不同的风险。股票只能由股份公司发行，股份公司在证券交易市场上向出资人公开或者私下募集资金，股票是出资人的股权凭证。第二，出资人的地位不同。股票是出资人以自身的财产向公司出资，以财产的所有权换得公司的股权。出资人购买公司的股票以后，即成为公司的所有权人，有权参加公司的股东大会，对公司的重大经营作出决策。出资人还可以直接或间接参与公司的生产与管理活动，出资人以公司的利润作为自己的红利来源，公司经营状况的好坏直接决定了出资人的收益状况。债券所有人以自身的财产通过购买特定主体的债券，成为他们债权人，债券出资人的身份不是发行主体的所有人，债权人不参与发行主体的管理或者经营活动。第三，出资人所承担的风险不同。股票所有权人的收益来源于企业的生产经济状况，企业的生产经营受市场供求关系的影响，股票的交易周转率比较高，股票在证券交易市场上的价格变动幅度比较大，价格的变动的幅度比较大，出资者要承担很大的风险。债券投资主体根据其投资的对象不同，承担不同的风险，政府债券的风险程度要小于企业债券，但是总体来说债券的风险要小于股票的投资风险。公司在交纳所得税，企业债券的利息要在所得税中扣除，公司的股息不能在所得税中扣除。企业的债权人可以在企业破产时优先受偿，股权所有人不能实现破产时的优先受偿。债权人收到利息时只交纳个人所得税，公司所得作为股息分配时要交纳公司所得税，股东收到股息时要交纳个人所得税，形成对股息的重复课税。因而，税收会促使企业利用债务而非增股为投资筹措资金。

2. 债务困惑

对股票和债券的税收待遇分析来看，债务比股票在税收上有更有利的待遇，那么，为什么我国企业还会偏爱股票融资和银行贷款呢？这要归因于我国的经济体制。在我国目前的体制下，企业债券难以发挥其应有的功能和作用，使得债券融资同银行贷款和股票融资相比，对企业明显缺乏吸引力，抑制了企业发行债券融资的积极性，从而制约了企业债券的供给。

1）外部约束机制影响企业融资方式选择

在转轨时期，国有企业由过去单一的财政拨款转变为以国有商业银行间接融资为主的融资体制，在这个转变过程中，国有企业的软预算约束机制并没有很大的改变，这种软预算约束机制使我国企业对融资方式的选择偏离了西方融资结构理论所揭示的规律。

与银行贷款相比，由于企业债券的持有者主要是公众和机构投资者，债权债务关系为明确的法律意义上的民间债务，债权人的利益容易得到法律保护，发行债券对企业的约束力是硬性规定的，如果到期不能偿还债券本息，即使能够得到政府的支援，也会有损于企业的形象及可能招致上级主管部门对企业经营者的处罚。而对银行贷款来说，由于国有银行与国有企业的所有者都是国家，两者之间不存在根本的利益冲突，因而债权债务关系不是真正意义上单纯靠法律手段来规范和仲裁的债权债务关系，银行贷款如到期不能偿还，并不会对借款企业形成太大的外部压力，还可能得到减免贷款本息的优惠。因而企业不愿发行债券而更愿意向银行借款来筹集债务资金。

就上市公司来说，债券的约束力也要比股票更强。在资本市场完善的情况下，股价反映了公司经理的经营业绩，经营不善带来的股价下跌将使公司面临被收购的威胁，即使不被收购，由于存在发达的经理人市场，公司经理也会面临代理权竞争。在我国众多上市公司的产权结构中，不能流通的国有股和法人股占控股地位，因此购入某公司流通股票也不能获得该公司的控制权，而高度控股的国家股和法人股虽然可以协议转让，但对转让对象和转让条件也有严格的限制，且必须通过政府审批，导致代理权竞争和敌意收购失效。在这种情况下，掌握绝对控制权的大股东，事实上可以不受限制地侵吞中小股东的权益，并可通过同公司管理层达成默契来抵御任何因股权变动而可能给他们带来的威胁。另外，由于职业经理人的缺乏造成了竞争性经理人才市场未能建立，及股价并不能客观评价经理的经营业绩，也使经理面临的外部约束进一步受到限制。与股权融资相对照，债券融资的约束作用要强得多。因此，经营者的理性选择就是弃债券而求股票了。

2）企业内部治理机制影响企业融资偏好

在理论上，债券融资有利于激励经营者努力工作以获取在职利益，如果他们偷懒则将失去这些利益。由于大多数国有企业没有实现规范的公司制改造，其内部治理结构极不完善，未能建立有效的经营者激励与约束机制，债券融资并不能发挥其激励作用。治理结构的不完善使得经营者在选择融资方式时为实现自身利益最大化而偏离企业价值最大化目标。即使是上市公司，由于股权结构以不能流通的国家股和法人股为主，流通股也基本为个人股东所持有。

这种股权结构带来的后果是内部人对公司的绝对控制，股东"用手投票"和"用脚投票"的机制都不起作用，从而不能对公司经营者形成有效的激励与约束。一般说来，对企业经营者的激励包括货币收益与非货币收益。由于经营者持股比例很低，使得通过扩大债券融资进而激励经理积极工作以降低代理成本的效果难以实现，而且企业业绩与经营者的货币收入基本不相关，改善企业经营管理并不能带来经营者的货币收益增加，因而经营者只能追求非货币收益，即在职消费、社会地位等控制权收益。因为经营者的控制权收益与企业资产规模有很高的相关性，故而他们具有追求企业资产规模最大化的冲动，这要求企业筹集大量资金来增加投资。在选择融资方式时，扩大债券融资比率会增加企业的财务风险，一旦出现财务危机可能导致企业重组或破产清算，使经营者失去现有的收益；而增加股权融资比率会降低企业资产负债率，减少企业破产清算概率，有利于保持经营者的控制权收益。因此，从经营者的角度看，自然是偏好股权融资而非债券融资。

我国上市公司现有股权结构造成的另一个后果是普遍的"一股独大"现象，由大股东处于绝对控股地位，他们通过关联交易能很方便地从上市公司获取利益。要长期取得这种关联利益，必须不断向上市公司注入资金，而通过债券融资筹集的资金最终还是要归还的，因而不能满足控股股东的要求，而通过增发新股，配股等途径则正好迎合了其"圈钱"的目的。因而上市公司的大股东绝不会放弃配股和增发新股的资格，发行股票筹集的资金再通过上市公司与控股股东之间的关联交易转移到控股股东手中。因此，从控股股东角度来看，我国上市公司也会偏好股权融资。

3）融资成本影响企业融资偏好

在理论上，由于债券利息在税前支付，而股票红利在税后支付，债券融资成本要比股票融资成本低。但是，所谓股权成本只是一种机会成本，只有在股东对企业经营者有较强选择能力的基础上才有一定的约束力。而我国目前明显缺乏强有力的股权约束环境，上市公司的经营者自然把股权资金视为无须还本付息的廉价资金。在盈余较少或亏损时，上市公司没有支付红利的压力；即使收益状况良好，也可以现金短缺或存在更有利的投资机会为由而不发放或只发放极低比例的现金股利，还可通过送红股的形式避免公司因支付现金股利而发生财务危机的风险。这使得股票融资的成本实际上比债券融资的成本更低，从融资成本角度考虑，企业经营者选择股票融资也就不足为奇了。相比银行贷款，债券融资因属于直接融资方式而节省了中介费用，因此理论上债券融资的成本比银行贷款也要稍低。然而在我国，企业债券融资的成本同银行贷款相比也不具优势。企业向银行借款只需按规定支付利息，除此之外无须任何费用，而且借款企业缺乏支付能力时也可通过地方政府向银行施压或同银行协商而得到减免应付利息甚至本金等优惠，这使得银行贷款的成本更低。而债券融资除了要支付利息成本之外，还要支付较高的信用评级费用、担保费用、承销费用、债券印刷费用、广告宣传费用和上市费用等，这些费用大大提高了企业利用债券融资的成本。此外，我国企业发行债券的申请和审批环节多、手续烦琐的弊端也加大了债券融资成本。

综上分析，由于传统计划体制带来的弊端以及国有企业产权制度的缺陷，使得我国资本市场和企业治理结构很不完善，在这个背景下，企业在融资决策时理性的选择就是先股权融资或银行贷款，迫不得已时才会选择债券融资。这种融资偏好的结果使企业发行债券的积极性不高，企业债券的供给不足，以致制约了企业债券市场的发展，长此以往，必将不利于企业的持续健康发展和治理结构的完善，也不利于资本市场的规范与发展，并会带来金融风险的加剧，这也是东南亚金融危机带给我们的教训之一。

3. 避免股息重复课税的方法

1）收到股息抵免法

收到股息抵免法是《加拿大税法》中的一项规定，旨在减少公民从加拿大企业获得的股息中必须缴纳的税款。通常，纳税人可获得合格股息或不合格股息，根据派发股息的公司类型而定，合格和不合格的股息都是由政府征税的。每种股息的股息抵税额略有不同，但通常等于股息金额。加拿大政府为防止双重征税而实施了税收抵免，股息支付的金额和时间由公司决定。

2）付出股息扣除法

付出股息扣除法是西方国家试图将公司所得税和个人所得税合并，以消除或减轻重复课征及股息的额外税负的一种方法。其要点是允许公司从应税所得中扣除部分或全部付出的股息，就扣除后剩余部分课征公司所得税。美国曾于20世纪30年代实行此法。允许付出股息部分或全部从公司应税所得中扣除，能在不同所得阶层的股东中等量减轻公司所得税额外税负，亦使股息变成部分或完全类似于利息的一种支出。实行这种方法的负效应在于鼓励将公司盈利分配掉，以便得到尽可能大的税收扣除，这就降低了公司积累必要的资金以进行投资的能力，特别是在资本市场紧缩时，这种影响更为严重。付出股息扣除法，只能减轻部分股息重复课税，公司所得税额外税负问题在本质上并没有得到改进。

3）分别税率公司所得税法

分别税率指对公司的分配利润和未分配利润征收不同税率的所得税，适用未分配利润的税率要高于适用分配利润的税率。该方法同"付出股息扣除法"有些类似。例如，对未分配利润和分配利润分别课以 50% 和 25% 的税率与按利润总额采用 50% 的税率，允许 50% 付出股息扣除的方法所产生的税负相同。不少西方国家均采用分别税率公司所得税，将公司所得税和个人所得税合并，以减轻或消除重复课征和股息的额外税负。但各国实际使用的税率却大相径庭，如原联邦德国征收公司所得税，其中股息分配部分采用 44% 的税率，未分配部分采用 64% 的高税率。日本的分别税率为 33.3% 和 43.3%；奥地利为 47% 和 61%。分别税率所得税法只能部分地减轻重复课税，而公司所得税额外税负的问题并未触及。

4）税负归属法

税负归属法把公司所得税部分或全部看做是股东个人所得税的源泉预扣，这样，股东在计算个人所得税时，必须将这部分预扣的税款作为其股息收入的一部分推算出来，加在其应税所得之中，而在算出其总税负后，再将此预扣额部分或全部抵免掉。这种方法的实质是将公司的税负部分或全部归属于股东，故称"税负归属法"。税负归属法在效果上与付出股息扣除法相同。税负归属法没有在付出股息扣除法的情况下，公司尽可能地将全部盈利分配掉，而影响公司本身的积累和投资的副作用。原因在于公司分配和未分配利润的决定是在缴纳公司所得税之后进行的，而所缴的部分或全部公司税是作为个人所得税的预扣来对待的。公司税后利润分配的多寡虽然会影响股东的个人税负，但不再影响公司的税负。英国在 1803 年就开始实行"税负归属法"来处理、消除或减轻重复征税和股息额外税负的问题，到 1965 年才停止使用此法。美国财政部于 1975 年曾提出过一个建议：股东收到股息的 50% 作为个人所得税的预扣，在计算股东个人所得税时采用税负归属法推算。

5）股息不予计列法

股息不予计列法允许股东在计算个人所得税时，将其部分或全部股息收入排除在其他所得之外，不予计列。股息不予计列法对收入越多的股东所给予的税收上的好处越大。美国从 1954 年开始采用此法，允许第一个 50 美元的股息收入不予计列。1964 年，不予计列的最高限额增加到 100 美元（夫妻联合申报者为 200 美元）。目前，在美国股息收入不予计列的限额是 200 美元。

思 考 题

1. 税收收入效应和替代效应对分析税收的经济效应有何作用？
2. 根据利息所得税的储蓄效应，分析我国征收利息所得税对居民储蓄存款的作用。
3. 有人认为，在与所得税产生同等规模的税收收入的情况下，间接税有利于提高个人储蓄率，你认同这种观点吗？为什么？
4. 现阶段我国个人所得税对劳动供给有无影响？为什么？
5. 试分析企业所得税对投资水平和投资类型的影响。
6. 试比较税收对生产者、消费者、劳动投资、私人储蓄和私人投资分别带来税收效应和替代效应的不同特点。

7. 简述比例所得税和累进所得税对劳动供给影响的比较。

8. 简述所得税与消费税对个人储蓄影响的比较。

9. 简述债务困惑的含义及产生的原因。

第 7 章 税收与收入分配

> **学习目标**
> 1. 掌握收入分配差距的衡量指标;
> 2. 掌握实现收入分配公平化的税收政策机制;
> 3. 了解收入分配的市场决定及政府调控的意义;
> 4. 了解我国收入分配的现状;
> 5. 了解我国未来收入分配的政策选择。

税收作为一种调节收入分配的手段,不仅可以对高收入者课征高税,而且还可以通过税收筹集占整个国民收入较大份额的资金,再通过转移支付等手段把资源或收入分配给低收入者,从而明显改善整个社会的收入分配状况。

扩展阅读 7-1

打击网络主播偷逃税行为,彰显税收社会公平

7.1 收入分配的含义及标准

7.1.1 收入分配的基本含义

经济学研究的收入分配一般分为两个层次:第一层次是居民收入之间的分配,简称居民(个人)收入分配或规模收入分配;第二层次是国民收入在不同生产要素之间的分配,简称要素收入分配或功能收入分配。

1. 功能收入分配

功能收入分配也被称为要素收入分配,是以生产要素为主体的分配,即根据各种生产要素在社会生产中发挥的作用或作出的贡献大小来分配生产成果。功能收入分配反映了应以要素贡献的大小来确定其报酬或要素价格水平高低的基本要求,而合理的要素价格是生产资源合理配置的前提条件之一。它是从收入来源角度研究收入分配,属于国民收入的初次分配。

2. 规模收入分配

规模收入分配也被称为家庭收入分配，它涉及的是个人或家庭与其所得收入总额的关系，是从收入所得者的规模与所得收入的规模关系的角度研究收入分配，即不管个人收入来源于哪一种或哪些生产要素，只分析不同类型的个人或家庭中的收入状况和差异，规模收入分配回答的是某个或各个阶层的人口或家庭得到的收入份额是多少。规模收入分配关注不同阶层的人口比重与其收入比重的关系，属于国民收入的最终分配。

规模收入分配与功能收入分配对于经济发展都具有重要的意义。规模收入分配考察的是在经济发展过程中哪些因素影响各个阶层或某个阶层的人口或家庭的收入份额的变动，各阶层的收入份额怎样变动，变动有多大；或者说，各阶层的相对收入差别发生怎样的变化，总趋势是怎样的，及各种影响因素对总收入差别及其变动额的贡献额有多大等。功能收入分配则是从要素分配的角度，考察在经济发展过程中如何通过体制与制度变迁，改变要素收入的不平等状况。规模收入分配与功能收入分配之间的基本关系是：收入的功能分配对收入的规模分配具有决定作用，功能收入分配的差别越大，规模收入分配的差别也就越大。一旦功能收入分配发生变化，规模收入分配必然随之发生变化。这是因为在经济活动中，生产要素的分配是第一位的，功能收入分配的状况决定了规模收入分配的性质和数量。在社会的不同阶层中，那些在功能收入分配上占据优势的群体，在规模收入分配上也必然居于上峰。由于要素收入分配与居民收入分配之间存在密切联系，而且居民收入中劳动收入不平等程度一般大大低于资本收入不平等程度，要素收入分配向劳动倾斜将有助于缩小居民收入分配差距。

7.1.2 收入分配差距的衡量指标

分配公平是个人对所获报酬的公正知觉，也就是依据一定的标准对分配最终结果的评价，亦称结果公平。分配公平主要表现为个人消费品分配的相对公平，要求社会成员之间的收入差距不能过于悬殊。个人收入的社会分配是否公平，不取决于有没有差距，而取决于这种差距是否合法、合情合理、合乎民生发展。从组织行为学的角度，分配公平是员工对报酬数量及其分配的公平程度所持的看法。因此，实现收入分配公平化的关键是合理控制人们之间的收入差距。目前，各国通常使用贫困指数、基尼系数、收入不良指数和倒 U 型曲线来衡量收入分配差距。

1. 贫困指数

贫困指数指处于贫困线下的人口占总人口的比例，这个指数越小越公平。贫困指数的关键是先要确定某一个收入水平为贫困线，通常以满足基本生活水平所需要的收入作为贫困线的标准。但实际操作中评价同一种收入分配状态时，若把贫困线定得高一些，贫困指数所反映的收入分配均等程度就会低一些，若将贫困线降低一些，就会使人感到收入分配状况变好了。贫困线的确定的缺点主要包括以下两点。

1）贫困线的确定没有一个客观的标准

贫困线的确定会对收入分配状态造成一定的"假象"，若将贫困线定得高一些，在相同收入分配状态下人们会觉得收入分配不公，若定得太低人们则难以察觉已经变得不公平的收入分配状况。目前，世界银行的贫困标准是1985年平价购买力的每人每天消费不足1美元即年收入365美元以下。2015年世界银行将国际贫困线提高至1.90美元，即每天生活费在1.90美元以下，换算成人民币约年人均生活费在4 800~4 900元人民币即为贫困人口，平均每月约400多元人民币。我国目前贫困线以2011年年人均为2 300元人民币不变价为基准，此基准可能不定期调整，2015年为年人均2 800元人民币，2016年贫困线约为年人均3000元人民币。经过多次大幅上调，我国国家扶贫标准线与世界银行的名义国际贫困标准线的距离不断缩小。

2）贫困指数对收入分配状况的反应不灵敏

如表7-1所示，A、B、C、D、E分别代表五个收入群，收入由低到高。假定贫困线确定为20，即20单位收入以下的人数都是贫困人口，则最初收入分配状态下的贫困指数就是40%。现在我们将改变后的收入分配状态（1）中E的10单位收入分配给最低的A，则最高收入与最低收入之差从40降低到20，说明这样一种调节措施使得人们之间的收入差距缩小了，然而贫困指数没有改变，依然是40%；如果改变后的收入分配状态（2）中将E的10单位收入分配给B，这时最高收入与最低收入之差为30单位，相比最初的收入差距确实缩小了，贫困指数也比最初的低了20，但与改变后的收入分配状态（1）相比，改变后的收入分配状态（2）收入分配之差比改变后的收入分配状态（1）的收入分配之差高出10单位，然而贫困指数比改变后的收入分配状态（1）低出20。所以贫困指数不能很准确地反映收入分配的状况。

表7-1　贫困指数（PI）

	A	B	C	D	E	PI
最初的收入分配状态	10	20	30	40	50	40%
改变后的收入分配状态（1）	20	20	30	40	40	40%
改变后的收入分配状态（2）	10	30	30	40	40	20%

2. 基尼系数

基尼系数是根据洛伦兹曲线来计算并判断收入分配平均程度的指标。即图7-1中阴影部分的面积占△OEF的比例，基尼系数也表明收入分配差距对社会经济产生的影响。如图7-1所示，横轴表示按收入从低到高排列的家庭人口的百分比，纵轴表示从最低收入家庭起到某一收入阶层总的收入占国民总收入的比例。OE曲线即为洛伦兹曲线，是反映收入分配平均程度的曲线，是一条直观地表现出收入是如何在不同的社会成员间进行分配的曲线，它表示实际收入分配状况。直线OE表示收入的绝对均等，是一种理想状态。显然，OE直线与OE曲线形成的阴影部分只能位于△OEF之内，洛伦兹曲线越向F点凸出，则收入分配越不均等。

基尼系数处于 0~1 之间，当基尼系数为 0 时，洛伦兹曲线为绝对平均曲线，收入分配绝对均等（注意不是平等）。如果基尼系数等 1，则洛伦兹曲线为 OFE 折线，这时只有一个人拥有整个社会的所有收入，收入分配绝对不均等。运用基尼系数，我们可以比较一个国家不同时期或者同一时期不同国家或地区的收入分配状况，也可以用来比较税前收入和税后收入的分配情况。按照通常标准，基尼系数在 0.3 左右为最佳状态（best），在 0.3~0.4 之间为正常状态（normal），但超过 0.4 就为警戒状态（warn），达到 0.6 则属社会动乱随时发生的危险状态（danger）。

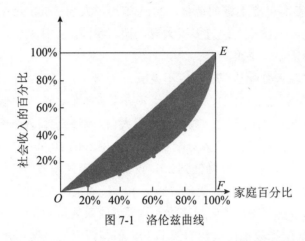

图 7-1　洛伦兹曲线

据世界银行的统计数据显示，2012—2016 年，中国居民收入的基尼系数分别为 0.474、0.473、0.469、0.462、0.465，超过了国际公认的警戒线 0.4，发展趋势是朝着贫富差距扩大的方向走，进入了分配不公平区间，如图 7-2 所示，这一趋势决定我们必须从现在开始加大收入分配的调控力度。

从国际比较来看，主要国家的基尼系数分别为：印度 0.3；美国 0.40；英国 0.33；巴西 0.60；瑞典 0.25。基尼系数最高为巴西 0.600（1996 年），最低为斯洛伐克 0.195（1992 年），发展中国家一般在 0.4 以上，发达国家一般在 0.4 以下，拉美国家在 0.5 以上，我国高于发展中国家的印度（1997 年）和印度尼西亚（1996 年），跟美国（1997 年）差不多。

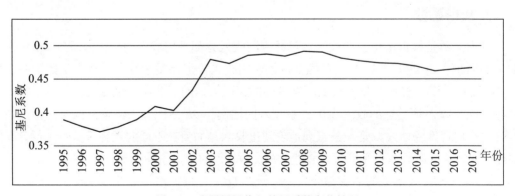

图 7-2　我国居民收入基尼系数变化情况

3. 收入不良指数

收入不良指数，也称欧西玛指数，是将所有人口按收入高低分成 5 等份，以最富有的 20% 人口所占的收入份额除以最低收入的 20% 人口所占的收入份额即可得出，主要反映贫富差距的程度。这一指数的最低值为 1，指数越高，收入差距越大。这一指数便于分层次考察贫富收入差距，结果很具体，但在反映社会收入分配差距的总体变动趋势方面略显不足。

根据世界银行的数据显示，中国的收入不良指数是 10.7 倍（总人口中 20% 的最低收入人口占收入的份额仅为 4.7%，而总人口中 20% 的最高收入人口占总收入的份额高达 50%）。国际上，美国是 8.4 倍，俄罗斯是 4.5 倍，印度是 4.9 倍，最高为巴西 25.52 倍，最低为斯洛伐克 2.64 倍，发展中国家一般在 7 倍以上，发达国家一般在 7 倍以下，拉美国家在 17 倍以上。

4. 倒 U 型曲线

库兹涅茨曲线，又称倒 U 型曲线，是由美国著名经济学家、诺贝尔经济学奖获得者西蒙·史密斯·库兹涅茨（Simon Smith Kuznets）在对 14 个工业化国家近 50 年来经济增长和收入分配变化之间的关系及规律进行了系统考察后，于 1955 年的论文《经济增长与收入不平等》提出。库兹涅茨表示：收入分配不平等的长期趋势可以假设为，在从前工业文明向工业文明极为快速转变的经济增长早期，不平等扩大；一个时期变得稳定；后期不平等缩小。这种收入分配状况变化的长期趋势可以用图 7-3 的"倒 U"曲线来描述。

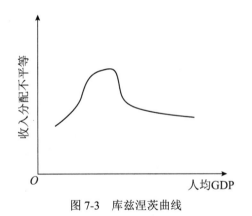

图 7-3　库兹涅茨曲线

库兹涅茨不仅从英、美、德等国的历史统计资料中发现，发达国家的收入分配不平等经历了一个先恶化后改善的过程，他还对发展中国家与发达国家战后收入分配状况进行了横向比较，发现发展中国家收入分配比发达国家更不平等。也就是说，大多数发展中国家都存在"库兹涅茨效应"。在经济发展到一定阶段内，社会收入分配会随着经济增长而趋于恶化，只有当经济发展到较高水平以后，收入分配才会趋于平等。库兹涅茨假说在许多国家已被历史所验证，但是否具有普遍性，在西方经济学界至今还是一个存在争议的问题。

7.2 收入分配的市场决定及政府调控的意义

7.2.1 个人收入分配的市场决定

在市场经济条件下，收入分配取决于生产要素的分布状况和由竞争市场决定的生产要素的价格。但由于每个人天赋能力的不同、受教育和训练机会的不同、所拥有财产或财富的差别、对市场控制能力的不同及其他偶然因素的影响，如疾病、事故等，都可能引起收入分配的不公平。收入分配追求的公平有两个方面，即机会公平和结果公平。所谓机会公平，指每个人都以平等的机会开始生活，获得收入。所谓结果公平，指人们在不同的机会或同等的机会中取得的收入大致相等。机会公平并不一定意味着最终结果的公平，因此，税收政策更多地倾向于最后结果的公平，即对收入分配的调节应导致最终对收入分配结果的调节。

对于分配结果的公平，效用主义观点认为，社会的福利依赖于每个社会成员的福利水平。如果社会中有 n 个成员，且第 i 个成员具有的效用表示为 U_i，则社会福利函数可用公式（7-1）表示为

$$W = f(U_1, U_2, \cdots, U_n) \tag{7-1}$$

假定社会中共有 A、B 两个人，这时的社会福利函数可以写成公式（7-2）所示。

$$W = f(U_A, U_B) \tag{7-2}$$

由市场决定的个人收入来源主要有以下几种：

（1）劳动收入，来自劳动的收入，其基本形态是工资收入。对于劳动者来说，无论就职于何种类型的组织或单位，工资收入都是最基本的报酬形式。工资收入是概括性的范畴，它在现实经济中常常采取多种形式，如计时工资、计件工资、奖金、津贴等。当前我国国有单位支付的工资，并不能完全反映劳动的真实成本。

（2）资本收入，来自资本投资而获得的收入，其基本形态包括利润、股息和红利。对于资本所有者来说，投资可以采取多种方式。当前我国个人投资的基本方式主要包括两种：一是直接投资设立私人公司；二是通过购买股份进行投资。个人采取第一种投资方式可以获得利润，而采取第二种投资方式则可以获得股息或红利。

（3）财产收入，来自财产的收入，其基本形态包括转让收入、租金和利息。个人作为财产所有者，能够投入商品和劳务生产中的可支配财产主要包括实物财产（如房产）和货币财产两种。个人出售房产可以获得转让收入；出租房屋可以得到租金；将货币存入金融机构可以获得利息。

7.2.2 市场分配的局限性

功能收入分配与规模收入分配相矛盾，市场分配无法弥补这一缺陷。从收入角度来

看，国民收入按照要素的投入可以分为工资、利息、利润和地租等。由于要素所有者拥有的要素质量和数量存在着差别，因此按照要素投入来分配收入的方式必然会导致分配差距及分配不公。即拥有大量生产要素并在市场上获得较高价格的个人将得到更多的收入，与此相反，拥有较少生产要素并在市场上获得较低价格的个人则只能得到较少的收入，即要素收入分配与规模收入分配的矛盾。如果按照要素投入来分配收入，会导致相当多的个人或家庭的收入水平较低，甚至于低于最低生活水平，如年老体弱者、失业者等，这部分人群的收入水平较低，很可能难以维持生存。如果按照要素分配理论，根据要素投入来进行分配是效率促进的，也是资源配置效率最高的。但是分配的结果却产生了收入上的差距及公平问题。长此下去，在市场经济环境下，只能导致收入水平的差距日益扩大，而无法自我缩小。这就需要政府通过税收政策的安排对个人收入分配进行适量调节以缩小差距。

7.2.3 政府分配对收入公平分配的意义

政府分配对收入公平分配的意义主要表现在纠正市场失灵，促进社会收入公平分配。税收可以调节收入分配，通过一定的税收政策的安排可以从收入来源上调节收入差距，也可以在收入的支配上对其进行调节，总的方向是通过税收政策的实施使得收入差距逐渐缩小，降低高收入者的可支配收入，并增加低收入者的可支配收入，使收入水平从整体上获得改进。比如，通过个人所得税的累进税制，就可以对个人的收入量进行有效的调节，这种税收通过合理的税率结构较好地起到对收入进行再分配的作用，而对商品征税特别是对高档商品、奢侈品征收消费税，可以从收入的使用上对高收入者的收入分配进行调节。但对生活必需品征收消费税时，购买者负担的税额相对于其收入水平而言，具有累退性质，因为低收入者的生活必需品支出占其收入的比重较高，而高收入者的生活必需品支出占其收入的比重则较低，因而对生活必需品征税不利于调节收入差距，也有违公平原则。

由于在市场经济条件下，个人拥有的生产要素，如资本、技术、管理等要参与收入分配，而且在个人收入中可能占有较大比重，因此通过征收财产税、遗产税及赠与税也可在一定程度上缩小收入差距。不仅如此，财产税、遗产税及赠与税不但能够调节原有的收入存量，还可以通过税收在收入的代际转移之间进行调节，影响到纳税人参与收入分配所依据的要素量。

以上我们分析了税收对于调节收入差距的重要作用，但是单依靠税收的调节作用也是有限的。事实上，造成居民之间收入差距增大的原因比较复杂，仅仅依靠税收政策的调节很难达到缩小收入差距的目的。一般来说，税收只能减少高收入者的收入水平，而对低收入者来说，税收并不能增加其实际收入水平。因而，税收政策要充分发挥调节作用，还要与转移支付措施结合起来，才能实现收入的公平分配。

7.3　税收影响个人收入分配的机制

7.3.1　累进所得税：调整高收入者收入分配的有力工具

累进的个人所得税具有针对性强，税负难以转嫁的特点，因此，成为调节收入分配的最重要的税收工具。它直接调节高收入者的收入，缩小个人之间税后收入分配的差距。个人所得税在调节收入分配方面的力度依其累进程度而定，而它的累进程度主要通过以下几个方面确定。

一是累进税率。在19世纪后半叶，德国社会政策学派的代表人物瓦格纳在其《财政学》中提出了应根据纳税能力大小征税，使纳税人的税收负担和其纳税能力相一致的思想，从而奠定了累进税制的理论基础。他给平等原则赋予了新的含义，即所得税制应该具有累进性，而累进性所得税正是校正收入分配不公的有力工具。现代西方经济学进一步发展了税收公平原则，相关学者认为个人所得税应与每个纳税人的经济状况相适应，并且使纳税人之间的税收负担保持均衡。在将税收公平分成横向公平和纵向公平的基础上，认为横向公平主要解决税负的普遍性问题，而纵向公平强调了收入分配的结果公平。为解释纵向公平，现代西方财政学学家们又发展了古典经济学家约翰·斯图尔特·穆勒（John Stuart Mill）的均等牺牲概念。他们认为从均等牺牲概念的角度来看，如果纳税人因纳税而产生的福利损失或牺牲是均等的，则纳税人就得到了公平对待。用阿瑟·塞西尔·庇古（Arthur Cecil Pigou）的话就是均等牺牲标准要求："消除所有超过最低收入的高收入，并让每个人在税后拥有等量的收入。如果必要的收入额不足以吸收超过最低额的全部余额，其逻辑程序首先应该是把高收入者的高出部分看作是政府的需要，然后再对中等收入征税，并把来自这一程序的收入转给最低收入，直至达到绝对平等水平为止。如果不考虑这一程序的话，只允许征税达到政府所需要的收入数量，这种收入应从最高收入那里征收，使其减少最高未课税收入水平。"现代西方财税界提出了等比例牺牲和等边际牺牲等概念用以说明均等牺牲。均等牺牲要求税制具有累进性，故所得税用累进税率有利于收入分配公平。

累进税率的特点是税率随收入的增加而递增。运用累进税率来调节高收入者收入分配，关键问题在于税率结构的设置，即边际税率的高低。过高的边际税率虽可加大收入调节的力度，但也容易给个人的经济活动带来负效应，特别是对资本收入的征税，这种税是直接由高收入者负担的。所以如何设置个人所得税的税率，确定其累进程度是一国税收政策的焦点，涉及公平和效率的两难选择。

二是税基，它与累进税率一样会影响所得税的累进程度。最符合公平要求的税基应包括纳税人所有形式、所有来源的收入——工资、租金、利息、股息、资本收益、馈赠、遗产及各类转移收入。一个广泛的税基既能体现支付能力原则的要求，也有利于正确确定税收的累进程度，提高对收入分配进行调节的准确性。同时，在税基中对一些项目所作的扣除，如生计费用、为获得收入进行的费用支出，则有利于保护低收入纳税者，提高税收的累进程度。但是，大量的税收减免被视为是对税基的"侵蚀"，有的可增加累进程度，如退休金及保险赔款等，这类所得占低收入者全部收入的比重较高。而对资本收益的优惠，则由于该项所得通常由高收入者获得，则会对所得税的累进程度产生消极影响。

7.3.2 税收支出：增加低收入者收入的有力措施

所谓税收支出是指以特殊的法律条款规定的，给予特定类型的活动或纳税人以各种税收优惠待遇而形成的收入损失或放弃的税收收入。通过税收支出，对该纳税人的所得全部或部分免税，减少他们的纳税义务，增加其可利用或可支配的收入，其结果必然在一定程度上会增加低收入者的收入，改变了收入分配不公的程度。税收支出作用于收入分配有两个途径：一是直接对低收入者的许多纳税项目给予税收优惠照顾，包括医疗费用扣除、失业福利扣除、老年人和残疾人所得扣除、儿童抚养费扣除、社会保险扣除等；二是对有助于间接增加低收入阶层收入的行为给予税收优惠照顾，如对向慈善机构、公益事业捐款的高收入者或雇主给予税收优惠，以鼓励他们慷慨解囊。

但税收支出也存在以下的弊端：一是背离了市场经济所要求的税收公平原则。在市场经济体制下，微观主体主要通过价格、税收等信号做出资源配置的判断，而税式支出的运用会改变税收信号，诱导资源为寻求税收优惠而向低效率的部门流动，结果是扰乱市场秩序，成为保护落后的一种手段。二是税式支出的"逆向"效果和对非纳税人的"排除"增加了新的分配不公。税式支出的"逆向"效果即随着所得额的增大，受益程度提高，大部分税式支出流向拥有高收入的纳税人，这种"逆向"特征在累进税制中表现得尤为明显。三是导致税法复杂化，增加了税收征管的难度。税式支出作为一种特别措施，由于种类繁多、形式各异、效应不同，而且各种税式支出措施都有其特定的政策目标、实施范围和执行标准，因而大大增加了税法的复杂性和税收征管的难度。四是减少了国家的财政收入，造成了税收收入的流失。税式支出是以政府放弃一部分本应收取的税收收入为代价的。大量的税式支出使法定税率与实际税率严重背离，侵蚀了国家的财政收入，造成政策性税收收入的流失。另外，税式支出为大多数纳税人的寻租行为提供了机会。

因此，在运用税收支出促进社会公平时，必须谨慎从事，否则有可能使收入分配更加不公平。例如，美国1981年占纳税人总数不到1%的人却得到了9%的税收支出，而调整后毛所得不到1万元的，占纳税人总数36.7%的人，得到的税收支出却只占13%。可见这种税收支出运用不当反而不利于收入分配公平。

7.3.3 遗产税与赠与税：削弱财富过度集中的一项策略

财产分配包括两个方面：一是从流量角度考察的当期财富的分配，即收入的分配；二是从存量角度考察的累积财富的分配，即财产的分配。前者主要通过个人所得税及其相关制度对收入分配产生影响，后者则要强调财产税对财产分配的影响。财产税是以一定财产价值为征税对象的税种，一般包括对财产所有者所拥有的全部财产课征的一般财产税，对选定某类或某几类财产分别征收的特种财产税及对转让的财产征收的财产转让税。

从公平财富分配的角度来看，财产转让税包括遗产税和赠与税，是防止财富过度集中的最有力的工具，对缓和分配不公，补充个人所得税的不足有重大意义。遗产税是对财产所有者死亡时遗留的财产净值征税，以对遗产继承人的继承权进行一定的限制。因为一个人终生积累的财富虽然有限，但若世代相承，财产数额就会不断增大，就会导致少数人越来越富，多数人越来越穷，所以要加以必要的限制。赠与税是对财产所有者生前赠与的财产征税，一般是与遗产税并行设立征收的。否则只有遗产税没有赠与税，财产所有者在生前将其财产都无偿给继承人，遗产税就形同虚设，无税可征。若对遗产税和赠与税适用统一的高额累进税率，其调节收入的功能就大大增强，将极大增强税收调节社会成员的财富分配、增加政府和社会公益事业财力的能力。

遗产税按课征方式的不同又具体划分为总遗产税、分遗产税和总分遗产税三种。

总遗产税是对财产所有人死亡后遗留的财产总额综合进行课征。规定有起征点，一般采用累进税率，不考虑继承人与被继承人的亲疏关系和继承的个人情况，总遗产税在表现形式上是"先税后分"。其具体方式有四种：一是按遗产转移次数的先后，课以不同的累进税；二是按遗产总额减去负债后的净额课征；三是规定免征额，对小额遗产免征遗产税；四是准许分期纳税或以实物的纳税。目前采用第四种模式的主要国家有美国、英国、新加坡和我国台湾等十余个国家和地区。

分遗产税是对各个继承人分得的遗产分别进行课征。考虑继承人与被继承人的亲疏关系和继承人的实际负担能力，采用累进税率，其在表现形式上是"先分后税"。目前采用这一税制的国家较多，主要有日本、法国、比利时、智利、德国、韩国等数十个国家和地区。

总分遗产税是对被继承人的遗产先征收总遗产税，再对继承人所得的继承份额征收分遗产税。其表现形式是"先总税后分再税"，两税合征，兼蓄了总遗产税和分遗产税两种遗产税的优点，先对遗产总额征税，使国家税收收入有了基本的保证。再视不同情况，有区别地对各继承人征税，使税收公平得到落实。但总分遗产税也存在缺点，即对同一遗产征收两次税收，有重复征税之嫌。

从遗产税的征收方法对财富分配的影响来看，在实行累进税率的制度下，对再分配累积财富的力度上，分遗产税制要逊色于总遗产税制。但分遗产税制对经济状况较差的继承人有利。因为分遗产税制可根据继承人的具体情况，设置不同的扣除项目和高低不等的税率。因此，既要保持遗产税再分配财富的力度，又要区别不同继承人的经济状况，有些国家实行了混合遗产税制。

遗产税必须有赠与税的配合。各国的赠与税大体上分为以下两种：第一种是总赠与税，即对财产赠与人一定时期内赠与他人财产的总额课征的制度。纳税人是财产赠与人。采用总遗产税制的国家和部分采用总分遗产税制的国家，课征赠与税时采用这种制度。第二种是分赠与税制。即对受赠人一定时期内所获得的受赠财产总额课征的制度。纳税人是财产的受赠人。采用分遗产税制的国家多用这种课征制度。我国应当选择总遗产税制并辅之以赠与税，因为总遗产税简单易行，同时采用税外解决的方式适当照顾生活有特殊困难的缺乏劳动能力的继承人。

总的来讲，遗产税和赠与税的开征，有利于缩小收入差距和避免财富过度集中，保证社会公平和社会稳定，有利于促进社会进步，是财产税的重要组成部分。我国现在虽然没有开征遗产税，但随着经济的发展和税制的完善，我国已经加快了遗产税的开征步伐。

7.3.4 社会保险税：社会保障制度的主要资金来源

社会保险税是以纳税人的工资和薪金所得作为征税对象的一种税收，它是实施社会保障制度的主要资金来源。所谓社会保障制度，系指劳动者或全体社会成员在年老、疾病或丧失劳动能力及其他生活困难时，从国家、社会或有关部门获得收入补助的一种制度。尽管社会保障是政府众多再分配计划的一种，但目前社会保险税已成为最大的一项计划。可是，转移支付的资金来源，不是依靠一般税收筹集的，而是依赖社会保险税。社会保险税收入库后，按照不同的保障类别分别纳入各专项基金，专款专用，不能做一般经费开支。所以，社会保险税是一种指定用途税，亦称"专税专用"。可见，社会保险税的重要性在于，它为社会保障制度的实施提供了稳固的资金来源基础。从这个意义上说，社会保险税是税收公平分配的有力工具。

社会保险税产生于1935年，由美国首先开征，它作为社会保障资金筹措的重要手段，现如今已被许多国家广泛采用。社会保险税采用比例税率，纳税义务分别由雇主和职工承担。通常而言，无论职工还是雇主，所使用的税率都是一致的，双方各自承担税额整体的50%，但也不排除在部分国家雇员、雇主各承担不同税率的现象。在计税时，雇主向雇员实际支付的薪金、工资额是社会保险税的主要依据，通常设有课税上限，高出限额部分的工薪额，不计入征税范围，且不设置免征额、扣除额。在申报缴纳方面，雇主负责定期报缴自身和雇员应承担的社会保障税税额，采取的方式分别为自行申报纳税及预先在支付的工薪中扣缴。

从形式上来看，社会保险税较为特殊，相比于一般税，其特殊之处主要有四个方面：第一，累退性。这一点主要表现为社会保险税实行比例税率，且通常具有课税上限，不设置免征额、扣除额，且与纳税家庭的具体人数和其他特殊情况无关。第二，有偿性。管理社会保险税的工作，通常由政府设置的专门基金会来负责，具有专款专用的性质，以此具有一定的有偿性质。第三，专用性。主要表现在税款使用上，其税收收入专用于社会福利、保障等支出，专款专用，不能做一般经费开支，表现出明显的专项特性。第四，内在灵活性。社会保险税自身税制的特性决定了其征收与支出都紧密相关于一国一定时期的经济发展形势，在经济繁荣时，经济发展快速而向上，使得社会保险税征收增多而支出减少，因而会抑制膨胀；经济衰退时，经济发展不景气，社会保险税又会征收减少支出增多，继而会抑制紧缩。对于一个国家的经济发展而言，在特有内在灵活性的作用下，社会保险税连同社会保障制度一起发挥着"自动稳定器"的功效。

从本质上看，社会保险税作为一种所得税，它不是公平收入分配的良好手段。因为社会保险税仅将工资薪金所得作为计税依据，纳税人的其他所得项目并不纳入其应税所得中来，而且许多国家还常常对作为社会保险税计税依据的工资薪金所得规定有最高限额，超过限额部分的工资薪金所得不用缴纳社会保险税，这就使得低收入者相对承担了较多的税收份额。社会保险税一般采用比例税率来征税，而不能根据纳税人的收入状况加以区别对待，这也是不利于低收入者的。工资、薪金征税使高收入阶层税负较轻；一般实行比例税率不具有公平分配功能；只对一定限额以下的所得征税，使高收入者税负大大低于低收入者；未区分不同纳税人的境况设置减免扣除规定，不利于低收入阶层。

从社会保障制度的整体来看，社会保险税是公平收入分配的有力工具。社会保险税因自身的专款专用特性，成为社会保障制度资金的重要来源和筹集渠道，同时社会保险税作为一个具有强制性的税种，又能够确保社会保障制度所需资金的充足与稳定。因此，社会保险税就成为社会保障制度的基础与保障，通过社会保障制度将富人缴纳的税收转移给需要补助的穷人，从而产生收入分配的功能，继而能够保证国家社会保障职能的有力实施。因此，应该从支出角度来考虑社会保险税对收入公平分配的意义，社会保险税为个人失业救济、退休养老和医疗保险提供了资金来源，使个人基本生活得到了保障。只要社会保险税筹集的税收收入，能够通过转移支付的方式把收入再分配给那些真正需要帮助的人，那么就可以认为社会保险税是有利于收入公平分配的。

7.3.5 所得税指数化：减轻通货膨胀扭曲效应的一种方法

税收指数化是指按照每年消费者物价指数的涨落，自动确定个人所得税应纳税所得额的适用税率和纳税扣除额，以便剔除因通货膨胀而导致的对名义所得增减的影响，进而减轻或消除通货膨胀对收入分配的扭曲效应，保护中低收入者利益的一种税收策略。

各国在经济增长过程中，普遍承受着通货膨胀的压力。所得税制的三个条件使通货膨胀对收入再分配的影响更加严重①。通货膨胀对个人所得税制度的扭曲主要表现在三个方面。第一，通货膨胀导致实际起征点降低，其结果是原本不必纳税的中低收入纳税人也被推入缴纳个人所得税的行列。这些人不仅扩大了纳税人队伍，甚至还成了负税主力，致使个人所得税逐渐蜕变为普遍征收的"人头税"。而且通货膨胀伴随着对纳税人的利息支出作全面扣除，使个人所得税的征收更加有利于债务人，而有损于债权人，从而更加严重地损害了低收入阶层的利益。第二，通货膨胀促使纳税人名义收入增加，进而导致纳税人进入较高的收入级别，受制于较高的边际税率，从而产生了纳税"档次爬升"问题。同时，通货膨胀还造成相邻应纳税档次之间的级差缩小，因而加重了纳税人的税收负担，特别是对那些中低收入者，由于其税收上升幅度远高于高收入者的税收上升幅度，所以，通货膨胀更多的是损害了中低收入纳税人的利益，增大了纳税人之间税负的不平等性。由于通货膨胀的扭曲性影响，个人所得税必然产生"逆向调节"现象：高收入者承担税收较少，而中低收入的工薪阶层却成了纳税主体。也就是政府将有限的管理资源继续配置到已经实现

---

① 所得税制所要求的三个前提条件。
(1) 所得实现准则——个人所得税在课税之前，其征收对象的价值必须已经实现。
(2) 对名义所得征收——就纳税人的以货币数量表示的所得额征收。
(3) 利息支出可以扣除——在征税期内，纳税人支付的各种利息可在应税所得额中扣除。

了有效监管的中低收入工薪阶层身上，而亟待强化监管的高收入人群却反而相对失控了。这种情况显然违背了个人所得税的促进社会公平、调节贫富差距的初衷。第三，由于个人收入来源存在差异及实际费用也存在不同，不同性质的个人收入对于通货膨胀的增长弹性是不同的，无论是综合还是分类模式下的个人所得税制，出于对实际税负的规避，无疑会产生收入或替代效应。例如从资源配置的角度上看，通货膨胀使纳税人税后的实际工资率低于无通货膨胀时的实际工资率，从而增强了个人所得税对于闲暇和工作之间的替代效应，扭曲了劳动力资源配置，进而影响个人所得税的经济效率与行政效率。

如何消除通货膨胀及累进税率机制产生的扭曲的收入分配效应？在那些通货膨胀严重的国家，特别是经济发达的国家，自 20 世纪 70 年代中期以来他们纷纷采取了所得税指数化措施。所谓税收指数化，即按照每年消费物价指数，自动确定应税所得的适用税率和纳税扣除额，以便剔除通货膨胀所造成的名义所得上涨的影响。从税收指数化的范围来看，主要有下列 4 种方法。

（1）特别扣除法，即从纳税人的应税所得额中按一定比例扣除因通货膨胀所增加的名义所得部分。

（2）税率调整法，即按通货膨胀上涨指数降低各级距的边际税率，使调整后的税率级距维持在原有效税率的实际水平上。

（3）指数调整法，即依据物价指数或相关的指定指标指数，调整个人所得税中的免税额、扣除额及课税级距等，以消除通货膨胀期间的名义所得增加部分。

（4）实际所得调整法，即将各年应税所得还原为基年的实际所得，适用基年的免税额、扣除额及课税级距，求得纳税义务后，再以物价指数还原计算应纳税额。

在上述 4 种方法中，由于指数调整法计算简便，确定物价指数的资料也较容易得到，故大多数国家都采用指数调整法。但因各国的经济、财政状况不同，对指数调整法的具体应用各异。归纳起来大致有 4 种。

（1）每年自动反映全部物价水平予以调整，即个人所得税的免税额、扣除额及课税级距，每年均按消费物价指数予以调整，使个人所得税的征收与生活费用的高低完全与消费物价指数保持直接的联系。采用这一方法的国家有加拿大、澳大利亚、阿根廷等。

（2）每年自动部分反映物价水平予以调整，即在征收个人所得税时，只有部分免税额、扣除额及课税级距按物价指数予以调整。应用这种方法的国家有瑞典、英国、秘鲁等。

（3）按自由决定指数予以调整，即除消费物价指数外，还可按所选择的指数作为调整的依据，调整的时间与项目可视经济、财政状况作自由决定。如法国 1968 年的《财政法》规定，当特定年度的消费物价指数超过 5% 时，可以调整个人所得税的税率结构。就其 1976 年的实际做法来看，按规定最低 5 级的课税级距按 9.5% 的幅度调整，次低的 5 级课税级距仅按 6% 的幅度调整，而免税额和扣除额则不能予以调整。

（4）按其他指数作为调整指标，即不直接以物价指数作为调整指标，而以工资、人均所得等作为调整指标。如巴西、智利、丹麦等国家，除参照物价指数外，还以劳动生产力、经济情况、政府对最低工资或基本工资的调整作为主要参照依据。

为了说明税收指数化后能够消除通货膨胀对收入分配的扭曲效应，这里仅举按物价指数调整的特别扣除法例子。假定某纳税人本年度挣得应税所得160元，通货膨胀率为20%，税率结构是：0~100元税率为5%；101~150元税率为10%；151~200元税率为15%。在没有税收指数化情况下，该纳税人应缴税金为：100×5%+50×10%+10×15%=11.5元。在对税基完全指数的情况下，该纳税人的应税所得就不是160元，而是128元[160×（1-20%）]人民币，该年度的应缴税金为：100×5%+28×10%=7.8元。在没有税收化指数的情况下，该纳税人的名义税收负担率是7.2%，而在后一种情况下，他的名义税收负担率仅为4.8%。可见，在通货膨胀时期，实施所得税指数化措施将有助于消除通货膨胀对收入分配的扭曲效应。

我国不应立即实施税收指数化措施来防止通货膨胀对收入分配的扭曲作用：

（1）我国个人所得税不是重要税种，不可能通过税收指数化来缓解通货膨胀对收入分配的不良影响。

（2）税收指数化本身也存在着许多问题。如只在财政收入一方起作用，而财政支出不能实行指数化，财政赤字将更加恶化。

（3）税收指数化削弱了所得税的弹性机制，也就削弱了税收的经济稳定功能。

7.3.6 负所得税是政府实现转移支付的一种措施

负所得税与正所得税相对应，指负值的所得税，是政府对于低收入者，按照其实际收入与维持一定社会生活水平需要的差额，运用税收形式，依率计算给予低收入者补助的一种方法。负所得税制度与一般福利制度不同，是一种将税收制度与福利制度相结合的制度。

负所得税是货币学派的主要代表人物弗里德曼（Freedman）提出的用以代替现行的对低收入者补助制度的一种方案。这一思路实际上是试图将现行所得税的累进税率结构进一步扩展到最低的收入阶层去。通过负所得税对那些纳税所得低于某一标准的人提供补助，补助的依据是被补助人的收入水平，补助的程度取决于被补助人的所得低到何种程度，补助的数额会随着其收入的增加而逐步减少。供给学派学者认为，实行负所得税可以通过收入或享受上的差别来鼓励低收入者的工作积极性。尽管负所得税方案引起了许多经济学家的重视，但从未被实施。

负所得税实质上并不是一种税，而是政府解决贫困问题的一种方法，是政府实现转移支付的一种措施，而不是税收收入来源。负所得税是向高收入家庭（household）征税并给低收入家庭转移支付的税制。甚至有人认为负所得税不是一种税，而是一种转移支付制度。负所得税是把所得税的累进性进一步延伸到所得级别的最低端，对那些应税所得低于某一程度的人提供税收援助。这种援助将不需要任何其他理由，因而这种税收援助就有可能惠及每一个穷人。

建立负所得税制度主要是由于以下两个方面的原因。

1. 所得税制度的缺陷

所得税制度的安排是以"公平性"为出发点，按照"量能负担"原则对企业和个人所得进行调节，目的是减少收入悬殊。我国现行所得税体系包括企业所得税、个人所得税。所得税制虽经多次调整与完善，但就个人的所得税而言，现仍然存在一些不足。一是"劫富"不"济贫"，调节有限。作为收入政策，个人所得税按纳税能力大小设计赋税标准，即其主要对富人产生较大的分配效应，对低收入者却缺乏影响力。如果一个人的应税所得在起征点以下，则增加扣除、加大宽免、降低税率等措施对该纳税人来说，均无实际意义。二是收入来源复杂难以计征。现行的个人所得税实行个人申报和单位代扣代缴相结合方式。对于收入来源于同一个单位的约束机制是明显的，如果收入来源于多个单位且都不足起征点的，则计征完全依赖于纳税人的高度纳税意识。三是实行超额累进税率，临界点附近不公平现象严重。尽管超额累进税率比超率累进税率的税负轻，但仍然不能克服其自身的不公平，尤其在临界点附近，税额的增长超过了应税所得的增长，与公平税负相矛盾。

2. 社会保障制度的弊端

作为财政的转移支付制度，社会保障是对贫困家庭和穷人提供帮助，现行的保障制度包括的范围有养老保险、失业保险、医疗保险、贫困救济、残疾人救济及自然灾害救济等，尽管考虑的因素包括了诸多方面，但公平性仍显不足。首先，保障支付均有特定的项目和约束，保障对象本身具有确定性。事实上一些贫困家庭因不属特定对象不能得到应有的资助，而另一些家庭保障水平高，且符合多个特定项目，而可能获得较多的补助，从而形成新的不公。其次，纯粹的支付制度会使劳动供给带来负面效率，社会保险有可能促使退休年龄的低工资收入者及早退休。如果低收入者在退休后，能够通过社会保障机制获得足够数额与其继续工作所获报酬基本相同，或者他所得到的养老金接近甚至超过他过去支付的社会保险税负时，社会保障机制可能导致这部分低收入者"提前退休"，而医疗保险同样能致使"小病大养""无病呻吟"；而失业救济标准较高，救济时间过长，可能诱使一部分人"主动失业"。最后，存在定额补助下"临界点"附近的不公平现象。如假定一个贫困家庭补助的标准为年收入 4 000 元，补助额为 800 元，当有甲乙两个家庭的年收入恰好分别为 3 900 元和 4 100 元，甲家庭经补助后的总收入为 4 700 元，而超过了未补助的乙家庭的 4 100 元，而形成了新的社会收入分配不公。

根据这一方法，如果个人的收入超过了最低生活保障数额，超过部分应向政府缴纳所得税，或称之为正所得税；如果个人收入低于最低生活保障数额，可得到政府发给的救济金，这一救济金即为负所得税。一般用式 7-3 表示①。

$$P=G-rY \tag{7-3}$$

式中：$P=$ 负所得税额或福利补贴数额；$G=$ 最低生活保障收入；Y 一个人的现有收入；

---

① 一般地说：由负所得税提供的福利补贴（用 P 表示）与个人实际收入（用 Y 表示）同其收支平衡时（此时，个人的福利水平为零）的收入水平（用 B 表示）之间的缺口（负数）大小呈线性增长。"税串"或福利补贴的减少率（r）就等于最低生活保障收入水平（用 G 表示）与收支平衡时的收入水平之比，即 $r=G/B$，于是，个人的福利补助水平 P 与其现有收入 Y 之间的关系可以写成：

$$P=r（B-Y）$$
或
$$P=G-rY$$

r="税率";至于最低生活保障收入水平的确定有两种方案。一是根据家庭人口的多少确定整个家庭的最低保障收入水平;二是根据每个人的年龄来决定保障收入水平,并把每个人的保障收入水平简单相加来确定整个家庭的最低保障收入水平。

利用图 7-4 来说明负所得税概念的基本内涵。假定负所得税率是 100%,一个 4 口之家的收入贫困线每年是 4 000 元。如果该家庭的税前收入是 1 000 元,负所得税款就是 3 000 元;如果该家庭的税前收入是 2 000 元,负所得税款就是 2 000 元,以此类推。如果该家庭的每年收入超过 4 000 元,负所得税为零,它将成为缴纳正所得税的纳税人。

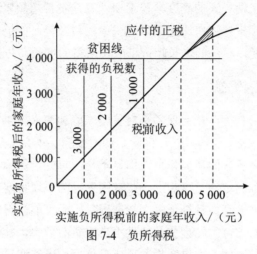

图 7-4 负所得税

从公式 7-3 和图 7-4 可以看出,一个家庭的现有收入越高,所得到的现金转移支付就越少;但是实际上低收入个人额外收入每增加 1 元人民币,现金支付的减少不会达到 1 元人民币。所以负所得税计划旨在于对低收入个人给予维持最低生活水平的所得,以减少个人收入与平均收入水平的差距。可以说个人的收入越低,收入补偿越大;若个人的收入为零,他得自政府的这项补偿则最大。

7.4 税收影响企业收入分配的机制

7.4.1 税收是影响企业利润的重要因素

1. 企业利润所得的形成

利润是指企业在一定期间的经营成果,是企业的收入减去有关的成本费用后的差额。收入大于相关的成本与费用,企业盈利;收入小于相关的成本与费用,企业亏损。利润包括收入减去费用后的净额、直接计入当期利润的利得和损失等。根据我国企业会计准则规定,企业的利润一般分为营业利润、利润总额和净利润。企业利润所得的形成也大致分为三个过程。

首先，营业利润＝营业收入－营生成本－营业税金及附加－销售费用－管理费用－财务费用－资产减值损失＋公允价值变动收益＋投资收益

其次，利润总额＝营业利润＋营业外收入－营业外支出

最终，净利润＝利润总额－所得税费用

其中：①营业收入是指企业经营业务所确认的收入总额，包括主营业务收入和其他业务收入。②营业成本是指企业经营业务所发生的实际成本总额，包括主营业务成本和其他业务成本。资产减值损失是指企业计提各项资产减值准备所形成的损失。③公允价值变动收益（或损失）是指企业交易性金融资产等公允价值变动形成的应计入当期损益的利得（或损失）。④投资收益（或损失）是指企业以各种方式对外投资所取得的收益（或发生的损失）。⑤营业外收入是指企业发生的与其日常活动无直接关系的各项利得。

由企业利润所得的形成过程中可以看出，税收是影响企业利润的一个重要因素。一方面，企业取得营业收入的过程中要缴纳增值税、消费税、城市维护建设税、教育费附加等销售税金，这些税金的形成直接递减企业的营业利润。另一方面，企业利润形成后要缴纳所得税，在企业当中表现为所得税费用，它会直接递减净利润。

2. 企业利润所得的分配

企业利润所得的分配，是指企业根据国家有关规定和投资者的决议，对企业的净利润所进行的分配。企业的利润分配有三大分配顺序：弥补以前年度亏损、提取盈余公积、向投资者分配利润。

首先，弥补以前年度亏损，我国企业所得税法规定，企业可在产生亏损后的5年内用税前利润总额弥补亏损，5年后亏损仍有剩余，则用以后年度的税后利润弥补。

其次，提取盈余公积。提取盈余公积指企业从当年实现的税后利润中按照一定比例提取的有专门用途的留存于企业的公积金。提取盈余公积的方法可分为提取法定盈余公积和提取任意盈余公积两类。

（1）提取法定盈余公积。《中华人民共和国公司法》规定，公司制企业按净利润的10%提取法定盈余公积，其他企业可以根据需要确定提取比例，但提取比例不得低于10%。企业提取的法定盈余公积金累计超过注册资本的50%以上的，可以不再提取。

（2）提取任意盈余公积。公司制企业经股东大会决议后，可从税后利润中提取任意盈余公积；非公司制企业经类似权力机构批准后，也可以提取任意盈余公积。

最后，向投资者分配利润。向投资者分配利润即弥补以前年度亏损和提取盈余公积后，根据相关政策对投资者进行利润分配。可供投资者分配的利润＝净利润－弥补以前年度的亏损－提取的盈余公积＋年初未分配利润＋其他转入的金额企业可以用现金、财产及股票等形式向投资者分配股利。

此外，企业利润所得分配经过这三大程序后还会有一定的未分配利润，这些未分配的利润与提取的盈余公积一并作为企业的留存收益。

7.4.2 税收对企业收入分配的影响

1. 所得税对企业收入分配的影响

公司所得税通过对企业纯收益即净利润的课税,可以调节企业的盈利水平,缩小不同盈利状况的企业之间的税后收益差距,同时减少资本收益,有助于缩小资本收入者与劳动收入者之间的收入差距。特别是在累进税率条件下,这一调节功能将发挥得更加明显。但随着经济活动全球化的不断发展,公司所得税的国际竞争局势逐渐加剧,世界各国为争夺公司所得税税源,普遍削减了公司所得税的边际税率,使公司所得税调节收入分配的功能明显弱化。

所得税对企业平等竞争的作用。所得税税源的广泛性意味着各类企业各类所得都会被纳入所得税征税范围之中,促进了横向公平;所得税的税前扣除及宽免额保证了所得税的课征是建立在真实可靠的税基之上的,而且亏损企业不用缴纳所得税;所得税的差别税率使得不同规模类型的企业交不同的税,达到量能课税的目的,从而实现纵向公平;所得税包含各种税收优惠。比如,对高新技术企业、中小企业等需要扶持及大力发展的企业实施税收优惠,一定程度上促进了这些企业的发展,促进了企业之间的公平竞争。

2. 商品税对企业收入分配的影响

商品税对收入分配的影响主要包括增值税、消费税等。在实行增值税的早期实践中,由于边际消费倾向呈递减趋势,人们普遍认为增值税具有累退性,会对收入再分配产生不良影响。因此,为了降低增值税的累退性,很多国家都对一些生活必需品实行零税率、低税率或免税优惠政策,甚至有很多欧盟成员国实行了多档低税率,以尽量降低低收入家庭的税收负担。近年来,人们对增值税制度又有了新的认识,重新认识到增值税应当具有中性、高效、简单的特性,它不应该被设计成一种调节收入再分配、促进财富公平的政策工具。因此,各国应谨慎运用增值税优惠政策。

消费税通过对奢侈品、非生活必需品、高档消费品课税,体现向富人课税的原则,具有一定的收入再分配功能,促进收入分配的公平。在市场经济条件下,优胜劣汰的结果通常伴随着收入的两极分化,在这种情况下,对奢侈品征收高额消费税,通过税负转嫁,实现高收入者多缴税,将有助于缩小贫富收入差距和改善收入分配状况。当然,这种收入再分配的功能能在多大程度上发挥预期效果,取决于课税商品的供求价格弹性、税负的转嫁情况、穷人和富人消费结构的差异程度。如果课税商品的需求价格弹性越小、税负的转嫁程度越大、穷人和富人消费结构的差异性越大,消费税的再分配效果就越好。

商品税对企业平等竞争的作用。增值税实行单一税率或以标准税率为主的税率结构,可以避免不同产业、行业、产品之间的税收差异,更好地体现税收中性原则;对生产具有负外部性的消费品的企业征收消费税,将其对环境的污染用税收作为补偿,有利于企业之间公平竞争,而且也会影响企业改变具有负外部性的生产经营方式,从而达到环境保护的目的;对某些行业产品征收关税有利于保护这些产业的稳健发展,进一步促进纵向公平。

但是商品税具有累退性，累退性是指纳税人的税负随着收入的增加负担变小，不符合量能纳税原则。所以我国出台了一系列商品税的税收优惠，如对农产品及生活必需品的销售免税及对小规模纳税人的税收优惠等。

3. 资源税对企业收入分配的影响

世界上多数国家采用的是级差资源税，我国也采用级差资源税。级差资源税就是对开发和利用自然资源的经济活动主体因资源条件的差别所取得级差收入课征的一种税。开征级差资源税，将经济活动主体利用自然资源而多获得的级差收入直接收归政府所有，使经济活动主体的利润水平能够真实地反映其主观努力经营所取得的成果，排除因资源优劣造成企业利润分配上的不合理状况，有利于经济活动主体在同等水平上展开竞争，同时也有利于促使经济活动主体合理利用不同品质的资源。

资源税对企业平等竞争的作用：调节资源级差收入，有利于企业在同一水平上开展竞争。各种矿产资源，作为生产力的构成要素，其丰歉与优劣，都会使开采矿产资源的企业的生产经营处于有利或不利的位置，并由此给开采矿产资源的企业的利润水平带来差异，甚至差异非常悬殊。例如，同是开采石油，有的油田原油销售利润率高达76%，而有的油田原油销售利润率还不到2%。这种由于资源条件差异而形成的企业之间盈利水平的巨大差异，不利于企业在同一水平上开展竞争。由于资源条件优异给企业带来的级差收入不反映企业的主观努力程度，因此国家应进行调节，将级差收入收归国有，以给企业创造一个平等竞争的外部条件。

7.5 中国实现收入分配公平化的政策选择

7.5.1 收入分配结构及趋势

1. 三种收入分配结构（铁饼型、金字塔型、橄榄型）

1）铁饼型

这种类型说明三种收入类型人数大致相同，人人平等。这种类型的特征就是所有社会成员的收入差距很小，铁饼型的优点就是人与人之间收入的平等程度很高，大家在收入水平上没有什么差别。但是这种类型不能显示出每个人的经济贡献，不能有效形成激励机制。比如，我国20世纪50年代后期的收入分配结构就类似于铁饼型，当时我国平均主义、"大锅饭"体制盛行，虽然不易引起纠纷，但是当时严重挫伤了农民的积极性。

2）金字塔型

这种类型代表高收入群体最少，中等收入群体其次，低收入群体最多。我国现行的收入分配结构类似于金字塔型。社会上少数人的收入水平远远处于平均水平之上,而少部分人的收入处于中等水平左右,大多数社会成员的收入水平很低,仅仅处于贫困线和温饱水平之间。这种类型的优点是能够在短期内打破平均主义的分配格局,引起人们激励竞争。但是这种结构容易形成贫富分化,处于低收入群体的人社会认同感很低,容易引起社会动荡。

3)橄榄型

这种类型代表高收入群体和低收入群体人数都比较少,大部分成员处于中等水平。这是一种比较理想的收入分配结构,既有激励竞争机制的存在,贫富差距也没有金字塔型那么大。这种收入分配结构在发达国家中比较普遍,尤其是一些北欧国家,如芬兰,如表 7-2 所示,芬兰人群收入分布呈现橄榄型,并充分显示了税收对收入分配的调节作用,人类发展指数较高。

表 7-2　2004 年芬兰居民收入分布状态

收入区间	人数所占份额 /%	收入所占份额 /%	缴税份额 /%
8 499 欧元以下	24.4	5.4	1.8
8 500~16 499 欧元	24.1	5.4	9.3
16 500~24 999 欧元	21.4	22.1	19.1
25 000~34 999 欧元	15.3	22.3	22.7
35 000~49 999 欧元	7.9	16.0	19.1
50 000 欧元以上	7	19.7	28.0

2. 收入分配的总趋势

从世界经济发展历程来看,各个国家的收入分配结构基本上是从金字塔型到橄榄型的转变;从一部分先富到共同富裕。我国的收入分配变化总趋势基本是从铁饼型到金字塔型再到橄榄型的转变。我国改革开放以前,收入分配结构属于铁饼型,从 1978 年改革开放以来,我国收入分配结构呈现明显的金字塔型,收入差距不断加大,直到最近几年才逐渐转型。我国的基尼系数从 1997 年的 0.371 一度上升到 2008 年的 0.491,之后才缓慢回落。总体来看,我国居民收入差距呈现出先缩小、后扩大、再缩小的变化趋势,在 1978—1988 年间,城乡居民人均收入比值由 2.57∶1 逐渐转变为 2.17∶1,农村居民收入增长率高于城市;在 2010—2018 年间,农村居民收入增长率高于城市,由 3.33∶1 转变为 2.71∶1。

7.5.2　我国收入分配现状

1. 收入分配的结构仍是典型的金字塔型

如图 7-5 所示,现阶段我国居民收入分配格局为金字塔型,底座的低收入群体主要由农村人口构成,中等收入群体主要由城镇人口构成。我国城乡二元化问题较为严重,城市和乡村、农业和非农业之间存在着制度性障碍,城乡收入差距过大。这不利于我国整体居民收入水平的提高以及居民收入分配格局的转变,也进一步证明了我国还没有形成橄榄型收入分配格局所要求的中等收入群体规模,证明我国距离橄榄型收入分配格局还有很长的一段路要走。

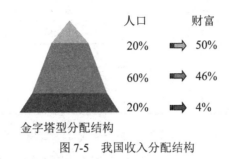

图 7-5 我国收入分配结构

2. 收入分配的城乡差距、阶层差距、行业差距明显

首先是城乡差距。由于我国的发展政策、地区资源的差异、人才流失等原因,我国的城乡差距不断扩大,主要表现在收入、教育、医疗、生态文明四个方面。城乡之间收入差距在3.3∶1左右,成为世界上城乡收入差距最大的国家之一。

其次是阶层差距。我国收入阶层差距非常大,10%的最高收入户与10%的最低收入户人均收入之比相差了20多倍。表7-3中显示的是我国城镇居民家庭各类收入分配差距指数,其中的收入不良指数是指以最高收入的20%的人所占的收入份额与最低收入的20%的人口所占有的收入份额之比表示一个社会的收入分配状况,收入不良指数越高,说明穷极和富极的差距越大,收入不平等状况越严重。2000—2017年,我国城镇居民家庭收入不良指数居高不下。

表 7-3 城镇居民家庭各类收入分配差距指数

年 份	收入不良指数	库兹涅茨指数	阿鲁瓦利亚指数
2000	3.608	0.348	0.239
2001	3.814	0.357	0.233
2002	5.099	0.397	0.204
2003	5.302	0.405	0.201
2004	5.519	0.410	0.197
2005	5.701	0.413	0.194
2006	5.564	0.411	0.196
2007	5.495	0.408	0.198
2008	5.707	0.412	0.193
2009	5.566	0.408	0.196
2010	5.412	0.404	0.199
2011	5.350	0.404	0.200

续表

年　　份	收入不良指数	库兹涅茨指数	阿鲁瓦利亚指数
2012	4.970	0.393	0.207
2013	4.932	0.394	0.209
2014	5.492	0.398	0.199
2015	5.321	0.391	0.202
2016	5.410	0.391	0.201
2017	5.618	0.397	0.197

再就是行业差距。我国行业收入差距高达 4.2∶1，一段时间以来，有不少人感到当前工资收入差距大，社会需要警惕贫富分化。平均工资最高的行业是金融业，70 146 元；最低的农林牧渔业，16 717 元。最高与最低之比为 4.2∶1。

3. 收入分配结构逐步向好

虽然我国收入分配结构呈典型的金字塔型，收入分配的城乡差距、阶层差距、行业差距明显，但是我国为调整收入分配结构做出了不小的努力，针对我国目前的城乡差距，国家出台了解决"三农"问题、乡村振兴、新型城镇化建设等一系列政策；为了缩小收入阶层差距，我国 2019 年新施行的《个人所得税法》中将个税起征点提高，扩大低档税率的收入范围；为了缩小行业差距，我国《个人所得税法》推行分类综合所得课税模式及建立扣除标准动态调整机制，我国还对资源税进行了改革。这些措施都逐渐调整了我国的收入分配结构，如图 7-6 所示，城乡居民恩格尔系数持续下降，城镇居民恩格尔系数从 1980 年的 0.569 持续下降到 2016 年的 0.293，农村居民的恩格尔系数从 1980 年的 0.618 一度下降到 2016 年的 0.322。

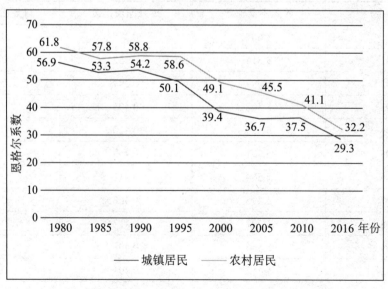

图 7-6　我国城乡居民恩格尔系数变化趋势（%）

7.5.3 未来收入分配的政策选择

财政制度的选择应该坚持"提低、限高、扩中"分配取向，实现从金字塔型收入分配结构向橄榄型收入分配结构的转变。通过政府的财政政策，对调节收入分配结构有着举足轻重的作用。

1. "提低"——提高低收入者的收入水平

增加就业是根本。例如，允许企业凭借所提供的就业量获取对应的所得税抵免、给满足一定条件的安置失业人员就业的企业和项目以优惠税率、企业利润的再投资部分全部免税、对聘用特定失业人群的企业提供补助、免交强制性社会贡献金等；加强青年失业人员的就业指导和职工教育，辅导就业能力极度不足的失业青年，提高他们的能力水平；推广多种非常规就业模式的发展，企业对待非常规雇员，如小时工、兼职工等要一视同仁，应使其获得与全日制雇员同样条件的薪资待遇和税收优惠。

建立社会保障制度是基础。由国家通过国民收入分配和再分配实现，由社会福利、社会保险、社会救助、社会优抚和安置等各项不同性质、作用和形式的社会保障制度构成整个社会保障体系。坚持以社会保险为主体，社会救助保底层，积极完善社会福利、慈善事业、优抚安置等制度；在组织方式上，坚持以政府为主体，积极发挥市场作用，促进社会保险与补充保险、商业保险相衔接。

建立防范返贫的财政风险机制是保障。政府可以通过提供廉租房、经济适用房、限价房、发放购房补贴等政策，防止"因房返贫"；通过建立中央财政、地方财政、社会救助、个人自救的四级救灾体系，防止"因灾返贫"；通过建立适合不同人群的多层次的医疗保险体制，防止"因病返贫"。

2. "限高"——对高收入者收入的增长速度进行限制

主要通过税收、反垄断经营等措施对高收入人群进行限制。

完善税收制度，尤其是加大对高收入者的税收调节力度，制定合理的所得税制和个人收入调节税制。在个人收入分配方面，应提高个人所得税收入再分配效应和收入占比，降低流转税比重。具体做法是，我国个人所得税制应维持目前税率档次，适当提高所得税的边际税率，充分发挥累进制所得税调节最高收入阶层的收入的作用，加大对低收入水平的优惠和免税力度，保障低收入者收入水平，尽可能缩小收入分配差距，同时有选择性地对部分商品和劳务征税而不是普遍课征商品税，对生活必需品和低收入群体频繁使用的商品予以免税，加大对奢侈品和高档消费品的税收调节力度，既促进收入合理分配，又引导居民形成绿色适度的消费观。随着我国经济的发展和居民收入水平的提高，少部分群体拥有大量财富，对于这部分居民收入的存量方面，我国应适时征收遗产税和赠与税，防止收入差距代际扩张。积极完善社会保障制度，除了提高社保制度本身的合理性与整合性外，还需要税收等其他制度的支持，注重与税收制度的配合，充分发挥我国社会保障制度公平收入分配功能。

加强对垄断行业收入分配的监管,加快对垄断行业的分配体制改革,使收入分配与市场机制接轨。在实际操作中,国家应加大对垄断行业中国有企业的审计力度,既要审计利润是否真实,更要审计产品的成本,确保制定的价格真实反映商品的价值。对于企业高级管理人员利用手中的行政权力,以权谋私等现象,一经查出,绝不姑息。同时,强制要求垄断国企定期对外公布财务报告及工资收入情况,提高国有资产、收入分配透明度,让社会公众对这些企业进行监督。国家应该制定资金预算制度,全面掌握国有企业营、支出和资债状况,采取更加客观公正的评价方式,限制垄断企业获取超额利润。同时加大税收力度,充分发挥税收对于收入的调节作用。许多国家针对高收入人群征收额外的税收,对于低收入群体减税、免税。针对目前对垄断行业利润率高于全行业利润率和员工收入税收监管不力的局面,必须加强对垄断企业的税收管理,将部分垄断利润作为税收,从源头上杜绝超额利润向超额收入转化。

调整、完善分税制体制,加大财政转移支付力度,努力缩小地区之间、部门之间的工资差距。为了更好地履行中央与各级政府的职责,应该明确规定事权,有利于各级政府间的财力科学分配,有利于加强中央财力,从而使国家加强宏观调控的能力。地方政府为本地区提供公共服务的职能,其财力也需要中央的大力支持,为此,合理的确定地方税收收入,是分级财政管理的基础,也是政府执行其职能的根本。建议选择税基广泛、税源稳定、税收规模大的税种作为地方政府的主体税种,如选择消费税、所得税、财产税,因为上述三种税收具有收入增长稳定、税基具有地方性的特点,同时便于征收管理。中央对地方的转移支付制度需要进一步完善,对与财政事权划分不相匹配的中央对地方转移支付项目进行清理、整合,对财力薄弱地区尤其是偏远贫困地区,给予更多的财力支持。地方政府可以在规定的公共服务范围之内,根据本地区的发展情况,自由安排资金支出,更有利于地方政府的发展。相较专项转移支付,分类拨款更加有利于公共服务均等化的实现,避免了资金分配的主观性,税收返还从基数法向因素法转变。

加大惩治腐败力度,取缔非法收入。形成全方位的稽查体系,防止高收入者的偷逃税等获取非法收入的行为。对政府及各部门之间的信息交流、协同合作有具体的法律规定。例如,税务机关可以从银行得到所有纳税人的利息收入信息,企业必须主动将公司员工的工资发放凭证交给税务机关,通过法律的硬性规定,能够实现信息在各部门之间的流通。应对高收入者从事工作的相关公司加强日常调查走访,对企业财务账目、发票管理等问题加强调查分析,对税收征管工作存在的风险和漏洞有针对性地整改,堵漏增收,进一步完善各行业税收秩序。提高处罚标准,增加偷逃税成本,减少处罚弹性,消灭寻租侥幸心理;多样化处罚方式。例如:影视工作者通常有较高的收入,可以限制其出镜率,包括电影、电视、网络平台等;同时,高收入者的工作性质使其具有相当大的流动性,可以针对这一特点,对有偷逃税行为的纳税人限制其出行方式,如限乘飞机、高铁等。这样势必可以对其产生较为严重的经济影响,进而能够约束其不法行为,诚实纳税。

3. "扩中"——扩大中等收入者的比重

目前我国居民家庭人均年收入在 2.5 万~7.5 万元之间,家庭年收入在 7.5 万~30 万元之间；居民家庭累积持有的金融资产在 20 万~50 万元之间；城镇居民住房面积在 120~200m² 之间，拥有一辆 10 万~15 万元的私家车，农村居民拥有一套面积在 200~300m² 之间的砖混或钢混的住房。只要上述三个条件（即收入、资产、住房面积）居其一，即为现阶段的中等收入者。我国收入分配结构要想实现从"金字塔"型向"橄榄"型的转变，必然要扩大中等收入者的比重。

提高两个比重（居民收入占国民收入的比重、劳动报酬占初次收入的比重），确保收入分配结构的合理化。第一，提高居民收入在国民收入分配中的比重，涉及国民收入初次分配关系。国民收入是由居民收入、企业收入、政府收入三部分构成的，合理调整这三者在国民收入中的比重分配关系，是社会主义市场经济条件下宏观经济管理的一项重要任务。要提高居民收入占国民收入的比重，一要控制投资过快增长；二要调整鼓励出口的政策，控制净出口的规模；三要完善社会保障制度和最低工资制度，逐步提高标准；四要加强支农惠农政策，多渠道扩大农村居民转移就业，增加农民收入；五要鼓励依法创业和投资，保护各类合法收入；六要创造条件让更多群众拥有财产性收入。第二，要增加劳动者特别是一线劳动者劳动报酬。劳动报酬份额则在过去近 20 年间一直处于下降趋势，随着居民财富的积累和资本性收入占比的逐渐提高，社会上出现不劳而获的食利现象，与此相伴随的是居民劳动参与率出现持续下降，因此，党的十九届四中全会提出要鼓励勤劳致富，增加劳动者特别是一线劳动者劳动报酬，尤其是要保护合法劳动收入所得。新形势下随着新一轮资本要素的强势回归，劳动收入份额存在进一步下降的风险，所以中国共产党第十九届中央委员会第四次全体会议专门提出，要着重保护劳动所得，提高劳动报酬在初次分配中的比重。

鼓励创新创业，提升全要素生产率。一般说来，全要素生产率由资源配置效率和微观生产效率两部分构成。但从根本上讲，关键在于提高企业的劳动生产率，提高投入产出比，提高投资报酬率，提升经济竞争力，以获取长期增长的可持续性。一般说来，企业采用了新技术、新工艺，开发了新产品、新品牌，开拓了新市场，优化了组织结构，改善了经营管理，通过改革激发了人的积极性，都可以提高全要素生产率。然而最为重要的是，必须让"创新驱动"成为增长的第一推手，让技术创新成为企业的核心竞争力、成为驱动增长的根本源泉。

发展企业员工持股，提高居民持久收入。通过持股，利益相关者实际上扮演了所有者和经营者的双重角色。同时，股权绑定促进了利益相关者与包括国资股东在内的股东利益的统一及与企业的持续改革和长期发展的统一。从资本视角看，入股员工与企业共享改革发展成果，共担改革发展责任和市场竞争风险，是实现企业提升持久竞争力、资本提升收益性及平等性的重要步骤，是对企业未来核心团队稳定性的有力承诺，也是企业员工持久收入的保障。我国也对员工持股给予了一定的税收优惠政策，非上市公司授予本公司员工的股票期权、股权期权、限制性股票和股权奖励，符合规定条件的，经向主管税务机关备案，可实行递延纳税政策，即员工在取得股权激励期间可暂不纳税，递延至转让该股权时纳税；股权转让时，按照股权转让收入减除股权取得成本及合理税费后的差额，适用"财产转让所得"项目，按照 20% 的税率计算缴纳个人所得税。股权转让时，股票（权）期权取得成本按行权价确定，限制性股票取得成本按实际出资额确定，股权奖励取得成本为零。

鼓励居民财产性投资，积极开辟投资渠道。我国居民的财产性收入占比还非常低，建立健全居民财产性收入机制对提高居民收入水平具有重要意义。从城镇居民看，工薪仍是收入的主渠道。而财产性收入比重由2%上升到2.3%，变化不大，比重仍然很低。从农村居民看，工资性收入已成为农民增收的主要来源，财产性收入占比仅为3.1%。城镇居民与发达国家居民的财产性收入的比重相比仍有很大的差距。与此同时，我国金融证券市场的欠规范、房地产的扭曲发展、土地资源的随意开发等都给居民投资带来了极大的风险，需要在提高居民财产性收入中严格防止资产泡沫的出现。

针对我国财产性收入偏低的问题，第一，国家要积极出台保护居民财产的相关政策，保护公民财产不受侵犯。第二，要规范和完善资本市场，具体看，丰富和规范居民投资理财产品、稳定资本市场财产性收入预期等措施不仅顺应近年来高速增长的居民理财需求，也是增强居民消费能力、驱动消费升级的"长远之计"。第三，把土地作为农民财产性收入的主要来源。核心是推动土地要素的市场化改革，建立城乡统一的土地产权制度。发挥土地保值增值的作用，首要任务是赋予农民物权性质的土地产权，进而实现农地产权的商品化、货币化，促进土地流转。在此基础上，结合不同地区的实际情况，大力发展土地股份合作制。针对城镇化进程中，保护失地农民财产权益的紧迫性，重要的是提高农民在土地交易过程中的谈判地位。

进一步建立完善社会保障制度，解除中等收入群体的后顾之忧。社会保障制度在缓解贫困和调节收入分配方面都发挥了一定的作用，但与其他国家相比，我国社会保障制度在调节收入分配方面所发挥的作用还比较有限。因此，应继续完善社会保障制度，如纠正医疗保险的逆向调节作用，增强养老保险在缩小收入分配差距方面的调节效果，完善财政转移支付的瞄准效率等，从而在最大程度上提高公共政策在缩小收入差距方面的作用。

推进个税改革，着眼于减轻中等收入群体的负担。从我国2018年的个税改革成效来看，将部分收入来源合并为综合所得，提高综合所得的免征额，增加了专项附加扣除。从改革成效看，中等收入群体减税幅度大，综合所得和专项附加扣除改革成效明显。中等收入群体的收入类型已经偏多样化，我国应积极合理扩大纳入综合征税的所得范围、完善专项附加扣除项目、引进家庭申报制度等。

思 考 题

1. 税收对企业收入分配有何影响，如何通过税收促进企业公平竞争？
2. 如何通过税收来调节我国的个人收入分配，以实现公平分配目标？
3. 所得税指数化的现实意义及对我国税制改革的启发？
4. 负所得税对完善我国社会保障制度有何参考价值？
5. 结合我国当前经济形势，你认为应选择怎样的税收政策？

计 算 题

若政府规定 $A=2\,000$ 美元,$t=28\%$,实际收入 $Y=0$ 美元、$1\,000$ 美元、$2\,000$ 美元、$5\,000$ 美元、$7\,000$ 美元时的负所得税和可支配收入各是多少?分析确定平衡所得和基本补助金各是多少?

扩展阅读 7-2
优化税收收入分配效应的思考

即测即练

第 8 章 税收负担理论

学习目标

1. 掌握税收负担的分类；
2. 掌握税收负担的衡量指标；
3. 掌握税收负担的影响因素；
4. 了解世界主要经济体税收负担水平的演变规律；
5. 了解我国税收负担状况。

扩展阅读 8-1

减税降费滋润"红色"沃土，革命老区换新貌

8.1 税收负担概述

8.1.1 税收负担的概念

税收负担是指纳税人因向政府缴纳税款相应地减少了其可支配收入，从而对其造成的经济损失或使其承受的经济负担。税收负担是国家税收对社会经济产生影响的结果，是国家税收所反映的经济分配关系的一个表现方面。税收负担的本质是国民向政府购买公共服务所支付的价格，这是纳税人因履行纳税义务而承受的一种经济负担。

税收负担是一个国家税收政策的核心。适度的税收负担，是保证资源合理配置，收入合理分配，国民经济稳定、协调、健康发展的必要条件。因此，确定适合我国社会主义市场经济发展要求的税收负担水平和结构是非常重要的。一般来说，税收负担水平的确定既要考虑政府的财政需要，又要考虑纳税人的实际负担能力，二者必须兼顾，不能偏废。税收负担的水平和结构是通过税收制度的某些构成要素，如税率、计税依据、减免税等综合体现出来的，所以，政府在制定税收制度时应结合税制要素的选择确定适当的税负水平和结构。

8.1.2 确定税收负担的原则

1. 合理负担原则

合理负担原则，就是指国家与纳税人在税负分配总量上要适度，兼顾需要与可能，做到纵向分配合理。需要是指国家实现其职能对财政资金的需求。可能是指社会经济所能提供的积累。任何一项税收政策首先要考虑的，就是税收负担的高低。税负负担轻了，会影响国家财政收入；税收负担重了，又会挫伤纳税人的积极性，妨碍社会生产力的提高。一般说来，税收负担水平的确定既要考虑政府的财政需要，又要考虑纳税人的实际负担能力。因此，税收负担水平的高低及如何确定合理的税收负担，既是一个重要的财政问题，也是一个重要的经济问题和社会问题。

2. 公平税负原则

公平税负是关于税收负担公平地分配于各纳税人的原则，它指国家征税要使每个纳税人承受的负担与其经济状况相适当，并使各纳税人之间的负担水平保持平衡。公平税负是现代税收的重要原则，曾被亚当·斯密列为"税收四原则"之首。其基本功能就是政府通过各种税收制度和税收政策来促进纳税人公平竞争，进而实现社会公平。具体来讲，就是按照国家税制设置的原则和税收法律、法规的规定，税收负担的标准和比例建立在一个相对公平合理的基础上，使每个经济组织和个人能够履行税收责任和承担纳税义务。公平税负原则包括横向公平和纵向公平两重含义。横向公平要求经济条件相同的纳税人负担数额相同的税额；纵向公平要求经济条件不同的人负担不同数额的税收。

税收负担的两大原则是紧密相关的，合理负担主要强调税负总量的确定，公平税负主要强调税收分配的合理。税收负担是公平税负的前提，只有税收负担总量合理了，才谈得上税收负担在不同纳税人之间的公平负担问题。公平负担又是合理负担内在要求，不公平的税负很难说是合理的。

税收负担是否合理究竟有没有普遍的标准？从质的规定性来看，是有普遍性标准的。一是经济标准，税收规模应与国民经济承受能力适应；二是财政标准，税收规模应满足国家履行基本职能的支出需求；三是公平标准，维护税收的横向公平和纵向公平。但是，从量的规定性来看，税收负担是没有普遍性标准的，因为合理税收负担水平的量化界定应取决于时空条件。

8.1.3 税收负担的分类

税收负担的分类是指依据一定的标准对纳税人的税收负担进行科学的划分和归类，以便从各个不同角度和各个不同层次上，对税收负担的分布状况和承受程度进行实证分析，为税负政策的制定提供理论依据。

1. 按负担的层次划分

（1）宏观税收负担，是指一个国家的总体税负水平，通常用国民生产总值（或国内生产总值）税收负担率来表示。宏观税收负担是税收负担分析中的一种最重要的指标。研究宏观税收负担，可以比较国与国之间的税收负担水平，分析一国的税收收入与经济发展之间的关系，旨在解决税收在宏观方面促进国民经济和社会稳定发展中带有整体性的问题。

（2）中观税收负担，是指某个地区、国民经济某个部门全体纳税人所缴纳的全部税款占同期该地域或部门经济产出的比重。研究中观税负，对于促进地区经济繁荣，协调全国各地区经济的共同进步有重要意义；对于掌握国民经济各部门的纳税能力，促进部门经济发展，合理调整产业结构，以及发挥税收体系的各税种优势效用并构成总体调控功效有重要意义。

（3）微观税收负担，微观税收负担是相对于宏观税收负担而言的，宏观税收负担是从整个社会或国民经济总体来分析税收负担，而微观税收负担则是从纳税人个体来分析税收负担。它是指微观经济主体或某一征税对象的税负水平，可以用企业所得税负担率或商品劳务税负担率来表示。微观税负是制定税收政策时被考虑进去的最基本的因素，研究微观税负，是要解决宏观税负和中观税负在微观领域内的合理化问题。同时，便于分析企业之间、行业之间、产品之间的税收负担水平，为制定合理的税收负担政策提供决策依据。

图 8-1 为税收负担的层次划分。

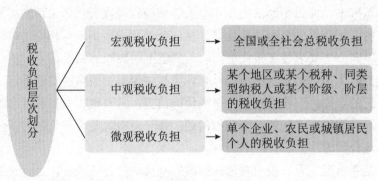

图 8-1　税收负担层次划分

2. 按负担的方式划分

（1）等比负担，即实行比例税的负担形式。实行等比负担，透明度高，便于鼓励规模经营和公平竞争，旨在体现税收效率原则。

（2）量能负担，即根据纳税人负担能力的大小，实行累进课税的负担形式。实行按能负担，有利于促进负入和财富分配的公平，旨在体现税收公平原则。

（3）等量负担，即按单位征税对象直接规定固定税额的负担形式。实行等量负担，税额的多少不受价格变动的影响，有利于稳定财政收入。等量负担的主要目的在于简化征收，方便管理，稳定收入。

3. 按负担的内容划分

按税收负担的内容划分可以分为名义税收负担和实际税收负担。名义税收负担是指由名义税率决定的负担，是纳税人在一定时期内依据税法应缴纳的税额。实际税收负担是指缴纳税款实际承担的经济负担。名义负担与实际负担往往存在背离的情况，一般是后者低于前者，究其原因，主要是存在减免税、税基扣除，以及由于管理原因导致的征税不足。与名义税收负担相比，实际税收负担更能体现出经济活动主体实际承受税负的水平，实际税收负担的变化对经济活动主体行为有着更为直接的影响。

4. 按负担是否转移划分

按税收负担是否转移可以将税收负担分为直接税收负担和间接税收负担。直接税收负担是指由纳税人缴纳且由自己承担的税额。在部分情形下，纳税人依法向政府缴纳了税款，但这并不意味着纳税人本人将最终承担所有的税款。纳税人可能通过某种途径全部或部分将其缴纳的税款转嫁给他人承担，这种方式就是间接税收负担。只要发生了税负转嫁，就会有间接税收负担的存在。

8.2 税收负担的衡量指标

8.2.1 宏观税负衡量指标

衡量宏观税收负担水平，必须以国民经济总量指标为基础，与国民经济核算的总量指标体系相适应，可以确定衡量宏观税收负担水平的指标体系。

1. 国民生产总值税负率

国民生产总值税负率：一定时期内（通常为一年）税收收入总额与国民生产总值的比率（T/GNP），如公式（8-1）所示。

$$国民生产总值税收负担率 = \frac{税收收入总额(T)}{国民生产总值(GNP)} \times 100\% \qquad (8\text{-}1)$$

2. 国内生产总值税负率

国内生产总值税负率：在一定时期内（通常为一年）税收收入总额与国内生产总值的比率（T/GDP），如公式（8-2）所示。

$$国内生产总值税收负担率 = \frac{税收收入总额(T)}{国内生产总值(GDP)} \times 100\% \qquad (8\text{-}2)$$

3. 国民收入税负率

国民收入税负率：一定时期内（通常为一年）税收收入总额与国民收入的比率（T/NI），如公式（8-3）所示。

$$国民收入税收负担率 = \frac{税收收入总额(T)}{国民收入总额(NI)} \times 100\% \quad (8-3)$$

8.2.2 中观税负衡量指标

中观税负是指某个地区国民经济某个部门或某个税种的税收负担，包括地区税收负担率，即地区的年度税收收入占国内生产总值的比重；产业税收负担率即税收占该产业总产值的比重；税种的税收负担率即各税种收入占其课税对象或计税依据的比重。各种中观税收负担衡量指标是我国进行产业结构调整、促进地区经济协调发展及完善税制结构的重要依据。通过分别计算国民经济各重点行业的税负水平，或计算某行业某种税的税负水平，能够体现税负在不同地区、行业之间的差距，为国家制定税收政策提供必要的依据。

衡量中观税负的指标可用公式（8-4）、公式（8-5）、公式（8-6）表示。

$$某地区税收负担率 = \frac{地区税收总额(T)}{地区同期国内生产总值(GDP)} \times 100\% \quad (8-4)$$

$$某行业税收负担率 = \frac{行业税收总额(T)}{行业同期国内生产总值(GDP)} \times 100\% \quad (8-5)$$

$$某税种税收负担率 = \frac{该税种税收总额(T)}{该税种计税依据数量} \times 100\% \quad (8-6)$$

8.2.3 微观税负衡量指标

微观税收负担是纳税人实纳税额占其可支配产品的比重，是单个纳税人的税收负担及其相互关系，反映税收负担的结构分布和各种纳税人的税收负担状况。微观税收负担率主要有以下指标：

（1）企业综合税负率。现代税收体系一般是复合税收体系，由多个税种构成，企业在生产过程中往往要缴纳多种税。企业综合税负担率就是指一定时期内，企业实际缴纳的各种税收总额与同期企业的总产值（毛收入）的比率，如公式（8-7）所示。

$$企业综合税负担率 = \frac{企业实际缴纳的各种税款总额}{企业总产值（毛收入）} \times 100\% \quad (8-7)$$

该指标表明国家参与企业各项收入分配的总规模，反映企业对国家所作贡献的大小，也可以用来比较不同类型企业的总体税负水平。其中，企业实际缴纳的各种税款包括流转税、所得税、财产税和行为税等各类税收。

(2) 企业直接税（收益）负担率。企业直接税负担率亦称纯收入直接税负担率，是企业在一定时期所缴纳的直接税税款占同期企业收益（利润）总额的比率。所得税和财产税作为直接税，一般不会发生税负转嫁，纳税人实际缴纳的税款占其同期收入的比重可以反映企业直接税的负担水平，如公式（8-8）所示。

$$企业直接税负担率 = \frac{企业实缴所得税和财产税额}{企业利润总额} \times 100\% \qquad (8-8)$$

该指标表明企业实现的利润总额中，以直接税的形式贡献给国家的份额。该指标可用于不同企业税负轻重的对比，还可用于说明同一纳税人不同历史时期的税负变化，以及说明法定或名义税负水平与纳税人实缴税款的差额。

(3) 企业增值负担率。企业增值负担率是企业在一定时期所缴纳的各种税款总额占同期企业实现的增值额的比率，如公式（8-9）所示。

$$企业增值负担率 = \frac{企业实缴的各项税款}{企业实现的增值额} \times 100\% \qquad (8-9)$$

该指标表明在企业创造的增值额中，以税金的形式上缴给国家的份额，以此分析企业在不同时期新增价值中税负的变动情况。

(4) 企业净产值负担率。企业净产值负担率是企业在一定时期所缴纳的各种税款总额占同期企业实现的净产值的比率，如公式（8-10）所示。

$$企业净产值负担率 = \frac{企业实缴的各项税款}{企业的净产值} \times 100\% \qquad (8-10)$$

(5) 个人所得负担率。个人所得负担率是个人在一定时期所缴纳的所得税款占同期个人收入总额的比率，如公式（8-11）所示。

$$个人所得负担率 = \frac{个人所得实缴税款}{个人收入总额} \times 100\% \qquad (8-11)$$

该指标表明个人在一定时期内的收入负担国家税收的状况，体现国家运用税收手段参与个人收入分配的程度。

在税收负担的计算指标中，宏观税收负担指标能比较真实地反映一个国家的总体税收负担的轻重程度，而微观税收负担指标并不能完全反映纳税人的实际负担状况，原因可归于以下三点。

(1) 税收存在转嫁性，上述微观税收负担的各项计算指标，都是以法定纳税人为依据的，除直接税负担率外，纳税人到底负担了多少间接税要看间接税转嫁或被转嫁的程度，这是不容易量化取得的。总产值、增加值、净产值等税收负担率只是名义负担率而非实际负担率。

(2) 即便是直接税，由于存在企业实现利润或个人收入与计税依据的差异，也会对企业或个人税收负担率产生不同的影响。

(3) 由于企业利润计算的口径差异和个人非货币收入的客观存在，会使微观税收负担指标不能完全反映企业和个人的实际负担状况，但通过微观税收负担指标的计算分析，可以了解企业税负的公平程度及税收政策的实施状态，同时也可以测算企业税务筹划的实施效果。企业在承担税收负担的同时还有各种缴费，因此，也可以称为税费负担。在税务筹划的同时，也应兼顾"费用筹划"，以求税费负担最轻。

8.3 税收负担的影响因素

由于税收负担必须考虑需要和可能两方面的情况，因此，一个国家在制定税收政策，确定总体税收负担时，必须综合考虑国家的总体经济发展水平，并根据不同的经济调控需要来制定税收负担政策。

8.3.1 经济因素：经济发展与税收负担水平呈正相关

一国的经济发展水平是影响其税收负担水平的决定性因素。因为税收来源于国民经济的产出，一个国家的生产力水平越高，经济发展水平越高，税收的来源就越丰富，税基就越宽广，经济对税收负担的承受能力也就越强。所以，一般来说，经济发展水平较高的国家税收负担也要高一些。

影响企业税收负担的经济因素主要有社会经济发展水平、经济结构、宏观经济政策三方面。首先，税收负担的承受能力受社会经济供给能力的约束。有研究指出，发展中国家税收收入占 GDP 比重一般为 20%~30%，发达国家则为 35% 以上。由此可见，经济发展水平越高，国内生产总值越高，相应的承受税收负担的能力也就越强；其次，经济结构对税收负担也有一定的制约，其中对税收负担影响最大的当属产业结构。产业结构的升级由低级的农业社会向高级的工业社会发展，产业结构升级换代，带动经济增长模式由粗放型向集约型转变，税源也随 GDP 的增长而同步，甚至更快增长。在这一过程中，税制也须作出相应调整，才能促进经济增长。最后，国家利用扩张性经济政策、紧缩性经济政策、平衡性经济政策等宏观经济政策调控不同地区、不同部门的税收负担，以防经济出现区域性或部门性的过冷或过热，例如"西部大开发"，我国为了促进经济增长，针对西部地区专门制定优惠税收政策。

8.3.2 政治因素：取决于政局是否稳定和政府职能范围的大小

国家政局是否稳定会影响一个国家的社会经济发展总体水平，一个国家的经济税负水平可以通过国民生产总值和人均国民生产总值这两个综合指标来反映。国家的国民生产总值越大，总体负担能力越高。特别是人均国民生产总值，最能反映国民的税收负担能力。一般而言，国家政局越稳定，人均国民收入比较高，那么社会经济的税负承受能力越强；

反之则越低。世界银行的调查资料也表明，人均国民生产总值较高的国家，其税收负担率也较高，人均国民生产总值较低的国家，其税收负担率也较低。

由于市场失灵的存在，政府担负着提供公共产品和服务的重要职能，而公共产品和服务提供的范围和方式直接影响政府资金的需求量，进而影响财政支出的规模。税收做为最主要的财政收入形式，其数额必然要受财政支出需求的影响。从需求角度看，宏观税收负担水平的高低取决于政府职能范围的大小。

8.3.3 财政因素：取决于财政收支状况和财政收入结构

财政收支体制中，财政最主要的来源是税收收入，换言之，财政支出越大，税收负担越重，而财政支出规模的大小主要取决于政府职能范围和财政支出的效率。政府职能主要包括确保国有资产增值保值、调控国民经济平衡发展的经济职能，和承担建设经济基础设施的公共财政职能。财政资金使用效率的高低直接影响着税收支出规模的大小，意思是资金使用效率高的情况下，同样的职能只需要较少的资金就能完成。国家在一定时期实行的财政税收政策会对税收负担形成直接影响，一般地说，当国家实行紧缩的财政政策时，需要增加税收，减少财政支出，这时税收负担会加重；而当实行扩张的财政政策时，税收负担则会相对减轻。

8.3.4 税制因素：税制构成要素变化的影响

税收制度直接影响着税收负担的形成。税收制度的构成要素有征税范围、对象、税率、计税依据、减免税优惠政策和税种等，这些构成要素都会对税收负担造成影响，税收负担随着这些因素的变化而变化，合理的税收负担会促进经济的增长。一般来说，税种设置得越多，税收制度的覆盖范围就越广、取得的税收收入的能力也就越强，在其他因素既定的情况下，宏观税收负担也就越重。除了正常的制度安排外，各国的税收制度往往还规定有税收优惠方面的措施。税收优惠政策的出台，会使得政府取得的税收收入相应的发生变化，从而导致宏观税收负担水平发生相应的升降。在其他因素既定的情况下，政府出台的税收优惠措施越多、力度越大，那么宏观税收负担水平也就越低；反之，则越高。

8.4 税收负担分析

8.4.1 宏观税收负担的国际比较

当今世界各国税负水平的分类情况大致可以分为三类。

重税负国家：也叫高税负国家，一般是指税收总额占国内生产总值的比重30%以上的国家，世界上经济发达国家一般都属于此类。但进一步具体划分，高税负国家又可以分为三个级次。

一是最高税负国家，其税收总额占国内生产总值的比重能达到50%左右，这些国家包括瑞典、丹麦、芬兰、比利时、法国、荷兰、卢森堡等。

二是次高税负国家，其税收总额占国内生产总值的比重在35%~45%之间，这些国家包括奥地利、加拿大、德国、希腊、爱尔兰、意大利、新西兰、挪威、葡萄牙、西班牙、英国等。

三是一般高税负国家，其税收总额占国内生产总值的比重为30%左右，这些国家包括美国、澳大利亚、日本、瑞士等。

中等税负国家：一般是指税收总额占国内生产总值的比重在20%~30%之间的国家。大多数发展中国家属于此类。如肯尼亚、南非、突尼斯、扎伊尔、埃及、巴西、印度、墨西哥、巴基斯坦、哥伦比亚、马耳他等。

轻税负国家：一般是指税收总额占国内生产总值的比重在15%以下。低税负国家和地区的具体情况又分为以下三种：一部分属于实行低税模式的避税港，如巴哈马、百慕大等。另一部分属于经济欠发达国家，国民生产总值不高，税源小，财政收支比较紧张。再一部分属于靠非税收入为主的资源国，特别是石油输出国，如阿联酋、科威特、伊朗等，这些国家的财政收入主要依靠非税收入。如阿联酋非税收入占财政收入的100%，科威特的非税收入约占财政收入的95%，伊朗非税收入约占财政收入的60%，所以其税收占财政收入的比重低，占国内生产总值比重自然也低。

8.4.2　中国宏观税收负担水平的特殊性

一般而言，税收负担是用税收收入占GDP的比重来衡量。但我国的情况比较特殊，目前我国政府收入形式还不规范，政府收入中除了税收收入之外，还包括相当数量的预算外收入和制度外收入，而国外的税负中一般包括社保基金这部分专款专用的项目，所以单纯用税收收入占GDP的比重来衡量并不能完全反映我国真实的税收负担，且我国税收负担和外国的税收负担也没有完全的可比性。

扩展阅读8-2

逐步下降的中国宏观税负

考虑到我国的特殊情况。宏观税负的衡量标准可分为小、中、大三种口径，分别为税收收入、财政收入、政府收入占GDP的比重，三种口径衡量宏观税收负担是一种"中国特色"，它反映了中国政府收入形式的特殊性。

税收收入＝当年全部税收

财政收入＝税收收入＋非税收入

政府收入＝税收收入＋非税收入＋政府性基金＋社会保障费＋国有资本经营收入＋土地出让金

由此形成了大、中、小三层次的宏观税负评价体系。

$$\text{小口径宏观税负} = \frac{\text{税收收入}(T)}{\text{国内生产总值(GDP)}} \times 100\% \qquad (8\text{-}12)$$

$$\text{中口径宏观税负} = \frac{\text{财政收入}(T)}{\text{国内生产总值(GDP)}} \times 100\% \qquad (8\text{-}13)$$

$$\text{大口径宏观税负} = \frac{\text{政府收入}(T)}{\text{国内生产总值(GDP)}} \times 100\% \qquad (8\text{-}14)$$

根据世界银行2016年人均收入划分标准，可计算出不同口径世界主要经济体宏观税负水平。世界大多数国家经济体社会保障收入以社会保障税形式筹集，而我国政府收入包含社会保障收入，直接采用税收收入与GDP的比值衡量宏观税负会低估我国实际税负。因此，各国中小口径宏观税负均为剔除社会保障收入的情况。测算结果如表8-1、表8-2所示。

表8-1　2016年世界不同收入经济体与我国宏观税负情况　　　　　　　　　　%

经济体	高收入	上中等收入	下中等收入	低收入	中国
小口径	26.69	19.91	17.12	16.11	17.52
中口径	28.50	20.57	18.13	20.07	21.45
大口径	42.13	32.11	25.62	25.78	28.43

数据来源：IMF的GFS数据库。

表8-2　部分国家人均GNI为8000美元宏观税负情况　　　　　　　　　　　%

国家	中国	美国	英国	德国	法国
小口径	17.52	19.86	22.35	23.07	20.36
中口径	21.45	19.86	22.44	23.15	20.05
大口径	28.43	30.14	34.38	41.70	37.72

数据来源：IMF的GFS数据库。

从世界范围来看，除中下等收入经济体外，宏观税负随着人均收入水平的提高而增加，并且高收入经济体宏观税负远高于其他经济体。值得注意，美国、日本的宏观税负均低于高收入经济体平均水平，而其债务负担率较高，实际上存在债务替换税收的现象。从表8-1可以看到，2016年我国人均GNI处于上中等收入经济体水平（8 210美元），对应的不同口径宏观税负处于中等收入经济体水平；从表8-2可知，典型经济合作与发展组织（organization for economic cooperatio and development，OECD）国家人均GNI为8 000美元左右时的不同口径宏观税负，大多高于我国宏观税负水平。由此可见，我国宏观税负并不高，基本符合宏观税负与经济发展水平成正比的世界一般规律。

综上，我国小口径、中口径税负自1980年来呈现先下降后上升的趋势，1995年最低分别为 9.62%、10.18%，大口径税负近年来维持在 30% 左右，呈下降趋势；截至 2017 年，我国小口径、中口径和大口径宏观税负分别为 17.45%、20.86% 和 28.90%。相比较国际而言，我国不同口径税负均处于中等收入经济体税负水平，宏观税负并不高。特别是近几年通过大规模的减税降费措施的实施，我国宏观税负水平正在稳步下降。按照国际货币基金组织的数据，2015 年我国宏观税负为 29%，世界各国平均水平为 36.8%；2016 年我国宏观税负为 28.2%，2017 年为 27.2%，连续两年下降。

8.4.3　中国税收负担合理化的对策

要实现"国富"与"民富"的协调，就要做到税收负担的合理化。需要做到以下几点才能实现"税收负担合理化"的目标。

一方面，要坚持"三项原则"，做到取之有度、取之有道、用之得当。其中，取之有度要求平衡需要与可能；取之有道要求合法、合理、高效；用之得当要求做到民生导向、公开透明。

另一方面，要求坚持"五个选择"。

减税是未来相当长时期内税收政策的主旋律。从适度减税到大规模减税再到更大规模减税，从根本上减轻纳税人负担。

注重税收质量和效益的提升。全面贯彻新发展理念，从推动经济高质量发展的高度定位税收，将税收质量和效益作为考核税制建设和税收征管的一个重要标尺。实现从更多关注税收收入规模和增速向更多关注税收收入质量和效益的转变，即由追求税收"体量优势"和"速度优势"向追求税收"质量优势"和"效益优势"转变。

优化非税收入结构，减轻非税负担。对各级政府及其所属部门和行政事业单位的收费，区分不同类别和不同情况，按照"一清、二转、三改、四留"的措施减少收费规模和种类。"一清"，就是根据转变政府职能和建立公共财政的要求，在对现行收费进行全面清理整顿的基础上，坚决取消不合法、不合理的收费项目。"二转"，就是按照政企分开的要求，将一些不再体现政府职能的收费，转为经营性收费，如道路收费、桥梁的车辆通行费等，对其所得收入依法征税。"三改"，就是将一部分具有税收特征的收费，按照优化税制结构的要求，改为相应的税收，纳入政府税收体系。"四留"，就是保留少量的符合国际惯例和国际条约的收费，及政府对社会实施特定管理或提供特殊服务收取的费用。

深化税制改革，均衡税收负担。由生产端课税向消费端课税转变；由法人课税向自然人课税转变；由间接税向直接税转变。

强化民生支出，增加纳税人的获得感和幸福感。

思 考 题

1. 影响宏观税收负担的影响因素有哪些?
2. 如何更好地理解税收负担的衡量指标?
3. 中国的宏观税负现状和微观税负现状如何?
4. 政府应如何选择对税收负担分配进行局部调整的方式?

第 9 章
税负转嫁理论

学习目标

1. 掌握税负转嫁的概念与特征；
2. 掌握税负转嫁的三种方式；
3. 掌握税负转嫁的条件及影响因素；
4. 了解用供求曲线分析竞争市场中税负转嫁规律；
5. 了解用数学方法证明竞争市场中税负转嫁规律。

扩展阅读 9-1

马列税收思想
——税负转嫁

税收负担、税负转嫁与税负归宿是税收负担运动过程中的三个重要环节。其中，税收负担是税负的形成过程，也是税负转嫁的起点，税负转嫁是税收负担转移的过程，而税负归宿则是税负转嫁的最终结果，三者从不同角度研究税收负担问题，对税收负担的形成在第 8 章已经做了说明，本章主要是研究税负转嫁与税负归宿问题。

9.1 税负转嫁与归宿的概念

9.1.1 税负转嫁与税负归宿的含义

1. 税负转嫁的定义

税负转嫁是指纳税人通过各种途径和方式将其所缴纳的税款全部或部分转嫁给他人负担的过程，是税负运动的一种方式。

在税收分配中，作为商品生产经营的纳税人，以利润最大化为经营目标，而承担税收必使其收益减少。为了减少甚至不承担税收负担，纳税人往往通过在商品交易过程中提高商品售价或压低商品购价的方式，将自身缴纳的税款全部或部分转移给他人。所以，税负转嫁是商品生产经营者主动追逐经济利益的一种行为。税负转嫁作为一个过程，可能只经过一次转嫁即可完成，也可能要经过多次转嫁才终止。同时，税负转嫁也是市场经济下税负运动的一种客观现象，它是市场经济下纳税人主动减轻税收负担的一种理性选择行为，通过税负转嫁将本应由纳税人自己承担的税负转移给其他人承担，从而使得纳税人不会因为政府的课税而遭受经济利益的损失。因此，税负转嫁的本质是一种收入的再分配过程。

根据税收负担能否转嫁分类，可以把税收分为直接税和间接税。直接税是指纳税人不能将税收负担转嫁给他人的税种，其纳税人也是负税人，如所得税和财产税。间接税是指纳税人可能将税收负担转嫁给他人的税种，其纳税人不一定是负税人，如流转税。

2. 税负归宿的定义

税负归宿（tax incidence）是指税收负担的最终归着点或税负转嫁的最终结果。国家对纳税人课税，其税负的运动结果有三种情况：一是纳税人将所缴纳的税款，通过转嫁使税负最终落在负税人身上；二是税负无法转嫁由纳税人自己承担；三是转嫁一部分，纳税人自己承担一部分。不管出现何种情况，税负总要由一定的人在承担，归于一定的人身上。

税负归宿有法定归宿和经济归宿之分。税负由法律上规定的纳税人负担称为法定税负归宿（statutory tax incidence），税负不由法律上规定的纳税人负担而由其他人负担则称为经济税负归宿（economic tax incidence），税负归宿是指税收负担的最终承担者。从法律上的税负归宿过渡到经济上的税负归宿，可能只要一次转嫁就能完成，也可能要多次转嫁才能完成。特殊情况下，法律上的归宿即是经济上的归宿，则税负转嫁没有发生。因此，税收的法律归宿始终只有一个，而经济归宿可能是一个，也可能是两个甚至更多。税收负担法定归宿和经济归宿之间的差异，反映了税负转嫁的程度。

由于税负转嫁这种经济现象可能发生也可能不发生，税负归宿还有直接归宿和间接归宿之分。税负直接归宿，也称税负的法定归宿，是指纳税人所缴纳的税款无法转嫁，只能完全由纳税人自己负担，即法律上的纳税义务人与经济上的纳税义务人完全一致。税负间接归宿又称税负的经济归宿，指因纳税人将部分或全部税负转嫁给了他人，致使税收法律上的纳税义务人与经济上的实际税负承担者不一致，税负最终落到了被转嫁者身上。

9.1.2 税负转嫁的特征

税负转嫁是指在商品交换过程中，纳税人通过各种途径，将其所缴纳的税款全部或部分转移给他人负担的经济过程和经济现象。税负转嫁作为一种经济过程和经济现象，一般具有以下特征。

（1）税负转嫁是市场经济下税负运动的一种客观现象，与社会制度的性质没有本质联系。不管是资本主义社会还是社会主义社会，只要实行市场经济，客观上都存在税负转嫁。它是在商品交换过程中，纳税人通过提高或压低商品或生产要素的价格，将税收负担转嫁给消费者或供应者的一种经济现象。

（2）税负转嫁是一种收入的再分配过程，不存在剥削和被剥削的问题。在税负转嫁发生的情况下，纳税人与负税人相互分离，此时，税负转嫁就变成了税收负担在纳税人与负税人之间再分配的问题。税负发生转嫁后,纳税人的实际可支配收入增加,而负税人的实际可支配收入减少。从整个社会的角度来看,税收负担转嫁既没有增加政府的税收收入总量,也没有减少政府的税收收入总量。可见,税负转嫁是在宏观税收负担或税收总收入既定的前提下,税收负担在纳税人与负税人之间实现的再分配。

(3)税负转嫁必须是与价格变动有关的。自由定价体制是税负转嫁的前提条件,不仅包括产出的价格,还包括生产要素的价格,纳税人要想将税收负担转嫁出去,只能通过提高或压低商品或生产要素价格的方法。因此,税负转嫁必须是与价格变动有关的,没有价格变动,不构成税负转嫁。

(4)税负转嫁是纳税人的一种主动行为倾向。税负转嫁是纳税人通过一定的方式或途径将自己要缴纳的税款全部或部分转移给他人负担的一种经济现象,是纳税人的主动行为倾向。由于课税是对纳税人的经济利益的部分占有,在利益机制的驱动下,纳税人为了尽可能获得较多的利益,会想办法将税收负担转嫁给他人承担。因此,可以认为税负转嫁是纳税人的一种主动行为倾向。

9.2 税负转嫁的方式

税负运动方向不同,税负转嫁的方式也不一样。税负转嫁方式主要有前转、后转、税负资本化等方式。前转、后转是税负转嫁的两种基本形式。

9.2.1 前转嫁

税收负担向前转嫁,是税负转嫁的最典型而且最普遍的一种形式。所谓前转嫁也叫顺转,是指纳税人将其所纳税款顺着商品流转方向,通过提高商品价格的办法,转嫁给商品的购买者或最终消费者负担。前转是卖方将税收负担转嫁给买方负担,通常通过提高商品售价的方式来实现。例如,对棉纱制造商征收的棉纱税,棉纱制造商通过提高棉纱出厂价格将所缴纳的税款转嫁给棉布制造商,棉布制造商又以同样的方式把税负转嫁给批发商,批发商再以同样的方式把税负转嫁给零售商,零售商也以同样方式把税负转嫁于消费者身上。这个时候政府对棉纱制造商课税就是税负的形成,它是税负的法定归宿,也是税负转嫁的起点,批发商和零售商实际上只是税负的中间承担者,消费者才是最终税款的负担者,消费者就是税负转嫁的终点,它是税负的经济归宿,如图9-1所示。

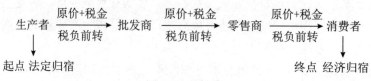

图 9-1 前转嫁

可见，政府对生产商课税后，税负能否向前转嫁主要取决于价格变动的幅度，由于受到商品供求规律的制约，纳税人前转加价额度有三种可能的情况：一是加价额度等于税款；二是加价额度小于税款；三是加价额度大于税款。如果加价额度等于税款，则称为税负的完全转嫁；如果加价额度小于税款，则为不完全转嫁，纳税人自身仍要负担部分税款；如果加价额度大于税款，则为超额转嫁，即纳税人不仅实现了税负转嫁，还可以得到额外的收入，具体如图9-2所示。

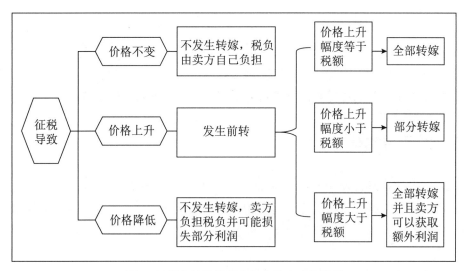

图 9-2　税负转嫁的程度与价格变动的关系

在生产环节课征的税款，生产商通过提高价格将税款转嫁给批发商，批发商通过提高价款将税款转嫁给零售商，零售商通过提高价款将税款转嫁给了最终的消费者。在此税收活动中，税款经过了三次转嫁才最终落到消费者身上。这种经过多次前转的税负转嫁叫做辗转转嫁，即同一笔税经过若干次转嫁后才能完成转嫁过程的转嫁方式。只不过辗转转嫁的基本形式仍然是前转嫁，它实际上是若干次的前转嫁之和，因此，在理论上我们没有必要把辗转转嫁也作为一种独立的转嫁方式进行研究。

9.2.2　后转嫁

后转嫁也叫逆转，即纳税人将其要缴纳的税款逆着商品流转方向，通过压低商品价格的办法，向后转移给商品的出售者来负担的一种转嫁方式。政府对生产商课税后，生产商的价格能不能提高及提高多少不是由他自己说了算，而是由市场说了算的，商品价格取决于商品供求的状况。比如，因为供给大于需求，商品价格如果提高，则消费者会选择放弃购买该商品，因此，为了销售出商品，商品价格不能随意提高。在这种情况下，如果政府对某种商品在零售环节征税，零售商纳税后，已纳税款难以加在价格之上转移给消费者，零售商不得不要求批发商退货或者要求批发商承担全部或部分已纳的税款。此时，批发商宁愿承担部分或全部税款而不愿意接受退货，这样就将税款向后转嫁。即形成了零售商将所要缴纳的税款通过压低进货价格的方法,把税负转嫁给批发商,批发商又以同样的方法将税负转嫁给生产商的转嫁方式,生产商又会再次通过压低购进价格的办法将税负转嫁给原材料的供应商,这种向后通过压低购进价格转嫁税负的方式就是后转嫁,如图9-3所示。

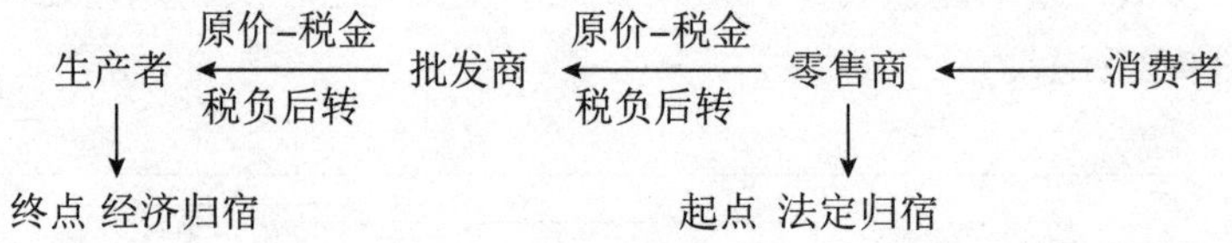

```
    生产者      原价-税金     批发商    原价-税金    零售商  ←── 消费者
             税负后转              税负后转
    终点 经济归宿                              起点 法定归宿
```

图9-3 后转嫁

税收负担向后转嫁,在国内市场上主要出现在经济不景气的时候。例如,市场供求条件无法让纳税人将税款通过提高商品销售价格的方法向前转嫁给消费者时。

9.2.3 税负资本化

税负资本化(capitalization of taxation),又称为"赋税折入资本",即生产要素购买者以压低生产要素购买价格的方式将所购买的生产要素未来应纳税款从所购买生产要素的资本价值中预先扣除,向后转嫁给生产要素的提供者。税负资本化实际上是后转嫁的一种特殊形式。

比如,甲向乙购买一幢房屋,该房屋价值50万元,使用期限预计为10年,假设根据税法规定每年应纳房产税1万元人民币。甲在购房时将该房屋今后10年应纳的房产税10万元人民币从房屋买价中作一次性扣除,实际支付买价40万元人民币(不考虑货币的时间价值)。甲承担的房产税10万元人民币是分10年支付的,而少付乙10万元人民币房款是从乙处一次性变相取得10万元人民币现款,即甲在第一年只须缴纳1万元人民币的房产税,其余的9万元人民币就暂留在甲处,成为甲的创业资本。这就是所说的税负资本化。若考虑货币时间价值,R_i 表示所购资本各年末产生的收入,r_i 表示各年的利率或贴现率,T_i 表示政府每年征收的税款,则

税前资本现值:
$$PV = \sum_{i=1}^{n} \frac{R_i}{(1+r_i)^i} \tag{9-1}$$

税后资本现值:
$$PV' = \sum_{i=1}^{n} \frac{R_i - T_i}{(1+r_i)^i} \tag{9-2}$$

即税负转嫁总量(资本化税负):
$$PV - PV' = \sum_{i=1}^{n} \frac{T_i}{(1+r_i)^i} \tag{9-3}$$

假设一个农场主想向土地所有者租用10亩土地,租用期限为10年,每年每亩地要缴纳税款200元人民币。农场主在租用之际就向土地所有者索要其租用期内所租土地的全部税款。这样便获得2 000元人民币的由土地所有者十年累积应纳十亩地的全部税额,而该农场主每年所支付的税额只有200元人民币,余下的1 800元人民币就成了他的创业资本。这

种名义上由农场主按期纳税,实际上全部税款均由土地所有者负担的结果必然导致资本化。

税负资本化是将未来多年多次应当缴纳的税款按照一定的年利率折算为现值,并作一次性转嫁。因此,要实现税负的资本化至少需要具备两个条件:首先,交易的财产必须具有资本价值,可长时间使用,并有年利或租金,如房屋、土地等。这类财产税款长年征收,如为其他商品,一次征税后即转入商品价格,无须折入资本。其次,冲抵资本的价值可能获取的利益应与转移的税负相同或相近,如果冲抵资本的价值可能获得的利益远远小于需转移的税负,此时就不能通过税负资本化实现税负的转嫁。

同时,税负后转嫁与税负资本化既有联系又有区别。税负资本化是税负后转嫁的一种特殊形式,两者都是买主在支付价款时通过压低购买价格的方式将税款向后转移给卖者承担。其区别在于:一是两者转嫁的对象不同。税收后转嫁的对象一般都是消费品,税负资本化的对象一般是耐用资本品;二是两者转嫁的方式不同。税负后转嫁是在商品交易时对税款进行的一次性课税一次性转嫁或多次转嫁,而税负资本化是在不动产交易发生后历次累计税款的一次性转嫁。

扩展阅读9-2

税负转嫁的其他形式

9.3 税负转嫁的条件及影响因素

税收负担的转嫁程度,受到多种因素的影响,主要有:市场状况、供需弹性、税种的性质等因素。

9.3.1 前提条件:商品经济与自由定价体制的存在

在商品经济发展以前的自然经济下,人们为了满足自身消费的需要,生产与消费合一,需要什么便生产什么,没有商品交换,是一种自给自足的经济模式,因此在自然经济条件下,人们不需要进行交换,更无法通过交换环节进行税负转嫁。而商品经济是一种直接以交换为目的的经济形式,包括商品生产和商品交换,商品生产者以追求价值为目的。在商品经济条件下,将一切商品的价值都通过货币形式表现为价格,商品经济大规模地发展起来,为商品流转额征税开辟了广阔的场所,也为商品课税转嫁提供了可能。税负转嫁是在商品交换过程中通过价格的变化来实现的。没有商品交换的存在,就不会有税收负担的转嫁。因此,商品经济是税负转嫁的前提。

自由定价体制是指生产经营者或其他市场主体可以根据市场供求关系的变化自行定价的一种制度。在这种机制下,价格是单纯由贸易的供给和需求所决定,而非由政府所指定。由于税负转嫁是和价格变动直接联系的,可以通过提高商品销售价格或压低商品购进价格来实现转嫁,无论采取哪种方式进行转嫁,都依赖于价格的变动。因此,自由定价体制是税负转嫁存在的基本条件。

9.3.2 可能性条件：间接税的存在

在各种不同类别的税收中，税负能否转嫁及转嫁的难易程度是不同的，商品税较容易转嫁，所得税一般不容易转嫁。价格自由变动是税负转嫁的基本前提条件，税负转嫁主要是通过改变商品的价格来实现，因而，以商品为课税对象、与商品价格关系密切的增值税、消费税等比较容易转嫁。这里的增值税、消费税均属于间接税的范畴。

间接税指纳税义务人不是税收的实际负担者。属于间接税税收的纳税人，虽然表面上纳税义务人负有纳税义务，但是实际上纳税义务人已将自己的税款加于所销售商品的价格上，由消费者负担或用其他方式转嫁给别人，即纳税人与负税人不一致。在间接税存在的情况下，通过对商品和劳务征税，商品生产者和经营者通常均将税款附加或合并于商品价格或劳务收费标准之中，从而使税负发生转移。因此，间接税的存在是税负转嫁的可能性条件。

9.3.3 决定性条件：商品供求弹性的大小

商品供需弹性是影响税负转嫁最直接的因素。税负转嫁存在于商品交易之中，通过价格的变化来实现。在自由定价体制和商品经济存在的条件下，商品课税后价格能否上涨，不是需求方或供给方个人的意愿问题，税负转嫁能否实现及转嫁程度的多少主要取决于商品供求弹性的大小。

1. 税负转嫁与需求弹性的关系

需求弹性是指在一定时期内一种商品的需求量对该商品价格变动的反应程度，是需求量变动百分比与价格变动百分比的比率。设：Q 表示一种商品的需求量；P 表示该商品的价格；d_Q 表示需求量变动值；d_P 表示价格变动的数值；E_d 表示价格弹性系数，则

$$E_d = (\Delta Q/Q) / (\Delta P/P)$$

它用弹性系数来表示：需求弹性系数 = 需求变动百分比 / 价格变动百分比，如公式（9-4）所示。

$$E_d = -\frac{d_Q P}{d_P Q} \approx -\frac{\Delta Q/Q}{\Delta P/P} \tag{9-4}$$

根据需求量对价格变动的反应程度，需求价格弹性可以分为以下五种类型。

第一，需求弹性系数 >1，E_d >1 为需求富有弹性。此时，需求变动百分比大于价格变动百分比。在实际生活中，奢侈品属于此类。

第二，0< 需求弹性系数 <1，0< E_d <1 为需求缺乏弹性。此时，需求变动百分比小于价格变动百分比。在实际生活中，生活必需品属于此类。

第三，需求弹性系数 =1，E_d =1 为单位需求弹性。此时，需求变动百分比等于价格变

动百分比。在实际生活中，属于罕见现象。

第四，需求弹性系数 =0，E_d =0 为需求完全无弹性。此时，商品需求量对于价格变动没有任何反应。

第五，需求弹性系数 = ∞，E_d = ∞ 为需求完全有弹性。此时，商品需求量对于价格变动反应十分灵敏。

从需求弹性方面看，商品需求弹性与税负转嫁变动呈相反的方向。商品需求弹性越大，商品需求数量对价格的变动越敏感，当价格稍微有所上升，会导致该商品的需求量大量减少，此时纳税人的税负很难向前转嫁给消费者承担；相反，商品需求弹性越小，商品需求数量对价格的变动不灵敏，当价格作出改变时，市场上对于该商品的需求量不会出现太大变化，此时纳税人的税负容易向前转嫁给消费者来承担。即需求弹性越大，转嫁的可能性越小；需求弹性越小，转嫁的可能性越大。

2. 税负转嫁与供给弹性的关系

供给弹性是指在一定时期内一种商品的供给量对该商品价格变动的反应程度，是供给量变动百分比与价格变动百分比的比率。Q 表示一种商品的供给量；P 表示该商品的价格；d_Q 表示供给量变动值；d_Q 表示价格变动的数值；E_S 表示价格弹性系数，则：$E_S = (\Delta Q/Q)/(\Delta P/P)$。

用弹性系数来表示：供给弹性系数 = 供给变动百分比 / 价格变动百分比，如公式（9-5）所示。

$$E_S = \frac{d_Q P}{d_P Q} \approx \frac{\Delta Q/Q}{\Delta P/P} \tag{9-5}$$

根据供给量对价格变动的反应程度，供给价格弹性可以分为以下五种类型：

第一，供给弹性系数 >1，E_S >1 为供给富有弹性。此时，供给量变动百分比大于价格变动百分比。

第二，0< 供给弹性系数 <1，0< E_S <1 为供给缺乏弹性。此时，供给量变动百分比小于价格变动百分比。

第三，供给弹性系数 =1，E_S =1 为单位供给弹性。此时，供给量变动百分比恰好等于价格变动百分比。

第四，供给弹性系数 =0，E_S =0 为供给完全无弹性。此时，商品供给量对于价格变动没有任何反应。

第五，给弹性系数 = ∞，E_S = ∞ 为供给完全有弹性。此时，商品供给量对于价格变动反应十分灵敏。

从供给弹性方面看，商品供给弹性与税负转嫁变动呈相同的方向。商品供给弹性越大，商品供给数量对价格的变动越敏感，当价格稍微有所上升，会导致该商品的供给量大量减少，此时纳税人的税负很容易转嫁；相反，商品供给弹性小，商品供给量对价格的变动不灵敏，当价格作出改变时，市场上对于该商品的供给量不会出现太大的变化，此时纳税人的税负不容易转嫁出去。即供给弹性越大，转嫁的可能性越大；供给弹性越小，转嫁的可能性越小。

当供给和需求都有弹性的情况下，税负最终是转嫁给消费者还是生产者来承担，还取决于供给弹性和需求弹性的大小。对商品供求弹性与税负转嫁的关系我们将在第 9.4 节的内容中进行证明。

9.3.4　税负转嫁的其他因素

课税制度中税种设置及其各种要素的设计差异，诸如课税范围的宽窄、税种自身性质等都对税负转嫁有一定影响。

税种性质影响税负转嫁程度。由于商品交易行为是税负转嫁存在的前提条件，通过将税款附加在商品或生产要素的价格之上，税负转嫁才能实现，因此，课税对象与商品价格的联系较为紧密的税种比较容易实现转嫁，如流转税类税负较容易转嫁；而与商品价格的联系不密切或不直接的税种，如所得税和财产税类其税负则较难转嫁。

课税范围也影响税负转嫁程度。课税范围越窄，政府对商品或生产要素进行征税后，消费者可供选择商品或生产要素的替代效应越强，即人们很可能会选择没有被征税的商品或生产要素来替代被征税的商品或生产要素进行购买。在这种情况下，商品或生产要素价格的提高会受到限制，人们为了卖出商品或生产要素，就难以通过提高价格的方式将税收负担向前进行转嫁。相反，课税范围越广，政府对商品或生产要素进行征税后，市场上的商品或生产要素不会产生很大的替代效应，即人们选择未被征税的商品或生产要素的范围很小，因此在这种情况下，税收负担比较容易转嫁出去。

9.4　税负转嫁规律分析

商品供需弹性是影响税负转嫁最直接的因素，在供需弹性的影响下，税负转嫁存在一定规律。当商品的供给与需求都存在一定弹性的情况下，供给弹性比需求弹性大，税收负担越容易向前转嫁给消费者；供给弹性比需求弹性小，税收负担越难向前转嫁给消费者。

9.4.1　用供求曲线分析竞争市场中税负转嫁规律

1. 不相关定理

不相关定理是指税收对价格和产出的效应与对供给方征税还是对需求方征税无关，即无论对供给方征税还是对需求方征税，其产生的影响是一样的。为了简化分析，我们只研究政府征收定额税的情况下税负转嫁规律。

如图9-4所示,税前的供给曲线S和需求曲线D相交,决定的均衡价格为P^*,均衡产量为Q^*,若政府对生产商课税,导致供给曲线向上移动,由S移动到$S+T$,移动的垂直距离就是政府征收的定额税T,它与需求曲线D相交,形成税后的均衡价格为P_d,均衡产量为Q',此时,税后价格的升幅就是消费者负担的税款,即转嫁的税款,税后价格的降幅就是生产商自己承担的税款,即未转嫁的税款。

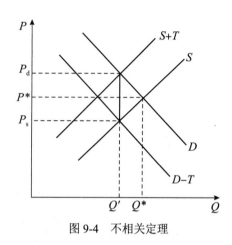

图9-4 不相关定理

如果政府对消费者课税,则导致需求曲线由D向下移动到$D-T$,它与供给曲线S相交,决定税后均衡产量为Q',均衡价格为P_s,而消费者实际支付的价格仍然为P_d,此时,税后价格的升幅就是消费者负担的税款,即转嫁的税款,税后价格的降幅就是生产商自己承担的税款,即未转嫁的税款。

可见,税负转嫁的规律与政府课税于供给方还是课税于需求方是没有关系的。

2. 商品供求弹性对税负转嫁的影响分析

1)供给有弹性,需求完全无弹性时的税负转嫁

图9-5表示供给有弹性、需求完全无弹性时候的税负转嫁,此时,需求曲线D垂直于横轴,供给曲线S向右上方倾斜。政府征税前,需求曲线D与供给曲线S相交与点E_0,决定了该商品的税前均衡价格为P_0,均衡数量为Q_0。当政府对该商品生产者课征数量为T的税收,供给曲线会向上平移至S',并与需求曲线D重新相交于点E_1,决定了该商品的税后均衡价格变为P_1、均衡数量仍为Q_0。在这种情况下,消费者购买同样数量的该商品,需要支付的价格由P_0上升为了P_1,即消费者多支付的价格正好等于政府对该商品征收的税额T(P_1-P_0),而生产者获得的收入在政府征税前后并没有改变。因此,在供给有弹性而需求完全无弹性的情况下,作为纳税人的生产者可以将税收负担全部转嫁给消费者来承担。

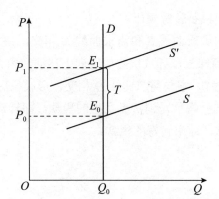

图 9-5　需求完全无弹性时的税负转嫁

2）供给有弹性，需求完全有弹性时的税负转嫁

图 9-6 表示供给有弹性、需求完全有弹性时候的税负转嫁，此时，需求曲线 D 平行于横轴，供给曲线 S 向右上方倾斜。政府征税前，需求曲线 D 与供给曲线 S 相交与点 E_0，决定了该商品的税前均衡价格为 P_0、均衡数量为 Q_0。当政府对该商品生产者课征数量为 T 的税收，供给曲线会向上平移至 S'，并与需求曲线 D 重新相交于点 E_1，决定了该商品的税后均衡数量变为 Q_1、均衡价格仍为 P_0。之所以会出现这种情况，是因为当需求完全有弹性的情况下，消费者对商品价格变动特别敏感，价格越高，消费者产生的替代效应就越强，转而购买其他商品。因此在这种情况下，政府征税后，商品的价格仍然维持在 P_0，而生产者获得的收入由征税前的 P_0 下降至 P_1，即生产者少获得的收入正好等于政府对该商品征收的税额 $T（P_0-P_1）$，而消费者支付的价格在政府征税前后并没有改变。因此，在供给有弹性而需求完全有弹性的情况下，作为纳税人的生产者很难将税收负担全部转嫁给消费者来承担，只能由自己承担。

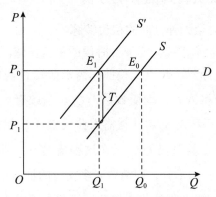

图 9-6　需求完全有弹性时的税负转嫁

3）需求有弹性，供给完全无弹性时的税负转嫁

图 9-7 为需求有弹性、供给完全无弹性时候的税负转嫁，此时，供给曲线 S 垂直于横轴，需求曲线 D 向左上方倾斜。政府征税前，需求曲线 D 与供给曲线 S 相交与点 E_0，决定了

该商品的税前均衡价格为 P_0，均衡数量为 Q_0。当政府对该商品生产者课征数量为 T 的税收，由于商品的供给完全无弹性，所以当政府对生产者征税后，供给曲线 S 并未发生移动，税后商品的均衡点仍为 E_0，均衡价格和均衡数量也没有改变。政府征税后，消费者支付的价格为 P_0 没有改变，而生产者获得的收入由政府征税前的 P_0 下降至 P_1，生产者少获得的收入正好等于政府对该商品征收的税额 T（P_0-P_1），而消费者支付的价格在政府征税前后并没有改变。因此，在需求有弹性而供给完全无弹性的情况下，作为纳税人的生产者很难将税收负担向前转嫁给消费者承担，只能由自己承担。

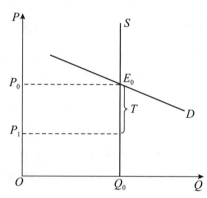

图 9-7　供给完全无弹性时的税负转嫁

4）需求有弹性，供给完全有弹性时的税负转嫁

图 9-8 为需求有弹性、供给完全有弹性时的税负转嫁。此时，供给曲线 S 平行于横轴，需求曲线向左上方倾斜。政府征税前，需求曲线 D 与供给曲线 S 相交与点 E_0，决定了该商品的税前均衡价格为 P_0，均衡数量为 Q_0。当政府对该商品生产者课征数量为 T 的税收，供给曲线 S 向上平移至 S'，与需求曲线 D 相交于点 E_1，决定了该商品的税后均衡价格上升为 P_1，税后均衡数量减少至 Q_1，之所以会出现这样的情况，是因为供给完全有弹性，商品生产者对于商品价格的变动反应很强烈，价格稍微下降，商品生产者就会停止该商品的生产，商品供应量下降，需求量不变的情况下，市场上该商品的价格就会提高。政府征税后，生产者获得的价格在政府征税前后保持不变，而消费者支付的价格由原来的 P_0 上升至 P_1，消费者多支付的价格正好等于政府对该商品征收的税额 T（P_1-P_0）。因此，在需求有弹性而供给完全有弹性的情况下，作为生产者的纳税人很容易将税收负担向前转嫁给消费者来承担。

5）供求双方都有弹性时的税负转嫁

商品的供给与需求都完全有弹性或完全无弹性的情况在市场上是很难见到的，一般情况下，大多数商品或生产要素都同时具有一定的供给弹性和需求弹性，那么，在这种情况下，税收负担该如何转嫁及转嫁规律如何，取决于供给弹性与需求弹性两者的大小。

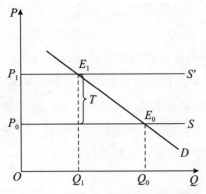

图 9-8 供给完全有弹性时的税负转嫁

图 9-9 表示商品的需求弹性大于供给弹性时的税负转嫁。此时，需求曲线 D 较为平坦，供给曲线 S 较为陡峭，两条曲线相交于点 E_0。政府征税前，需求曲线 D 与供给曲线 S 相交与点 E_0，决定了该商品的税前均衡价格为 P_0、均衡数量为 Q_0。政府征税后，两条曲线重新相交于点 E_1，决定了均衡价格上升至 P_1、均衡数量降低至 Q_1，但价格的变化绝对值小于数量的变化绝对值。这是因为，需求弹性大于供给弹性，需求对于政府征收带来的价格反应比供给更为灵敏，由于价格上升导致的该商品需求量的减少大于供给量的减少，因此作为纳税人的生产者只能将一小部分的税收负担转嫁给消费者承担，而大部分只能由生产者自己承担。

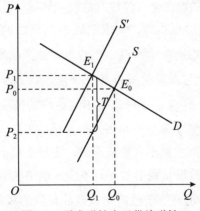

图 9-9 需求弹性大于供给弹性

图 9-10 表示商品的需求弹性小于供给弹性时的税负转嫁。此时，需求曲线 D 较为陡峭，而供给曲线 S 较为平坦，两条曲线相交于点 E_0。政府征税前，需求曲线 D 与供给曲线 S 相交与点 E_0，决定了该商品的税前均衡价格为 P_0，均衡数量为 Q_0。政府征税后，两条曲线重新相交于点 E_1，决定了均衡价格上升至 P_1，均衡数量降低至 Q_1，但价格的变化绝对值大于数量的变化绝对值。这是因为，需求弹性小于供给弹性，供给对于政府征税带来的价格反应比需求更为灵敏，由于价格上升导致的该商品供给量的减少大于需求量的减

少，因此作为纳税人的生产者很容易将大部分税收负担向前转嫁给消费者承担，自己只承担小部分税收负担。

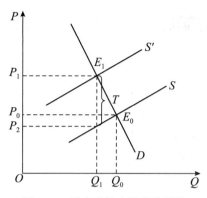

图 9-10　需求弹性小于供给弹性

可见，当商品的供给与需求都存在一定弹性的情况下，供给弹性比需求弹性大，税收负担越容易向前转嫁给消费者；供给弹性比需求弹性小，税收负担越难向前转嫁给消费者。即供给弹性越小，承担的税收负担越多，商品需求弹性与税负前转嫁成反比，商品供给弹性与税负前转嫁成正比。

通过上述分析，我们可以得出如下几个结论。

第一，商品需求弹性与税负前转嫁成反比。商品需求弹性越大，税负前转的可能性越小；商品需求弹性越小，税负前转的可能性越大。而影响需求弹性的因素主要有：①替代品的数量与相近程度。一种商品的替代品越多，当这种商品价格提高时，消费者就越容易转向其他商品，所以弹性就越大，反之则越小。②商品在消费者预算中的重要程度（必需品或非必需品）。一种商品如果是人们生活基本必需品或在消费者预算中占比较小，即使价格上涨，人们还得照样买（如食盐），其需求弹性就小或缺乏弹性；而一些非必需的高档商品，像贵重首饰、高档服装等，只有当消费者购买力提高之后才买得起或在消费者预算中占比较大的商品，其需求弹性就大。

第二，商品供给弹性与税负前转嫁成正比。商品供给弹性越大，税负前转的可能性越大；商品供给弹性越小，税负前转的可能性越小。而决定供给弹性的因素主要有：①时间。当商品价格发生变化时，厂商对产量的调整需要一定的时间。由于在短期内厂商的生产设备等无法改变（增加或减少），如果厂商要根据商品价格的上涨及时地增加产量，或根据产品价格的下降及时缩减产量，都存在不同程度的困难，即供给弹性比较小；但在长期生产中，生产规模的扩大与缩小，甚至转产都可以实现，即供给量可以对价格变动做出充分的反应，即供给弹性也就比较大。②该商品的性质（资本密集型或劳动密集型）。一般来说，生产规模大的资本密集型企业，因受设计和专业化设备等因素的制约，其生产规模变动较难，调整的时间长，因而其产品的供给弹性小；反之，规模较小的劳动密集型企业，则其产品供给弹性相对更大一些。

第三，商品供求的相对弹性大小决定税负前转的程度。当 $E_d > E_s$，则税负后转或不能转嫁的可能性大,税负转嫁规模较小;当 $E_s > E_d$,则税负前转的可能性大,税负转嫁规模较大。

9.4.2 用数学方法证明竞争市场中税负转嫁规律

根据帕累托效率的要求,当边际收益 MU 等于边际成本 MC 的时候的产量规模就是最佳的商品数量。Q 表示一种商品的供给量;P 表示该商品的价格;a 表示需求曲线的斜率绝对值;c 表示供给曲线的斜率。其中,E_d 代表商品的需求弹性,E_s 代表商品的供给弹性。

假定税前税后需求曲线 D:MU=$-aQ+b$(假定征税于供给方,政府征税后,只影响供给曲线变动,因此需求曲线不变)

税前供给曲线 S:MC=$cQ+d$

税后供给曲线 S':MC'=$cQ+d+t$

如图 9-11 所示,政府征税前,供给曲线 S 与需求曲线 D 相交于点 E_0,决定了当 MU=MC 时,税前均衡价格为 P_0、均衡数量为 Q_0;政府征税后,供给曲线向上平移至 S',决定了当 MC'=MU 时,税后均衡价格上涨至 P_1、均衡数量下降至 Q_1。此时,税后价格升幅为消费者税负;价格降幅为生产者税负。

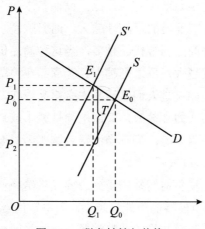

图 9-11 税负转嫁与价格

数学推导:

税前均衡数量和价格:MC=MU

即
$$-aQ+b = cQ+d \tag{9-6}$$

$$Q_0 = \frac{b-d}{a+c} \tag{9-7}$$

$$P_0 = \frac{ad+bc}{a+c} \tag{9-8}$$

税后均衡数量和价格：$MC'=MU$

即
$$-aQ+b=cQ+d+T \tag{9-9}$$

$$Q_1=\frac{b-d-T}{a+c} \tag{9-10}$$

$$P_1=\frac{ad+aT+cb}{a+c} \tag{9-11}$$

税后价格升幅（消费者税负） $\Delta P=P_1-P_0=\dfrac{aT}{a+c}$ (9-12)

税后价格降幅（生产者税负）$=P_0-P_2$

而
$$P_2=P_1-T=\frac{ad+cb-cT}{a+c} \tag{9-13}$$

因此
$$P_0-P_2=\frac{cT}{a+c} \tag{9-14}$$

消费者与生产者税负之比为 $\dfrac{a}{c}$，据此可以得出如下结论：

若 $a=c$，即供给弹性与需求弹性相等，此时生产者与消费者各承担一半的税负；

若 $a>c$，即供给弹性大于需求弹性，此时消费者承担的税负多于生产者承担的税负；

若 $a<c$，即供给弹性小于需求弹性，此时生产者承担的税负多于消费者承担的税负。

例题：若 $MU=-0.5Q+100$；$MC=2Q+5$。$T=1$，则生产者和消费者的税负各是多少？

解：由已知可得消费者与生产者税负之比为：$\dfrac{a}{c}=\dfrac{0.5}{2}=\dfrac{1}{4}$。$T=1$，则：

$$消费者税负=T\times\frac{a}{a+c}=1\times\frac{1}{1+4}=0.2$$

$$生产者税负=T\times\frac{c}{a+c}=1\times\frac{4}{1+4}=0.8$$

因此，生产者税负为 0.8，消费者税负为 0.2。

思 考 题

1. 商品供求弹性是如何影响税负转嫁的，试作简要分析。
2. 税收负担与税负归宿有何联系与区别？
3. 在通货膨胀情况下，从价税与从量税的税负归宿有何变化？
4. 税负转嫁的条件是什么？
5. 影响税负转嫁的主要因素有哪些？

计 算 题

某一国家里,消费者对香烟的需求 $Q_d=2\,000-200P_c$,其中 Q_d 是需求的数量,P_c 是每包的价格,香烟的供给量是 $Q_c=P_c\times200$。

1. 假设市场是竞争的,请问香烟的数量与价格分别是多少?

2. 为了减少吸烟,政府对每包烟课以 2 美元的税,问税后香烟的数量、消费者支付的价格及生产者得到的价格、税收使政府收入上升了多少?

3. 政府课税后给纳税人带来的超额负担是多少?

扩展阅读 9-3
竹木地板的税负转嫁

即测即练

第 10 章 税制结构理论

学习目标

1. 掌握税制结构的定义及影响因素；
2. 了解税制结构的类型；
3. 了解税种设置理论与现状；
4. 掌握各税系特点及优缺点比较；
5. 了解国内外税制结构特点及发展趋势。

税制结构是税收制度中各税种的相互关系，分为税种组合方式和税种相对地位两种形式。从时间角度看，税制结构经历了以经济部门为依据设置的传统阶段，逐渐演变为以经济流程为依据设置的现代阶段，从横切面角度看，税收结构受商品税与所得税相对地位的影响。税制结构是税收理论与实践的关键核心内容之一。

10.1 税制结构的概念及演变

10.1.1 税制结构的概念

税制结构亦称"税制体系"，是指一个国家根据一定时期的经济条件和发展要求，将不同性质和作用的税种组合成一个主次分明、相互协调、相互补充的税收体系，也就是税收制度整体内部的分类、层次、构成、比例及相互关系的总和。它是社会经济制度及其变化在税收领域中的反映，是社会经济现象在税收制度上的具体体现。

国内学者对税制结构的内容提出了四种解说。侯梦蟾（1986，1990）认为，税制结构有两方面内容：一是各税种在质的方面的结合方式，二是各税种在量的方面的比例关系。胡怡建（1996）认为，税制结构的内容包括三个层次：一是各个税系之间的关系；二是同一税系各个税种之间的关系；三是同一税种各个要素之间的关系。根据这一表述，税制结构等于税收制度。王诚尧（1995）认为，税制结构包括三项内容：一是税种之间的关系，包括不同类型税种之间的关系与同一类型税种中各具体税种之间的关系；二是税制要素之间的关系；三是中央税与地方税的关系。根据这一表述，税制结构不仅包括税收制度，而且包括政府间税收关系。马国强（2015）认为，税制结构包括两项内容：一是税种的组合方式，即各税种在取得收入与调节经济中的分工与协作关系，具体表现为各类、各具体税种在经济活动各领域、各环节的分布；二是税种的相对地位，即各税种在取得收入与调节经济中的相对重要性，具体表现为各类、各具体税种占 GDP 或税收总额的比重。同时，作为税种之间的关系，税制结构包括多个层级。在流行的税种分类中，第一层级应当是所得税、商品税与财产税的关系，第二层级应当是所得税中个人所得税与公司所得税的关系、商品税中普通商品税与特别商品税的关系、财产税中财产持有税与财产转移税的关系。根据税种组合方式，第一层级应当是进出口税与国内税的关系；第二层级应当是国内税中存量税与流量税的关系；第三层级应当是存量税中财产持有税与财产转移税的关系、流量税中所得税与商品税的关系；第四层级应当是所得税中个人所得税与公司所得税的关系、商品税中普通商品税与特种商品税之间的关系。

综合国内专家的观点，税制结构主要包括以下内容：税制中税收分类及构成；税类中税种的布局及构成，即每一类税中由哪些税种构成，哪一种或哪几个税种为主，相互之间如何配合等；税制要素（即纳税人、征税对象、税率等）构成的选择和设置；征管层次和地区、部门间的税类、税种组合和协调。合理设置税制结构是有效发挥税收职能和充分体现税收公平效率原则的基本前提。

10.1.2 税制结构的演变

税制结构的演变归根到底是由生产力发展水平决定的。税收的产生就是因为财政收入满足国家行使职能的需要，因此税种的设置需要与当时的税源分布相适应。如果从直接税与间接税这种最基本的、也是普遍为人们所接受的分类方式来考察，我们就会发现，各国税制结构的发展演变过程呈"之"字形，即由简单的直接税演进到间接税，然后再发展到发达的直接税。概括来看，税制结构的演变过程大体分为以下三个阶段。

1. 简单（或传统）的直接税制

在税收产生的早期，无论是采取劳役，还是以实物的形式课征的税，基本上都是直接税。但这些直接税是最简单、最古老的直接税。马克思（Marx）指出："直接税作为一种最简单的征税形式，同时也是一种最原始最古老的形式，是以土地私有制为基础的那个社会制度的时代产物。"在生产力水平非常低下的历史环境中，农业是经济的主要部门，土地是社会纯收益产生的源泉。所以，主要对土地或其他不动产征收的直接税成为当时税制结构的主要税种，这些直接税主要包括按人口课征的人头税、根据土地面积征收的土地税及对房屋的课税等。此外，还有一些更为简单的税，如按房屋窗户数征收的窗户税、依据房间数量及大小征收的房间税等。不难看出，这些税以课税对象的外部标志作为课税依据，征税方式简单直接，取得的税收收入较少，税收也缺乏弹性，有悖于税收的财政原则。此外，伴随着简单直接税的发展，市场上也萌发了入市税、市场税、货物税与关税等间接税。

2. 从简单的直接税制发展到间接税制

随着社会经济的发展和资本主义生产方式的确立，税制结构也由简单的间接税发展到间接税制。工业生产的兴起和发展为商品经济的繁荣提供了条件。日益频繁的商品交换和大量增加的商品流转环节，一方面使税源变得更为分散；另一方面也使商品成为比较充裕的税源，从而使国家通过对商品和货物的征税筹集财政收入成为可能，而且也只有对商品和货物的交易征税（如营业税、销售税等）才能保证国家财政收入。此外，在商品生产日益发达的条件下，新兴资产阶级广泛推行间接税以代替简单直接税的主体地位可以产生"一箭双雕"的效果。第一，以所有商品和货物为征税对象的间接税可以通过提高价格把税负转移给消费者，从而少负担或者不负担税收；第二，对进口工业品或国产奢侈品征税，既可以起到保护国内工业的作用，又可以打击贵族和地主阶级，削弱封建势力，同时还能够增加资产阶级的国库收入。所以，在资本主义生产方式确立以后的相当长时期内，以间接税为主一直是税制结构的基本特征。

但随着商品经济的进一步发展，间接税制与资本主义经济的发展和资产阶级的利益产生了矛盾。一是随着本国工业的发展，需要不断地向国外市场销售商品和购买外国的农产品和原材料，在这种情况下，保护关税就阻碍了国际贸易和资金、劳动力等生产要素在国与国之间的流动，对扩大国际间分工协作和资本主义各国经济的发展产生了不利的影响。二是对国内的生活必需品征税，实际上保护了自给自足的小生产，这阻碍了资本主义生产对完全市场的占领。三是原有的间接税重复征税及税负的不公平也阻碍了专业化分工的发展。而这些矛盾和问题的产生又使税收的发展也出现了新的变化。因此，比较发达的市场经济国家就开始探寻更能促进经济发展的税制结构，同时资本主义经济高度发展也使所得额稳定上升，从而为资本主义国家提供了充裕的税源，在这种条件下，税制结构便由间接税发展到现代直接税——所得税和财产税。

3. 从间接税制发展到现代直接税制

由于原有间接税制的弊端，资产阶级为维护自身的利益不得不进行税制改革。在改革初期采用的办法是对财产和土地收益征税，如提高土地税和地租税的税率及取消教会的特权等。但这些措施并不能降低间接税的税率和减少间接税的比重。因此，还必须进行更深层次的改革，其中一项重要的举措是开征所得税和财产税，而且阶级斗争和战争形势对所得税的产生具有重要的催化作用。从历史上来看，所得税的推行也经历了一个曲折的过程，因为对于资产阶级来说，再没有什么比所得税、财产税和房屋税更不受欢迎的了。1799年，英国在对拿破仑的战争中首次开征所得税，但1802年随战争停止而停征，1803年战争又起而重新开征，战争结束后又被废止。直到1842年，英国才根据1806年的所得税法案，通过立法程序将所得税确定为永久性税种。法国在1848年倡议开征所得税，直到1914年才得到议会批准。而美国也是到了1913年才正式开征所得税。特别是第一次世界大战的爆发对各国的税制结构产生了重要影响，美国在第一次世界大战期间曾两度提高所得税税率，从而使所得税占据了主导地位，到1918年，美国所得税占整个税收收入的比重已达到60%以上。在第二次世界大战后，发达资本主义国家为了稳定社会经济秩序、缓和阶级矛盾，普遍推行社会保险制度，开征社会保险税。社会保险税作为所得税的重要组成，通常由雇主与雇员各缴纳一部分。随着社会保险制度的广泛推行，社会保险税收入也在不断增加，目前发达国家的社会保险税收入在税收收入中已达到相当比重，并成为第一大或第二大税种。

税制结构在由间接税向现代直接税发展过程中，所得税地位不断提高，形成两种以直接税为主的税制结构系统：一是以美国、英国、日本为代表，致力于增加所得税，使所得税成为主体税种。二是以法国、德国为代表，在增加所得税的同时，不断地对传统的间接税进行完善，创立了增值税，形成了以所得税为主体税种，营业税、增值税占有很大比重的税制结构。20世纪80年代至20世纪90年代，由于经过完善后的间接税即增值税具有克服重复征税、公平税负、有利于专业化分工、对出口商品的退税较为彻底等优点，在世界许多国家得到广泛的推广和应用，从而使间接税在以直接税为主体的税制结构中的地位得到一定程度的提高，在整个税收收入中的比重也有所上升。同时，所得税在保持其主体地位的条件下也发生了一些新的变化，如拓宽个人所得税税基、降低税率以刺激人们的工作积极性等。

10.1.3 税制结构的影响因素

一国政府在设计和选择本国的税制结构时，都希望能够设计出最优的税收制度。同一国家在不同历史发展时期的税制结构，或者同一时期不同国家的税制结构，都呈现出看似迥然不同的特点，但这些特点似乎又有规律可循。这就需要进一步研究税制结构差异的影响因素，为税制结构的优化提供可靠依据。

1. 经济因素

在诸多影响税制结构的外部因素中，经济因素显然是最核心的因素。这里的经济因素主要指社会生产力发展水平，并由社会生产力发展水平所决定的经济结构。生产力发展水平及其经济结构对税制结构的影响可以从纵向的税制结构发展和横向的税制结构比较等方面进行分析。

1）从税制结构发展分析

从税制结构发展变化的历史分析，税制结构大致经历了从古老的直接税到间接税，再由间接税到现代直接税的发展过程，而这种税制结构的发展是同经济结构的发展相联系的。

奴隶社会和封建社会实行自给自足的小农经济模式，农业收入自然成了主要税收来源。我们把这种仅以土地、人口的外部标志作为计税依据，等额征税，而且不考虑纳税人负担能力的税种称为古老的直接税，由此形成了以这种古老的直接税为主体的税制结构。

在商品经济条件下的资本主义社会，随着工业和商业的迅速发展，形成了工商经济为主体的经济结构。我们把这种以商品销售和经营服务收入作为课税对象的流转税称为间接税，由此形成了以这种间接税为主体的税制结构。在现代资本主义社会，随着国民经济的高速发展，国家在经济和社会事务中的职能和作用得到加强，财政支出增加，要求相应增加财政收入。而所得税由于在财政上具有收入弹性，在经济上对企业和个人的经济活动和经济行为较少干预，在政策上能满足经济稳定和公平分配的政策目标，因此得到了较为迅速发展，由此产生了以直接税代替间接税的局面。现代直接税，即所得税逐渐成为主体税。

2）从税制结构比较分析

从发达国家同发展中国家税制结构的横向比较分析，我们也不难发现生产力发展水平对税制结构的影响。从主体税种看，发达国家一般以所得税为主体，而发展中国家一般以流转税为主体。发达国家取得的所得税税收收入占总税收比例高于发展中国家，而增值税占总税收比重却低于发展中国家。由此可以看出，直接税与间接税呈相反的演变轨迹。直接税（包括传统直接税与现代直接税）相对地位的演变轨迹随着经济发展水平的提高呈"U"形演变，间接税相对地位的演变轨迹随着经济发展水平的提高呈"倒U"形演变。因此，经济发展水平越高所得税所占比重就越高，经济发展水平越低商品税所占比重相对越高。

2. 制度因素

制度因素主要从经济制度方面对税制结构的影响分析，其主要反映在两个方面，即财产制度和经济运行制度。

1）财产制度对税制结构影响

财产制度实际上是指生产资料所有制，可分为公有制经济和私有制经济。在以公有制经济为主体的社会，生产资料属于劳动者集体所有或国家代表全体人民共同所有。在这种情况下，政府税收主要来自企业，而很少来自个人，因此，企业成为主要税收来源，并采取流转税形式进行征税。在以私有制经济为主体的社会，生产资料主要来自个人，并且有必要采取所得税的形式。

2）经济运行制度对税制结构影响

经济运行制度实际上是指经济运行机制或经济运行方式，可分为计划经济和市场经济。在实行计划价格的前提下，为了弥补因计划价格而引起的生产不同产品的企业悬殊利润差异，需要运用流转税来弥补计划价格的缺陷。在市场经济条件下，商品价格和劳动力价格由市场供求决定。因此，在市场经济条件下，可能转向于所得税。

3. 政策因素

税收政策目标的选择对税制结构的影响。从税收的效率目标考虑，选择流转税还是所得税并没有什么大的差异，主要在于税制的设计方式；从税收的公平目标考虑，虽然差别流转税和累进所得税都能起到公平分配的调节效果，但累进所得税对公平分配的调节功能比差别流转税更大；从税收的稳定目标考虑，所得税由于累进税率而形成的弹性税制与流转税由于比例税率而形成的刚性税制相比，对宏观经济稳定具有更大的调节作用。

税收是国家筹集财政收入的重要手段，也是宏观经济调控的主要工具，国家的各项宏观调控政策目标需要通过税收制度来实现，为此宏观政策目标的定位也会对税制结构设计和选择产生一定的影响。这里的政策目标主要是指国家的经济政策目标和收入再分配政策目标。税制结构的设计与选择在根本上取决于政府如何确定其税收政策目标。不同的政策目标设定和不同的政策目标优先排序，必定带来不一样的税制结构设计。例如，西方发达国家早期主要实行自由放任的经济政策，遵循税收中性原则，将经济效率作为首要目标，核心在于加快商品经济的发展，这就决定了这些国家当时主要以流转税为主的税制结构。第二次世界大战后，西方发达国家的主要政策目标由经济效率转为社会公平，此时福利经济学的兴起也对税制结构的变革产生影响，政府为实现社会公平的政策目标，逐步将税制结构调整为以所得税为主体，通过所得税实现收入分配的均等化。但20世纪80年代之后，西方国家在长期的经济衰退中，不得不重新审视其宏观政策，再次调整税收政策的目标，由社会公平转回经济效率。在此背景下，这些国家纷纷对过高的所得税比重进行调整，适当增加流转税所占比重，使税制结构更加优化。

4. 管理因素

一国的税收征管水平也会对税制结构的设计和选择产生影响。如果一国的税收征管水平较高，就可以主要根据本国经济发展的可能和宏观政策目标的需要来设计税制结构；相反，如果一国税收征管水平较低，在税制设计和选择时就不得不作出必要的妥协和让步，若不顾实际情况非要开征一些比较复杂的税种，可能不但很难保证税收收入，而且也会造成较多的偷逃税行为，反而不利于本国经济的发展和公平目标的实现。通常来说，所得税的征收管理较商品税的征收管理而言相对复杂，对征收管理水平的要求也更高，因此，对发展中国家来说，推行商品税就比较容易些。另外，发展中国家的个人所得税制相对发达国家往往更简单，对个体差异性的考虑较少，这种现象很大程度上也可能是征管水平差异所导致的。

10.2 税制结构的类型

税制结构根据包含税种数量的多少，可以分为单一税制和复合税制两种类型。

10.2.1 单一税制的类型及评价

1. 单一税制

单一税制是指只有一个税种的税收体系。在税收的历史上，曾经有人积极主张实行单一税制，但它始终只是在理论上存在，世界各国并未实行，因此在税收学上也称为单一税论。关于单一税制的主张较多，而且都与不同时期的政治主张、经济学说相呼应，其理论根据及其经济基础各有差异，大致可分为单一土地税论、单一消费税论、单一所得税论、单一资本税论。

1）单一土地税论

单一土地税论为法国重农学派所提倡，魁奈（Quesnay）和布阿吉尔贝尔（P Pierre Le Pesant, sieur de Boisguillebert）为其主要代表人物。这种税收经济理论是以"纯产品"学说为基础的，认为只有农业才能创造纯产品，地主是唯一占有纯产品（剩余产品）的阶级，所以主张实行单一土地税，占有纯产品的地主阶级负担全部税收，而免除租地农场主和商业者的一切税收负担。至19世纪，单一土地税又被美国经济学亨利·乔治（Henry George）再次提出，他积极主张推行单一地价税。亨利·乔治认为，资本主义制度的弊病就在于社会财富分配不公。虽然随着社会生产技术的进步，物质财富迅速增长，但由于地主垄断土地，社会进步带来的全部利益都转化为地租收入，使得人民陷入贫困，生产发展受到阻碍，所以亨利乔治主张实行单一土地税，以使土地增值收益全部归社会所有。

2）单一消费税论

主张单一消费税的多为重商主义学派学者。17世纪，英国人托马斯·霍布斯（Thomas Hobbes）主张实行单一消费税，废除其他一切税收。他认为，人人都要消费，对消费品课税，能使税收负担普及于全体人民，限制贵族及其他阶层的免税特权。至19世纪，德国人普费非（Pfeffer）也主张实行单一消费税。他从税收平等原则出发，主张税收应以个人的全部支出为课税标准，即就全部消费课税。因为消费是纳税人纳税能力的体现，消费多者，负税能力大；消费少者，负税能力小，对消费支出课税，符合税收平等原则。

3）单一所得税论

法国学者波丹（Bodin）提出，但他当时还主张设立关税，后来法国学者穆班（Muban）提出"什一税"，才是一种彻底的单一所得税论的主张。早在16世纪，法国人波丹就曾讨论过单一所得税。18世纪初叶，法国人穆班主张单一所得税。19世纪下半叶，单一所得税盛行于德国，特别是拉萨尔（Lassalle）等人基于改造私有制的主张采取高度累进的所得税以平衡社会财富。他们认为消费税是对多数贫农的课税，而所得税则是对少数富有者的课税，因而提倡单一所得税制。

4）单一资本税论

单一资本税的代表人物是法国人日拉丹（Riladan）和门尼埃（Meniere）。单一资本税论主张以资本的价值为标准征税。对资本课税既可以刺激资本用于生产，又可以促使资本的产生，并能捕捉所得税无法课及的税源。这一学说又分为两种观点，一是以美国学者为代表所主张的以资本为课税标准，但资本仅以不动产为限；另一种则是以法国学者为代表所主张的应以一切有形的资本为课税对象。

2. 单一税制的评价

历史上单一税制理论的提出有其时代背景，主要是由于当时税制复杂，政府横征暴敛，人民不堪其苦，所以简单透明的单一税制在人们眼中有了更多的优点。

首先，税收的课征只有一次，对生产和流通影响很小，有利于经济的发展。稳定的经济活动激励着企业和个人可以基于经济方面的考虑，做出他们各自经营和劳动的决策，而不是依据税收方面的考虑。

其次，单一税制稽征手续简单，减少了征收费用。按照同一个税率征收，手续简洁便捷，降低累进税制程序复杂的困难，降低了征税的成本，进一步推行代扣代缴制度，提高了效率。

最后，单一税制可使纳税人轻易了解其应纳税额，可以减少复杂税制的弊端。它公平地对待所有的个人和各种类型的企业，在这种情况下，由于它的简单性，人们不需要用专业的知识去理解。

但是单一税制也有很多缺点，从税收原则的要求来看，主要表现在以下几个方面。

（1）从财政原则看，单一税制很难保证财政收入的充足，也就难以满足国家经费的支出需要。单一税制财源单一，不能保障国家财政收入，不符合国民收入原则。按照现代财政学之父马斯格雷夫的观点，一个"合适"的税收结构首要原则即税收制度应保证足够的收入。组织财政收入是税收最主要的功能，如果实行单一税制，税收来源渠道过于狭窄，税收收入必然不足。

（2）从经济原则看，单一税容易引起某一方面经济上的变动。单一税制过分依赖于某个税种的做法，会造成税制结构严重缺乏弹性，一旦经济产生波动危及该税源，税收收入将难以满足政府的支出需要。

（3）从社会原则看，单一税制的征税范围很小，不符合税收的普遍原则，同时单一税只对某一方面课税，而对其他方面不课税，不符合税收普遍征收的原则，也难以实现税收的平等原则。根据瓦格纳的课税原则，税收应毫无遗漏地普及社会上的每个人，这就是税收的普遍征收原则。单一税制只针对某一个税种征税难免会出现挂一漏万的情况，违背了税收的社会公正原则，人们在税收面前并不平等。

10.2.2 复合税制的选择及评价

复合税制是指在一个税收管辖权范围内，同时课征两种以上税种的税制。为了保持复合税制应有的优势，要慎重选择税种和税源。在理论上，复合税制结构的分类多种多样。

1. 复合税制模式的内容

复合税制模式作为由多种税组合而成的税收制度，其组成内容有以下三种不同的理论学说。

（1）两大税类论，是指税收制度由直接税和间接税组成。例如，德国社会政策学派的谢夫勃（Schafber）就直接提出。也有如德国劳兹（Lodz）提出的配赋税和从率税，虽然名义上不是指直接税与间接税，但实际上是属这两大税系论。

（2）三大税类论，认为税制结构应由三类税构成。一是斯泰因（Stein）提出的直接税、间接税、所得税三个税系，即直接税与间接税并列的税系。二是并列三个税种，如瓦格纳认为应由所得税（对所得、收益、利息的课税）、所有税（指财产税）与消费税组合，才较为全面。三是日本小川乡太郎主张所得税、消费税、流通税三个税类组成的税制。这种理论观点，为现代西方国家所得税、商品税和财产税三大税类理论的建立和发展奠定了基础。

（3）四大税类论。在上面三大税类论的基础上，有些学者又增加了流通税类，从而构成了四个税类。

2. 复合税制的评价

复合税制是国家选择多种税，使其同时并存、相互协调、相互补充，而成为有机的税收体系。税制结构要具备一定的功能，而具备一定的功能必须符合各项税收原则的要求，单一税种不可能合乎一切税收原则的要求，所以出现了复合税制。

1）有利于取得充足的税收收入

复合税制开征的税种较多，课税范围广，能捕捉各种税源，征收较普遍。不论是国民收入分配中的哪一个层次还是社会再生产的哪一个环节，凡是在社会公共事务范围内存在的事物或发生的行为，都可以作为课税对象；只要和课税对象有关的任何人，无论是法人还是自然人，也无论是本国人还是外国人，都负有纳税义务。因此，复合税制能够确保政府及时取得充足的财政收入，更好满足社会公共需要；与此同时，由于税源充裕，复合税制也使政府的税收收入具有充分的弹性，可随着社会经济形势的变化而变化。

2）有利于税收负担公平分配

在复合税制下，课税对象和纳税人分布范围广，可以使税负分配到社会经济生活的各个领域，以确保税收负担公平分配，避免出现税负过重或者过轻的现象，促进社会经济的均衡发展。由于复合税制中的各个税种之间存在相互配合、相互补充的关系，在主要按照支付能力原则分配税负的同时，还可以兼顾受益原则来分配税负，从而更有利于实现税收负担的公平合理分配，维持社会和谐稳定。

3）有利于有效调节社会经济运行

不同税种的课税对象经济效应和收入分配结果之间存在着较大的差异，所以不同税种给社会经济运行带来的影响也是不同的。复合税制既包括所得税和商品税，又包括财产税和其他税种，这使复合税制能够兼容各个税种对社会经济不同的调控作用，对社会经济生活的各个领域进行调节，进而有利于促进社会经济的协调发展。

3. 建立复合税制模式应注意的问题

1）税种选择问题

税种选择是建立税收制度的首要问题，建立复合税制模式应考虑以下几个方面：税收原则、税种联系、税负转嫁归宿、税制繁简要求等。

税种创新也是税制结构设计的内容之一。税种创新是指税种的产生或税种内容的实质性变革，而税制结构的设计要为税种创新留下空间，它往往反映在税制结构的改革与完善之中。税种创新的根本原因是经济的不断发展，可以说，经济发展过程中出现的新情况是税种创新的内在原因，而政府履行财政职责时所面临的问题和困难则是促进税种创新的直接因素。税种创新不仅仅是满足政府财政收入的需要，而且还反映在满足政府调控方面的要求，也就是说，利用税种创新减少税收对经济的干预和扭曲，或利用税收引导资源的合理配置等。比如，社会发展对社会保障制度的要求使得社会保险税成为主要税种之一；政府为校正外部经济问题,调控环境污染而开征环境税;为对网上电子商务与贸易进行必要的管理与调控而在酝酿的电子商务交易税等。这些税种创新都是对税种配置的必要补充与完善。

2)税源选择问题

税源选择是建立税收制度的另一重要问题,主要应考虑税源与税本之间的关系,即税本是税源的根本,税源是税本产生之收益,税收则来自税源。若可以将税本描述为果树,那么果树结出的果实就是税源,而从果实中取出一部分交给国家就是税收。显然,有了税本才可能有税源,有了税源才可能有税收,所以税源的选择问题实际上就是如何选择税本,才能使税收侵蚀不到税本。一般来说,工资、地租和利润可以作为税源,若将征税范围限制在这个范围之内,则不会侵蚀税本。而那些生产性资本或财产则是税本,一般不应作为课税对象,否则就会损害资本的形成和积累,而最终导致国民经济的萎缩,使得政府的税收收入来源枯竭。当然,对于那些消费性资本或财产则可以作为税源,以对收入分配进行调节,如课征遗产税、赠与税等。

3)负担程度选择问题

建立复合税制时,税收负担程度选择也值得关注,与其相关的有以下四种学说。

一是无限课税说。认为税收不会减少社会财富总量,课以重税不会影响国民经济,因此主张无限课征。这是早期经济学家的看法,对其最好的反驳就是有关税收的额外损失理论。

二是有限课税说。认为国家征税不可超过再生产的限度,不可课征所得的全部,而要把税收的额度控制在税源的一定范围内,但税率究竟以多高为合适,至今在理论界仍无一致的看法。

三是拉弗曲线所证明的最适课税说。拉弗曲线是 20 世纪 70 年代由供给学派的代表人物阿瑟·拉弗提出并以其名字命名的,该曲线用来说明一个国家的宏观税率和税收收入、经济增长之间存在着相互关系。如图 10-1 所示,若以横轴 r 表示税率,纵轴 T 表示税收量,曲线 OEA 即为拉弗曲线。它说明,在 E 点处,当税率为 r_0 时,税收量达到最大;在 E 点左方,随着税率的提高,税收量增加;E 点右方,随着税率的提高,税收量反倒减少。图中,B、C 两点虽然对应高低悬殊的两个税率 r_1 和 r_2,却只能得到相同的税收量 T_1;而在极端的 O、A 两点,税收皆为零。对于这种现象,拉弗本人的解释是:税率变动会产生两种效应,即算术效应(arithmetic effect)和经济效应(economic effect)。前者指税率的上升和下降会直接导致税收的增加和减少;后者指较低(高)的税率会对人们工作努力程度、产出水平及就业等产生积极(消极)的影响,进而扩大(减小)了税基并使税收收入增加(减少)。在图 10-1 拉弗曲线的 OE 段,算术效应大于经济效应,税率提高导致税收增加;而在 EA 段,算术效应小于经济效应,税率提高导致税收减少。因此,E 点代表了税率与税收及经济增长之间的最佳结合点,该点右方的部分则被称作"征税禁区"。

四是拉姆齐法则(弹性反比法则)所证明的差别课税说。这是由剑桥大学经济学教授弗兰克·拉姆齐(Frank Ramsey)于 1927 年在其发表的《对税收理论的贡献》一文中提出的关于制定税率的准则。即"为了使税收的超额负担达到最小,税率的制定应能够使得每种商品需求量减少的百分比相等"。这种使超额负担最小的税叫做拉姆齐税。拉姆齐法则还表明,只要在消费中商品是互不相关的,拉姆齐税的税率就应同商品弹性成反比例。

这又被称为是逆向弹性法则。如商品甲的需求弹性大于商品乙，那么商品甲的税率就应低于商品乙。这意味着税收效率并不一定要求全部商品的税率都一样。逆向弹性法则的含义是：一种有效率的税收，要求对相对没有弹性的商品课税时应用相对高的税率。

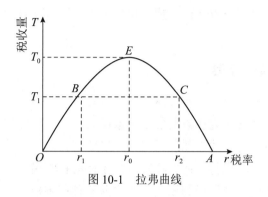

图 10-1　拉弗曲线

4. 主体税种与辅助税种的配置

主体税是指在国家税制中占有主要地位的某一种税（或某几种税）或某一类税（或某几类税）。作为主体税种一般应具备下列条件：收入占较大比重；在调控经济方面发挥主要作用；其征税制度的变化会对整个税制带来举足轻重的影响。因此，主体税种选择的基本要求有以下几点。

（1）财政收入功能强。主体税种的税基应宽厚而扎实，能保证稳定、及时、充足地取得财政收入。

（2）经济调控力强。主体税种既要保证市场资源配置的基础地位，又要克服市场的自发性和盲目性对经济发展的危害；要较好地配合国家社会经济发展目标，应有利于国家实施总量调节和结构调整政策的运行，有利于社会公平目标的实现。

（3）社会形象好。主体税种要符合民族优良传统，适应一个国家的纳税习惯；同时与社会分配原则和制度保持高度一致。

（4）税务行政效率高。作为主体税种，税法实施效果应该与立法意图一致；征管程序简单方便，要有利税收征纳，能防止税收流失；有利于计算机及网络在税收征管中的运用，不断提高税务行政质量与效率。

自税收产生以来，主体税种在不同的社会和历史时期，随经济发展水平而变化。主体税种的类型大体有四种：以流转税为主体，主要有苏联、原民主德国、保加利亚、泰国、菲律宾、马来西亚等；以所得税为主体，属于这一类型的国家主要有美国、加拿大、英国、比利时、日本等；以资源税为主体；流转税和所得税并重，属于这一类型的国家主要有中国等。

辅助税是指在国家税制中占据次要地位起辅助作用的某一种税（或几种税）或某一类税（或几类税）。辅助税种的特点主要是：功能的特殊性，辅助税只是在某一领域发挥特殊调节作用的税种；设置的灵活性，辅助税可以根据调控经济的要求及时开征或停征；职能范围的有限性，辅助税的职能主要是进行特殊调控；负担的直接性，辅助税一般是直接税,税负不易转嫁。辅助税主要包括资源税,财产税、土地税和特定行为目的税等税系。

设置辅助税种的基本要求:要适应税制模式的总体要求;应尽可能做到普遍征税,均衡负担;应力求简化,方便纳税人;在辅助税种间要界定职能分工或征税领域,力求功能配套,避免功能逆调。

5. 复合税制模式的分类

按照主体税种的不同,可以分为以所得税为主体的税制模式(为多数发达国家所采用)、以流转税为主体的税制模式(为多数发展中国家所采用)、以流转税和所得税为双主体的中间税制模式(为多数中等发达国家所采用)。以所得税为主体的税制模式在实现公平分配和稳定经济方面具有比较优势,而以流转税为主体的税制模式在促进资源配置效率和经济增长方面具有比较优势,中间税制模式则兼容前两种税制模式的各自优势,可更好地发挥税收的整体功能。纵观我国几十年的税收实践,虽然经过1994年的税制改革,所得税收入占税收收入的比重有所上升,但流转税收入占税收收入的比重依然超过50%,因而我国税制仍然是以流转税为主体的税制模式。

10.3 税种设置的理论与实践

10.3.1 国外税种设置的理论概述

1. 按税源划分税制结构

亚当·斯密基于国家担任"守夜人"角色的指导思想和他的"税收四原则",为资本主义国家税收制度设计了以下三大税系:地租税系、利润税系和工资税系。

地租税系,亚当·斯密把课之于地租收入的各税种,如土地税、土地收益税、什一税、地皮租及对土地产权转移课征的注册税、印花税等,都归入地租税这一税系;利润税系,把课之于利润收入的各税种,如资本税、利息税和营业利润税等,都归入利润税这一税系;工资税系,把课之于工资收入的各税种,如劳动工资税、对农村雇工征收的贡税和薪给报酬税等,都归入工资税这一税系。

至于其他有区别地课及各种收入的各税种,如人头税和消费税等,凡课之于土地所有者,或者转嫁由土地所有者负担的,都归入地租税系,凡课之于资本家,或者转嫁由资本家负担的,都归入利润税系,凡课之于劳动者,或者转嫁由劳动者负担的都归入工资税系。

这种划分税系的方法,同亚当·斯密的三个阶级和三种收入的学说有密切联系。在政治史上,亚当·斯密第一次比较正确地描述资本主义社会的阶级结构是工人阶级、资本家阶级和地主阶级这三大基本阶级。与这三大阶级相适应，则有工资、利润和地租这三种基本收入。这三大阶级的三种收入，都是在国家的保护下所取得的，从而他们也就应该"按照各自在国家保护下享得的收入的比例，缴纳国赋，维持政府。"（亚当·斯密《国民财富的性质和原因的研究》下卷）亚当·斯密还以此来借喻于共同租用一个大地产的一些人，正如它们应该各自按照从这块大地产上所获得的利益，无一例外的比例分担其管理费用那样，地租税系、利润税系和工资税系这三大税系，也正是保证资本主义国家三大阶级的三大收入都必须无例外地、平等地向政府纳税，而不再像封建国家的地主贵族那样获有豁免税收特权，并把税收重担加在农民阶级和新兴资产阶级身上的那种不平等情况的出现。亚当·斯密特别强调指出："所谓赋税的平等或不平等，就看对于这种原则是落重还是忽视。""任何赋税，如果结果仅由地租、利润、工资三者之一负担，其他二者不受影响，那必然是不平等的。"其实，我们应该看到，平等本来就没有一种超阶级的概念，而赋税的平等更不能离开一定的负担能力。由于课税主体的收入并不能完全等同于它的税收负担能力，一个收入超过他人九倍的人，其税收负担能力往往超过不止于九倍，反过来说，一个收入只及他人十分之一的人，也并不意味着其税收负担能力就相当于他人十分之一，而有可能并无任何负担能力。因此，这种建立在比例纳税基础上的按照课税主体收入源泉归类划分的三大税系，并不能被认为就是那么平等的。不过，它比封建社会长时期来只看到农业税与地亩大小、人丁和农户多少之间的外部联系，而不问课税主体因土地肥瘠、人丁强弱和农户大小所带来的不同收入状况来说，已经是前进了一大步。

2. 按课税客体性质划分税制结构

阿道夫·瓦格纳主张收益税系、所得税系、消费税系三个税系组成的税制。

收益税系，把土地增值税（此税为瓦格纳首倡）、土地收益税、房屋税、资本收益税、营业收益税和财产税等课于土地和资本项目的各税种，都归入收益税系；所得税系，把薪金工资税和自由职业税等课于劳务的各税种都归入所得税系；消费税系，把烟税、酒税、糖税和盐税等课于商品的各税种，都归入消费税系。

这种划分税系的方法，与瓦格纳的税收可以矫正个人所得和财产分配的思想，以及社会政策原则在税制诸原则中占有突出地位的观点有密切联系。瓦格纳根据萨伊的由土地、资本、劳力等生产三要素创造效用，产生价值的庸俗资产阶级理论进行分析：凡是由土地和资本这两个生产要所带来的收入，因为它具有永续和持久的性质，所以负担税收的能力强；凡是由劳力这个生产要素所带来的收入，因为它时常要受到疾病和失业的影响，具有不稳定的性质，所以，负担税收的能力较弱。这就是说，资本主义国家中国民收入分配的不均，不是由阶级剥削造成，而是由不同生产要素本身所能创造的价值大小各异所造成的。从而要矫正这种分配不均，就必须对负担能力强的、来自土地和资本这两个生产要素的具有持久性质的收入多课税，对负担能力弱的、来自劳动力这个生产要素的具有不稳定性质的收入少课税。实现这一目的的最好办法，就是把课税客体按性质区别为来自土地和资本的持久收入和来自劳力的不稳定收入，并相应划分为收益税系和所得税系这两大税系来对这两类不同性质的收入进行课征。这种划分税系的方法，是德国首创的税制，曾经迷惑过不少人。第一次世界大战前,在不少国家中,一度占有支配的位置。除了上述以收入作为课税客体的以外,对于以支出作为课税客体的,瓦格纳还另行补充设置了一个消费税系。在这个消费税系内部,一方面选择一些为一般人所共同消费的商品确立税种(如盐税),以实现普遍征收的原则,另一方面又选择一些主要为某些高收入者所消费的商品确立税种(如烟税、酒税),以实现按支付能力征收的原则。有了这样一个包括以收入为课税客体的收益税系和所得税系,以及辅以支出为课税客体的消费税系所构成的税制体系,那么,从社会政策的角度来说,由于同时就收与支两个方面去调节社会分配的不均,所起的作用将会更大;从财政的角度来说,也由于同时就收与支两个方面去组织缴纳,漏税的可能将会减少。

3. 按负担能力划分税制结构

日本小川乡太郎主张所得税、消费税、流通税三个税类组成的税制。对纳税人的经常收入设置所得税制,实行按能力纳税;对纳税人的非经常收入设置流通税制,接纳税人在经济流通中获取的收入课税;对纳税人的支出设置消费税制,按消费能力课税。流通税制和消费税制均属商品课税范围。为此,这一分类丰富了商品课税的内涵和扩大了商品课税的外延。这种理论观点,为现代西方国家所得税、商品税和财产税三大税类理论的建立和发展奠定了基础。

4. 按社会再生产过程中的资金运动划分税制结构

主要代表人物为马斯格雷夫。他认为各种税主要是在商品市场和要素市场上课征,相应地形成商品课税体系和所得课税体系。此外,对资金存量或过去财富课税的各税种形成财产税体系,包括土地税、房屋税、遗产税、继承税、赠与税等。马斯格雷夫为近代资本主义国家勾画出的税制体系包括有:在本年货币(包括货币资本,下同)总流量中,以逆着它的流向的商品价值为对象的课税;以顺着它的流向的社会产品和国民收入的分配额为对象的课税;以不属于本年货币总流量的过去财富积累为对象的课税等三大税系。以上第一大税系中包括有:消费税、销售税、营业税和个人支出税等各税种。第二大税系中包括有:个人所得税、公司所得税、分类所得税、超额所得税和社会保险税等各税种。第三大税系中包括有:土地税、房屋税、遗产税、继承税和赠与税等各税种。

马斯格雷夫从资本主义社会中存在的无数经济实体中抽象出"个人家庭部门"和"企业部门"两大部门,然后按照资本主义再生产中的货币运动,划分为从个人家庭部门流向企业部门(即个人支出转化为企业收入)及从企业部门再流向个人家庭部门(即企业支出转化为个人收入)这样两个阶段的不断循环反复的过程。并将资本主义再生产中的这种货币运动如图 10-2 所示进行划分。

图 10-2 的上半部,反映了以个人家庭部门为主体的货币收支运动,下半部,反映了以企业部门为主体的货币收支运动。因此,首先就课税主体来说,不论税收确定在整个货币收支运动中如图 10-2 所示的上半部或下半部的哪一个环节上进行课征,它都不外是对代表个人家庭部门的自然人(如果课税环节在图的上半部)和对代表企业部门的法人(如

果课税环节在图的下半部）这两大课税主体的课征。再看图10-2的左右两方。此图的右半部反映了货币从个人家庭部门在流向企业部门。在货币运动的这个阶段中，个人家庭部门经过消费商品市场，以货币的形式从企业部门换回它所需要的某些消费商品的价值。税收如果确定在货币运动这个阶段的任何一个环节上进行课征，它的课税客体就是商品价值。具体说来，这个环节选择在右上部分，则课税主体是自然人（个人家庭部门），税种是个人支出税。这个环节选择在右下部分，则课税主体是法人（企业部门），税种是零售税或营业税。此图的左半部，反映了货币从企业部门流向个人家庭部门。在货币运动的这个阶段中，企业部门对实现的商品价值做了某些扣除，并进行国民收入的分配，然后经过生产要素市场，从不同的个人家庭部门重新换回又一生产周期所需要的劳力、土地和资本的使用权。税收如果确定在货币运动这个阶段的任何一个环节上进行课征，它的课税客体就是社会产品和国民收入的分配额。具体说来，这个环节选择在左下部分扣除折旧之前，则课税主体是法人（企业部门），税种是生产型增值税。选择在左下部分扣除折旧之后和进行国民收入分配之前，则课税主体是法人（企业部门），税种是收入型增值税。选择在左下部分进行国民收入分配之后和进入生产要素市场之前，则课税主体是法人（企业部门），税种是公司所得税和社会保险税。这个环节如果选择在左上部分紧接生产要素市场之后，则课税主体是自然人（个人家庭部门），税种是工资所得税、租赁所得税、利息所得税和股息所得税等分类所得税；选择在左上部门生产要素市场后继续后移，则课税主体是自然人（个人家庭部门），税种是个人综合所得税。

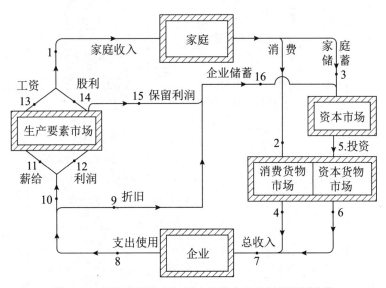

图10-2 按社会再生产过程中的资金运动划分税制结构

家庭、个人为纳税人：1——综合所得税；13、14——分类所得税；2——个人支出税。

企业、公司为纳税人：4——零售税；7——营业税；10——收入型增值税；11——社会保险税；12——公司所得税；15——保留利润税。

不选择征税点的：3、5、6、8、9、16。

5.IMF 和 OECD 对税种的划分

IMF 国际货币基金组织，1945 年 12 月建立，截至 2020 年年底有 190 个成员。把税收分为六类：所得税、社会保险税（按非税收入统计，故不在表 10-1 中列出）、工资和劳动力税、财产税、货物与劳务税、其他税如表 10-1 所示。

OECD 经济合作与发展组织由主要发达国家 1961 年 9 月成立，拥有 38 个成员国。把税收分为六类：所得税、社会保险税、薪金和人员税、财产税、商品与服务税、其他税。

表 10-1　IMF 和 OECD 税种的划分

OECD 税种分类				IMF 税种分类	
1. 所得税	个人所得税			个人所得税	1. 所得税
	公司所得税			公司所得税	
	未分类所得税			未分类所得税	
2. 社会保险税	雇员社会保险缴款				
	雇主社会保险缴款				
	其他人社会保险缴款				
	未分类社会保险缴款				
3. 工资与劳动力税					2. 工资与劳动力税
4. 财产税	经常性不动产税			经常性不动产税	3. 财产税
	经常性净财富税			经常性净财富税	
	其他经常性财产税			其他经常性财产税	
	遗产、继承与赠与税			遗产、继承与带与税	
	金融与资本交易税			金融与资本交易税	
	其他非经常性财产税			其他非经常性财产税	
5. 货物与劳务税	其他货物与劳务税			其他货物与劳务税	4. 货物与劳务税
	使用税与许可税			使用税与许可税	
	生产钓售与供应税	普通税		普通税	
		特殊税	货物税	特殊货物税	
			劳务税	特殊劳务税	
			其他税	其他特殊货物劳务税	
			进口税	进口税	5. 国际贸易税
			出口税	出口税	
			垄断利润	垄断利润	
			其他税	汇兑税	
				其他税	
6. 其他税	企业缴纳			企业缴纳	6. 其他税
	非企业缴纳			非企业缴纳	

资料来源：OECD：Revenue Statistics（1965—2010 年）；IMF：Government Finance Statistics Manual 2001。

注：为表示 OECD 税种分类与 IMF 税种分类的对应关系，对货物与劳务税各税种的排列顺序做了调整，其他各类税的税种排列顺序未变。

10.3.2 中国税种设置的现状

我国现实中常用的税收分类标准主要有两个。

一是以税种的税收负担是否能转嫁为标准，将税种划分为直接税和间接税。

（1）直接税，是指纳税义务人同时是税收的实际负担人，纳税人不能或不便于把税收负担转嫁给别人的税种。属于直接税的纳税人，不仅在表面上有纳税义务，而且实际上也是税收承担者，即纳税人与负税人一致。直接税以归属于私人（为私人占有或所有）的所得和财产为课税对象，在我国直接税主要包括：所得税类——个人所得税、企业所得税；财产税类——房产税、契税、车船税、船位吨税、车辆购置税；行为税中的城市维护建设税、烟叶税。

（2）间接税，是指纳税义务人不是税收的实际负担人，纳税义务人能够用提高价格或提高收费标准等方法把税收负担转嫁给别人的税种。属于间接税税收的纳税人，虽然表面上负有纳税义务，但是实际上已将自己的税款加于所销售商品的价格上由消费者负担或用其他方式转嫁给别人，即纳税人与负税人不一致。间接税为对商品和劳务征税，商品生产者和经营者通常均将税款附加或合并于商品价格或劳务收费标准之中，从而使税负发生转移。因此，间接税不能体现现代税法税负公平和量能纳税的原则。在我国间接税主要包括：流转税类——增值税、营业税、消费税、关税；资源税类——资源税、土地增值税、城镇土地使用税、耕地占用税；行为税中的印花税。

二是以课税对象的性质为标准，将税种划分为所得课税、商品和服务课税及财富和财产课税。

（1）所得课税简称"所得税"，指以纳税人的所得额为征税对象的税。具体地说是对纳税人收入总额扣除为取得收入所支付的费用后的余额所征收的税。所得一般分为三类：①营业所得，如从事工业、商业、服务业等生产经营的所得。②投资所得，如股息、红利、财产租赁或转让及特许权使用费所得。③劳务所得，如工资、薪金和劳务报酬所得。这种分类只是形式上的，而实际上，除征劳动者个人的工资所得税是直接由劳动者负担外，其余征自公司、企业的利润所得税和利息、股息、红利等所得税，都来自劳动者创造的剩余价值。

（2）商品和服务课税，是以商品和服务的流转额作为课税对象的课税体系。流转额指由于商品或服务因交换活动而发生的货币金额，包括商品流转额和非商品流转额。其中，商品流转额指在商品生产和经营活动中，由于销售或购进商品而发生的货币金额，即商品的销售收入额或购进商品支付的金额；非商品流转额是指从事商品生产经营的各种服务而发生的货币金额，即提供服务取得的营业服务收入额或取得服务支付的货币金额。

（3）财富和财产课税，对财产或财富课税是对收入存量的征税。在西方国家，财富税是包括在财产税之内的。财产课税是指以纳税人所有或属其支配的财产数量或价值额为课税对象征收的税收。财产税是古老的税种之一，在所得税问世以前，财产税曾经是各国的税收收入的主要来源之一。财产税有一般财产税、财产增值税和财产转移税三种。一般财产税以财产的价值为计税依据，在一定时期内课征一次。财产增值税以财产的增值额为征税对象，即对财产的现值超过原值部分按一定的税率课征。财产转移税以转移时的财产价值为计税依据向财产承受人征税，这种转移可以通过买卖、赠与或继承实现。财产税一般具有调节财产拥有人的收入、限制财产拥有人的奢侈性消费、增加财政收入等作用。

10.4 各税系概况

我国同其他国家一样，目前征收很多不同类型的税种，各税种既互相区别又密切相关。经过税制改革，中国形成了流转税、所得税、财产税、资源环境税、行为和其他特定目的税等5大类18个税种组成的复合税制体系，如表10-2所示。现行18个税种中立法税种已达11个。

表 10-2 中国税制体系

类 别	内 容	作 用
流转税类	增值税	在生产、流通或者服务业中发挥调节作用
	消费税	
	关税	
所得税类	企业所得税	在国民收入形成后，对生产经营者的利润和个人的纯收入发挥调节作用
	个人所得税	
财产和行为税类	房产税	对某些财产和行为发挥调节作用
	车船税	
	印花税	
	契税	
资源和环境保护税类	资源税	对因开发和利用自然资源差异而形成的级差收入发挥调节作用
	环境保护税	
	土地增值税	
	城镇土地使用税	
特定目的税类	城市维护建设税	为了达到某特定目的，对特定对象和特定行为发挥作用
	车辆购置税	
	耕地占用税	
	船舶吨税	
	烟叶税	

10.4.1 所得税制

所得税制是以自然人和法人的法定所得为征税对象的一种税制体系。各国目前征收的所得税很多，税种名称各异，比较规范的称谓有国家所得税、市政所得税、自然人税、法人税、公司（企业）所得税、个人所得税等；非规范性的称谓则更多，如教会税、工资税、贸易税、公共税、薪俸税、老年养老金捐助等。根据纳税人的属性不同，这些所得税大致可以划分为两大类：一类是个人所得税，包括对自然人的综合收入、专业收入、权利金收入，及无住所个人（亦称为非居民个人），取得的上述收入所课征的税；另一类是公司所得税，包括对企业的经营利润、资本利得及非居民企业的上述收入所课征的税。绝大多数国家同时开征个人所得税和公司所得税。

1. 所得税的产生与发展

所得税制的产生除了有社会、文化背景之外，更重要的是其财政背景和经济背景。

财政背景——所得税产生的直接原因是国家进行战争急需大量的资金，所得税于1798年产生于英国，于1914年推行于法国。1798年，英国皮特政府时期为了筹集军费的需要，颁布了一种新税种，该税以纳税人上年度的纳税额为计税依据，并对富有阶级课以重税，同时制定了各种宽免、扣除规定，这就是所得税的雏形。进入19世纪大多数资本主义国家相继开征了所得税，使其逐渐成为大多数国家的主体税种。

经济背景——所得税产生的经济基础是国家生产力水平发展到一定程度，有足够的财源。

所得税制的发展可从以下三个角度来看。

一是由临时性质的所得税发展到经常性质的所得税。英国与法国战争期间，英国首相毕特（W. Pitt）为筹措战争经费，开征的临时性质的所得税被视为最早的个人所得税。1803年英国对拿破仑开战，为筹措战争经费又制定了新的所得税法。但是两次征收的所得税都是在战争结束后就停止了。这说明英国课征所得税之初，是为了筹措战争经费，并无开征永久性所得税的意向。但是，到1842年，英国因采用自由贸易政策，导致关税和消费税税收的大量减少，使财政陷于困境。当时的财政大臣皮尔（R.Peel），为了解决财政困难，开始征收了具有永久性性质的所得税。美国为了筹措南北战争经费也于1861年开始征收个人所得税。

二是由比例税率的所得税发展到累进税率的所得税。早期的收入所得税大多不按累进税率征收，所以在英国，除了对个人减免之外，一般都是按比例缴纳收入所得税。到了1909年，英国财政大臣乔治（Lloyd George）与上议院经过一番激烈交锋后，其对高收入人群征收"附加税"（surtax）的议案才获通过。虽然美国对收入开征所得税的时间比英国晚，但它从一开始施行的就是累进税率。实际上，在第一次世界大战以前，各国的税收收入占国民收入的比重很小，一般低于10%，在美国甚至低于5%。即使在收入所得税变得越来越重要的今天，其税率看起来仍然很小，基准税率只是收入的几个百分点，最高税率也没有超过15%。在对大部分个人收入免税的前提下，实际上只有很小比例的人口（美国大概为2%）缴纳了收入所得税。因此，当时的个人收入所得税实为一种"阶层税"（class tax），这与同期开征的企业所得税（corporate income taxes）有相同之处。

所得税之所以能够发挥调节居民收入差距、缩小贫富分化的重要作用，是因为它依靠的是累进税率而不是比例税率，如果使用比例税尤其是大量使用比例税，所得税的作用效果就会大大丧失。正因为此，在西方经济发达国家所得税税率由比例税转向累进税成为改革发展的总趋势，各国起初实行比例税，以后逐渐演变为累进税。

三是由分类或个别所得税发展到综合或一般所得税。由分类所得税模式发展到综合所得税模式，美国是典型的并一直实行综合所得税模式的国家。法国、德国等最初是采用分类所得税模式，后来仿效美国实行综合所得税模式。从欧洲的现状看，所有西欧国家的个人所得税课税模式均为综合所得税制。第二次世界大战末期，葡萄牙、意大利、比利时、西班牙、希腊等国实行过分类所得税制，但先后转向了综合所得税制。随着综合税制在欧洲各国普遍推行，拉美地区的一些国家也纷纷转向综合课税模式，亚洲、大洋洲的国家，绝大部分实行综合所得税课税制度。综合所得税制克服了所得分类分项的含糊不清的困难，规范了纳税人的扣除额制度，贯彻了按支付能力纳税的公平原则，综合所得税制已成为国际上大多数国家普遍采用的模式。

2. 所得税的性质

所得税是对人税。这里的"人"是指纳税人，包括自然人、法人和其他纳税单位。

所得税是对纳税人在一定时期内的各种所得进行课征。

所得税是直接税。所得税是在收入分配环节，对企业净利润和个人纯所得进行的课税，不与商品流通和市场交易直接相关。一般来说，其税收负担难以转嫁，最终的税收负担将由纳税人直接承担，纳税人就是负税人，因此所得税属于直接税的范畴。通常情况下，所得课税是直接税，不易于转嫁，但有的时候，所得税的税负也有可能以某种形式发生转嫁。

所得税制是累进税，而且一般实行超额累进税率。所得课税要考虑纳税人的具体情况，具有不同能力的纳税人缴纳的所得税也是不同的，所以此类税通常按累进税率课征（尤其是个人所得税），因而具有更强的累进性。

所得税是一种混合税。从所得来源看：既有劳动所得，又有财产所得。从所得性质看：既有经常所得，又有临时所得。从所得形式看：既有货币所得，又有实物所得。

3. 所得税的优缺点

所得税的优点包括以下三个方面。

从财政方面来看，所得税收入充足而且具有弹性。所得课税以实现的所得为课税对象，税基广泛（仅次于商品税）、可靠，易于政府取得财政收入。随着经济资源的不断增加和经济活动的不断扩大，所得的来源、种类将会越来越丰富，因此所得税税源也将会更加广泛，所得税的收入也必然随之增长。

从国民经济方面来看，所得税能稳定经济且不打击生产积极性。在所得税制下，没有收入的个人和亏损的企业是不需要缴纳所得税的，而商品税规定只要发生了市场交易行为，无论纳税人是否盈利，都必须要纳税。故与商品税相比，所得税更具人性化，有利于缓和阶级、社会矛盾，促进社会和谐、稳定，特别是所得税体系中的社会保障税，还具有增进社会福利的作用。

从社会政策方面来看，所得税课征普遍而且公平。所得税的课税对象是企业和个人的所得。作为课税基础所得源自国家的经济资源和个人的经济活动，只要有所得，就可以课征所得税；凡是有所得的自然人、法人和其他社会团体、组织，只要符合法定标准，就必须课征所得税，因此所得税具有普遍课征的特点。

所得税不仅允许税前扣除各项成本、费用，而且还设置了免征额，同时普遍采取累进税率，这使所得税的税收负担具有鲜明的累进性，较好地体现了"高收入者多交税，低收入者少交税甚至不交税"的量能负担原则，在调节收入分配差距方面具有明显的优势，成为各国政府调节收入分配的最主要税收工具。

所得税的缺点也可概括为四个方面。

一是所得税概念不明确，因而导致应税所得的计算不尽一致。

二是净所得计算困难重重，尤其是费用的扣除很难把握；所得税以按照税法计算的应纳税所得额为计税依据，其中涉及一系列复杂的成本、费用扣除，因而计算过程比商品课税复杂得多，税收征管的难度也相对较大。

三是所得税容易发生逃税现象，由于所得税的税收负担具有直接性、公开性和透明性特点，对纳税人征收所得税，会使其直接感受到自身经济利益的损失，更容易引发纳税人对税收的反感和抵触情绪，产生偷逃税现象。

四是所得税会泄露私人经营上的秘密，引起法律纠纷。

4. 个人所得税的类型

个人所得税存在着三种税制模式：分类所得税、综合所得税和分类综合所得税。

分类所得税是将各种所得分为若干类别，对不同来源和性质的所得，课以各种不同的税率。分类所得税制一般采用比例税率，广泛采用源泉课征法，课征简便，节省征收费用。也可实行差别税率，能较好地体现横向公平；但分类所得税制一般不能采用累进税率，很难体现纵向公平。

分类所得税的理论依据在于，纳税人为取得不同性质的所得，其付出的劳动和努力程度是不一样的，因此不同性质的所得应适用高低不同的税率水平。对于勤劳所得，如工资薪金所得，需要付出艰辛的努力才能获得，应承担较轻的所得税；而对于资本利得，如利息、股息、租金及转让股票和不动产资本所得等，主要凭借本身拥有的资本而取得，其所需付出的劳动比较少，应承担较重的所得税；对于偶然所得，如中奖所得，完全不用付出劳动即可取得，应承担最重的所得税。

分类所得税的优点在于，可以按所得性质的不同采取差别税率，实行区别对待，有利于实现国家特定政治、经济、社会政策目标。而且分类所得税征收比较简便，易于进行源泉控制，一次性征收，不需要汇算清缴，减少了征纳的成本。但分类所得税无法按纳税能力原则课税,所得来源渠道更多且综合收入更高的纳税人缴税可能更少,不能有效地贯彻量能负担原则和税收公平原则的要求,也容易改变纳税人的行为,产生逃避税问题,带来经济效率的扭曲。分类课税模式首创于英国,但当前实行纯粹分类课税模式的国家已经很少,我国尚属于典型的分类课税模式。

综合所得税是将纳税义务人在定期间内的各种所得综合起来,减去法定减免和扣除项目的数额,就其余额按累进税率征税。综合所得税最早出现于德国,后来逐渐被世界各国普遍采用。综合所得税制课税范围广,能体现"量能课税"的原则;但这种课征制课征手续较繁、征收费用多,且容易出现偷漏税。

综合所得税的优点是既能体现纳税人的真实收入水平,又能照顾到纳税人的不同家庭负担差异,做到高收入者多交税、低收入者少交税,对个人收入分配的调节作用最强,符合量能课税、公平税负的原则。但综合所得税的缺点是计算复杂、征管难度大。一方面,由于综合所得税模式建立在纳税人自行申报制度基础之上,不便于实行源泉扣缴,征纳手续比较繁杂,逃避税风险更高,要求纳税人纳税意识强、税收遵从程度高,及较健全的财务会计体系相配套。另一方面,综合所得税对征管的要求比较高。为了准确掌握纳税人的全部所得信息,征管机关必须具有较高的工作效率和先进的税收管理手段,征管成本较高。

分类综合所得税由分类所得税和综合所得税合并而成。这种类型的所得税,是按纳税人的各项有规则的连续所得先课以一定的比例税率。然后再综合纳税人全年各种所得额,如达到一定限度,再课以累进税率的综合所得税。对分类课征阶段已纳税款,可以冲抵综合课征的税款。这种课征制度既坚持了"按能课征"的负担原则,主张个人不同来源的收入要综合计算征收;又坚持对不同性质的收入要区别对待的原则,主张特定收入项目按特定的办法和税率课征。

分类综合所得税综合了上述分类所得税和综合所得税的优点,但仍具有计算征收比较麻烦的缺点。分类综合所得税制最早实行时间1917年,是法国在第一次世界大战期间开始实行的。

在实践中,分类综合所得税模式的税制安排非常复杂,又可以分为二元、半二元、半综合等不同税制模式。典型的二元所得税制是指,工薪所得适用较高的累进税率,各类资本利得适用基本相同的比例税率或者适用差别较小的比例税率,应用二元所得税制的国家如挪威、冰岛、芬兰。半二元或半综合所得税制是指,对不同类型的所得实行略有不同的名义税率,其中对某些类型的资本利得适用较低的比例税率,而对其他类型的资本利得和一般所得适用较高的累进税率,应用半二元所得税制的国家,如法国、日本、瑞典。对资本利得课以更低的比例税率主要是因为资本比劳动力更容易跨境流动,通过储蓄投资转移到国外,导致资本外逃,从而逃避所在国对资本利得的高税收。为了将资本留在国内和鼓励投资,许多国家都对资本利得制定了比工薪所得更低的税率。

5. 个人所得税的课征

课征个人所得税时我们要关注其课税范围与课税方法。

个人所得税的课税范围是指一个国家在行使其课税权力时所涉及的纳税主体与课税客体的范围。凡属课税范围之内的纳税人与课税对象都要依法纳税。就目前来看，世界各国实行两种税收管辖权，即地域税收管辖权与居民税收管辖权。

地域税收管辖权又称收入来源地税收管辖权，属于遵循属地原则确立的税收管辖权，指一国政府只对来源于本国境内的全部所得行使征税权力，其中包括本国居民的境内所得和外国居民的境内所得，但对本国居民的境外所得不行使征税权。所得来源地的判定标准主要有生产经营活动发生地、提供劳务所在地、不动产所在地、财产或权利的使用地、所得的支付地等。

单纯实行地域税收管辖权的国家或地区大多是一些发展中国家或地区，或者是一些人口流动性较强的国家或地区。这些国家或者地区出于管理的方便或吸引人流的考虑，通常仅仅行使地域税收管辖权，如巴西、阿根廷、文莱、巴拿马、乌拉圭、委内瑞拉、玻利维亚、多米尼加、厄瓜多尔、危地马拉、尼加拉瓜和中国香港等12个国家或地区。

居民税收管辖权又称居住税收管辖权，也属于遵循属人原则确立的税收管辖权，是指一国政府对本国居民来自世界范围的全部所得行使征税权力。行使居民管辖权的关键在于确定纳税人（包括自然人和法人）的居民身份。大多数国家和地区都行使居民管辖权。

在世界各国的税法实践中，对于自然人居民身份的确认，通常采用的判定标准主要有以下三种。

（1）住所标准。住所标准是以自然人在一国境内是否拥有永久性住所或者习惯性住所为标准，决定其是否为居民纳税人。其中住所一般是指自然人的配偶、家庭及财产的所在地。由于住所具有永久性和固定性的特征，采用这种标准较易确定纳税人的居民身份。目前主要有中国、法国、德国和日本等国采用此标准。

（2）居所标准。居所标准是以自然人在一国境内是否有居所，决定其是否为居民纳税人。各国税法中所说的居所可能不尽相同，但一般都是指一个人在某一时期内经常居住的场所，却不具有永久居住的性质。居所标准能在更大程度上反映个人与其实际工作活动地之间的联系，与住所标准相比，这是它更为合理的地方。采用居所标准的国家主要有英国、加拿大、澳大利亚等国。

（3）居住时间标准。居住时间标准是以自然人在一国境内居住是否达到或超过一定期限为标准，决定其是否为居民纳税人。采用这种标准的国家很多，但在税法上规定的居住期限并不一致，有些国家规定的居住期限为半年，如英国、印度、印度尼西亚等国；有些国家则规定为1年，如巴西、日本等。

各国根据本国的实际情况选择适合本国的居民判别标准。当然，一个国家在同一时间并非只能选择某一个居民判别标准。事实上，大部分国家会同时选择两个甚至两个以上的判别标准，以最大限度地保障本国的税收权益。例如我国《个人所得税法》规定，凡是在我国境内有住所的自然人，或者在一个纳税年度中在我国境内居住满183天的自然人，都构成我国的居民纳税人。

近年来，由于交通、通信的便利，人员在国际上的流动大大增加，而各国之间个人所得税的税负水平却相差巨大，为防止税款流失，各国政府对居民纳税人的判定标准正变得越来越复杂、越来越严格。

个人所得税的课征有估征法、源泉课征法和申报法三种方法。

估征法是依纳税人的各种外表形态课税。由税务机关根据纳税人的各种外部标志，测定其所得，并据以征税。具体又分为三种：一是净值法，根据纳税人财产净值的多寡，如根据其住宅大小、交通工具的新旧等，推定其所得额大小；二是消费支出法，根据纳税人平时生活水平与各种消费支出的数额，推测其所得，决定其应纳税额；三是银行账户法，根据纳税人银行往来账户的往来情形，决定所得额和应纳税额。

估征法对申报法和源泉课征法等征纳程序上难以掌握的所得，可起重要的补充作用，尤其是对逃漏严重、顽劣不堪的纳税人，它的运用具有惩罚的意味。但是从外部标志推定所得不免臆测和武断，只能充当补充的征税办法。

源泉课征法是由支付单位于付款时负责代扣代缴税款的制度。避免逃税、税额累积，使税款能够及时足额入库。一般适用于分类课征制，无法体现合理税负的原则。

源泉课征法的优点是纳税人不需要直接申报纳税，税务机关也不需要审核，征收简便，征收费用低，能做到据实扣缴，政府能及时获得税款，税源能得到严格控制，并尽量避免或减少偷逃税的现象发生。源泉扣缴的缺点是适用范围有限，尤其是对生产经营性所得无法进行源泉扣缴，而且源泉课征法不能综合纳税人的全部所得来确定其税收负担，无法体现"量能负担"的课税原则。

申报法又称综合课征法，是指纳税人按税法规定自行申报其应税所得额，由税务机关调查核实后，再根据申报的应税所得依率计算应纳税额，由纳税人一次或分次缴纳。一般适用于综合课征制，符合量能负担和公平税负的原则。

申报法的优点是有利于培养纳税人自觉纳税的意识，并且可以较好地体现"量能负担"的课税原则。自行申报的缺点是，在税务当局对个人收入无法有效监控的情况下，容易助长纳税人偷逃税款现象。所以，自行申报制度的高效运行要求税务机关具有较高的征管水平，及良好的社会纳税意识和纳税环境。因此该方法在发展中国家使用较少。

10.4.2 商品税制

所谓商品税（commodity tax），是对商品的生产、流通、消费以及劳务的提供课征的各税种的统称，国际上又称为"货物与劳务税"（goods and services tax）。这里的商品既包括有形商品，如货物，也包括无形商品，如劳务和技术。由于商品税是以商品和劳务的销售额、营业额等流转额为课税对象，所以我国习惯称之为"流转税"。在我国，商品税主要包括增值税、消费税和关税。

1. 商品课税的产生与发展

关税是海关依法对进出境货物物品征收的一种税。西方在古希腊、古罗马时代就已开始征收关税。我国早在西周时期就开始征收"关市之赋"，到唐朝设立"市舶司"，负责对来华贸易的货物和船舶征税。随着现代西方国家倡导自由贸易和全球经济一体化，关税壁垒逐渐削弱，关税收入占税收收入的比重大大下降，但关税政策对调节国际贸易关系仍具有重要影响。

消费税是指对消费品和特定的消费行为按消费流转额征收的一种商品税，这是一种古老的税种，其雏形最早产生于古罗马帝国时期。当时，由于农业、手工业的发展，城市的兴起与商业的繁荣，于是相继开征了诸如盐税、酒税等产品税，这就是消费税的原型。消费税作为流转税的主体税种，不仅可以保证国家财政收入的稳定增长，而且还可以调节产业结构和消费结构，限制某些奢侈品、高能耗品的生产，正确引导人们消费。同时，它也体现了一个国家的产业政策和消费政策。消费税在我国有着悠久的历史，早在公元前81年，汉昭帝为避免酒的专卖"与商人争市利"，改酒专卖为普遍课征的酒税，允许各地地主、商人自行酿酒、卖酒，每升酒缴税四文，可以说这是我国最早的消费税。自此之后，酒、盐、铁、茶等一直是我国历朝历代的主要课税对象。消费税的征收具有较强的选择性，作为一个特殊调节的税种，在体现国家经济政策、调节产业结构、引导消费方向等方面具有重要意义。

美国耶鲁大学经济学教授亚当斯（Adams）是提出增值税概念的第一人，他于1917年在其发表的《营业税》（*The Taxaion of Business*）一文中首先提出了"对营业毛利征税比对利润征收的公司所得税好得多"的论断。亚当斯所提的"营业毛利"就是货物销售额减去进货额，即增值额。推动增值税成功实施的第一个国家是法国，1948年法国为了克服全值周转税对中间商品的重复征税，把制造阶段商品税的全额征税改为对增值额征税。1954年，法国又将增值税扩展到批发环节，并成功地推行了消费型增值税。1968年法国又进一步将增值税扩展到零售环节。时任法国税务局局长助理的莫里斯•洛雷（Maurice Laure）积极推动法国增值税制的制定与实施，因此被誉为"增值税之父"。

在此后的时间里，由于具有避免重复征税、税负公平合理等优点，增值税在世界范围内迅速推广。首先是在欧洲经济共同体（以下简称"欧共体"）成员国得到了推广。1963年，欧共体财政和金融事务委员会提交的《纽曼报告》（*Neumark Report*）建议成员国开征增值税代替全额销售税，得到当时欧共体部长理事会的认同。1967年4月，欧共体发布增值税第一号和第二号指令，要求所有成员国在规定时间之前全部实行增值税。按照欧共体的增值税指令，欧共体最初的成员国先后于1973年1月1日之前实行了增值税，可以说实行共同的增值税制度是加入欧共体，包括后来的欧洲联盟必需的、最重要的条件之一。

20世纪70年代初期，许多拉美国家也开始采用增值税，随后实行增值税的国家越来越多，并逐渐形成较为系统和规范的课税制度。增值税收入在各国税收收入中所占比重也大大提高。

2. 商品课税的性质

商品税以商品价值的流转额为课税基础，即毛收入或增值额为课税基础。因此税基比其他税种广泛、可靠，易于政府取得财政收入。

商品税是对物税，指只对纳税人的销售（营业）额全部课征，适用于比例税率。即不考虑纳税人自身的各种具体情况,对从事相同商品、劳务交易的纳税人按照相同的标准课税,此类税收较好地体现了税收负担的横向课税公平,但由于具有一定的累退性,因此不利于税收负担的纵向课税公平。

商品课税要确定课征环节。商品课税是以商品和劳务的销售收入或销售数量为计税依据的,计税方法比所得税等税种要简单,但是,商品课税一般是对商品和劳务流通过程中的多个环节征税,因此如果不将前一个环节的已纳税额扣除,则存在重复征税的问题,而且流通环节越多,税负越重。

商品课税存在着重复征税问题。如果在商品流通过程中的多个环节课税,并且不对本环节以前已经缴纳的税款予以扣除,则会发生重复课税问题,而且环节越多,税负越重。

商品课税存在税收转嫁现象。与所得税等直接税相比,商品课税属于间接税,税收负担易于转嫁。商品课税多与商品和劳务的价格相关,将税收负担隐蔽于商品和劳务的价格之中,转嫁给消费者。

3. 商品课税的优缺点

商品课税存在以下三个优点。

1)负担普遍,收入充裕

商品税是以商品交易额为课税对象,在商品生产、流通的各个环节普遍征收,课税范围大、税基宽广、税源普遍。在国民经济活动中,不论从事何种商品生产,不论采用何种经营方式,不论经营结果是盈是亏,也不论从事经营的主体是企业、单位或者个人,只要发生应税商品的生产经营行为,取得销售收入或者营业收入,就需要缴纳商品税。只要人们对商品和劳务的消费不断增长,政府就能够及时、足额、稳定地获得财政收入。同时,商品税的税收收入还能保证随着经济的增长而相应增长。

2)纳税人不感觉痛苦,税负容易转嫁,课税隐蔽

商品税的课税对象是货物和劳务,而且是在商品流通过程中征收,一般是以厂商或销售商作为法定纳税人履行纳税义务。但在市场经济情况下,纳税人可以通过调整商品价格,以商品加价的方式将税收负担转嫁给消费者,所以它一般被认为属于间接税范畴。消费者作为负税人,他们在消费过程中,不知不觉地承担了税负,但由于税款包含在商品的销售价格中,并不直接由消费者缴纳,具有较强的隐蔽性,消费者没有强烈的纳税牺牲感觉,纳税敏感程度相对较低。所以,商品税较之所得税和财产税,在课征的时候阻力更小,更易于为人们所接受。这也正是商品税能行之久远的一个重要原因。

3)计征简便,成本较低

商品税选择在商品的生产和流通环节课征,虽然消费者是货物和劳务的最终负税人,但纳税人是相对比较集中的企业和厂商,税源比较集中,易于控制。在税务稽征上比较简单,易于控制税源,节约征收费用。另外,除少数税种采用定额税率按货物销售数量定额计征外,商品税一般是按照货物销售收入或者劳务营业收入金额依率计征,与所得税、财产税不同,商品税不需要考虑纳税人的经济条件和负担能力等因素,没有复杂的成本和费用扣除。因此,相较其他税种,商品税计征比较简便。

商品课税也存在着不符合纳税能力原则、违反税负公平原则、缺乏弹性三个缺点。

在法定税率和税负转嫁既定的情况下，不同收入阶层的商品税实际税收负担呈现累退性的特点。税收负担的累退性，指的是低收入阶层承担的税收负担占其全部收入的比重高于高收入阶层承担的税收负担占其全部收入的比重。商品税之所以具有累退性，体现在：第一，商品税大多采用比例税率，从表面上看，消费者消费越多，税负越重，这似乎符合多收入者多缴税的税收公平原则。但是，每个人的消费支出占全部收入的比例并不同，由于边际消费倾向递减规律，随着个人收入的增加，个人消费支出占其全部收入的比重随之下降，越是高收入阶层，其全部收入的消费比例越低，越是低收入阶层，其全部收入的消费比例反而越高。最终结果是，面对同样税率的商品税，高收入阶层只要用较小比例的收入承担税负，而低收入阶层则要用较高比例的收入承担税负。第二，不同的商品需求弹性存在差异，对商品征税，引起价格上涨最敏感的首先是生活必需品，其次是日用品，最后是奢侈品。而商品税的课征范围又偏重于日常生活资料，因此商品税的税收负担往往更多地落到低收入者身上。当然，为了克服商品税税负累退性的缺陷，可以选择对不同商品区别对待的差异化课税制度，如对生活必需品课以较低的税率，甚至免税，而对高档消费品和奢侈品则课以较高的税率。

4. 商品课税的类型

商品税税种的设置及商品课税的类型是由商品及其流转环节为基础的。从课税范围来看，商品分为消费品与资本品，从课税阶段来看，商品流通要经过生产、批发和零售等环节。商品种类的多样性和流通环节的复杂性共同决定了商品课税类型。

横观表 10-3 可以发现，不同税基决定了不同的课税类型。既可以仅对消费品征税，又可以对消费品和资本品（即国民生产总值）都征税，针对消费品来说，可以对消费品普遍征税，也可以选择部分消费品征税，此外，以全部交易额作为税基流转税也曾盛极一时。纵观表 10-3，流转环节不同，课税类型不同。单一阶段课税的商品税中，可以分别在设国产、批发、以及进口环节征税，商品多阶段课税，也可分为对流转过程中的增值额或流转总额课税。理论上来说，有 13 种课税方式，但出于实践可行性、效率性的考虑，各国一般有 8 种常见课税方式。

一是对商品生产环节的流转额课征的一种税，生产环节销售税，表现为表 10-3 中的(1)。

二是对商品批发环节的流转额课征的一种税，批发环节销售税，表现为表 10-3 中的(2)。

三是对商品零售环节的流转额课征的一种税，零售环节销售税，表现为表 10-3 中的(3)。

四是选择特定流通环节和特定商品课征的一种税，消费税，表现为表 10-3 中的（5）、（6）、（7）。

五是对商品各流通环节的增值额分别课征的一种税，增值税，表现为表 10-3 中的(12)。

六是对商品各流通环节的周转总额课征的一种税，周转税，表现为表 10-3 中的（13）。

七是对进出口或过境商品征收的一种税，关税。

八是对劳务流转总额课征的一种税，劳务税。

表 10-3　商品课税的类型

阶　段	税　基			
	消费品		消费品与资本品	全部交易额
	一般型	选择型		
单一阶段				
生产	（1）	（5）	（9）	—
批发	（2）	（6）	（10）	—
零售	（3）	（7）	（11）	—
多阶段				
增值额	（4）	（8）	（12）	—
流转额	—	—	—	（13）

5. 商品课税的课征方法

从生产过程的阶段性来看，商品税的课征方法分为三类。

一是许可课税法，即对货物制造者课征一定税额后即可营业。

二是生产课税法，是指根据生产过程中应税商品、产品的生产量从价或从量课税的方法。按照应税商品、产品生产量的确定方法不同，又可分为外部标准课税法、原料课税法、半成品课税法和产成品课税法。外部标准课税法就是按生产应税商品、产品使用的机器设备能力为标准，核定应税商品、产品的生产量，予以课税；原料课税法就是按生产应税商品、产品所耗用的原材料数量为标准，核定应税商品、产品的生产量，予以课税；半成品课税法，就是按生产应税商品、产品所耗用的半成品数量为标准，核定应税商品、产品的生产量，予以课税；产成品课税法，就是按应税商品、产品的实际生产量为标准，予以课税。生产课税法有利于源泉控制，保证国家的财政收入。一般适用于货物税类型的商品课税。我国现行的各种商品课税，除产品税中的大型电力外，均不实行生产课税法，而实行流通课税法。

三是转移课税法，分为出厂税、贩卖税、入市税。

从计税依据角度来看，商品税的课征方法分为两类。

一是流转额课税法，即以生产经营单位的全部销售收入或营业收入为课税标准，按比例税率课征；可以在生产阶段，也可以在批发、零售阶段，是一种普遍课征方法；重复征税。

二是增值额课税法，即以生产经营单位的新增价值为课税标准，按比例税率课征，通称增值税。

$$增值额 = 销售收入 - 支付额$$

按照对外购固定资产价值的处理方式来分类，商品税分为三类。

一是消费型增值税，是指以社会消费资料价值为主要税基的增值税。其特点是，凡是应税产品生产耗用的全部外购物质消耗均可列入扣除项目范围。这样就全社会而言，全部生产资料最终都不在课税之列，增值税的税基仅限于社会消费资料价值。这是一种较为成熟但实行起来又需具备一定的财政、税制等条件的增值税类型。消费型增值税在彻底避免重叠课税、鼓励投资、简化征收方面具有很大优点。

二是收入型增值税，是指以国民收入为主要税基的增值税。其特点是，凡应税产品生产耗用的外购物质消耗除未提取折旧的固定资产以外，均可列入扣除项目范围。这样就全社会而言，增值税的税基实际上相当于国民收入。这种增值税不能彻底避免重叠征税，但对投资则有一定的限制作用。

三是生产型增值税，是指以国民生产总值为主要税基的增值税。其特点是，凡应税产品生产耗用的外购物质消耗除固定资产以外均可列入扣除项目范围。这样就全社会而言，增值税的税基主要是国民生产总值。我国现行的增值税就属于这种类型。这种类型的增值税在避免重叠课税、简化税制方面都不够理想，但对于限制投资和保证财政收入有一定作用。采用这种类型增值税的国家较少。

10.4.3 财产税制

财产税虽然是一个古老的税种，但因其独特的财政收入功能和调节财富分配的作用，一直在各国税制体系中占有一席之地，并且在一些国家的地方税制中居于主体地位。财产税的种类很多，依据不同标准有不同的分类方法。

1. 财产税制的历史发展

遗产税早在古代埃及就已征收。早在4 000多年前的古埃及法老胡夫（Khufu）当政时就按10%征收遗产税，将其用于修造金字塔、应对战争及解决老弱士兵的养老金问题。

罗马是首个正式设立遗产税的国家。奥古斯都大帝征服古埃及后，将遗产税也带回了罗马，按对继承人继承的财产份额课征5%的遗产税，并规定直系亲属或近亲继承可以免税，丧葬费用也可扣除，初具现代遗产税的雏形。

现代意义的遗产税制则是在英国诞生。遗产税是针对死亡所适用的一种税，它以死者的遗产及生前的赠与财产为课税对象。之所以对死者的遗产征收遗产税，是因为当死者死亡的那一时刻，其财产发生了转移，转移财产的价值相当于其遗留财产的价值。

2. 财产税的性质

1）**对人课征**

财产课税课征于纳税人的财产价值，其课征的着眼点是拥有财产的人，就其性质来说，它是一种对人税。

2）**存量与流量课征并行**

财产税分为对社会财富的存量课征和对转让财产所获得的净收入的增量课征。财产可分为不动产和动产。不动产是指土地以及附属于土地上的长期固定的设施。动产则是指人们占有的除不动产之外的全部财产，包括有形动产和无形动产。有形动产，如家具、首饰等，无形动产，如股票、债券、货币等。这里所说的财富存量，并不等于它绝对地不发生转移,绝对不发生转移只是相对于流动性较强的所得而言。

3)定期课征

财产税定期课征,课征对象是财产。存量财产税一般仅课征一次,增量财产税于每次转让财产时都要课征。

3. 财产税的类型

1)就课征方式而言,可分为一般财产税和个别财产税

一般财产税以美国最具代表性,征税对象主要是不动产、企业设备、存货、机动车等。财产税在美国基本上属于地方性税种,各地税率高低不等,最低的税率在3%以下最高税率超过10%,税基主要是财产的评估价值。

个别财产税包括土地税、房屋税,以及以土地、房屋为主要课税对象的不动产税,其中土地税在世界范围内比较普遍。虽然各国土地税的具体税名各异,但根据税基不同,主要分为两大类:一类是财产性质的土地税,以土地的数量或价值为税基。具体税种如实行从量计征的地亩税及实行从价计征的地价税。1987年前,我国台湾地区曾经征收过地价税,地价税现在仍然保留。另一类是收益性质的土地税,以土地的收益额(或所得额)为税基。又可以分为两种情况:一种是以土地每年的总收入减除种子、耕作及其他农业投入品等生产费用、管理费用后的总收入为税基,按比例税率计税,对其费用采取定率扣除方法,如印度的土地税采用这种征税办法;另一种是对转让所有权或使用权的土地,以土地销售价与进价之间的差额,或租赁的实际收入为税基计税。后一种土地税在有些国家被称为土地增值税。世界上征收土地增值税的国家或地区不多。

2)就课征对象而言,可分为静态财产税(对静态财产,依其数量或价值课征)与动态财产税(对财产转移、变动如财产继承进行课征)

静态财产税,是对财产所有人一定时期内某一时点的财产占有额,按其数量或价值进行课征。由于静态财产主要体现为财产的保有,因此静态财产税又被称为财产保有税。有的学者认为只有静态财产税才是真正意义上的财产税。

动态财产税,是对财产的转移、变动(如继承、增值等)课征的财产税。动态财产税根据财产转让时是否支付对价,可进一步分为财产有偿转让税和财产无偿转让税。财产有偿转让税一般仅指不动产有偿转让税,对有偿转让动产的课税通常被视为是对商品交易行为课征的商品税,而不被纳入财产转让税的范畴。财产无偿转让税主要体现为对财产的继承与赠与行为课征的遗产税和赠与税。

3)按课征标准不同,分为财产价值税与财产增值税

财产价值税,是指依据财产的价值课征的税,一般有按财产总价值、财产净价值、财产实际价值等几种标准征收。财产保有环节课征的财产税一般按财产价值征税。

4)就课征时序而言,可分为经常财产税与临时财产税

经常财产税是指有经常性课税收入的财产税。一般每年都征收一次。我国现行的房产税,就属于经常财产税的一种。

临时财产税是指国家为应付非常支出，临时课征于人民财产的一种税。我国先后经历了抗战和内战，国民政府财政经济面临严重困境。在此背景下，政府寄望于开征临时财产税以挽救财政经济危机。

就计税依据而言，可分为估价财产税和市价财产税。财产估价一般根据市场价值确定，有些国家则对市场价值进行必要的调整。市价财产税是对所有权发生转移的财产，按照应税财产的市场价值或售价征税。

4. 财产税的优缺点

财产税有不易转嫁、有利于生产发展及稳定三个优点。

（1）财产税不易转嫁。由于财产持有者在拥有财产的过程中一般不与他人发生经济交易，所以财产税税收负担难以转嫁，财产课税中的多数税种具有直接税性质。

（2）课征财产税有利于生产发展。因为对那些不使用的财产课征，可以促使该财产转移到生产过程中，成为一种生产资源。

（3）税收收入比较稳定。现代社会，各国课征的财产税覆盖了财产的占有、使用、转让等诸多环节，税源比较充分，对财富的存量征税通常不易受经济波动因素的影响，税收收入相对稳定。

财产税的课征省力易行。但财产税也存在以下四个缺点。

（1）财产税违背纳税能力原则。

（2）财产税的收入少，而且缺乏弹性，不能随着财政需要的多寡缓急提供资金。除非提高税率或扩大课税范围，否则财产税收入在短时期内难有较大幅度增长，缺乏必要的弹性，难以随着财政需要的多寡缓急提供资金。

（3）课税难以普遍。

（4）财产税的课征存在很多管理问题（如财产估价难以确定）。财产税制的正常运行，有赖于对财产的有效管理和对财产价值的合理评估，财产中的动产由于容易隐匿而难于征收，不动产的价值也难于准确评估，税务部门往往需要花费大量人力、财力进行财产评估和防范税收偷逃，征收成本很高。从各国财产税实践来看，财产税一般划归地方政府征管，作为地方财政收入，便于地方政府对本地区的税源实施严格监控。当然，财产税作为地方财政收入主要用于地方性公共产品和服务的提供，可以较好地体现成本与收益对等的原则。

5. 财产税的课征方法

在这里我们主要介绍两种主要的财产税的课征方法。

（1）土地税的课征办法。土地税的课征方法有：依据土地面积课征；依据土地的肥瘠程度课征；依据土地产量课征；依据土地收益课征；依据土地价格或土地溢价课征；依据土地所得课征。

（2）遗产税的课征办法。遗产税是以财产所有人死亡后遗留的财产为课税对象，向财产继承人征收的一种财产税。按照征收方式不同，可以分为三种类型。

①总遗产税：不论继承人多少及其与死者的亲疏关系，按分配、继承前的遗产总额实行累进课征。但通常规定有起征点，并允许在遗产总额中扣除死者的负债、丧葬费、慈善及配偶遗赠，及其他法定免税项目。美国、英国、新加坡、南非等国就采用这种遗产税。

②继承税或分遗产税：根据继承人分得的遗产课税，故也称"继承税"。一般采用累进税率，其税负轻重往往与继承人之间的亲疏关系有关。目前，采用这种遗产税的国家比较多，如日本、德国、法国、保加利亚、波兰等。

③总分遗产税：或称混合遗产税制，先对遗产总额征税，再对继承人分得的遗产征税。加拿大、意大利、伊朗、菲律宾、爱尔兰等国采用此类税制。

10.5 税制结构的比较分析

10.5.1 我国税制结构的现状

对我国税制结构的现状可以从三个角度进行认识，一是从具体税种来看，表10-4列举了我国2001—2019年各年度的税收总额及主要税种的收入数额，可以看出，长期以来增值税和企业所得税占据了我国税制结构中主体税的地位。二是从主体税种来看，由图10-3可以看出，除个别年份外，增值税占比都要高于所得税占比。三是从直接税和间接税的比重来看，图10-4表明我国间接税比重均高于所得税比重，但从发展趋势来看，直接税比重在不断上升，间接税比重在不断下降。这种税制结构的演变符合社会主义市场经济发展的要求，有利于进一步优化我国的税制结构。

表10-4 我国2001—2019年各项税收收入　　　　　　单位：亿元

年 份	各项税收	国内增值税	营业税	国内消费税	关税	个人所得税	企业所得税
2001	15 301.4	5 357.1	2 064.1	930.0	840.5	995.3	2 630.9
2002	17 636.5	6 178.4	2 450.3	1 046.3	704.3	1 211.8	3 082.8
2003	20 017.3	7 236.5	2 844.4	1 182.3	923.1	1 418.0	2 919.5
2004	24 165.7	9 017.9	3 582.0	1 501.9	1043.8	1 737.1	3 957.3
2005	28 778.5	10 792.1	4 232.5	1 633.8	1 066.2	2 094.9	5 343.9
2006	34 804.3	12 784.8	5 128.7	1 885.7	1 141.8	2 453.7	7 039.6
2007	45 622.0	15 470.2	6 582.2	2 206.8	1 432.6	3 185.6	8 779.3
2008	54 223.8	17 996.9	7 626.4	2 568.3	1 770.0	3 722.3	11 175.6
2009	59 521.6	18 481.2	9 014.0	4 761.2	1 483.8	3 949.3	11 536.8
2010	73 210.8	21 093.5	11 157.9	6 071.6	2 027.8	4 837.3	12 843.5
2011	89 738.4	24 266.6	13 679	6 936.2	2 559.1	6 054.1	16 769.6

续表

年 份	各项税收	国内增值税	营业税	国内消费税	关税	个人所得税	企业所得税
2012	100 614.3	26 415.5	15 747.6	7 875.6	2 783.9	5 820.3	19 654.5
2013	110 530.7	28 810.1	17 233.0	8 231.3	2 630.6	6 531.5	22 427.2
2014	119 175.3	30 855.4	17 781.7	8 907.1	2 843.4	7 376.6	24 642.2
2015	124 922.2	31 109.5	19 312.8	10 542.2	2 560.8	8 617.3	27 133.9
2016	130 360.7	40 712.1	11 501.9	10 217.2	2 603.8	10 089.0	28 851.4
2017	144 369.9	56 378.2		10 225.1	2 997.8	11 966.4	32 117.3
2018	156 402.9	61 530.8		10 631.8	2 847.8	13 872.0	35 323.7
2019	158 000.5	62 347.4		12 564.4	2 889.1	10 388.5	37 303.8

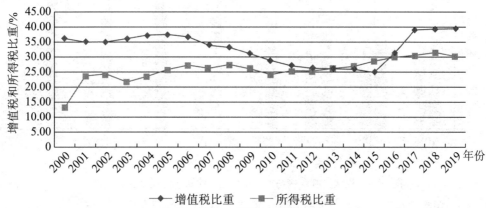

图 10-3　我国 2000—2019 年增值税比重和所得税比重

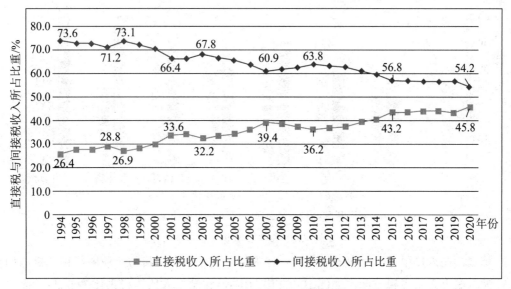

图 10-4　我国 1994—2020 年直接税与间接税收入所占比重

10.5.2 中外税制结构的比较

我国与其他经济体税制结构的主要差异在于以下三个方面。

第一,直接税与间接税结构差异较大,我国直接税偏低,间接税偏高。图 10-5 和图 10-6 表明我国间接税比重不仅明显高于发达经济体,同部分新兴经济体相比,也相对较高。这与我国市场经济发展进程相适应,在市场经济发展初期要加大税收对经济的调控,决定间接税的比重相对较高。随着市场机制的完善,间接税的比重就会相应降低,直接税比重就会相应提高,图 10-4 已经清楚地显示了直接税与间接税的演变趋势。

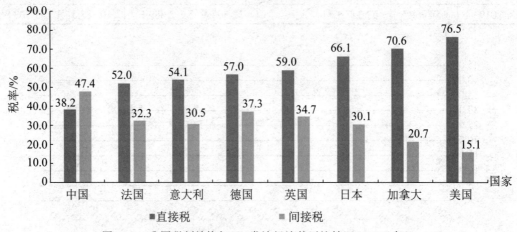

图 10-5 我国税制结构与 G7 发达经济体对比情况(2019 年)

(资料来源:OECD 数据库、兴业研究)

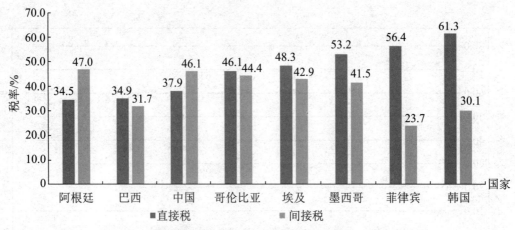

图 10-6 我国税制结构与部分新兴经济体对比情况(2018 年)

(资料来源:OECD 数据库、兴业研究)

第二,在直接税方面,我国所得税占比偏低,且个人所得税与企业所得税比重结构差异较大。在个人所得税方面,如图 10-7 和图 10-8,我国个人所得税占比为 6.6%,而发达经济体在 20% 以上,新兴经济体除阿根廷、哥伦比亚与我国相近外,其他新兴经济体均高于我国且差异较大。在发达经济体中,美国、德国、加拿大的个人所得税占比分别达到了 55.2%、44.1%、42.5%，其他发达经济体基本在 30%~40% 之间。

如图 10-7 所示，在企业所得税方面，我国企业所得税占比达 23.6%，而发达经济体除日本、加拿大为 21.6% 及 13.1% 以外，其他 G7 发达经济体在 10% 以下，与发达经济体相比我国企业所得税税负偏高。如图 10-8 所示，新兴经济体中除阿根廷、巴西占比较低外，其他新兴经济体与我国相似或略高于我国。

与发达经济体相比，我国财产税比重相对偏低，2019 年占比仅为 8.0%，与新兴经济体相比处于中间水平。财产税占比较高的国家依次为美国、韩国、英国，占比分别为 16.1%、15.6%、15.4%，加拿大、日本、法国占比在 13% 左右，我国与意大利基本一致，而德国财产税占比较低，仅为 4.5%。新兴经济体占比较高的国家为韩国、菲律宾、阿根廷，占比分别为 15.6%、15.4% 及 11.8%，而埃及、墨西哥占比较低，仅为 0.7% 及 2.3%。

指标	直接税(%)	间接税(%)	所得税(%)	个人所得税(%)	企业所得税(%)	财产税(%)	增值税(%)	营业税(%)	消费税(%)
排名	8	1	8	8	1	7	1	-	4
中国	38.2	47.4	30.2	6.6	23.6	8.0	39.5	0.0	8.0
美国	76.5	15.1	60.4	55.2	5.2	16.1	0.0	11.0	4.2
加拿大	70.6	20.7	57.1	42.5	13.1	13.5	15.6	0.7	4.4
日本	66.1	30.1	52.8	31.2	21.6	13.3	22.6	0.0	7.5
英国	59.0	34.7	43.7	34.3	9.5	15.4	26.4	0.0	8.4
德国	57.0	37.3	52.5	44.1	8.3	4.5	29.4	0.0	8.0
意大利	54.1	30.5	45.7	37.4	6.6	8.4	21.4	0.0	9.1
法国	52.0	32.3	38.9	31.5	7.3	13.2	23.5	0.0	8.7

图 10-7　G7 经济体与我国各项税种占税收收入比重情况（2019 年）

（资料来源：OECD 数据库、WIND、兴业研究）

指标	直接税(%)	间接税(%)	所得税(%)	个人所得税(%)	企业所得税(%)	财产税(%)	增值税(%)	营业税(%)	消费税(%)
排名	6	3	6	7	5	5	1	-	7
中国	37.9	46.1	30.2	8.3	22.6	7.7	39.3	0.0	6.8
阿根廷	34.5	47.0	22.7	9.0	12.2	11.8	33.6	0.0	13.4
巴西	34.9	53.7	28.8	11.4	11.5	6.1	28.3	0.0	3.4
哥伦比亚	46.1	44.4	37.2	7.1	28.2	8.9	32.5	4.9	7.0
埃及	48.3	42.9	47.6	10.6	30.6	0.7	25.4	0.0	17.5
墨西哥	53.2	41.5	50.8	24.5	24.6	2.3	28.0	0.0	13.4
菲律宾	56.4	23.7	41.0	14.1	25.6	15.4	13.1	0.0	10.6
韩国	61.3	30.1	45.8	24.7	21.1	15.6	20.5	0.0	9.6

图 10-8　新兴经济体与我国各项税种的占税收收入比重情况（2018 年）

（资料来源：OECD 数据库、WIND、兴业研究）

第三，如图 10-7 和图 10-8，在间接税方面，我国增值税占税收收入比重为 39.5%，显著高于发达经济体，在新兴经济体中也为最高水平，消费税占比为 8.0%，与大部分发达经济体一致，与新兴经济体相比偏低。由于我国主要以间接税为主，2019 年增值税占比达 39.5%，而发达经济体中占比较高的经济体为德国（29.4%）、英国（26.4%），占比较低的经济体加拿大（15.6%），美国无增值税种，其他发达经济体在 20%~25% 之间，大部分新兴经济体在 20%~30% 之间。在消费税方面，除美国、加拿大占比偏低（分别为

4.1%、4.4%）外，其他发达经济体占比基本一致，在8.0%~9.0%之间，而新兴经济体大部分较高，占比在10%及以上。

10.5.3 税制结构的发展趋势

1. 完善增值税制度

我国2019年增值税改革力度空前，1月1日起扩大小规模纳税人增值税减免税的范围，降低小规模纳税人的增值税税负；4月1日起，通过降低税率、扩大抵扣范围、实行加计抵减、增量留抵退税等改革措施，降低增值税一般纳税人的增值税税负，使增值税的减税优惠普及到全体增值税纳税人，减税降负规模近2万亿元。降低增值税税负是我国供给侧结构性改革的重要环节，在全面推进增值税减税的进程中，除了降率扩抵、税额减免等措施之外，完善增值税制度设计能够更有效地发挥减税效应。进一步完善我国增值税制度的三大着力点：简并税率、完善抵扣链条、加强服务和无形资产跨境贸易制度建设。

2. 调整消费税制度

自新中国成立以来，对消费品和特定消费行为课税始终是我国税收制度的一个重要组成部分。在1994年税制改革中，为了充分发挥消费税对消费和生产的特殊调节作用，国家将原属于产品税和增值税课征范围的一部分消费品划分出来，建立了我国迄今为止最具独立性、系统性的消费税制度。消费税制度实施以来，与增值税等税种相配合，在调节消费结构，抑制超前消费需求，引导消费方向，增加财政收入，缓解社会分配不公和供求矛盾等方面发挥了积极作用。特别是在2006年4月，我国对消费税的税目、税率及相关政策进行了调整。此次消费税制度调整，进一步强化了消费税的调节功能，突出了节能、环保等"绿色"政策目标取向，并加大了对高档消费品的调节力度，是我国消费税改革进程中的一个重要步骤。但是我国的消费税制度仍然存在有待改进之处，应在现有基础上进一步改革与完善。

第一，为抑制过度消费、增强对居民收入的调节作用，应将更多的奢侈品和高档消费品纳入我国消费税的征收范围。

第二，为进一步强化税收对环境的保护力度，建议将更多对环境"不友好"的消费品纳入消费税课征范围。

第三，重视发挥消费税的调节功能。

第四，不能偏废消费税的财政收入职能，筹集财政收入是消费税的重要功能之一，与调节功能相辅相成，不可偏废。

3. 修订个人所得税

个人所得税是对纳税人取得的应税所得征收税款的一个税种。政府运用征税手段调控收入分配差距，增加财政收入，以实现社会公平及国民经济健康发展。

第一,建立多种纳税身份,实现以家庭为单位申报纳税。借鉴发达国家征税模式,以家庭为单位申报纳税更符合量能纳税原则,更能促进税收公平。以家庭为单位征税也更符合我国民情,我国居民受几千年传统文化影响,传承了"养儿防老""夫唱妇随"和"男主外女主内"等思想,家庭观念很强,很多事项需将家庭成员捆绑考虑才更贴合实际,也更有利于促进社会和谐发展。

第二,起征点和专项附加扣除标准可视地区不同动态调整。受西方国家成熟模式启示,在制度设计上我国个税起征点和专项附加扣除可更灵活,如果由各地区参考当地消费水平和物价指数动态调整起征点和专项附加扣除标准,将更能体现税收公平,减税福利也将惠及更多人群。

第三,完善税源监控系统征收管理加大信息化掌控步伐。我国个税边际税率高达45%,但个税收入占财政收入比重很低。例如,2015年、2016年、2017年个税收入占财政收入比重分别仅为6.9%、7.74%、8.29%,而美国德国等国该比值在30%以上。造成这种局面的原因很多,其中主要有税制、征管和税收环境等方面问题。税制改革步伐已经迈出,接下来在征管和税收环境上应跟上改革步伐,加快税务征管信息化系统的建设进度,实现税务部门对纳税人相关信息的全面共享,同时要严厉打击偷税漏税行为,一旦发现严惩不贷,逐步培养和提升民众纳税意识。

4. 完善涉外税收制度

改革我国涉外税制总的指导思想是按照建立社会主义市场经济的要求,统一税法、公平税负,促进公平竞争,实现内外税制的最终统一。

未来中国涉外税制发展的基本方向为科学化、现代化、国际化。我国涉外税制历经二十多年的改革,从无到有,再到与内资税制的逐步合并、统一,见证着我国改革开放的进程,促进了我国的改革开放事业。然而,我们应该看到,在房地产税制方面,我国目前仍然实行内外有别的税收政策,城市维护建设税及教育费附加只对内资企业征收,还没对外资企业征收,内外税制还没有完全统一。而走向真正统一后的中国涉外税制,就将完全融入我国税收制度的发展轨迹,日益走向科学化、现代化、国际化。

5. 加强地方税种的建设

我国目前地方税体系建设应该重点体现受益性原则,坚持以受益性原则为导向,为地方各级政府重新确定税种,只要收益性原则能够实现,自然会带动另外两个原则的实现。

坚持受益性原则的优点在于:第一,有助于地方政府提升公共服务的质量和水平;第二,符合我国现阶段经济发展和解决社会主要矛盾的需求;第三,能够帮助地方政府加快职能转变。

具有代表性的受益税主要有:个人所得税、企业所得税、一般性消费税和房地产税。

我国地方税建设以受益性原则导向可采取的办法:一是将个人所得税和房地产税收入纳入县市级地方政府税收征管体系中;二是将企业所得税和一般性消费税收入纳入省级地方政府税收征管体系内。

思考题

1. 影响税制结构的因素有哪些？
2. 建立复合税制模式的必要性是什么？
3. 我国税制结构存在的问题及优化设想是什么？
4. 在市场经济条件下，结合国民经济循环图，分析课税点的选择和税种的设置。
5. 简述税种分类的不同标准。

扩展阅读 10-1
中国古代税制演变史

即测即练

第11章 税式支出理论

> **学习目标**
>
> 1. 掌握税式支出的含义及特征；
> 2. 掌握税式支出的原则；
> 3. 掌握税式支出的效应；
> 4. 了解税式支出的分类；
> 5. 了解税式支出的管理。

扩展阅读 11-1

我国税式支出管理的现状

11.1 税式支出的含义及特征

税式支出的概念是税式支出制度的灵魂和理论支柱，准确把握和理解税式支出概念的内涵与精神实质，是构筑税式支出制度理论基础和构建税式支出制度体系的基本前提。

11.1.1 税式支出的概念

税式支出概念的提出，进一步拓宽了财政支出、财政政策和预算管理的范围，为实现预算政策和税收政策提供了一种有效的新方法，特别是增强了税收优惠实施的规范性、计划性和透明度。

1. 税式支出的内涵

税式支出，是指政府为实现特定的社会经济政策，对某些负有纳税义务的组织或者个人所给予的少纳税或者不纳税的优惠待遇而形成的以放弃政府财政收入的形式进行的财政支出。税式支出定义应包含以下几方面含义。

首先，税式支出是对基准税制的一种背离，其结果是造成政府财政收入的减少或延迟。从税收来看，税制或税法是由两类不同性质并相互对立的规范性条款组成：一类是标准性条款，称为基准税制，它明确了税基、税率、纳税人、纳税期限及统一的税收政策等，并以此有效地取得收入；另一类是与基准税制相背离的特殊条款，即政府为特定目的而制定的意在给予特定行业、特定活动或特定纳税人的各种税收优惠减免措施，这些条款将导致税收收入的减少或延迟。

其次，税式支出是一项特殊的政府支出或财政支出，在一定情况下可以与财政直接支出相互替代。政府的支出方式有两种：一是通过国家预算的财政直接支出，表现为预算拨款和现金支付，通常称为显性支出；而另一种是通过税收制度规定的各种减免条款，即税式支出，表现为对税收收入的放弃，这是一种特殊形式的间接的财政支出，常常称为隐性支出。这两类支出具有相类似的性质，并在一定情况下可以互相替代。

再次，税式支出有具体的政策目的和经济目标。税式支出的目的就是激励特定的经济行为，即通过减少纳税人的部分税收负担来影响其经济行为，从而对社会经济活动起到特殊的调节作用。

最后，税式支出仅限于有限的纳税人受益。这是与税式支出的功能密切相关的，由于是在普遍征税的情况下，对部分纳税人或项目的税收优惠才能发挥有效的政策目标。

总而言之，税式支出是国家为实现特定的社会、经济政策目标，通过制定与执行特殊的税收政策、法规，给予特定纳税人与纳税项目的各种税收优惠待遇，使纳税人减少税收负担，促进和扶持经济发展的一种特殊的政府支出。它是对正规税制结构的一种背离。从其内容来看，税式支出主要表现为各种税收优惠项目；从其数量上看，主要指政府放弃的税收收入额。按照税式支出这样的定义，税式支出具有法制性、宏观性、预算性和定量性。

1）税式支出具有法制性

税式支出条款是内含在税收法规制度之中，是税收法规制度的重要组成部分，是具有法律效力的。税式支出是由税法各种附加的优惠条款所构成，是一种税收诱因，是用以鼓励或支持某些产业或行为，或针对纳税人财务上的困难给予优惠照顾，这些条款不具有普遍的适用性。因此，税式支出属于法规内容，是税法的一种体现。

2）税式支出具有宏观性

税式支出作为税收优惠的宏观管理制度，是实现国家宏观政策目标的重要手段，是宏观政策的重要体现。税式支出不是某个部门和某个单位的特殊规定或行为，而是政府从调控整个国民经济运行的角度出发而制定的，是贯彻宏观经济政策的宏观措施。在政府的宏观政策中，包括普遍性政策和倾斜性政策，其中倾斜性政策主要是靠税式支出贯彻实施的。任何一项脱离宏观政策要求的税收优惠，都不能视为税式支出。

3）税式支出具有预算性

税式支出实质上是一种预算管理制度，是将税收优惠纳入政府预算程序的结果，是税收优惠与预算管理的有效结合。税式支出具有相对独立的预算编制、审批、执行、管理等内容。税式支出的预算性主要体现为它与财政支出在整个政府预算平衡工作中的相互协调、相互权衡、相互补充。

4）税式支出具有定量性

税式支出在对税收优惠损失进行数量估计的前提下，对优惠总量和结构加以科学调整，并以预算形式确定下来，将各项指标逐级分解的数量化管理制度。税式支出不同于税收优惠条款也往往就在于此。优惠条款是属于定向管理，而税式支出就是在定向基础上的定量管理。我国历来不太重视定量管理，缺乏宏观经济数量化管理制度，而税式支出恰恰能够填补税收优惠管理制度中的空白。

2. 税式支出的基本要素

从国家税制的构成要素来看，税式支出无非是以特殊的法律条款规定的，给予特定的经济行为、经济主体或纳税人以各种特殊税收优惠待遇，从而造成国家税收收入的减少。因此，税式支出是国家为达到特定的经济政策目标而主动放弃的财政收入。任何事物都是由既相互独立，又相互联系的要素构成的统一体，税式支出也是这样。一般来说，税式支出包括以下四个方面要素。

（1）税式支出的执行主体是国家税务机关。任何产品的分配都必须有主体，国家税务机关是税式支出的执行主体。国家税务机关通过制定和颁布有关法律、法规、制度，以政权行使者的身份，直接地、无偿地参与社会产品的分配，税式支出的受益者则是发生了应税行为的经济实体和个人。

（2）税式支出的客体是指应收而未收的税金。由于这部分税金没有在经济实体之间发生任何转移，因而税式支出的实际支出与使用是属于社会产品的初次分配范畴，其形式和使用都是在同一经济实体内进行的。

（3）税式支出的形式。税式支出的形式主要有税收减免、税收抵免、税收豁免、纳税扣除、延期纳税、优惠税率、税收饶让、加速折旧、投资抵免等形式。

（4）税式支出的目的。税式支出的目的是满足国家实现其特定的经济政策需要。我国地域辽阔，各地域间经济状况千差万别，各地发展极不平衡。政府为了引导、扶持某些经济行为而采用税式支出这种无偿的投入形式，照顾和激励某些经济实体和个人来发展经济，以期取得最大的经济效益和社会效益。

总之，税式支出是税收分配活动的一种特殊的表现方式，是政府为了实现特定的社会经济目的，将本该上缴国家财政的税款，以税收减免、税额扣除、优惠税率、延期纳税等税收优惠形式，让渡给纳税人，以减轻纳税人纳税负担的一种政府支出行为。

3. 税式支出与税收优惠的概念辨析

税式支出范畴是由税收优惠概念发展而来，税式支出所涉及的对象与税收优惠受益者基本相同，但二者绝不是同义反复。税收优惠作为对于一般性税法条款的例外规定，自有税收以来就存在，但是在相当长的时间内，无论在理论上还是在实践中，它一直是作为纯粹的税收范畴而存在和发展的，很少有人将它与财政支出联系起来，更没有将它作为财政支出范畴对待。分析税式支出和税优惠的联系和区别，能更好理解掌握税式支出的概念。

1）税式支出与税收优惠的共性与同源

"税式支出"概念脱胎于"税收优惠"。税收优惠是在基准税制确定的征税办法之外，对某些纳税人或征税对象给予免除或减轻税收负担的待遇。税收优惠是税式支出的原因和基础，没有税收优惠，就没有税式支出概念的提出。从对基准税制的背离和减少税收收入的角度来看，两者是可以等同使用的，尤其是在谈到税法规定的具体的税收优惠项目或者税式支出项目时，二者所指向的是同一个客体。然而，税式支出与税收优惠之间也存在着一些差异，只有同时具备以下三方面条件的税收优惠，才构成税式支出：第一，可以用财政支出替代且作用无差异；第二，税制中有规范性条款与之对应；第三，有明确的社会经济政策目的。

2）税式支出与税收优惠的差异

第一，税收优惠是从纳税人的角度来讲的，是从孤立的、分散的、个别的角度去认识税式支出的，没有与公共财政收支安排有机地联系起来；而税式支出则是站在公共财政的角度来讲的，是从总量控制、结构调整和效益分析等方面认识税收优惠的。

第二，表面看，政府的税收优惠政策属于财政收入的范畴，不同于财政支出，在管理上也不像政府财政支出那样受到严格的审查和控制。但由于这些特殊条款使得政府收入减少，最终使政府财政支出规模受到限制，在本质上与政府财政支出是相同或类似的。因此应把这些税收优惠看成政府的一种支出，并按照管理财政支出的方式予以量化和监督。

第三，税式支出概念的提出是对税收优惠管理的深化，它使政府从单纯税收优惠条款的制定实施来对优惠对象加以管理和调控，发展到以预算形式对优惠总量进行控制及对优惠结构进行调整。

第四，税式支出是税收优惠管理的高级阶段。对税收优惠采取税式支出的管理方式，既可以促使纳税主体明确所享受优惠的来源，重视政府政策与纳税主体自身发展的关系；也可以严格规范政府财政预算行为、规范政府行为、提高有关部门依法制定、实施税收优惠政策的责任感。税式支出可作为对税收优惠效果进行评级的尺度，防止和克服税收优惠的盲目性和失控性，力争以尽可能小的税式支出成本换取最大的经济社会效益。税式支出理论强化了人们对于税收优惠的成本意识，使人们更加重视税收优惠的效果，有利提高税收优惠实施的效率和有效性。

3）税式支出与税式罚款的差异

税式支出衍生于一个规范性或基准性的税收制度。当一项税收条款允许政府收集比标准化的税收更多的税款时，那么，该条款就是相当于直接征收政府罚金。这样的条款称为"税式罚款"。有学者将税收罚款界定为税收特别措施中的税收重课措施。就税式支出而言，税式罚款是与它相互对立的，税式支出减少税收收入，而税式罚款可以增加税收收入。因此，如果我们认为税式支出为积极因素，与直接的财政支出相一致，那么税式罚款则为消极因素。

4. 税式支出与财政直接支出的概念辨析

税式支出是一种特殊形式的财政支出，与财政直接支出之间具有同质性和财政可替代性。税式支出的款项与财政直接支出的款项一样，属于财政资源或公共货币财富。税式支出与财政直接支出都是政府安排财政支出和实施财政政策的工具，且都是对政府财政资金的无偿使用，对政府和受益人都具有相同的影响效果。

1）税式支出的收入和支出在同一过程完成

财政直接支出是政府财政支出的基本方式，表现为直观的资金安排使用过程，其对象是政府已收取的属于国家所有的资金。这是以占有一部分社会资金为前提，以取得财政收入为条件的，其分配表现为两个独立的阶段，即先收入后支出；而税式支出，其对象是应收而未收的财政资金，直观上表现为税收收入的直接减少，收入和支出是在同一过程完成，可以形象地称为"坐收坐支"。

2）税式支出的收入来源者与支出受益者一致

财政直接支出是先收后支，虽然按照公共财政和现代税收国家的内在要求，税收应"取之于民、用之于民"，政府以税收收入形成的财政支出必须用于为纳税人提供各项公共服务和公共产品，但是，财政资金的收入与支出往往不是同一个领域，支出对象与收入来源者也不具有对应性，财政支出的数额由财政预算统一安排，不以具体缴纳者提供的收入为前提。而税式支出的收入与支出是同时进行的，收入与支出融为一体，收入提供者与支出受益者基本是一致的。

3）税式支出以纳税人应纳税款为最高限额

虽然税式支出的优惠方式有多种，但是最终的优惠结果都是作用于纳税人应缴纳的税款。因此，作为对纳税人让渡税收权益的税式支出的最高额度也限于纳税人的应纳税款范围内；而针对纳税人的财政支出，除针对纳税业绩予以奖励的财政奖金等形式外，一般与纳税人的应纳税款没有数量上的关联关系。

11.1.2 税式支出的特点

尽管税式支出与财政直接支出具有同质和财政替代性，但也具有与财政直接支出不同的具体性质与特点。正因如此，才使得税式支出有了在直接支出之外独立运用及对其专门加以研究和管理控制的必要，并构成了政府在税式支出与直接支出之间进行选择的基础和依据。与直接支出相比较，税式支出主要具有财政转移性、间接性与隐蔽性、即时性与灵活性及或有性四个方面的突出特点。

1. 税式支出的财政转移性

根据财政支出实现过程中是否与商品和劳务相交换，财政直接支出可以分为购买性支出和转移性支出两部分，即直接支出整体上具有财政购买性和转移性。而全部的税式支出都同直接支出中的转移性支出一样，支出后无须收回，也不能取得相应的商品和劳务补偿，是一种不存在支出转移过程中的特殊财政转移支付及一种特殊形式的政府财政利益净损失。这就是为什么有的国家和学者将税式支出定义为"一项等同于直接支出计划的净支出"，或者将税式支出视为一种"财政补贴""财政补助""财政福利"或"公共福利"的缘故，也是为什么世贸组织规则将有关的税收优惠政策视同政府补贴加以规制的原因所在。由此，财政转移性支出既可以采取财政直接支出的方式，也可以采取税式支出的方式，而财政购买性支出只能采取财政直接支出的方式。

2. 税式支出的间接性与隐蔽性

所谓间接性是指税式支出是通过税收制度规定和在税制实施过程中实现的一种税前支出，其在政府收入实现之前就已经发生，不具有直接支出那样的先后收支和按照预算由国库账户直接划拨的支出实施程序。税式支出的这种间接性，使得它在没有建立税式支出预算之前，无须经过立法机关的支出审查和同意，而是径直利用税收制度的特殊条款达到政府所需实现的目标。可见税式支出实际上是税收收入尚未缴入国库之前的一项无形支出，与财政直接支出相比，它具有显著的间接性。税式支出不像直接支出那样透明，主要有以下两点原因：一是税式支出分散附加在众多具体的税收制度条文中，而且十分严格地区分基准税制与税式支出存在一定困难和分歧，其在内容上远比预算中的直接支出条款曲折复杂。二是非常准确地估算一项税式支出的数额在技术上也存在一定的困难，它更多地表现为政府因一项税式支出放弃的收入总和。税式支出的这种相对模糊性往往使得税式支出法案更容易为立法机关所通过。

3. 税式支出的灵活性和时效性

税式支出的灵活性主要表现在两个方面，一是与直接支出相比，税式支出允许个人或企业自我确定出将有多少特定活动能够得到资助，从而具有纳税人自我选择的灵活性。二是税式支出的实施手段是多样化的，可以针对不同的支出需要灵活运用，从而使其更具适应性。例如，若希望某些鼓励发展的企业或行业加快成长，对其使用减免税手段更具效力；若想企业加快设备改造和加大设备投资，使用加速折旧和投资抵免的方式更为便捷；若想吸引外国企业的直接投资，则采用优惠所得税率更具优势。税式支出的时效性主要体现在两个方面：第一，在完成立法之后，税式支出无须每年都经过冗长的立法程序，而直接支出则需要经过较长时间的收支程序、预算编制、预算执行等过程，往往与受益人的投资与消费需要在时间上脱节。所以相比较而言，税式支出在实现某一社会经济目标时更具时效性。第二，税式支出的实施应当是有一定时效的。税式支出是针对特定社会经济目标出台的，倘若税式支出长期实行，则其激励对象与支出手段也会保持不变，那么在社会经济形势不断变化之下，必然会在资源配置与收入分配上产生一些扭曲，反而有损国民经济的均衡发展，所以作为一种激励措施，税式支出只能在特定的时间段内使用。

4. 税式支出的或有性

税式支出是政府为了达到特定的政策目标，而给予特定纳税人和特定社会经济活动以优惠的特殊支出。在税式支出实施过程中，不仅对受益人或什么样的活动能得到税式支出的好处有一定的资格和条件要求，而且受益人或什么样的活动在什么时候、什么情况下才能得到税式支出的好处，及在什么情况下能得到多少税式支出的好处，也是被事先具体规定的。由此而言，在税式支出政策内容制定的情况下，一个纳税人能否得到税式支出和能够得到多少税式支出，及有多少纳税人能够得到税式支出和能够得到多少税式支出，就取决于两个方面：一是每个纳税人适应税收制度规定并基于自身利益最大化的主观选择；二是这种选择得以实现的主观条件和客观条件。而在实际社会经济生活中，纳税人的主观选择和其选择得以实行的条件都具有不确定性,由此又导致税式支出具有不确定性特点。一方面,某项税式支出何时发生是不确定的;另一方面,税式支出发生多少也是不确定的。这种不确定性特点表明,税式支出具有或有支出的性质。

11.2 税式支出的分类

在了解税式支出概念与特点的基础上对各种税式支出进行分类,目的在于更清晰地观察不同税式支出及其实施办法之间的某些共通性和具体差别,为税式支出的运用提供可供选择的政策与支出手段集合。这里严格依循税式支出概念所包含的基本内容要素,侧重从理论角度对税式支出的内容类别作出划分。

11.2.1 按照税式支出与基准税制的直接背离方式分类

按照税式支出与基准税制的直接背离方式,可将税式支出分为税基式支出、税率式支出和期限式支出。

税基式支出是指直接与税收制度规定的标准税基相背离而形成的税式支出,如税收豁免、纳税扣除、加速折旧、盈亏互抵、存款准备金制度等,均属税基式支出。税率式支出是指直接与税收制度规定的标准税率相背离而形成的税式支出,如优惠税率和纳税限额即属此类。期限式支出是指直接与税收制度规定的标准纳税期限相背离而形成的税式支出,严格属于此类支出的只有延期纳税。至于以直接减少应纳税额方式形成的税式支出,如减税、税收抵免等,亦可以归入税率式支出之类。因为减少应纳税额,实际上就等于直接降低了税率。

将税式支出分为税基式支出、税率式支出和期限式支出,可以较清晰地反映出税式支出措施与基准税制的直接"背离点",从而更明确地揭示税收制度的双重结构、双重职能及税收优惠政策的"施力点",并为选择税式支出的数量估算方法提供基础性依据。

11.2.2 按照税式支出的政策特点分类

按照税式支出的政策特点分类,可对税式支出做两种具体分类:一是以税式支出的政策目的为标准,可将税式支出分为发展性支出和福利性支出;二是以税式支出的政策功能为标准,可将税式支出分为刺激性支出和照顾性支出。

所谓发展性支出,是指国家出于促进某些行业、产业或产品发展而统一实施的税式支出措施,或者是为了促进企业投资、技术进步及企业的成长壮大而普遍实施或特别实施的税式支出措施,如对高新技术产业、基础产业、环保产业等实行的减税、免税、优惠税率等。福利性支出是指政府为了提高某些特殊群体的社会待遇或增进全民的福利水平而实施的税式支出，如对慈善机构、下岗职工经营所得与劳务报酬等给予的税收减免等。所谓刺激性支出，是指那些能够对纳税人从事某种经济活动发挥激励作用，其目的在于能够正确引导产业结构、产品结构及市场供求、促进技术进步及安排劳动就业、矫正市场机制的外部性等，进而起到改善资源配置、提高经济效率作用的税式支出手段。这种手段既可以直接针对从事特定活动的纳税人实施，也可以针对特定的征税对象实施，从而使纳税人得到从事特定活动的鼓励。照顾性支出是指那些针对特定纳税人实施，能够对纳税人由于种种原因，特别是由于某些客观原因发生暂时财务困难而起到扶助和保护作用的税式支出手段。如盈亏互抵和我国传统税收优惠中的困难性减免即属于这一支出类型，其性质与财政直接支出中的财政补贴大体相仿。

将税式支出分为发展性支出与福利性支出、刺激性支出与照顾性支出，可以较明确地区分与确定政府实施税式支出的政策目标，辨别不同税式支出手段对社会经济的不同影响和作用方式，对税式支出政策选择、优化和分析评价税式支出效益具有重要意义。

11.2.3　按照税式支出的收入放弃方式分类

按照税式支出的收入放弃方式分类，可将税式支出分为直接式支出与间接式支出。

凡是在征税时按照税收制度规定，以直接并即时缩小税基、降低税率、减少税额和延迟纳税时间方式实现的优惠措施，均属于直接式税式支出，如减税、免税、纳税扣除，优惠税率等。凡是按照税收制度的允许，通过纳税人的折旧、投资、设备购置等财务与经营活动的迂回方式和通过先征后退的非即时方式使税基缩小、税率降低、税额减少或纳税时间延迟而实现的优惠措施，均属于间接式税式支出，如加速折旧、税收抵免、再投资退税、出口退税和我国采取的流转税先征后返等。

由于直接式税式支出与间接式税式支出在简明程度、弹性大小方面具有不同特点，并且两者与纳税人生产经营活动联系的紧密程度不同，所以直接式税收支出与间接式税收支出在对纳税人调整生产经营活动和争取、骗取优惠税款的正反激励作用上也有差异，因此将税式支出作如此划分，对于根据实际需要鉴别不同税式支出手段的利弊、选择、优化税式支出政策结构，提高税式支出激励效率和降低税式支出实施成本，都具有重要的理论和实践意义。

11.2.4　按照税式支出所体现的政府职能分类

按照税式支出所体现的政府职能分类，可将税式支出分为经济性支出、社会性支出和政治性支出。

经济性支出，即在经济建设领域，以经济发展为目标的税式支出。主要包括三个方面：一是调节经济结构、提高经济效率方面的税式支出。比如，用于调节企业结构，对小型企业、微利企业和某些特定新办企业的减免税措施；用于调节产业结构，对农业、交通运输业、旅游业、矿产品等实行的各种税收优惠措施等。二是调节经济总量，促进经济稳定与增长方面的税式支出。比如，用于鼓励产品出口的出口退税、出口产品生产所用进口产品的减免税；用于鼓励和促进投资的加速折旧、投资抵免、亏损结转等。三是保护环境，实现经济可持续发展方面的税式支出。比如，各种用于减少污染和促进资源综合利用的税收减免措施。社会性支出，即用于实施社会政策，实现社会发展和社会公平目标方面的税式支出。比如，生活必需品、文教卫生事业、社会福利事业、农村发展及特殊困难群体等实行的各种税式支出援助措施。政治性支出，即施于政治领域，用于党派和政府行政军事、国防及外交方面的税式支出。比如，对党政机关和民主党派所办报纸的减免税、政府后勤机关的减免税、军品和军工企业的减免税、外交机构及人员用品的减免税等。

按照税式支出所体现的政府职能，对税式支出进行分类的理论与实践意义在于，可以较清楚地体现税式支出与政府行使其职能的关系，并与国际通行的直接财政支出分类方法相衔接，反映税式支出的基本用途、去向和政府通过税式支出提供公共产品的基本类别，为同一基本用途中税式支出与财政直接支出的选择和替代比较，及分析评价不同税式支出的效应和编制税式支出预算报告提供必要的类别依据。

11.3 税式支出的原则

税式支出原则是制定税式支出项目、建立税式支出制度的总纲领。目前，我国税收理论界和税收工作部门对税式支出原则的研究比较少，有些观点就以为税收的原则等同于税式支出或税收优惠的原则，这一观点是不合适的，税式支出原则具有它自身的特征和属性。一般意义上的税收是侧重于"收"的，是对纳税人财产权利的不对等剥夺，而税收优惠是侧重于"惠"的，基本上是对特定纳税人权益的给予。由此，税收和税收优惠的价值、宗旨、原则是不尽相同的。税式支出的基本原则应该是在财政法和税法的基本原则综合统领下，集合体现财政支出原则和税收原则的综合体。税式支出原则对于税收优惠的制定、执行、预算管理和控制等具有重要的理论意义和实践价值。

11.3.1 税式支出原则的具体内容

税式支出是基于人们对客观经济规律的认识所采取的经济手段，它体现着人们的主观愿望，但客观规律并不以人们的意志为转移，如果人们脱离经济规律随心所欲，不恰当使用财政支出这一手段，就会适得其反。为了使税式支出发挥其适当的作用，一般应遵循税收法定原则、效率优先、兼顾公平原则、有效原则。

1. 税收法定原则

税收法定原则，也称为税收法律主义原则，税收法定原则是现代各国税法中最为重要的一条基本原则，起始于 13 世纪的英国，是近代西方法治思想和实践在税收领域中的具体体现。税收法定原则的基本含义可概括为：税收的构成要素只能由法律确定；征纳双方的权利义务只能由法律明定；没有法律依据，国家不能征税，国民也不得被要求缴纳税款。

税收法定原则包含两方面含义：一是对政府征税权的制约。从历史上看，国家征税权的范围和界限是国家权力与公民权利相互关系中冲突最激烈、矛盾最突出的问题之一，而税收法定原则是现代法治国家处理这种矛盾冲突的基本框架；二是税收法定原则给公民的经济生活和法律行为提供确定性和可预测性。现代社会，税收已渗透到社会生活的各个方面。公民的绝大多数经济行为都不得不将税收作为一条重要的指标纳入自己决策的参考因素。因而，预先知晓在什么样的情况下将会有什么样的纳税义务，对公民的生活具有重要的预期效能。而税收法定原则恰好能满足公民这一需求，使之能在遵从税法规范的前提下凭个人理性和智慧去追求正当利益。

税式支出制度的制定、修订、解释和实施，实体内容和程序内容、征收管理等问题，都应该由法律法规等规范性文件设定。该条原则是税收法定原则的延伸，税式支出和税收一样，都应该是确定的、透明的，税收法定原则就涵盖了这点；该原则的应用从税式支出法律的制定上，可以预防和解决各地区、各部门越权干涉减免税的行为；为税式支出的规范化、科学化、合理化奠定了基础，也为以后我国的税式支出预算的实施做进一步的准备。

2. 税式支出效率优先、兼顾公平原则

税式支出项目的制定和法律制度的实施，首先要体现资源配置效率，应该有利于经济的发展；其次要注重社会整体效率，兼顾社会公平、有利于社会公平的实现。税式支出的效率一方面是资源配置效率，应该有利于经济的发展；另一方面是社会整体效率，即能够体现统筹城乡区域、经济和社会、人与自然、国内发展与对外开放五方面的科学发展观；最后应注重税式支出的制定和实施应该尽量保持中性，避免对横向的市场公平造成扭曲，也有利于纵向的社会公平的实现（如对社会公益事业的支持和对弱势人群的帮扶）。效率是市场经济的核心精神，公平是人类社会的基本法则，税收优惠制度作为经济法和社会法的综合体现，要对两者兼顾。

税式支出要鼓励先进、鞭策落后，不能鞭打快牛，保护落后。税式支出应有利于调动企业各方面的积极性，促使企业通过主观努力改变落后情况。同时，税式支出必须坚持维护国家经济利益的原则，不能不顾国家主权和经济利益。

适度的税式支出可以促进经济的发展，对培养税源，对宏观、微观都有利。但是，过度的税式支出，不仅会损害全局利益，而且从微观上看，也不能更有效地激励纳税人挖掘自身潜力的积极性，反而增大纳税人对税式支出的依赖性。因此，实施税式支出首先必须确保宏观效益与微观效益相统一；其次，实施税式支出必须兼顾经济效益与社会效益的统一。经济效益与社会效益很难分开，如果从生产力发展的角度看，社会效益最终会表现为经济效益。例如对就业困难群体就业实行适度的减免税政策，不仅可以保证社会稳定，而且还可以通过一定方式鼓励他们各尽所能，自食其力。

3. 税式支出有效原则

在一定的社会经济条件下，税收收入与税式支出互为消长，实施税式支出必须坚持适度有效的原则。从宏观上看，实施税式支出不能影响国家财政收入的总规模，必须考虑在不减少国家财政收入已有规模的前提下，采取一定的税收鼓励措施，如果因采取税式支出而在较大程度上影响国家的财政收入，则势必给国家财政带来沉重的负担。从微观上看，不能单独考虑企业的物质利益，随便给予税式支出，否则不仅不会发挥税收优惠政策的应有作用，反而会破坏企业公平竞争的环境，不利于企业加强经营管理和成本核算。同时，税式支出的方向和结构必须符合经济增长方式，能够促进产业结构、产品结构的合理化调整，促进区域经济协调发展。因此，税式支出无论是从方向上、结构上，还是从地域上都必须因社会政治经济发展的需要而有所不同，并且运用适度。

在市场经济条件下，国家可以运用财政税收、信贷等多种手段调节宏观经济运行，促进经济持续快速健康发展。因此，实施税式支出要注意与其他各种调节手段的有机配合、相辅相成。价格与税收的相关程度一般来说是很高的。在价格体系比较合理的情况下，通过税种、税率的配合就可以起到相应的调节作用，故税式支出的范围和量比较小。但当价格体系不合理时，仅靠税种、税率的调节远远不够。例如，从1997年下半年开始，我国经济发展出现了明显的通货紧缩趋势，为迅速扩大内需，我国相关部门实行了增支减收扩大赤字的积极财政政策，在增发国债，扩大财政支出，增加基础设施建设的同时，运用提高出口退税率，暂停征收固定资产投资方向调节税等手段及时实行了比较积极的税收政策等。

税式支出措施的制定，应该是有效率的、必要的、能够较好实施而税收漏洞较小的；税收优惠的具体措施应该能够切实发挥作用，相对于其他经济政策和其他税收优惠政策来讲，应具有不可替代性，或者其他税种实行类似税收优惠成本相对较高。税式支出有效原则，有助于解决分税种的税收优惠的交叉重复问题，有利于提高税收优惠的质量和管理水平。在很多发展中国家的税收优惠实践中，往往较多考虑优惠的积极意义，而忽视实际征管水平、反避税水平和纳税人纳税意识等实际问题，导致大量的税收筹划行为、避税行为、弄虚作假的偷逃税行为出现，破坏了税收的严肃性和刚性，造成国家财政收入的流失，打击了诚信经营纳税人的积极性，对经济秩序造成了不良的影响。

11.3.2 税式支出原则的理论价值

税式支出三项原则，是一个统一的整体，相互依赖而又相辅相成。税收法定原则是基础和保证，税式支出有效原则是关键，是综合了制定与执行的宗旨与技术的要求，效率优先、兼顾公平原则是税式支出要达到的结果和出发点。

税式支出三项原则的提出，是财税法理论的一个新命题，从税式支出的角度，对税收法定主义、公平效率兼顾原则都做了具体而生动的阐释，同时，税式支出的有效性原则，对于我们认识财税经济政策是一个深化，一项政策不仅要看分析自身是否有经济绩效，更要分析其成本、分析其与替代性政策的优劣、也要分析其引致的经济后果。从这个意义上说，税式支出有效性原则，对于经济法和财税法具有一定的普遍适用性，因为想要达到一定的宏观经济规制目标，政府可以采取货币、价格、财政、税收等手段，这些工具手段互相之间具有替代性，而规制工具的选择，在分析其有效性之后，则可以选择合适的工具手段，利大弊小，政策对路，从而达到最优效果。

11.3.3 税式支出原则的实践价值

税式支出原则的提出，对于税式支出项目的制定、调整和完善及有关税制改革工作，都具有重要的指导意义。运用税式支出原则，我们可以评估、判断具体的税式支出项目的法律程序和法律效力，评估税式支出项目的成本收益、效率状态及税式支出对促进社会公平正义的价值，分析税式支出的实际效果和正负影响、同样目标的不同税式支出项目的效果比较、同样目标的财政支出和税式支出项目的成本收益比较。运用税式支出原则，我们可以比较一个国家税收优惠政策和税式支出政策的优劣，明确税式支出制度构建和完善的目标和方向。

11.4 税式支出的效应

税式支出的效应指税式支出作用于社会经济的效能和影响结果，其也是显示税式支出的长处与缺点，决定对其如何选择利用的重要理论基础和判断依据。

11.4.1 税式支出的财政税收效应

1. 税式支出缩小了税基、降低了税率或者减少了税额、延迟了纳税时间，从而减少了税收收入，增加了政府的实际财政支出

（1）从静态角度分析，与直接支出相比，某些税式支出具有缩减效应或放大效应。所谓缩减效应，即在支出目标一定的条件下，税式支出要比等额直接支出对财政支出的影响小。例如，若对企业接受的直接补贴一并征收所得税，且假定税率为20%，那么要实现对企业实际支出100元人民币的目标，采用税式支出只需要100元人民币，采用直接支出则需要125元人民币。所谓放大效应，即在支出目标一定的条件下，税式支出要比等额直接支出对财政支出的影响大。例如，在所得税实行累进税率的情况下，通过缩减纳税人应税所得的优惠措施实施税式支出，则不仅损失了所得缩减部分的应征纳税款，而且可能因此而降低剩余所得适用的税率档次，从而损失更多的税收收入。与一项同样大小的财政直接补助相比,一项税式支出往往会产生更大的收益。这是因为直接补助是要经常纳税的,而税式支出则不用。因此,在一些情况下,比起一项同等额度的税式支出而言,一项直接补助对净预算的影响将会更小。

(2)从动态角度分析,税式支出具有反馈效应。即由于税收政策是经济运行的重要参数,实施一项税式支出会在一定程度上影响经济活动的总体水平,这种影响必然会反馈到税收收入上。一般而言,大部分税式支出,特别是各种生产性的税式支出措施,都具有直接的收入"自偿功能",即通过其激励作用,促进经济活动总体水平的提高和经济总量的增长,进而促进未来税收收入的增长。

(3)从税制体系角度分析,税式支出具有互动效应。在现代复合税收制度下,每一个国家的税收制度都是由多个税种匹配组合的有机整体。某些税制结构中的优惠条款所影响的不仅仅是自身的税收收入,而且还要影响到其他相关联税种的税收收入。例如,在其他条件不变的情况下,对商品课税的减免导致纳税人亏损的减少或利润的增加,进而使其亏损抵补减少或上缴的所得税增加;旨在保护能源的税收抵免,将会影响到来自能源产品消费的税收收入。

2. 税式支出影响了税收中性和税收公平,具有非中性和非公平效应

以消费品课税为例,我们通过图 11-1 中的无差异曲线进行分析。税收中性是市场经济税收制度一贯追求的目标。所谓税收中性,即税收不应影响市场上各种商品的相对价格,进而保证国内生产者或消费者纳税前后经济行为的一致性,并且不发生除税收负担以外的超额负担。图中,AB 为某消费者征税前的预算约束线,该线的斜率为 X 和 Y 两种商品的价格比,I_1、I_2、I_3 为衡量消费者福利水平的不同无差异曲线。现在,在不考虑其他税收的情况下,由于对两种商品课征了一道消费税,使得预算约束线由 AB 平行下降到 CD,实际中表示为消费者对两种商品的需求同时减少,且消费者的福利水平降低,但是两种商品的相对价格和消费组合均未改变,仍满足资源最优配置的条件。在征税之后,如果政府针对 Y 商品实施免税形式的税式支出,而不对 X 商品实施免税形式的税式支出,若该消费者将全部收入都用于购买 Y 商品,则不负担任何税收,且可以购得 OA 数量的 Y 商品,与税前最大购买量无异;若该消费者将全部收入用于购买两种商品,则预算约束线移至 AE,即增加对 Y 商品的消费需求,并且同时减少对 X 商品的需求,两种商品的消费组合由 P_2 移动至 P_3,可见消费组合发生了改变。由此,就可得知税式支出对税收中性和税收公平产生了影响。

在图 11-1 中,原先对两种商品课征具有中性的一次性税收,虽然消费者的福利水平降低了,但其选择偏好未变,并且损失的福利由政府的税收收益弥补,故不产生超额负担。而对 Y 商品免税,则不仅产生了免税商品对征税商品的替代行为,而且损失的福利不能由政府税收收益弥补,使税收制度产生了超额负担。

税收公平是税收制度的基本原则之一,其包括横向公平和纵向公平,横向公平即条件相同者缴纳相同的税收,纵向公平即条件不同者缴纳不同的税收。根据图 11-1 得知,税式支出所产生的税负取决于消费者如何处置其收入,而不是取决于他有多少收入。尽管税

式支出是用来改善收入分配的，但它还是扭曲了横向公平。如果不同的纳税人具有相同的纳税能力，而他们各自享受不同的税式支出，那么他们的税负仍然不同。如图11-1所示，A、P_3均在同一预算约束线上，具有相同的收入，但是选择不同的消费组合会导致他们承担不同的税负。

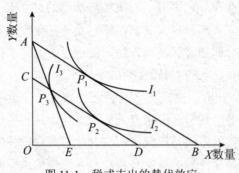

图 11-1　税式支出的替代效应

3. 税式支出从不同方面影响着财政运行成本和税收制度的财政效能

一般认为，税式支出节约了预算成本，因为其不需要像直接支出那样对资金进行专门的收支、保管，从而避免了收支过程中的资金沉淀和流失。但也有部分学者从其他角度认为税式支出不及直接支出的执行效率高。一方面，因为税式支出既然是税收政策，故其主管部门为财税机构。政府若用直接补助办法，则主管部门为政府各个不同政策的专门执行机构，直接支出的执行效率自然要大于税收支出。另一方面，税式支出又增加了税收成本，包括增加税务机关的征管成本和纳税人的奉行成本。所谓奉行成本，指纳税人按某种税制的要求办理纳税事务所花的费用。再一方面，税式支出的存在使税收承担了更多的经济和社会职能，进而使税收制度和征收管理变得更加复杂，不利于税制简化和按税制计划税收收入，并且诱导了纳税人对税式支出的追逐，为其避税甚至逃税提供了可利用的机会，也为国家之间、地区之间以牺牲税收收入为代价进行不正当税收竞争提供了可利用的手段。当然，这些影响还只是税式支出作为税收优惠环节的效应，并没有考虑规范的税式支出制度的约束和控制功能。

11.4.2　税式支出的微观收益效应

1. 税式支出具有与直接支出相比的受益放大效应

比如，在对纳税人接受的直接补贴一并征收所得税和实行累进税率的情况下，税式支出比等额直接支出导致的纳税人最终实际受益多。

2. 税式支出具有受益局限效应和自选择效应

所谓受益局限效应，指税式支出可能对于实现某些受益目标无能为力或收效甚微。

例如，税式支出对于减轻贫困的效果就存在问题。因为除非税式支出采取罕见的"无剩余抵免"形式，否则其对那些因贫穷或者低收入而仅负微小纳税义务或干脆不负有任何纳税义务的人来说，受益就不大，甚至丝毫不能受益。所谓自选择效应，指在税式支出政策既定的情况下，纳税人可以自主选择和决定受益程度。例如，运用税式支出可以刺激企业进行新的投资，相比直接支出，税式支出可以使纳税人更灵活和获利更多。直接补贴给与不给、给多给少只能由政府说了算，而税式支出可使企业处于主动地位。其对税收政策的适应意识越强，自身努力和经济规模越大，来自税式支出补助的得益就越多。

3. 税式支出具有较强的受益感知效应

与传统税收优惠相比，税式支出明确表示了其是政府与公共资源中给予纳税人的一种财政补助或财政福利。在传统税收优惠观念下，纳税人可能认为税收政策给予的优惠本来就是自己应得的，从而无感恩回报意识。而税式支出则从观念上提高了纳税人的受益感知程度，进而有利于增强优惠政策的刺激效能。

4. 税式支出具有受益偏离效应

受益偏离效应指实际受益偏离政策预定的受益目标及其主体的情况。其原因有二：一是由于税式支出客观上为纳税人避税提供了一种可利用的手段，尽管大多数税式支出开始实施时只适用于特定的纳税人群体，范围很窄，但其他的纳税人通过一定的避税措施往往也可以受益。一些跨国公司利用其关联企业享受的税收优惠政策进行转让定价的方式来避税就是一个最常见的例子。二是由于税式支出会改变价格与要素的报酬，一些税式支出同税收负担一样，存在转嫁问题，进而造成税式支出的经济归宿可能与法定归宿不一致。通常认为税式支出的利益是归纳税人所有，但实际上，商品的供求弹性才是决定某些税式支出利益归属的主要因素。需求弹性越小，纳税人在税式支出中获得的利益越大。

5. 税式支出具有逆反效应或颠倒效应

这种效应主要体现在所得税税式支出中。所得税的一些税式支出，比如税收扣除、税收抵免、优惠税率等，其本意是界定纳税人的税负负担能力，改善所得分配，以税式支出去援助低收入者，然而在实施中却恰恰相反，绝大多数税式支出措施都在不同程度上给高所得者更多利益，最需要得到补助的低收入者却收益甚少。结果是需要补助的低收入者，或绝对贫困者未得到补助，不需要补助者又得到了补助，从而产生了颠倒或逆反的受益效果。原因有两点：一是高收入纳税人有更多的收入可供减免或扣除，而那些低收入者或绝对贫困者可能根本就达不到免征额或起征点，更谈不上享受扣除、抵免等税式支出利益。二是所得税的税率往往是累进而非等比例的。在累进税率下，纳税人享受的税式支出是由纳税人的应税所得及其适用的边际税率决定的。由于高收入纳税人的边际税率更高，为此，高收入纳税人每单位的收入享受的税式支出也就越多。

11.4.3 税式支出的社会经济效应

1. 税式支出具有收入效应、福利效应和替代效应

这三种效应通过图 11-1 可以观察得很清楚。图中，预算约束线从 CD 平行移至 AB，使消费者可以同时消费更多的 X 和 Y 商品，其实际收入增加，此即税式支出的收入效应；无差异曲线由 I_2 提高到 I_1，即表明税式支出的福利效应；AE 线较之 AB 线和 CD 线发生的斜率变化，即表明税式支出的替代效应。这里需进一步指出的是：第一，流转税的税式支出产生的替代效应较强，而所得税的税式支出产生的替代效应较弱，收入效应和福利效应比较突出。第二，虽然税式支出的替代效应有损税制中性，但在考虑以税收手段弥补市场缺陷的情况下，具有替代效应的税式支出也会带来额外收益。第三，税式支出的收入效应和替代效应是其对市场活动和社会经济生活发挥调节作用的重要基础，其他效应都与这两种效应存在直接或间接关系。

2. 税式支出具有微观激励效应

微观激励效应是指税式支出对生产单位的生产经营活动和个人劳动具有鼓励作用。这种作用的机制在于降低生产单位的综合成本或增加利润，增强市场竞争能力，或壮大企业资本与发展能力，及增加个人的劳动力要素报酬，提高个人劳动或工作的积极性。具体而言，商品课税方面的税式支出，直接作用主要是降低生产单位的综合成本，提高价格竞争优势。所得课税方面的税式支出，对生产单位来说，直接作用是增加利润，进而改善生产单位财务状况，有助于生产单位提高生产要素集聚能力和抗御风险能力，或者增加流动资金和再投资的垫支资本，增强发展实力；对个人来说，直接作用是提高实际收入水平，进而鼓励劳动、储蓄和增进社会公平感。

3. 税式支出具有宏观刺激效应

宏观刺激效应是指税式支出通过给予特定纳税人或经济活动一定的优惠待遇而对整个国民经济产生影响，其作用机制是增加总供给和总需求。具体而言，商品课税方面的税式支出，可以对生产产生刺激作用，增加特定纳税人或特定产品的生产。因此，这种税式支出一方面具有膨胀性效应，而且按照供给经济学的观点，这种膨胀性主要表现供给方面。另一方面，通过刺激目标纳税人和目标产品的生产，也有助于改善整体经济结构。所得税税式支出的宏观刺激效应比较复杂。对于公司所得税或企业所得税的税式支出来说，一方面，所得税税式支出对纳税人起激励作用，从而增加了生产，扩大了产出规模，将产生供给膨胀性效应；另一方面，由于其刺激了纳税人，从而增加投资的意愿和能力，将产生需求膨胀性效应。对于个人所得税的税式支出来说，其实施的最终结果是降低边际税率和增加个人可支配收入。如果降低的是最低边际税率，将提高低收入阶层可支配收入在社会总收入中的比重。由于低收入阶层的边际消费倾向是最高的，从而也就提高了整个社会的消费倾向，即产生需求扩张效应。但如果降低的是最高边际税率，由于拥有适用较高边际税率的较高应税所得的富有阶层的边际消费倾向较低。因此，主要对这部分人实施税式支出，将降低整个社会的消费倾向，从而产生需求紧缩效应。如果个人可支配收入提高后边际消费倾向大于边际储蓄倾向，即产生需求扩张效应。但如果个人可支配收入提高后边际储蓄倾向大于边际消费倾向，则产生需求紧缩效应。

4. 税式支出具有矫正效应

税式支出的矫正效应即税式支出对某种客观自发性偏向的抑制或纠正作用，其主要针对的是市场失灵。主要突出表现在两个方面：一是矫正由于经济人理性和市场价格不能完全反映资源最优配置要求而产生的外部性。例如，研发投资的社会效益远远大于其个人回报，如果政府不加任何干预，企业就不会积极地进行研发投资，而只会选择能提高私人回报率的投资项目。政府对研发活动提供的税式支出，无疑对此现象有直接的矫正效能。二是矫正市场分配规则产生的社会分配不公。市场分配规则是按要素价格分配，而要素价格高低又主要取决于个人的要素禀赋。要素禀赋不同造成的收入分配差往往是悬殊的，如不加以抑制，必然会影响社会和谐，甚至会严重危及社会政治稳定。政府对低收入者的税式支出补助，无疑将对其产生直接的矫正效应。

5. 税式支出具有社会经济政策实施的速达效应

税式支出作为政府为达到特定社会经济目标而采取的一种政策手段，其生效快慢也是体现其对社会经济影响的一个重要方面。一般来说，财政政策的实施可能产生五种时滞。它们依次为：认识时滞、行政时滞、决策时滞、执行时滞及效果时滞。在税收制度既定的情况下，税式支出没有政府直接支出政策的前四种时滞。至于第五种时滞，由于纳税人对税收制度包含的税式支出条款早已心中有数，并且由于税式支出受益的自选择效应所决定，税式支出肯定也要比直接支出政策小得多。税式支出的这种政策速达效应使税式支出能够及时发挥"自动调节器"的功能，从而大大地提高了政策实施效率。所以，许多国内外专家学者都将其看成是税式支出与直接支出相比较的突出优点，并与此相关，将税式支出视为一种节约支出成本，以有效而顺利地实现既定目标的佳好选择。

11.5 税式支出的管理

税式支出是政府实施特定的社会经济政策的有效手段。倘若运用不当，也可能给社会经济发展造成不利的影响，无法达到预期的政策目标。在这种情况下，对税式支出进行科学的管理是非常必要的，有利于税式支出政策的优化组合，实现其特定经济政策目标。

11.5.1 确定适度的税式支出规模

税式支出与一般性财政支出在整个财政支出体系中的地位是不同的。一般性财政支出在整个财政支出体系中居主导地位，税式支出只是一般财政支出的一种补充。一些支出项目，如国防、行政管理、文化、教育和科技等，就只能通过一般性财政支出的形式进行，而无法采用税式支出方式。在既定的社会经济条件下，税式支出与财政收入之间存在着此消彼长的关系。税式支出的规模过大，必然会冲击财政收入，从而直接影响政府财政的收支平衡、政府职能的正常履行和公共产品的足额提供；如果税式支出的规模过小，也不利于税式支出积极作用的发挥，特定的社会经济政策目标就无法实现。正因如此，确定适度的税式支出规模就成为税式支出管理的一个关键环节。

税式支出的规模最适合的大小，是由税式支出的财政实质及包括税式支出在内的整个财政支出的内部结构决定的。从理论上说，税式支出的规模必须以不影响必要的财政支出为前提。目前，各国税式支出规模估算的方法主要有收入放弃法、收入收益法、支出等量法和现值法等。

1. 收入放弃法

收入放弃法是将不含有税式支出条款的税收法规与含有相应税式支出条款的税收法规相比较，两者间的差额表示由于规定有税式支出条款而减少的税收收入就是税式支出的规模。

2. 收入收益法

收入收益法是一种逆向测定税式支出数量的方法，其基本原理与收入放弃法恰好相反。收入收益法以假定不含有税式支出条款的税法可能取得的税收收入，减去实际含有税式支出条款的税法取得的税收收入，两者间的差额表示的若取消税收优惠规定政府可增加的税收收入就是税式支出的规模。

3. 支出等量法

支出等量法是以税式支出的财政替代性为假定前提的。支出等量法的基本原理是如果以一项直接的财政支出项目来取代税式支出，看需要多少直接的财政支出才能达到运用税式支出所能够达到的社会经济效益，由此也就确定了税式支出的规模。

4. 现值法

现值法主要适用于因加速折旧、收入延迟和延期纳税而产生的递延纳税。对延迟纳税既要考虑当年政府的收入损失，也要考虑将来可收到的税收应折现为现值，两者相抵才能得到税式支出的数额。

上述估算方法的假设前提、分析问题的角度及衡量的参照物各不相同，它们各具优势和不足。在四种估算方法中，收入收益法需要综合考虑某项税式支出条款取消后所产生的效应，如纳税人的行为效应和各税种间的相互作用等，这一方式使得计算比较复杂；支出等量法实际上是一种资源成本计算法，它假定纳税人行为和政府财政总体状况没有改变，采用该方法需要将税式支出项目与具体的财政支出项目严格对应，操作起来非常困难；收入放弃法是一种对某项特定的税式支出的事后检验方法，相对于其他几种方法而言简便易行，因此，大多数国家都倾向于选用这种方法。

11.5.2 建立税式支出预算制度

美国最早建立税式支出预算制度，将税式支出纳入政府统一的预算管理与控制过程之中。此后，英国、法国、加拿大、日本、澳大利亚和印度等国也相继建立了相同或类似的制度安排。目前，各国对税式支出的预算管理主要采用以下三种不同的模式。

1. 全面预算管理

全面预算管理指的是将各个税式支出项目纳入统一的账户，并对其进行分类，按规范的预算编制方法和程序编制税式支出预算，并连同主要的税式支出成本估算，作为年度政府预算报告的组成部分送交立法机关审批。

2. 准预算管理

准预算管理指的是只对比较重要的税式支出项目定期编制税式支出预算，一般只需列出所得税方面的税收优惠项目，但有的国家也列出增值税和销售税等税种的税收优惠项目。在准预算管理模式下，税式支出预算不直接纳入正式的政府预算程序，只作为预算法案的参考和说明，也无须立法机关审批。

3. 非制度化的临时监控

非制度化的临时监控指的是为解决某一特殊问题而把税式支出作为一项措施加以运用时，对因此而放弃的税收收入参照预算管理的方法进行估价和控制，它不需要提交立法机关进行审议。

在上述三种预算管理模式中，全面预算管理模式对税式支出的控制最严，同时也最为完善，准预算管理模式次之。非制度化临时监控的效果最不显著，从严格意义来讲，非制度化临时监控不能算作一种管理模式。从理论上看，建立全面的税式支出预算制度最为理想，但相当一部分国家的财政管理水平都不尽如人意，缺乏有效的数据处理系统与技术，一时还难以实现对税式支出进行全面的预算管理。在实践中，各国通常都是基于本国的国情合理选择税式支出管理模式。在条件不成熟的情况下，仅对减免税规模大且影响较大的税式支出项目进行准预算管理，无疑是一个较为现实的选择。

思 考 题

1. 税式支出的含义，包含哪些基本要素？
2. 简述税式支出的特点。
3. 简述税式支出的效应。
4. 简述税式支出主要的分类。
5. 简述我国税式支出的现状。

扩展阅读 11-2
税式支出理论的产生与应用

即测即练

第 12 章 税制设计理论

学习目标

1. 掌握税制设计原则；
2. 掌握税制设计的最优税收理论；
3. 理解最优商品税的税制设计；
4. 理解最优所得税的税制设计；
5. 了解最优税收理论对我国税制改革的启示。

12.1 税制设计原则

税制设计是指政府决策者根据本国经济发展水平、税源分布状况、财政收入需要以及征收管理的可能性，对税种、征税范围、计税方式、课税环节、税率等做出的抉择。公平与效率是税制设计的两大永恒主题，是税制设计的双重原则。

12.1.1 公平原则

1. 支付能力原则

支付能力原则指每个纳税人应按其实际支付能力缴税。税制设计时，需要注意两个方面。一是要使得各纳税人之间负担水平保持均衡，即经济能力或者纳税能力相同的人，应当缴纳税额相同的税收，即横向公平。二是对经济条件不同的人征不同的税，即纵向公平。总的来说，就是以不同的方式对待经济条件不同的人，本书采用的评价纳税人纳税能力的衡量方法，主要有以下三个标准。

1）收入

"收入"是个流量的概念，表明一个人或一个团体在特定时期内所获得的实物量或货币量，是一段时期内的增量的概念。比如，一个人的月收入额，一个公司的年收入额等等。在工业革命以前的年代，人们的收入主要是以获得粮食的多少来表示的，所谓"不为五斗米折腰"就是说县官的薪俸也就是五斗米的重量。在农业时代，无论农民还是地主，无论官僚还是皇帝，大家的主要收入都是实物，而不是货币。随着经济的发展，货币成为主要的计量单位，收入也主要通过货币来进行衡量。

2）财产

"财产"是一个存量的概念，是截止在某个时间点上的金额或数量。各个不同时点的"财产"余额是不能叠加的，只能通过变动来表示其"增加"或"减少"。依照现代商业社会的财务管理概念，"收入"要归入损益表的范围内，有收入就有支出，收支相抵就会产生损益。收入大于"支出"就是利润，而利润的积累就是财产。

3）消费支出

分为生产消费支出和个人消费支出。前者指物质资料生产过程中的生产资料和生活劳动的使用和消耗。后者指人们把生产出来的物质资料和精神产品用于满足个人生活需要的行为特色消费和过程。通常意义上的消费，指个人消费。即城乡居民个人和家庭用于生活消费以及集体用于个人消费的全部支出。包括购买商品的支出及享受文化服务和生活服务等非商品支出。对于农村居民来说，还包括用于生活消费的自给性产品支出。集体用于个人的消费指集体向个人提供的物品和劳务的支出，不包括各种非消费性的支出。其形式是通过居民平均每人全年消费支出指标来综合反映城乡居民生活消费水平。

需要阐明的是，绝对的公平是不存在的，不论以三个标准中的哪个标准作为计税依据，追求的都是相对公平。例如，在个人所得税的设计上，纳税人的收入高低在一定程度上决定了其纳税能力，收入高低一定程度上又取决于纳税人的努力程度，而税收会反过来影响纳税人的努力程度，如果边际税率过高会直接导致纳税人宁愿休息也不愿意努力工作。再比如，如果设计了消费税而没有设计财产税，更多的人就会选择将财产储蓄起来，将财产的极少部分消费。这样储蓄起来的财富会使得财产的拥有者获得双重的受益：一方面不需要纳税，另一方面可以获得利息或者利得的好处。

2. 受益原则

受益原则是指在公平税制下的每个纳税人根据其从公共服务中得到的益处而相应纳税。因此，受益原则不仅适用于评价税收政策，而且还适用于评价税收收入与支出的政策。根据受益原则，每个纳税人缴纳的税金与其对公共劳务的需求应成正比，但是现实情况下，税收往往并不直接对应某项公共品，人们缴纳税收的多寡也并不必然与其享受的公共品成比例。纳税人缴纳税款后，尽管税款的所有权归政府所有，但是政府也不能随意使用纳税人的血汗钱，更不能大肆挥霍，必须接受纳税人的严格监督，因为纳税人向政府支付了昂贵的公共劳务的价格。支付能力原则是从税收自身的角度考虑的，与政府的支出无关，忽略了对公共劳务的需求分析，这一点上受益原则与其不同，受益原则能够很好地解决分配税收负担，以支付政府公共劳务费用，但不能处置政府转移支付的再分配。

因此，公平税制原则需要受益原则与支付能力原则的恰当结合，但在实际操作时要准确地均衡二者却是有难度的，仍需不断地探索。

12.1.2 效率原则

税制设计的经济效率,首先是对资源配置、经济机制运行的影响。其次,要求具有管理效率和执行效率,即征收中所支费用(管理费用和执行费用)与实际税收收入的比例关系。资产阶级古典学派亚当·斯密指出:"一切赋税的征收,须设法使人民所付出的,尽可能等于国家所收入的"。法国庸俗经济学家萨伊认为"最好的租税"即"危害最少的租税"是"在最低程度上妨害再生产",用税收理论来分析则应提高以下三方面的效率。

1. 经济效率

所谓的"超额负担",也就是亚当·斯密所指的对生产的妨碍,但事实上也妨碍生产者对生产要素的选择,同样也影响消费者对实际产出商品的选择,这种情况集中体现在税收的"替代效应"上,即因征税而使生产者或消费者改变其行为的过程。

2. 管理效率

所谓的税收"征收费用",也就是亚当·斯密的"入批官吏"征税时的各种支出,即税收成本——国家收入的和人民付出的差额。

3. 执行效率

所谓的纳税费用,也就是纳税人按税制缴纳程序的要求纳税所付出的费用,这些费用有如下几方面。

(1) 各种逃税避税成本,应付逃税避税的费用和逃税避税的惩罚。
(2) 处理纳税事务的费用。
(3) 纳税主体时间的耗费。

所有这些时间和金钱的耗费是以其他经济的、政治的或福利的损益为代价的,这就使纳税人产生了一种微妙的心理代价。

西方财政学者所谓的"经济效率",主要是指在完全竞争的市场条件下,价格机制可以达到资源(人、财、物)的有效配置,只要税收保持"中立性",就符合效率原则。

"中立性"是指政府课税不能破坏市场机制的调节作用,也就是说不能使纳税主体因纳税而改变自己的经济行为。但是,税收的"经济效率"要求根据不同的经济情况,对市场活动进行积极干预,控制和引导资源的合理配置、调整供求、促进市场经济机制发挥其最大的效率。因为税收是政府将社会资源从经济主体(企业和个人)转移到政府手中,如果征税不仅给企业和个人造成了经济上的负担,而且也干扰了社会经济运行的最佳决策和资源最优配置,就会给社会造成一种"超额损失",我们称其为"税收超额负担",指既定资源配置带来的收益和最优配置带来的收益差额。从另一角度来说,指征税使得社会付出的代价超过了政府从征税中实际得到的收益(有些收益是不能用货币数量来表示的),所以征税应使这种负担最小,极限为零。我们可以在图12-1的拉弗曲线中看出这一效率的重要性。

（1）要增加税收，不能单纯依靠提高税率。

（2）降低税率，可刺激经济增长，扩大税收。

（3）课税不能超过税率的临界点 A，过了此点，税收不但没有公平而言，而且影响整个经济的发展。

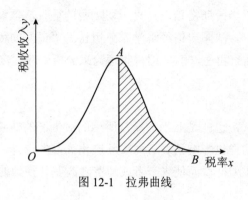

图 12-1　拉弗曲线

12.2　税制设计的最优税收理论

12.2.1　最优税收理论概念

最优税收理论是以福利经济学为基础的一种税制选择理论，它从公平与效率的税收原则出发，利用福利经济学和数学工具，通过分析各种税收的性质、效应及其权衡关系，研究如何构建经济合理的税制体系，进而实现社会福利最大化。该理论是以资源配置的效率性和收入分配的公平性为准则，研究如何以经济合理的方式征税，实际上是对税收效率与税收公平这两项基本原则的综合和深化。税收的基本原则主要为效率与公平，最优税制应该是同时兼顾效率原则与公平原则的税制。税收的效率原则要求税收不干预资源的配置，保持中性，以免使纳税人行为的扭曲。也就是当资源从私人手中转移到政府的手中，税收只产生收入效应而不产生替代效应，而替代效应则会因为个人行为的扭曲而产生效率的损失。税收的公平性应该是在收入分配中体现，横向公平是处于同等福利水平的纳税人应同等纳税，纵向公平则是处于不同福利水平的纳税人应不同纳税，而最优税收理论研究的就是如何构建能够兼顾效率原则与公平原则的税收制度。

12.2.2　最优税收理论的产生与发展

最优税收理论的研究，最早可以追溯到亚当·斯密对税收提出的四个原则，即平等、确实、便利和最低征收费用。税收的本质是国家为了实现职能并以其为主体参与社会产品分配所形成的分配关系。因此，税收作为收入分配与再分配理论中的重要内容将无可避免地带有规范性的色彩，也即是说公平与效率的权衡在税收理论始终居于中心位置，而最优税收理论就是这种规范性理论。在亚当·斯密之后，很多经济学家就对税收制度进行了大量的研究与探索，并取得丰硕的研究成果。最优税收理论的研究主要集中于直接税与间接税之间如何合理搭配、如何设置兼顾效率与公平的最优商品税、如何确定以所得税为基础的收入体系的最优累进税制三个问题进行研究。其中对最优商品税与最优所得税的研究较为深入。

一是关于最优商品税方面的研究。1927年，英国经济学家拉姆齐（Ramsey）从商品的需求价格弹性角度分析了最优商品税的问题，提出了商品税的基本分析框架。他假定不能一次交税，在给定税收收入情况下，确定什么样的商品税税率使税收的超额负担最小，即商品税达到最优状态。在一系列假设条件下，拉姆齐认为商品税的税率高低与商品的需求价格弹性成反比。该研究为最优商品税理论奠定了基础，为最优税收理论做出了开创性贡献。同时，也为政府对烟、酒等需求价格弹性较小的商品开征高税提供了理论支撑。但拉姆齐法则因对需求价格弹性较小的商品（如生活必需品）开征高税，在保证税收的效率原则时没有兼顾贫困者承担的实际税负高于富裕者，公平原则未能体现。因此，一些学者对拉姆齐法则提出了修正。1953年，科利特（Corlett）和黑格（Hague）发表论文《税收的超额负担及其补偿》，提出根据商品与闲暇的互补与替代关系开征不同程度的税收。1987年，斯特恩（Stern）对拉姆齐法则进行修正，对富裕阶层偏好的商品课征重税，对贫困阶层偏好的商品课征低税。

二是关于最优所得税方面的研究。与最优商品税不同，最优所得税最初的研究忽略了效率原则。埃奇沃斯（Edgeworth）在效用论的基础上，运用一个简单的模型考察了最优所得税问题。埃奇沃斯认为当每个人的边际牺牲相同时，社会效用损失最小。当收入达到一定水平后，如果人们增加的收入都用于交税，会导致高收入者选择闲暇而放弃工作。该模型的税制设计没有有效激励个人努力工作，在一定程度上形成效率损失。维克雷（Vickrey）1946年从信息不对称角度出发，在兼顾公平和效率原则下，研究如何设置累进税制既能促进收入再分配又能激励工作。维克雷认为政府应该根据不同纳税人的纳税能力征收不同的税率，在信息不充分下，设计累进税制要找到公平与效率的最佳平衡。1971年，米尔利斯（Mirrless）发表论文《最优所得税理论探讨》，通过最优所得税问题阐述了其不对称信息的理论，并提出了计算最优税制函数的方法。

20世纪70年代至20世纪80年代前半期，最优税收理论对政府可应用的税收工具、税收赖以生存的经济结构以及税收政策的目标等方面进行了深入研究。20世纪80年代后半期至今，最优税收理论将结合财产税制度、税收征管、不确定性、公共选择、新增长理论等角度拓展最优税收理论的研究。1996年诺贝尔经济学奖的授予了米尔利斯和维克雷，以奖励他们对于最优税收理论所作的卓越贡献，自此，最优税收理论受到世人的广泛关注。经济学家们对最优税收理论的研究已经有100多年的历史，但实践中各国税制与最优税收理论至今还是存在很大差距，经济学家们一直致力于缩短这种差距。

12.2.3 最优税收理论的基本思想与条件假设

1. 基本思想

最优税收理论的基本思想是运用个人效用和社会福利的概念,在赋予效率原则和公平原则不同权重的基础上,将这两个原则统一于社会福利标准之中。

2. 条件假设

最优税收理论是建立在系列严格的假设前提之下的,其中最重要的假设有以下四点。

(1) 完全竞争市场假设。在完全市场竞争假设下,消费者得到了最大限度的消费者剩余,生产者也得到了最大限度的生产者剩余。该市场所提供的社会福利状况达到最大,市场机制能够有效地配置资源。

(2) 关于行政管理能力的假设。任何税收工具的使用都不受政府行政管理能力的限制,假设行政管理费用非常低,且政府在建立税收制度和制定税收政策时,对纳税人的信息(包括纳税能力、偏好结构等等)是无所不知的,具有无限的征管能力。

(3) 关于标准福利函数假设。标准福利函数给定了最优税制的目标,即实现福利最大化,在多人模型中,以效用的社会福利函数(对个人的效用水平进行加总,用来测定社会福利)作为标准函数,计算出了各种结构,据此在有限的税收工具体系中选择最优税制。

(4) 关于市场状态的假设。生产技术、市场结构和个人偏好能够明确地表现出来。

12.3 最优商品税税制设计

最优商品税理论研究的是通过对商品课税来取得既定税收收入时,应如何确定应税商品的范围和税率,才能使得政府课征商品税带来的效率损失最小化。

12.3.1 拉姆齐的最优商品税理论

1. 最优商品税理论的含义及假设

1927年,拉姆齐在《对税收理论的贡献》中提出了最优商品税,研究了如何设置商品税税率使"效用减少最小",即超额负担最小。拉姆齐认为最优税制应当使对每种商品的补偿需求均以税前状态的同等比例下降为标准,其研究有三个重要的假设条件:

假设一:完全竞争的封闭型经济体系、生产总是等于消费、私人和社会纯产品总是相等(即不存在外部性问题)、单一消费者或单人经济。

假定二：货币的边际效用对所有消费者都是相同的，不考虑分配状况和收入状况，额外负担极小化是唯一考虑的因素。

假定三：只有两种商品，课税商品之间并不存在交叉价格效应，从而每种商品的需求只取决于自身的价格和消费者工资率的高低。

2. 拉姆齐法则

在上述假定前提下，拉姆齐对完全竞争市场中的单一家庭经济进行分析考察，经过数学推导，得出两个重要结论——等比例规则和逆弹性规则。

1）等比例规则

等比例规则是指商品课税是最优的或者说要使政府征税带来的超额负担最小化，那么选择的税率应当使各种商品在需求量上按相同的比例减少，用公式（12-1）表示

$$\frac{dx_1}{x_1} = \frac{dx_2}{x_2} = \cdots = \frac{dx_n}{x_n} \tag{12-1}$$

其中：dx_n 是课税所导致的第 n 种商品生产量的减少；而 x_n 是课税前第 n 种商品的生产量。公式表明，只有在所有商品的边际额外负担都相同时，征税所产生的总超额负担才会最小。

在完全竞争市场假设下，征税前人们的消费已经达到帕累托最优，在偏好相同和不存在收入差距的假设下，只要征税造成的消费数量等比例下降，征税后消费者损失的仅仅是因课税而损失的消费额，而没有改变消费者的选择，就不会造成额外负担。

因此，只要消费等比例变化，那么供应方的生产量也仅仅是等比例变化，不会出现选择决策改变的问题，也不会出现额外负担的增加。

2）逆弹性规则

拉姆齐提到："在有两种商品的情况下，应当对需求弹性小的商品征税；如果劳动供给绝对无弹性，那么就应当对所有商品平等征税。税收应当主要来源于供给弹性较小的商品。如果我们要使商品间的生产比例保持不变，那么这种做法是必要的。"

为了实现最优商品课税，当各种商品的需求相互独立时，对各种商品课征的税率必须与该商品自身的价格弹性呈反比例关系，即应对需求弹性大的商品征低税，对需求弹性小的商品征高税。完全需求无弹性的商品应当承担无穷大的税收。这是因为一种商品的需求弹性越大，对其征税产生的潜在扭曲效应也就越大；反之，征税带来的扭曲效应就越小。例如：扭曲性影响小的税收，由于其对经济主体的有效率决策干扰小，所以福利损失小，效率高。而商品需求弹性越低，意味着被税收干扰的可能性小，税收所造成的扭曲性就小，从而效率就高，在极端情况下，对没有弹性的商品课税，就不会造成效率损失。

拉姆齐为寻找使税收额外负担最小化的路径提供了开创性的启示，但其研究存在一定的局限性，等比例规则和逆弹性规则是建立在非常严格的假定前提下的，但这些假定条件过于理想化，通常情况下市场存在的以下四种情况使得假设条件难以实现。

（1）消费者并不具有同一性，个人的消费偏好都不同。

(2) 原有的经济由于存在外部性、垄断等市场失灵现象，因而不是最优的。拉姆齐认为不改变原来经济状态的税收就是额外负担最小的税收，这显然不现实。

(3) 即使等比例规则是正确的，但实际上难以安排一套税率制度实现生产或消费数量的等比例减少。

(4) 市场上存在公平缺失，需求弹性小的商品通常都是生活必需品，穷人负担的税收远高于富人。

12.3.2　最优商品税理论的发展

1. 科利特—黑格规则

拉姆齐对最优产品课税的分析，并没有考虑劳动力供给问题。科利特（Corlett）和黑格（Hague）将闲暇作为第三种商品纳入模型，主张对消费弹性高的奢侈品征高税，对弹性低的必需品征低税的结论，如对于闲暇互补的产品如高尔夫球场、游艇等课征较高的税率，对于闲暇互替的产品，即与劳动互补的产品，如工作服等，课征较低的税率。把劳动力或闲暇当作一种特殊的产品，由于一般产品税并不把闲暇这种特殊产品包括在税基中，而且闲暇与其他产品之间并不具有弱可分离性，也就是说，任何两种产品的边际替代率都独立于闲暇的数量，或者没有任何产品与闲暇有替代或互补关系，因而课征平均产品税，会扭曲人们在闲暇和一般产品消费之间的选择，鼓励人们多消费闲暇，而减少劳动力的供给。

由于税务当局无法对闲暇课税，所以无法根据闲暇的需求弹性实行拉姆齐法则，但税务当局可以通过对与闲暇有关的商品的课税来间接实现对闲暇的课税。实行这一原则，可以在一定程度上矫正所得税对人们工作—闲暇选择的歪曲。

2. 考虑公平后的理论发展

戴蒙德（Diamond）和米尔利斯（Mirrlees）、费尔德斯坦（Feldstein）、阿特金森（Atkinson）和斯蒂格里茨（Stiglitz）、米尔利斯，将收入分配问题纳入考察视野，表明商品税的效率性目标和公平性目标难以兼得，在具体税制设计时需要进行权衡。

斯特恩（Stern）指出即使对需求弹性大的商品课税会产生较大的额外负担，但为达到社会公平起见，也应当对需求弹性低的商品征收较低的税收，而对需求弹性较高商品征收较高的税收。

戴蒙德和米尔利斯证明收入分配问题的引进实际上改变了等比例减少原则，这表明经典最优商品税理论现实意义较差。

由于最优商品税理论没考虑收入再分配功能，为此一些学者放弃了通过商品税体系本身来解决公平问题的思路，希望商品税只解决效率问题，而通过其他途径来解决公平问题。其主要设想是在征收统一税率商品税的同时，通过转移支付、适当的总额补助而达到公平目标。

公共选择学派的学者陶利森，引入税制运行过程的寻租问题，认为差别税率越多的税制越容易导致通过寻租获得对纳税人最有利的结果（如模糊弹性低和弹性高的商品的界限，使弹性低的商品不一定要缴纳较高的税收）。当寻租保护成为全社会偏好时，其造成的福利损失可能要大大超过最优商品税引起的额外负担的减少水平。

詹姆斯（James ALM）考虑了公平、效率、奉行成本、管理成本、非奉行成本和实施成本等因素后，认为由拉姆齐发展起来的最优商品税没有可行性。商品税应当广泛地实行单一比例税率。单一的比例税率没有区分商品种类的必要，会大大地减少奉行成本和管理成本，同时降低政府施行成本。

12.4　最优所得税税制设计

与最优商品税立足于效率不同，最优所得税的研究是从公平切入的。最优所得税理论的核心问题是如何确定所得税的最优税率，以使社会在达到合适收入分配目标的同时，还能够实现对所得课税所带来的效率损失最小。

12.4.1　埃奇沃思超额累进所得税理论

19 世纪末，埃奇沃斯在边际效用论的基础上考察了最优所得税问题。埃奇沃斯提出，当每个人的边际牺牲相等时（纵向公平原则），社会效用损失最小，这就意味着最大边际税率为 100%。当收入达到某个等级时，当事人的所有增加的收入都将用以交换税收，这样，一个非常大的可能性是高收入者将放弃工作，选择闲暇。由于损失了效率，政府的收入反而低于课征低税率的收入。在研究中，埃奇沃斯作了如下几方面的假设。

假设一：每个人的效用函数是相同的，而且仅仅取决于他们的收入，而收入的边际效用是递减的。

假设二：人们可获得的收入总额是固定的。

假设三：最优所得税的目标是在取得必要税收收入的前提下，使社会福利即个人效用之和最大化。

假设四：社会福利等于所有社会成员个人效用的和。

$$W = U_1 + U_2 + U_3 + \cdots + U_n \tag{12-2}$$

式中：W 表示社会福利；U_i 表示第 i 个人的效用，$i=1, 2, \cdots, n$；n 表示社会成员的数量。

在上述假设条件下，为了实现社会福利的最大化，每个人收入的边际效用必须相等。在个人效用函数相同的情况下，只有当所得水平相同时，所得的边际效用才有可能相等，这就要求税收制度应当使税后所得尽可能地平等。为了实现这一目标，就应当对富人的所得课以高税，这是因为政府征税使富人损失的边际效用小于穷人损失的边际效用。如果在所得分配已达到完全平等的情况下，政府还要增加税收收入，增加的税收负担就应平均分配。

12.4.2 斯特恩线性所得税模型

斯特恩（Stern）将所得税对劳动供给的影响加以考虑，并结合负所得税设想，提出了一种线性所得税模型（图12-2）。

$$T=-G+tY \tag{12-3}$$

式中：T 为税收收入；G 为政府对个人的总额补助；t 为税率；Y 表示个人的全部所得。

上式表示，当 $Y=0$ 时，税收为负值，即可以从政府那里得到 G 元的补助；当 $Y>0$ 时，纳税人每获得1元所得，必须向政府缴纳 t 元的税收。因此，t 是边际税率，即最后1元所得中应纳税额的比例，它是一个固定不变的常数。斯特恩经过研究认为，劳动的供给弹性越大，边际税率 t 的值应当越小。

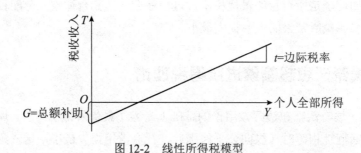

图12-2 线性所得税模型

一方面，斯特恩指出线性所得税的最优边际税率随着闲暇和商品之间的替代弹性的减小而增加，随着财政收入的需要和更加公平的评价而增加。这意味着人们对减少分配不平等的关注越大，则有关的税率就应越高，这一点是与我们的直觉相符的。另一方面，最优税率与劳动供给的反应灵敏度、财政收入的需要和收入分配的价值判断密切相关，假如我们能够计算或者确定这些参数值，我们就可以计算出最优税率。因此，斯特恩模型对最优所得税制的设计具有指导意义。

斯特恩经过计算得出：所得（劳动）与闲暇间的替代弹性为0.6，当社会福利函数选择以罗尔斯主义为标准时，t 为19%，此时社会福利达到最大化，该研究否定了累进税率应当随收入递增最后达到100%的结论。

斯特恩还发现，在其他条件不变的情况下，劳动供给弹性越大，最优边际税率就越小，因为劳动供给弹性越大，对劳动所得课税所产生的超额负担就越大。

斯特恩最后得出的结论是，线性所得税的最优边际税率随着闲暇和商品之间替代弹性的减小而增加，随着财政收入的需要而提高，随着更加公平的需求而增加。这意味着，人们对减少分配不平等的关注越大，则相关的税率就应该越高。

12.4.3 米尔利斯的最优所得税理论

米尔利斯在《最优所得税理论探析》一文中，构建了一个最优化模型。该模型与最优商品税制研究者拉姆齐的模型的不同之处在于其在模型构建中引入了动态最优，是动态最优规划在非连续性时间问题上的应用。其研究有以下几方面的假设。

假设一：经济是静态的，税收对储蓄没有影响，税收仅对劳动供给产生影响。

假设二：只考虑劳动收入，不考虑财产收入。

假设三：个人偏好没有差异，个人通过理性来决定所提供劳动的数量与类型，每个人的效用函数都相同，适当地选择了个人效用函数后，福利可以表示为个人效用之和。

假设四：个人提供的劳动量不会对其价格产生影响，个人仅在他们的税前工资或生产率上有差别，只存在一种劳动，因此劳动的类别没有差异，一个人的劳动完全可以替代其他人的劳动，劳动供给是连续的。

假设五：政府对经济中个人的效用及其行动拥有完整的信息，实施最优税收方案的成本可以忽略不计。

在上述假设条件及同样的效率损失情况下，政府通过提高中等收入者的边际税率，从较为富裕者那里取得更多的收入，而通过降低最高和最低收入者的边际税率，增加这两种群体的福利，从而既能实现帕累托改进，又能促进收入分配公平。因此，米尔利斯得出了以下结论。

（1）一个具有行政管理方面优点的近似线性所得税方案是合意的。所谓近似线性所得税，其性质是边际税率近似不变，所得低于免税水平的人应当获得政府补助。

（2）所得税并不像我们通常所想，是一项缩小不平等程度的有效工具。因为税率低不一定导致人们多工作，在消费水平和技能水平处于最优的情况下，即在这一技能水平上，整日劳动会使人得到与消费水平相等的工资，技能水平低于这一标准的人不会选择工作。即使低税率也不会工作。因此找不出证据证明，对低收入者应当征收较低税收。同样，由于技能的差异，为了效率起见，我们应该让劳动技能最差的人少工作，而让劳动技能较高的人多工作。具有较高技能的人的劳动供给可能是相当缺乏弹性的（假设中排除了移民的可能性），为了贫困集团的利益，对具有较高劳动技能并且具有较高收入的人征收高的边际税率，可能牺牲更多的产出。

（3）我们要设计与所得税互补的税收，从而避免所得税所面临的困难。如引入一种既依赖于工作时间又依赖于劳动所得的税收方案，还要考虑如何抵消我们中的某些人从基因和家庭背景中得到的先天优势。

斯特恩将米尔利斯及后来的相关研究取得成果概括为以下三个观点并通称之为米尔利斯模型并得出以下结论。

（1）边际税率处在 0 和 1 之间。

（2）对最高收入的个人的边际税率应为 0。

（3）如果具有最低工资率的人正在最优状态下工作，那么对他们的边际税率也应为 0。

从社会公平与效率的总体角度来看，非线性所得税的最优边际税率结构应使高收入段的边际税率降为零，低收入段的初始税率接近于零，而中等收入者的边际税率可以适当高一些（边际税率曲线应呈倒"U"字）。

12.5 最优税收理论对我国税制改革的启示

最优税收理论是在严格假设条件下得出的特殊结论，其结论本身的适用范围是有限的，并不具有普适性，我们应辩证的认识，并结合我国的国情酌情运用。

12.5.1 税制改革应综合考虑效率与公平两大目标

一方面，最优税收理论运用寻求权衡公平和效率的原则和方法，提供了让税收扭曲最小化的途径，它是一个严格的推理，是一个严密的理论体系；最优税收理论是在一定假定条件下，以减少税收抑制性效应的分析体系。从方法论上讲，最优税收理论是数学中最优化方法应用于经济问题的结果，是在一定假设条件下求极值而得出的规则。这对于我们设计"优化税制框架"和优化税制结构是有一定的理论指导意义的。此外，最优税收理论发现了人们传统思维以外的观点纠正了某些曾被视为普遍真理的原则，促使人们在进行决策时更加理性。现实中，正确的决策要考虑所有可能出现的情况，根据每一种情况，选择因时制宜、因人制宜的最优方法。

12.5.2 批判的借鉴最优税收理论

最优税收理论标准模型是在严格的假设条件下得出特殊的结论，为此不能被当作一般规则，实际运用到税制设计时要谨慎，因其假定条件是非常严格的，在我国现实经济生活中几乎不存在。例如，在我国不可能存在最优的统一总额收益，而且不同收入、不同宗教信仰导致在消费方式等方面存在实质性差别，所以我们应该在具体设计税收制度时把这些因素考虑在内。在标准最优税收理论中，税制设计的唯一约束条件是有关偏好和禀赋的资料，但我国的制度、政治、行政管理、组织结构和文化方面与西方发达国家存在着较大的差别，这些因素都会对最优税收理论在我国的运用产生极大的影响。

12.5.3 重新认识所得税的公平功能

传统观点认为，在改善收入分配方面，所得税具有商品税不可比拟的优越性，然而米尔利斯基于其理论模型的数值分析表明，所得税在改变收入不平等方面的功能并不像人们想象的那么好。这一认识的重要性在于，一方面，米尔利斯的数值分析促进人们重新审视利用累进所得税制来实现再分配的观念、重新挖掘商品税的公平功能，另一方面，如果商品税和所得税在实现公平分配方面的能力都很有限的话，出于公平方面的更多考虑，可能应该把目光投向诸如财产税、遗产税、赠与税等小税种。

12.5.4 提高政府了解掌握信息的能力与税收征管能力

最优税收研究了消费者的选择如何被运用到税制设计中来，这取决于政府可获得的信息。即使政府消除了市场失灵、保证了竞争行为从而保证了生产效率，但政府也不可能拥有关于每个人的能力、禀赋、偏好及生产可能性的信息。因此，政府只能根据消费者在选择他们的工作时间、职业及收入、消费方式的过程中所显示的信息，设计最优税收工具。所以税制设计灵敏地依赖于可获得的信息，进一步地讲，税制设计依赖于具体可行的税收工具。也就是说，政府可获得的信息的微小变化对于可使用的税收工具、税制设计都具有深远的影响。在我国关于个人收入的信息很少而且不可靠，非货币工资性的收入所占的比重过大，工资以外还有各种福利性分配，这些都游离于所得税的税基之外，所得税的功能受到很大的限制。我们在运用最优税收理论设计税收工具时，应该充分考虑现实的税收征管情况，而不能简单地采纳西方的理论。

思 考 题

1. 谈谈你对公平和效率原则的看法。
2. 试述最优税收理论的研究内容及对其评价。
3. 能够用最优税收理论指导我国的税制改革吗？

第 13 章 税务管理

学习目标

1. 掌握税务管理的概念；
2. 掌握税务征管制度；
3. 掌握税务行政处罚的种类；
4. 了解税务行政处罚的步骤；
5. 了解纳税信用等级的划分；
6. 了解诚信税收。

扩展阅读 13-1

我国税收征管法建设历程

税务管理，顾名思义就是对税收的管理。税务管理的对象是税收及其活动。税收是国家为实现其公共管理职能，依照法律规定，凭借行政手段，无偿参与国民收入分配和再分配的手段，税收国家和地方财政收入的主要来源。通过税收参与分配还能促进资源的合理配置，调节收入分配，稳定和推动经济发展。因此，为了实现对税收这一分配过程的有效组织，充分发挥税收的职能作用，有必要对税收及其活动进行有效管理。应该说税务管理是与税收相伴而生的。税务管理是税务机关有效组织财政收入、保障国家运转能力的重要工作，是强化国家治理能力的重要基石。因此，充分认识税务管理的职能，确保遵循一定的原则征管是体现依法治国精神、完善国家治理体系的重要方面。

13.1 税务管理的概念

13.1.1 税务管理的定义

税务管理是我国税收的重要组成部分，税务管理是指国家以宪法、税收法和其他相关法律为依据，根据税收运动的特点及其客观规律，通过税收杠杆、筹集国家收入、实施宏观调控、调节收入分配等方式，以保证税收的职能作用得以实现的全部活动和过程。税务管理伴随着税收产生，并自始至终存在于税收分配活动的全过程，而税务管理有广义与狭隘定义之分。

广义的税务管理是对整个税收分配活动的管理，指国家依据行政法律法规的规定和宏观经济运行规律及税收分配的特点，制定相应的税收政策，确立税收管理体制，保证税收各项职能实现的一系列活动的总称。它是国家相应部门以税收作为对象，为实现税收分配的目标，依据税收分配活动的特点和规律，对税收分配活动的全过程进行的决策与管理，包括税收立法管理、税收执法管理及税收司法管理（表13-1）。

表13-1 税务管理具体分类

税务管理	税收立法管理		
	税收执法管理	税收行政管理	
		税收征收管理	税收征收
			税收管理
			税收稽查
	税收司法管理		

狭义的税务管理就是税务机关依据有关税收法律法规所进行的税收征管活动，仅仅是指税收的征收管理，包括税款征收、税收管理和税收稽查等环节，简称税收征收管理。因此，税务管理的主体是税务机关；税务管理的客体是各级税务机关与纳税人之间的征纳关系。它形成税收征收管理的重要内容。

要保证国家行使相应的政治权利及经济权利，使税收能够及时充足地上缴国库，并充分发挥税收的职能作用，就离不开税务管理。而税务管理的目标具有多样性，总体来看，税务管理的直接目标是实现税收分配的目标，最终目标则是实现税收宪治、税收善治、税收共治。而税收分配的目标又包括基础目标和政策目标，税收分配的基础目标是取得能够支撑国民经济稳定运行的财政收入，税收分配的政策目标则包括促进资源的有效配置、促进收入的公平分配、调节经济总量，促进经济的稳定与增长等。

13.1.2 税务管理的作用

1. 保证税收财政职能得以实现

税务管理实际上就是严格执法确保财政收入的过程，从而有利于保证税收财政职能的实现。税务管理是以国家有关法律法规为依据的。而这就要求征纳双方必须严格遵守税法，依法征税或纳税，履行征纳双方的责任与义务。但是由于部分纳税人的纳税遵从度不足，存在有法不依、偷税漏税等现象。因此通过税务管理可以对纳税人的生产、经营活动和纳税情况进行及时地检查监督，有效发现并及时制止纳税人的各种违法行为，维护税法的权威，提高纳税人的纳税意识。同时也可以提高税收征管人员的执法意识，保证税收征管人员严格执法，杜绝或尽量减少违法或执法不当的现象。

2. 保证税收调解职能得以实现

税收是国家对经济进行宏观调控的重要工具。但是税收对经济的调节职能并不是自然而然发生的，它随着客观条件的变化而变化，不仅受到客观经济状况的制约，还受到税收管理者的主观影响。税务管理可以促使税务机关了解纳税人对税法，税收政策和税收制度的履行情况，国民经济的发展状况及税制是否符合客观经济情况，从而把税收信息及时地反馈给国家决策机关，以修订税法、调整税收政策、改革税制，使税收分配与国民经济的运行相吻合，更好地发挥税收调节经济的职能。

3. 保证税收监督职能得以实现

税务机关的基本职能就是征收税款，其他所有的税收管理业务也都应该是围绕着税款的征收这一中心任务展开的。在征税过程中，税务机关必须精确了解纳税人的生产经营状况、财务状况、个人收入状况及遵守税收法律法规的情况，必须对违反税收法律法规的行为给予经济和法律上的处罚。所以征收税款的过程实际上就是对纳税人实施监督管理的过程。税务机关要实现税收的监督职能，就必须发挥税收的监督作用，通过税务登记账簿、发票管理、纳税申报、税款征收、税务检查等管理活动，对税收分配过程实施有效的监督，维护税法的严肃性。

13.1.3　税务管理的复杂性

税务管理具有复杂性，具体包括纳税人构成的复杂性、涉税行为的复杂性以及涉税管理机构的复杂性。

纳税人构成的复杂性。在现实生活中，纳税人的构成是十分复杂的，大致包括以下三类：各种身份的居民个人；各种性质的企业；行政机关、事业单位和各类组织。不同的纳税人具有不同的经营特点、活动规律、运行方式，对不同纳税人需要采取不同的税收征管方式。

涉税行为的复杂性。在进行税务征管时，需要考虑到由于纳税人的复杂性，导致相关涉税行为的复杂性：单个纳税人涉税经济活动的复杂性，既有经营所得、投资所得，有劳务所得，对不同的所得需要采取不同的税款征收方法；两个或两个以上纳税人之间进行经济交易活动的复杂性，有购销关系、投资关系、承包关系、代理关系、合作关系等，对不同交易关系需要采取不同的税收管理措施。

涉税管理机构的复杂性。税务机关进行税务管理时需要其他部门的支持与配合。例如与工商管理部门、银行、房产管理部门、土地管理部门、车辆管理部门及公检法部门等，众多部门配合导致了税务管理的复杂性。

因此，税务管理是对税收分配全过程的管理，包括事前、事中、事后的管理；税务管理是对税收分配全方位的管理，包括税源形成、税款征收、税款划转、纳税评估、纳税检查的管理；税务管理是对税收分配的综合管理，包括税收基础管理、税收征收管理、税收计划管理、税收会计管理、税收检查管理等；税收管理是管人与管事的结合，难点是管人，包括对纳税人、征税人、用税人的管理；税收管理是遵从管理与风险管理的结合，提高遵从度与防范风险并重。

13.2 税收征管制度

13.2.1 税务登记制度

税务登记是指向纳税人、扣缴义务人依法向税务机关披露有关信息,税务机关对纳税人、扣缴义务人身份予以确认的一项涉税活动。它也是税务机关对纳税人的开业、变更、歇业以及生产经营活动等活动情况进行等价的一项基本税务征管制度。

税务登记主要包括开业税务登记,变更税务登记,停业、复业税务登记,注销税务登记等。

1. 开业税务登记

纳税人在从事生产经营活动时,应自领取营业执照之日起或者首次发生纳税义务起30日内,由法定代表人或者相关授权人持有关证件向主管税务机关申请办理税务登记,税务机关应于收到申报的当日办理登记并发与纳税人相应税务登记证件。事业单位和社会组织应当自依法设立之日起30日内向税务机关申报办理税务登记。自然人纳税人或者其扣缴义务人应当自首次纳税义务发生之日起,行政法规规定的纳税申报期限届满前,向税务机关申报办理税务登记。

2. 变更税务登记

变更税务登记是指纳税人办理开业税务登记之后,因登记内容发生变化,故此需要对原内容进行更改,进而向税务机关办理变更税务登记。纳税人税务登记内容发生变化的,已在工商行政管理机关办理登记的,应当自工商行政管理机关或者其他机关办理变更登记之日起30日内,持有关证件向原税务登记机关申报办理变更税务登记。

3. 注销税务登记

注销税务登记是指纳税人由于法定原因终止纳税义务时,向原税务机关申请办理取消税务登记的手续。办理注销税务登记后,该当事人不再受原税务机关管理。纳税人办理注销税务登记应当在向工商行政管理机关或者其他机关办理注销登记前,持有关证件和资料先向原税务登记机关办理注销税务登记;按规定不需要在工商行政管理机关或者其他机关办理注销登记的,应当自有关机关批准或者宣告终止之日起15日内,持有关证件和资料向原税务登记机关申报办理注销税务登记。

纳税人被工商行政管理机关吊销营业执照或者被其他相关机关予以撤销登记的,应当自营业执照被吊销或者撤销登记之日起15日内,向原税务登记机关申报办理注销税务登记。

纳税人因住所、经营地点变动的,涉及改变税务登记机关的,应当在向当地工商行政管理机关或者其他机关申请办理变更、注销登记前或者住所、经营地点变更之前,持有关证件和相关资料,向原税务登记机关申报办理注销税务登记,并自注销税务登记之日起30日内向签达地的税务机关申报办理税务登记。

纳税人办理注销税务登记前,应当向税务机关提交相关证明文件和资料,结清应纳税款、多退(免)税款、滞纳金和罚款,缴销发票、税务登记证件和其他税务证件,经税务机关核准后,办理注销税务登记手续。

13.2.2 纳税申报制度

纳税申报是纳税人履行其纳税义务,向税务机关申报纳税的法定手段,也是税务机关办理征收业务、核定应征税款、填开发票的主要依据来源,是税务征管制度的重要组成部分。纳税人必须依照法律、行政法规规定或税务机关依照法律、行政法规的规定确定的申报期限、申报内容并如实办理纳税申报,报送纳税申报表、财务会计报表及税务机关根据实际需要要求纳税人报送的其他纳税资料。扣缴义务人必须依照法律、行政法规规定或者税务在依照法律、行政法规的规定确定的申报期限、申报内容如实报送代扣代缴、代收代缴税款报告表及税务机关根据实际需要要求扣缴义务人报送的其他有关资料。

1. 申报对象

下列纳税人或者扣缴义务人、代征人应当按期向主管国家税务机关办理纳税申报或者代扣代缴、代收代缴税款报告、委托代征税款报告。

依法已向国家税务机关办理税务登记的纳税人。包括各项收入均应当纳税的纳税人;全部或部分产品、项目或者税种享受减税、免税照顾的纳税人;当期营业额未达起征点或没有营业收入的纳税人;实行定期定额纳税的纳税人;应当向国家税务机关缴纳企业所得税及其他税种的纳税人。

按规定不需向国家税务机关办理税务登记,及应当办理而未办理税务登记的纳税人。

扣缴义务人和国家税务机关确定的委托代征人。

纳税人、扣缴义务人的纳税申报或者代扣代缴、代收代缴税款报告表的主要内容包括:税种、税目、应纳税项目或者应代扣代缴、代收代缴税款项目、计税依据、扣除项目及标准、适用税率或者单位税额、应退税项目及税额、应减免税项目及税额、应纳税额或应代扣代缴、代收代缴税额、税款所属期限、延期缴纳税款、欠税、滞纳金等。

2. 申报方式

纳税人、扣缴义务人可以直接到税务机关办理纳税申报或者报送代扣代缴、代收代缴税款报告表,也可以按照规定采取邮寄数据、数据电文或者其他方式办理上述申报、报送事项。

3. 报送资料

纳税人办理纳税申报时应当如实填写纳税申报表，并根据不同情况报送不同相应的证件、资料：财务会计报表以及说明材料；与纳税有关的合同、协议书及凭证；税控装置的电子报税资料；外出经营活动税收管理证明和异地完税凭证；境内或者境外公证机构出具的有关证明文件以及税务机关规定的其他材料等。

13.2.3 发票管理制度

1. 发票的相关概念

发票是指各类单位和从事生产经营活动的个人在购销商品，提供或者接受服务以及从事其他经营活动时开启或收取的收付款凭证，发票是确定经营收支行为发生的法定凭证，是会计核算的原始依据，也是税务稽查的重要证据。

发票的基本联次为三联。发票的基本内容还包括发票的名称，发票代码和号码，联次及用途，客户名称，开户银行和账号，商品名称或者经营项目，计量单位，数量，单价，大小写金额，开票人，开票日期等。

2. 发票管理办法

根据《中华人民共和国发票管理办法》规定，发票领购时，依法办理税务登记的各类单位和个人在领取税务登记证件以后，向税务机关申请领购发票。申请领购发票的单位和个人应当提出购票申请，提供经办人身份证明、税务登记证件或者其他有关证明，以及财务印章或者发票专用章的印模，经主管税务机关审核后，发给发票领购簿。领购发票的单位和个人应当凭发票领购簿核准的种类、数量及购票方式，向主管税务机关领购发票。临时到本省（区、市）以外从事经营生产活动的单位和个人，可以凭所在地税务机关的证明，向经营地的税务机关申请领购经营地的发票。临时在本省（区、市）以内跨市、县从事经营活动领购发票的办法，由省（区、市）税务机关规定。

开具发票时，销售商品、提供劳务或服务及从事其他经营活动的各类单位和个人，发生对外经营业务需要收取款项时，收款方应当向付款方开具发票，特殊情况下由付款方向收款方开具发票。单位和从事生产经营活动的个人在购买商品，接受劳务或服务和从事其他经营活动时，应当向收款方取得发票。发票一般只限于领购单位和个人在本省（区、市）内开具，省级税务机关可以规定在本省（区、市）内跨市、县开具发票的办法。任何单位和个人不得转借、转让、代开发票；没有经过税务机关批准，不得拆借使用发票；不得自行扩大专用发票的使用范围。禁止倒买倒卖发票，发票监制章和发票防伪专用品。

13.2.4 税款征收制度

税款征收制度指税务机关根据税收法律法规和纳税人的生产经营、财务管理状况，本着保证国家税收、便于税务人员征收的原则所采取的具体组织税款入库的方式。税款征收主要有以下几种方式：查账征收；查定征收；查验征收；定期定额征收；代扣代缴；代收代缴；委托代征。

1. 查验征收

查验征收是指税务机关对便于查验的纳税人的应税商品、产品，通过查验数量，按市场一般销售单价计算其销售收入，并据此计算应纳税额的一种征收方式。这种方式主要适用于生产商品或劳务有据可查的纳税人，如按次、按批的临时经营者。其特点是灵活性较大。

2. 查定征收

查定征收是指税务机关根据纳税人的生产情况、从业人数等基本经营状况查定核实其生产产量、销售额并据此核算税款的一种方式。这种方式适用于生产规模较小、产品量少、会计核算不健全的作坊式小企业。

3. 查账征收

查账征收也称"自报查账"，指税务机关对会计核算制度比较健全的纳税人，依据其报送的纳税资料，据此计算其应纳税额，填写缴款书或完税凭证，由纳税人到银行划解税款的征收方式。这种方式适用于会计制度比较健全，能够认真履行纳税义务的纳税人。

4. 定期定额征收

定期定额征收指税务机关对某些营业额、利润额不能够准确计算的小型个体工商户，采取自报评议，由税务机关定期确定营业额和所得额征收率，按期核定，分月预征的一种征收方式。这种方式适用于营业额所得额无法准确计算的小型纳税人。

5. 代扣代缴、代收代缴

代扣代缴指按照税法规定，负有扣缴税款义务的法定义务人负责对纳税人应纳的税款进行代扣代缴的方式。代收代缴指按照税法规定负有收缴税款义务的法定义务人负责对纳税人应纳的税款进行代收代缴的方式。适用于零星分散，不易管控的税源以及税收网络覆盖不到或难以征收的区域，目的在于对其实行源泉控制。

6. 委托代征

委托代征指受委托的有关单位按照税务机关核发的代征证书的要求，以税务机关的名义向纳税人征收一些零星税款的方式。目前各地对零星、不易管控的税源，大多是委托街道办事处、居委会、乡政府、村委会及交通管理部门等代征税款。

13.3 税收行政管理

13.3.1 税务行政处罚

税务行政处罚指公民、法人或其他组织有违反税收征收管理秩序的违法行为，尚未构成犯罪，依法应当承担行政责任的，由税务机关给予行政处罚。行政处罚特征如下：以违法的客观事实为前提；应处罚的行为未构成犯罪；以税务机关为处罚主体；税务行政处罚是以对税务违法者惩戒为目的，具有制裁性的具体行政行为。

1. 税务行政处罚的分类

（1）罚款。罚款是税收行政处罚中最常用的处罚方式，需注意罚款不同于罚金、滞纳金。

（2）没收非法财产及违法所得。

（3）取消某种行为资格。具体包括：提请工商行政管理机关吊销营业执照、停止出口退税权、收缴发票或停止发售发票等。

2. 税务行政处罚的种类

申诫罚。这是影响违法者声誉的处罚，是行政机关对行政违法行为人提出谴责、警告，使其引起警惕，防止其继续违法的措施。申诫罚主要适用于情节比较轻微，未造成严重社会危害的违法行为，既可以适用于公民个人，也可以适用于法人和组织。

财产罚。这是指行政机关依法剥夺行政违法人财产权利的一种处罚，包括罚款、没收非法所得、没收非法财产。财产罚的适用条件是：适用于有经济收入的公民、有固定资产的法人或者组织所实施的违法行为；对以牟利为目的的经营活动中实施的违法行为。

能力罚。这是行政机关对违反行政法律规范的行政相对方所采取的限制或者剥夺特定行为能力的制裁措施，是一种较严厉的行政处罚。能力罚的主要表现形式是：责令限期改正、责令停产停业、暂扣或者吊销营业执照、暂扣或者吊销许可证。

3. 税务行政处罚的原则

一般原则：法定原则；公正、公开原则；以事实为依据原则；处罚相当原则；处罚与教育相结合原则；监督制约原则。

适用规则："一事不二罚"原则；处罚事前告知；不得以行政处罚代替刑事处罚；严格送达程序；税务违法行为处罚的时限为5年。

13.3.2 税务行政复议

1. 税务行政复议的概念

税务行政复议指公民、法人或者其他组织不服税务主管机关的行政处罚或者其他处理结果,依法向原处理机关或者其上级机关提出申诉,由原税务主管机关或其上级机关对该行政处理决定是否合法与适当重新进行审议,并做出裁决的行政程序。

2. 税务行政复议的特点

税务行政复议的前提是以征纳双方的税务争议为调整对象。税务行政复议的必要条件是以税收管理相对人履行税务行政决定和提出复议申请。税务行政复议的种类包括必经复议与选择复议相结合,即复议前置和自由选择。税务行政复议机关一般以上级主管税务机关为复议机关,只有特殊情况下经申请,可以本级人民政府为复议机关。税务行政复议的形式一般采用书面审理形式,不必开庭审理,也无须当事人双方到庭辩论。税务行政复议的性质是一种行政救济机制。

3. 税务行政复议的作用

维护税法严肃性;保护税收当事人合法权益;维护和监督税务机关依法行使职权。

4. 税务行政复议的受案范围

税务行政复议的受案范围是指税务行政复议机关对哪些行政行为拥有复议权。一般只能对具体行政行为进行复议,抽象行政行为不得复议。

具体行政行为是指在行政管理过程中,针对特定的人或事所采取具体措施的行为。在税收上具体包括:税务机关做出的征税行为;税务机关采取的税收保全措施;税务机关未及时解除保全措施,使纳税人及其他当事人合法权益遭受损失的行为;税务机关做出的强制执行措施;税务机关做出的行政处罚行为;税务机关不予依法办理或者答复的行为。

抽象行政行为是指以不特定的人或事为管理对象,制定具有普遍约束力的规范性文件的行为,主要包括两类:一类是行政立法行为;另一类是制定不具有法律性的规范文件的行为。

5. 税务行政复议程序

必经复议。当事人不服税务机关的征税行为,必须先向原处理机关的上一级税务机关申请行政复议,对行政复议决定仍不服的,还可以向法院提起行政诉讼。

选择复议。当事人对于因处罚、保全措施及强制执行引起的争议(上述受案范围中第2至5条),可以选择适用复议或诉讼程序,如选择复议程序,对复议决定仍不服的,可以向法院起诉。

表 13-2 为税务行为及对应程序。

表 13-2　税务行为及对应程序

税款征收行为	必经复议
税款保证行为	选择复议
行政处罚行为	
不予办理行为	
其他行政行为	

6. 税务行政复议管辖

税务行政复议管辖是指税务系统内部确定管辖税务行政复议案件的分工，明确申请人应向什么机关提出申请，由哪个机关受理税务行政复议。

对省（区、市）地方税务局做出的具体行政行为不服的，可以向国家税务总局或者省（区、市）人民政府申请行政复议。

对国家税务总局作出的具体行政行为不服的，可向国家税务总局申请行政复议。对行政复议决定不服，申请人可以向人民法院提起行政诉讼，也可以向国务院申请裁决，国务院的裁决为终局裁决。

对计划单列市税务局做出的具体行政行为不服的，向省税务局申请行政复议。

对税务所、各级税务局的稽查局做出的具体行政行为不服的，向其主管税务局申请行政复议。

对扣缴义务人做出的扣缴税款行为不服的，向主管该扣缴义务人的税务机关的上一级税务机关申请行政复议；对受税务机关委托的单位做出的代征税款行为不服的，向委托税务机关的上一级税务机关申请行政复议。

国家税务总局（以下简称"国税局"）（稽查局、税务所）与地方税务总局（以下简称"地税局"）（稽查局、税务所）、税务机关与其他行政机关联合调查的涉税案件，应当根据各自的法定职权，经协商分别做出具体行政行为，不得共同做出具体行政行为。

对国税局（稽查局、税务所）与地税局（稽查局、税务所）共同做出的具体行政行为不服的，向国家税务总局申请行政复议；对税务机关与其他行政机关共同做出的具体行政行为不服的，向其共同上一级行政机关申请行政复议。

对被撤销的税务机关在撤销前所做出的具体行政行为不服的，向继续行使其职权的税务机关的上一级税务机关申请行政复议。

7. 税务行政复议程序

1）申请

税务行政复议的申请是指公民、法人或其他组织向法定税务机关复议机关做出的行政复议，要求其对某一具体行政行为进行审查并做出裁决的意思表示。申请是税务机关复议程序的第一个环节。根据《中华人民共和国行政复议法》的规定，公民、法人或者其他组织认为行政机关的具体行政行为侵犯其合法权益的，可以自知道税务机关做出具体行政行为之日起 60 日内向税务行政复议机关申请复议。

2）受理

税务机关在收到公民、法人或者其他组织向法定税务机关复议机关提出的行政复议申请后，应在5日内进行审查，决定是否受理。

3）审理

审查税务行政复议案件，应该对被申请人做出的原具体行政行为的合法性和适当性进行审查。审查内容主要包括以下几方面。

（1）条件审查。复议机关自收到复议申请后，5日内进行审查。对不符合规定的申请，不予受理，并书面告知申请人。对符合规定但不属于本机关受理的申请，书面告知申请人向有关机关提出复议申请。

（2）合规受理。税务行政复议机关应当自收到复议申请之日起5日内，对复议申请进行审查，分别作出以下处理：一是复议申请符合申请复议的必备条件的，应当书面告知申请人自收到复议申请之日起受理复议；二是复议申请不符合申请复议规定条件之一的，裁决不予受理并书面告知理由和诉权；三是复议申请书未载明规定内容之一的，应当把复议申请书发还申请人，书面通知限期补正。申请人在规定期限内补正的，应当书面告知自收到补正答复之日起受理复议；过期不补正的，视为未申请。

（3）申请人在申请行政复议时，对原行政行为所依据的有关规定提出审查申请的，行政复议机关对该规定有权处理的，应当在30日内依法处理；无权处理的，应当在7日内按照法定程序转送有权处理的行政机关依法处理，有权处理的行政机关应当在60日内依法处理。行政复议机关在对被申请人作出的行政行为进行审查时，认为其依据不合法，本机关有权处理的，应当在30日内依法处理；无权处理的，应当在7日内按照法定程序转有权处理的国家机关依法处理。在处理期间，中止对具体行政行为的审查。

4）决定

税务行政复议的决定是指税务行政复议机关有查清复议案件事实的基础上，依法对税务具体行政行为是否合法和适当作出具有法律效力的决定。具体决定种类有：维持决定；履行决定；撤销、变更和确认决定。同时行政复议机关自受理申请之日起60日内作出行政复议决定。不能在规定期限内作出行政复议决定的，经复议机关负责人批准，可以适当延长，但最长不得超过30日，并告知申请人和被申请人。

13.3.3 税务行政诉讼

1. 税务行政诉讼的概念及特点

税务行政诉讼是指公民、法人及其他组织认为税务机关的具体行政行为违法或者不当、侵犯其合法权益，请求人民法院对税务机关的具体行政行为的合法性和适当性进行审理裁决的诉讼活动。从性质上讲，税务行政诉讼既是一种司法救济手段，又是一种司法监督手段。

税务行政诉讼具有以下几个特点：税务行政诉讼是一种司法活动，它不同于税务行政执法活动。税务行政诉讼是一种行政诉讼，它不同于民事诉讼和刑事诉讼。税务行政诉讼以审理税务行政案件、解决税务行政争议为内容。税务行政诉讼中的被告必须是税务机关，或是经法律、法规授权的行使国家税务行政管理权的机关、组织。因此，海关、财政等部门也可能成为税务行政诉讼的被告。税务行政诉讼是以不服税务具体行政行为的公民、法人或者其他组织为原告，以做出具体行政行为的税务机关为被告的诉讼。

2. 税务行政诉讼的程序

1）税务行政诉讼的提出

公民、法人和其他组织不服税务机关的行政处理决定或者复议决定，可以向人民法院提起行政诉讼。起诉的方式一般有口头和书面提起两种。公民法人和其他组织向人民法院提起税务行政诉讼，应当向人民法院提交起诉状。税务管理相对人对复议决定或具体行政行为不服的，在接到复议决定书或具体行政行为通知书或通知之日起15日内向法院提起诉讼。

2）税务行政诉讼的受理

法院接到诉状后，经过审查，应在7天内立案或作出裁定不予受理。原告对不予受理的裁定不服的，可以提起诉讼。

3）税务行政诉讼的审理与判决

根据《中华人民共和国行政诉讼法》的规定，人民法院审理一审行政案件应采用开庭审理的方式；人民法院审理行政案件，以法律、行政法规和地方性法规为依据，参照规章。人民法院在审理之前，应做好相应的准备工作，包括依法组成合议庭、阅卷、查证及通知被告应诉等。其中，通知被告应诉是一项重要的准备工作。税务行政诉讼的审理阶段一般包括开庭、法庭调查，法庭辩论、合议庭评理和宣告判决等几个程序。法庭辩论结束后，由合议庭评议并在评议的基础上依法作出判决。原告和被告对人民法院的一审判决不服的，均有权在判决书送达之日起15日内向上一级人民法院提起上诉，逾期不上诉的，一审判决即发生法律效力。

4）二审判决与审批监督程序

二审程序指上级人民法院对下级人民法院所做出的一审判决，在其发生法律效力之前，由于一审原告或被告上诉而根据事实和有关法律对税务案件进行审理和判决的活动。审判监督程序是指人民法院依法对已发生法律效力的判决和裁定，发现确有错误而进行重新审理的一种审判程序。

5）税务行政诉讼的执行

税务行政诉讼的执行是指人民法院按照法院程序采取强制措施，实现人民法院对税务行政诉讼案件所做出的已经发生法律效力的判决或裁定的诉讼活动，是行政诉讼程序的一个重要组成部分，也是人民法院完成对行政案件审判的最后阶段。

13.3.4 税务行政赔偿

1. 税务行政赔偿的概念及特点

税务行政赔偿是指税务机关作为履行国家赔偿义务的机关,对本机关及其工作人员的职务违法给纳税人和其他税务当事人的合法权益造成的损害,代表国家予以赔偿的制度。税务行政赔偿有以下几个特点:税务行政赔偿是由税务机关及其工作人员或法律、法规授权的组织引起的赔偿;税务行政赔偿是由税务机关及其工作人员的侵权损害行为引起的赔偿;税务行政赔偿是一种国家赔偿。

2. 税务行政赔偿的范围

1)侵犯人身权的赔偿

税务机关及其工作人员非法拘禁当事人,或以其他方式剥夺当事人人身自由的;以暴力等非法行为造成当事人身体伤害或死亡的。

2)侵犯财产权的赔偿

税务机关及其工作人员违法征收税款及滞纳金的,对当事人违法实施罚款、没收非法所得等行政处罚的,对当事人财产违法采取强制措施或税收保全措施的,违反国家规定向当事人征收财物、摊派费用的,造成当事人财产损害的其他违法行为(不包括精神赔偿)。

3)不承担赔偿的情形

行政机关工作人员与行使职权无关的个人行为、被损害当事人自己的行为致使损害发生的,税务机关不承担赔偿。

4)混合过错的赔偿

税务机关及其工作人员与被损害当事人双方过错致使损害发生的,根据双方过错的大小各自承担责任。

3. 税务行政赔偿的程序

1)赔偿的非诉讼程序

税务机关内部程序:赔偿请求人提出口头或书面赔偿要求——有赔偿义务的税务机关给予赔偿。收到申请后2个月内,逾期不赔或申请人对赔偿额有异议的,可在期满之日起3个月内向法院提起诉讼。

2)赔偿的诉讼程序

司法程序:税务行政诉讼以税务机关先行处理为条件(未向税务机关申请赔偿不得进入诉讼程序),税务行政赔偿诉讼可以调解,诉讼中税务机关不承担损害事实部分的举证责任。

3)赔偿的追偿制度

税务行政赔偿义务机关代表国家向税务行政赔偿请求人支付赔偿费用后,依法责令有故意或重大过失的工作人员、受委托的组织和个人承担部分或全部赔偿费用的法律制度。

13.4 纳税信用管理

13.4.1 树立诚信治税的税务管理思想

税收诚信观是在市场经济条件下,由于市场经济是竞争经济、法治经济与诚信经济的统一体,诚信是良好市场经济秩序的基础,因此,塑造良好和谐的税收环境必须以诚信为基础而提出的。税收诚信观是诚信政府与诚信国民的统一,也是诚信纳税、诚信征税与诚信用税的统一。

13.4.2 纳税信用管理实现途径

1. 制定纳税信用管理办法,依法实施诚信纳税

根据税务总局发布的《纳税信用管理办法(试行)》,对于纳税人的纳税信息进行归类整理,具体可以分为:纳税人信用历史信息、税务内部信息、外部信息等。收集纳税人信息,针对性进行管理。(图13-1)

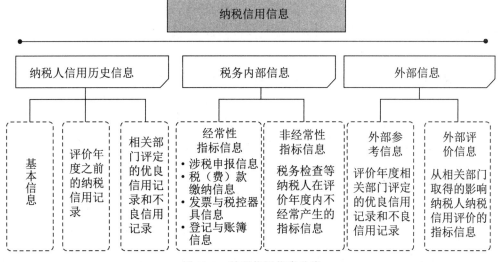

图13-1 纳税信用信息分类

根据纳税人不同纳税信用信息进行年度评价指标得分,对纳税人纳税信用进行级别分类(表13-3)。

表 13-3　纳税信用级别判别情况

年度评价指标得分	纳税信用级别
90 分以上	A
70 分以上不满 90 分	B
40 分以上不满 70 分	C
不满 40 分或直接判 D	D

2. 对不同信用等级的纳税人实行差异化管理

对于纳税信用级别为 A 级的纳税人实行激励措施，具体方法有：主动向社会公布年度 A 级纳税人名单、一般纳税人可单次领取 3 个月的增值税发票用量，需要调整增值税发票用量时即时即办、普通发票按需领用、绿色通道或专门人员帮助办理涉税事项、税务机关与相关部门实施的联合激励措施及结合当地实际情况采取的其他激励措施。

对于纳税信用级别为 B 级的纳税人实施正常管理，适时进行税收政策和管理规定的辅导，并视信用评价状态变化趋势选择性地提供相应激励措施。

对于纳税信用级别为 C 级的纳税人，税务机关应依法从严管理，并视信用评价状态变化趋势选择性地采取管理措施。

对于纳税信用级别为 D 级的纳税人，税务机关应采取以下措施：公开 D 级纳税人及其直接责任人员名单，对直接责任人员注册登记或者负责经营的其他纳税人纳税信用等级直接判为 D 级；增值税专用发票领用按辅导期一般纳税人政策办理，普通发票的领用实行交（验）旧供新，严格限量供应；加强纳税评估，严格审核其报送的各种资料；加强对其出口退税审核；列入重点监控对象，提高监督检查频次，发现有税收违法违规行为出现的，不得适用规定处罚幅度内的最低标准；纳税信用评价等级通报相关部门，建议在经营、投融资、取得政府供应土地、进出口、出入境、注册新公司、工程招投标、政府采购、获得荣誉、安全许可、生产许可、从业任职资格、资质审核等方面予以限制或禁止；D 级评价保留两年，第三年纳税信用不得评价为 A 级；税务机关与相关部门实施的联合惩戒措施，及结合实际情况依法采取的其他严格管理措施。

3. 营造良好的社会诚信环境

税收诚信是社会信用体系的有机组成。2014 年 6 月 14 日，国务院正式出台了《社会信用体系建设规划纲要》（下简称《纲要》）。《纲要》内容主要围绕着政务诚信、商务诚信、社会诚信以及司法公信，提出了三大基础性措施：加强诚信教育与诚信文化建设、加快推进信用信息系统建设和应用、健全守信激励和失信惩戒机制。

税收诚信是企业的无形资产。一个企业只有坚持诚信经营，诚信办事，才能塑造良好的形象和信誉，赢得客户，才能带来持久的效益，做到长盛不衰。

税收诚信是个人的通行证，珍惜个人的诚信记录。在当今社会，个人诚信体系和社会信用体系日益受到重视，个人守信激励和失信惩戒机制不断完善，如今全国统一的信用制度不断建立，征信数据不断开放。

诚信的税收环境离不开纳税人、征税人和用税人的共同努力，诚信税收应该是诚信纳税、诚信征税和诚信用税的统一。纳税人应该以遵守税法为己任，做到以诚纳税；征税人应该以严格执法为准绳，做到以信聚财；用税人应该以预算约束为标准，做到依法用财，从而营造涵盖税收分配活动全过程的良好的诚信税收环境。

思 考 题

1. 什么是税务管理？
2. 如何理解税务登记？税务登记的种类有哪些？
3. 哪些人应该办理纳税申报？对纳税申报对象有何规定？
4. 税款征收方式有哪些？
5. 简述税务行政复议、税务行政诉讼与税务行政处罚。
6. 实现纳税信用管理的途径？
7. 如何营造良好的社会诚信纳税环境？

第 14 章
税收管理体制

学习目标

1. 掌握税收管理体制的概念及原则；
2. 了解税收管理体制模式的分类；
3. 掌握分税制管理体制的含义及类型；
4. 了解分税制管理体制的原则及依据；
5. 了解分税制管理体制的现状与改革方向。

扩展阅读 14-1

陕甘宁边区的税收制度

14.1 税收管理体制的概念及原则

税收管理体制是国家财政管理体制的重要组成部分，财政管理体制影响并制约着税收管理体制的制定与发展。国家政权是分级的，与之相适应国家财政管理体制也是分级的。根据我国的政权结构，将我国财政管理体制总体划分为中央财政与地方财政，地方财政又细分为省（区、市）、县（市、旗）、乡三级，中央财政与地方财政的根本目的与经济利益是基本一致的，但由于中央财政与地方财政所承担的责任、拥有的财力存在一定程度的差异，就会产生整体与部分之间的矛盾，因此，需要在国家政权内部各级政府之间划分税收收入和管理权限。财政管理体制就是为正确处理中央与地方政府之间的矛盾而产生的。财政管理体制是主要划分中央与地方政府以及地方各级政府之间财政责任、权力以及财政利益的一项制度。税收管理体制是财政管理体制中的一项重要内容。财政管理体制包含并制约税收管理体制，即税收管理体制必须与财政管理体制相适应。与此同时，税收管理体制作为一项独立的管理制度，对国家财政管理体制起着积极的影响作用。

14.1.1 税收管理体制的概念

税收管理体制是指划分中央与地方之间税务管理权限的制度，实质上体现了中央和地方之间的税收分配关系，它是税务管理制度的重要组成部分，也受到税务管理制度的影响和制约。税务管理权限包括税收立法权和税务管理权。

1. 税收立法权

税收立法权是指国家最高权力机关依据法定程序赋予税收法律效力时所具有的权利，主要包括税法制定权、审议权、表决权、批准权及公布权。

从税收立法和税收政策制定方面看，我国一直坚持税权集中，税政统一。当前有制定税法或者税收政策的国家机关主要包括：全国人民代表大会及其常务委员会、中华人民共和国国务院、中华人民共和国财政部、国家税务总局、海关总署、国务院关税税则委员会办公室等。税收法律由全国人民代表大会及其常务委员会制定；有关税收的行政法规由国务院制定；有关税收的部门规章由财政部、国家税务总局、海关总署、国务院关税税则委员会等部门制定。此外，根据我国法律的规定，省、自治区、直辖市人民代表大会及其常务委员会和省级人民政府，在不与国家的税收法律、法规相抵触的前提下，可以制定某些地方性的税收法规和规章。税收法律的制定要经过提出立法议案、审议、表决通过及公布四道程序，税收行政法规和规章的制定要经过规划、起草、审定和发布四道程序。

2. 税务管理权

税务管理权是指贯彻执行税法所拥有的权限，本质上是一种行政权力，属于政府及其职能部门的职权范围，主要包括税种的开征与停征权、税法的解释权、税目的增减与税率的调整权及减免税的审批权。

1）税种的开征与停征权

税种的开征与停征权，是指对已经完成制定税法的税种，何时将其税法实施的权力；或者对已经开征的税种，由于政治或经济等方面的原因，何时停止其税法执行的权力。一般来说，税种的开征与停征权同税法的制定颁布权是一致的。

2）税法的解释权

税法的解释权，是指对已制定并颁布的税收基本法规的内容作出具体解释说明的权力。税收基本法规颁布后，为便于贯彻执行，一般需要发布实施细则对部分内容进行具体的解释和说明。此外，在对税收基本法规和实施细则的执行过程中，还会出现一些新的情况和问题，针对这些新情况、问题，如是否征税及如何征税，也需要根据税收基本法规和现实情况作出解释说明。税法的解释权一般集中在财政部和国家税务总局，地方税法的解释权也可由省（区、市）税务机关负责。

3）税目的增减与税率的调整权

税目的增减与税率的调整权指增加或减少课税项目的权力，及对课税对象或课税品目的税率调高或调低的权力。虽然各税种的税法对其征税的项目及其适用税率有明确规定，但随着现实情况的变化，有时需要扩大征税范围，增加税目；有时则需要缩小征税范围，减少税目，这就需要提高或降低税率。由于税目的增减与税率的调整涉及国家的财政收入和纳税人的税收负担，因此，有关税目增减与税率调整的权限应高度集中。

4）减免税的审批权。

减免税的审批权是指对纳税人征收或不征其应纳税款的权力。减税、免税体现国家的税收优惠政策，并且直接影响着国家的财政收入和纳税人的税收负担。因此，在各级政府，特别是在中央和地方政府之间明确划分减税、免税的审批权限是十分必要的，该权限的划分有利于确保征纳双方及各级政府的利益。1994年分税制实施后，减免税除税法（条例）规定者外，其他减免税权一律集中到中央。

14.1.2 税收管理体制的原则

中央政府与各级地方政府履行各自职能需要一定的财力保证，为此要通过税收的形式占有一部分社会产品，以满足政府运行及公共支出的需要，而税收管理体制直接关系到中央政府与各级地方政府各自税权的大小及各自的税收利益。为了正确处理中央政府与地方政府在征税方面的责权利关系，必须建立合理的税收管理体制，确立税收管理体制的原则就是税收管理体制建立与改革过程中应遵循的准则。

1. "统一领导，分级管理"的原则

"统一领导，分级管理"是我国建立税收管理体制的总的原则，"统一领导"是解决集权方面的问题，"分级管理"是解决分权方面的问题。根据《中华人民共和国宪法》的规定，中央和地方的国家机构职权的划分，遵循在中央的统一领导下，充分发挥地方的主动性、积极性的原则。这一原则有利于进一步调动地方经济建设的积极性，适应我国各地区间经济发展不平衡的特点，更好地实现税务管理的总目标。

各级地方政府在中央政府的统一领导下，因地制宜地处理本地区的特殊问题，发展地方经济。同政治经济制度相适应，税收管理体制也需要遵循"统一领导，分级管理"的原则。国家的税收政策、法规、制度等，包括税种的开征与停征、税目的增加与减少与税率的调整及全面性的减税免税，都要由中央政府统一管理。但由于各地区发展存在差异，为了充分调动地方政府管理税收的积极性，并便于地方政府因地制宜地解决地方的特殊税收问题，在中央政府统一领导的前提下，由各方政府分级管理税收，并给予地方政府一定的税目、税率调整权及一部分税收减免权。

2. 财权与事权相统一的原则

各级政府及所属的税务机关均负有各自的责任，有一级政府，就有一级事权，就要有相应的一级财权，因此事权与财权是分不开的。财政收入是政府履行政治、经济和社会公共服务职能的财力保证，而税收作为财政收入的主要来源，必须与政府的职权、事权相匹配，因此，确立税收管理体制必须遵循财权与事权相统一的原则，各级政府有什么样的职权、什么样的办事的事权，就要有相应的财权。使各级财政都有各自的收入来源和支出范围，并且要把财政支出同财政收入尽量挂起钩来。

14.2 税收管理体制的模式

14.2.1 集权型税收管理体制

集权型税收管理体制是指中央政府和地方政府、地方政府之间划分税收管理权限和税收收入时，将税收管理权限主要集中于中央政府手中，即税收立法权、征收权及管理权高度集中于中央政府，地方政府只有很小的管理权限，没有专门的征收队伍。

集权型税收管理体制下，税收管理权限和税收收入主要集中于中央政府手中，中央政府高度集权，因此，单一制国家多采用集权型税收管理体制。集权型税收管理体制常用于计划经济时期，有利于集中财力，实现预期经济目标，有利于运用税收杠杆调节经济，但是较严重地压抑了地方政府组织收入和促进市场竞争的动力，不利于推动经济发展的主动性和积极性。

14.2.2 分权型税收管理体制

分权型税收管理体制是指中央政府和地方政府之间，根据其各自的职责、权限范围，划分税收管理权限和税收收入，协调中央和地方财政收支关系。分权型税收管理权限比较分散，中央与地方都有相对独立的税收立法权、征收权和管理权，分级管理，互不干涉。

分权型税收管理体制下，中央和地方政府各有一定税权、分税分管，税法由中央统一立法，具体条例、法令由财政部制定，但地方政府有一定的自主权，如规定起征点、加成减税、免税等。中央和地方税务机构没有统属领导责任。共享税是主体，税种分为各级政府的固定税和共享税两大类。共享税包括个人所得税、企业所得税、增值税等。共享税收入占全部税收总额的比重较大，固定税都是一些小税种。分权型税收管理体制能较充分地发挥各级政府理财办事和推动市场自由竞争的主动性和积极性，有利于宏观管理。

14.2.3 集权与分权相结合的混合型税收管理体制

集权与分权相结合的混合型税收管理体制是指兼具集权型税收管理体制与分权型税收管理体制的特征，在保证中央政府税务管理权限和税收收入的条件下，赋予地方政府一定的税收管理权限和税收收入，以调动地方政府的积极性。实行这种模式既要避免税收管理过于集中而影响地方政府发挥其应有的积极性，又要避免市场过于分散而可能削弱中央宏观调控功能。

集权与分权相结合的混合型税收管理体制要求中央和地方分别有较完善的税收管理体系、比较灵活的中央财政对地方财政的调控措施、比较健全的税收管理体系等。

14.3 现行分税制管理体制的现状及改革

14.3.1 分税制管理体制

1. 分税制管理体制的含义及类型

1）分税制管理体制的含义

分税制是指在划分中央和地方政府事权的基础上，按照税种划分中央与地方财政收入一种财政管理体制。其主要内容包括以下四点。

第一，合理划分中央和地方政府的事权范围。合理划分事权是实行分税制的前提。在我国，中央政府主要承担国家安全、外交和中央国家机关运转所需经费，调整国民经济结构、协调地区发展、实施宏观调控所必需的支出及由中央直接管理的事业发展支出。地方政府主要承担本地区政权机关运转所需支出及本地区经济和各种事业发展所需支出。

第二，按照财权与事权相一致的原则，合理划分税种。根据中央和地方的事权，按税种划分中央与地方的收入，将全部税种划分为中央税、中央与地方共享税和地方税三类。税种划分的原则是：属于维护国家权益、实施宏观调控的税划归中央，作为中央税；属于与经济发展直接相关的主要税种划为中央与地方共享税；属于适合地方征管，有利于调动地方积极性的税种划归地方，作为地方税。

第三，中央财政对地方税收返还数额的确定。中央财政对地方实行的特定的税收返还制度，是一种过渡性措施，为了保持地方既得利益格局，逐步达到改革目标。

第四，分设国家税务总局和地方税务局。为了保证分税制的顺利实施，1994年我国将原来的一个税务局分设为国家税务总局和地方税务局两套税务机构。国家税务总局直属国务院，负责中央税和共享税的征收和管理，地方税务局隶属于地方政府，主要负责地方税的征收和管理，体现了分税制的"分权、分税、分设机构"。

2）分税制管理体制的类型

根据中央与地方划分税收收入采取的方式，分税制管理体制可以分为税基分享制和收入分享制。

税基分享制是指多层级政府在一个共同的税基上按照各自税率征税的一种制度。也可称为分享税源式分税制，其具体表现又可以分为：分征式、附加式及上解式。税基分享制有助于建立一个保证每个层级政府的收入能够支付本级支出增长的、有弹性的税收体系，使各级政府都可以通过税基分享制为自己负责的领域所需要的开支提供资金。但目前税基分享制存在的主要问题是，多级政府对同一税基课税时的不协调和无节制征收，会造成税收负担过重、资源配置扭曲和不同辖区之间的税收的不公平。

收入分享制既不涉及税收立法权的划分，甚至也不涉及税收征收管理权的划分，唯一重要的问题是税收收入按什么办法在各级政府间分享。收入分享制在应用上有三种不同的操作方式：中央课征所有的税收，并将其中一部分划拨给省级政府；中央课征所有的税收，根据某些特殊的约定，将其部分税收或全额税收与省级政府进行分享；分割税种，但不划分税收立法权。分割税种的本质是一种分税种式的分税制。在收入分享制下，各级政府对预算收入心中有数，便于安排预算；同时地方有税收收入的归属权，但税种、税基、税率的规定权及税收减免权在中央，便于强化中央的宏观调控能力。但收入分享制也存在一些不足之处，中央制定的税收政策可能会影响地方的收入独立性和稳定性，如中央对某些经济活动规定的减免税会减少地方的收入来源；按税收来源地分享税收，很难考虑到横向平衡问题，可能会拉大地区差距。

2. 分税制管理体制的原则与依据

1）**分税制管理体制的原则**

第一，政府目标与政策手段统一的原则。在分税制下，中央对地方实行不同形式的财政补贴制度，一方面可以掌握地方政府的支出范围和财力配置方向的主动权，保证中央经济调控政策的实施，实现政府宏观调控的目标；另一方面可以调动地方政府的积极性。此外，分税制还可以充分体现税收杠杆调节经济配置资源的独特作用，中央可以运用属于自身的税种、税收进行全面性调节，地方也可以运用属于自身的税种、税收进行局部调节，整体调节与局部调节相结合，有利于经济稳定运行。

第二，重点保证中央收入的原则。税收收入是中央实施宏观调控政策的财力保证。分税制通过建立中央和地方两个税收管理体系，理顺了中央与地方的分配关系，从而奠定了财力分配的基本格局。分税制根据财权与事权相适应的原则，把需要由全国统一管理、影响全国性的商品流通和税源集中、收入较大的税种划为中央税，以确保中央有足够的财政收入，解决重大社会经济问题，稳定全局。

第三，体现受益原则。分税制管理体制下，在考虑地方发展情况的基础上，根据事权与财权结合的原则，按税种划分中央与地方收入，将适合地方征管的税种划分为地方税，充实地方税税种，增加地方税收入；分设中央与地方两套税务机构，中央税务机构征收中央税及中央与地方共享税，地方税务机构征收地方税，由此可见，分税制管理体制体现受益原则。

2）**分税制管理体制的依据**

第一，以各级政府的事权范围为依据。政府行使事权，必须有相应的财力保障和政策工具。分税制管理体制下，合理界定各级政府的事权范围，根据事权划分税收收入，让地方政府拥有一定的税权，确保地方政府收入的稳定，有助于地方政府履行职能，处理各项事宜，因地制宜发展地方经济。

第二，以各类税种的自身特征为依据。分税制要以税种自身的特征作为依据来划分税种的归属级次。在税种设置合理的前提下,原则上应把收入多、对国民经济调控功能较强、与维护国家主权关系紧密、宜于中央集中掌握和征收管理的税种或税源划为中央税,把宜于发挥地方优势、税源分散不宜统一征收管理的税种或税源划为地方税;把征收面宽、与生产和流通直接相联系、税源波动较大、征管难度大、收入弹性大的税种划为中央地方共享税。这种以税种特性为依据划分中央税、地方税和中央地方共享税的方法,有利于加强税收的征收管理和强化税收功能。

第三,以加强和方便税收征管为依据。分税制作为一种税收管理制度,其税种的划分,应方便税务机关进行征收管理和纳税人履行纳税义务。

14.3.2 分税制管理体制的现状

分税制改革是国家按税种划分中央和地方收入来源的一种财政管理体制方面的改革,于1994年开始实施。

1.1994年分税制改革

1994年分税制改革主要是按税种实现"三分",即分权、分税、分管,通过划分税权,将税收按照税种划分为中央税、地方税及共享税。

（1）属于中央的税种和收入:消费税,关税,海关代征进口商品的消费税和增值税,中央企业缴纳的企业所得税及铁道系统、中国人民银行、中国工商银行、中国农业银行、中国建设银行、中国银行等银行总行和保险总公司缴纳的营业税(包括城市维护建设税和教育费附加),地方银行和外资银行及非银行金融企业(包括信用社)缴纳的企业所得税等。外贸企业出口退税,除1993年地方已经负担的20%部分列入地方上缴中央基数外,1993年后发生的出口退税全部由中央财政负担。

（2）属于地方的税种和收入:营业税(不包括铁道系统、中国人民银行、中国工商银行、中国农业银行、中国建设银行、中国银行等银行总行和保险总公司缴纳的营业税)、土地使用税、个人所得税、固定资产投资方向调节税、城市维护建设税(不含铁道部门、各银行总行、各保险总公司集中缴纳的部分)、房产税、车船使用税、印花税(不含证券交易印花税)、屠宰税、农(牧)业税、对农业特产收入征收的农业税(简称农业特产税)、耕地占用税、契税、遗产和赠与税、土地增值税、地方企业所得税及国有土地有偿使用收入等。

（3）属于中央、地方共享的税种和收入:增值税、资源税和证券交易税。其中,增值税中央分享75%,地方分享25%;证券交易税由中央和地方各分享50%;资源税暂按品种分享,其中海洋石油资源税归中央,其他资源税归地方。

2. 调整收入划分

随着经济发展水平的提高,我国税制结构也相应发生变化,在1994年的分税制改革的基础上进行了进一步调整。2016年5月1日,全面推开"营改增"试点,党的十八届三中全会提出"保持现有中央和地方财力格局总体稳定，结合税制改革，考虑税种属性，进一步理顺中央和地方收入划分"，因此，国务院制定全面推开"营改增"试点后调整中央与地方增值税收入划分的过渡方案。方案主要内容包括：一是以2014年为基数核定中央返还和地方上缴基数。二是所有行业企业缴纳的增值税均纳入中央和地方共享范围。三是中央分享增值税的50%。四是地方根据税收缴纳地分享增值税的50%。五是中央上划收入通过税收返还方式给地方，确保地方既有财力不变。六是中央集中的收入增量通过均衡性转移支付分配给地方，主要用于加大财政对中西部地区的支持力度。

3. 国税地税征管体制改革

2018年，国税地税征管体制改革拉开序幕，主要内容是：合并省级及省级以下国税地税机构，实行以国家税务总局为主的，与省（区、市）政府双重领导管理体制。同时，将基本养老保险费、基本医疗保险费、失业保险费等各项社会保险费交由税务部门统一征收。从税收管理体制的角度看，此次国地税征管体制改革是分税制管理体制改革的一种延续与发展，标志着我国已经统一了税收征管权限，预示着未来分税制建设将主要着力于中央与地方对税收收入的划分方面。

分税制管理体制改革是我国税收管理体制改革历程上的里程碑，意义重大，一是能够充分发挥利益分配原则的效率。在实行分税制之前，由于受当时的财政收入分配模式的影响，造成国家财政收入与总体经济增长无关，国家财政收入每年基本都是固定的数额，在实行分税制之后，中央和地方政府划分税收收入，权力与责任更加明确，很大程度上调动了各级政府征税的积极性，同时促进了国家财政税收的稳定增长。二是能够满足市场经济对财税管理体制的要求。在市场经济下，市场对资源配置起基础性作用，国家发挥宏观调控作用，分税制改革后中央财政发挥宏观调控作用，划分部分税收收入给地方政府，给予地方一定的财权，适应了社会主义市场经济发展的趋势。三是能够充分体现财政制衡原则。分税制根据事权与财权相结合的原则，主要划分为中央税、中央与地方共享税及地方税，有利于中央加强对财政税收的控制，促使中央财政税收占国家财政税收的比例提升，同时也将适合地方征管的税种划为地方税，充实了地方税税种，有利于增加地方政府税收收入，充分体现财政制衡原则。四是有利于宏观经济政策的实施。中央财政主要承担国家安全、外交和中央国家机关运转所需经费，调整国民经济结构、协调地区发展、实施宏观调控所必需的支出及由中央直接管理的事业发展支出。分税制按税种划分中央与地方的收入，实施宏观调控所必需的税种划为中央税，与经济发展直接相关的主要税种划为中央与地方共享税，保证了中央财政的收入，有利于国家宏观经济政策的实施。

14.3.3 分税制管理体制改革方向

我国自1994年开始实施分税制财政管理体制，建立了国税、地税两套税务机构分设的征管体制,成效显著,有利于调动中央和地方两个层面的积极性,为建立和完善社会主义市场经济体制发挥了重要作用,促使我国的财税体制走上了制度创新之路。2015年《深化国税、地税征管体制改革方案》实施后,国税地税合作不断深入,逐步实现服务深度融合、执法适度整合、信息高度聚合。2016年营改增试点在全国全面推开,营业税退出历史舞台。2018年,党的十九届三中全会审议通过的《深化党和国家机构改革方案》明确提出"改革国税地税征管体制,将省级和省级以下国税地税机构合并"。由此可见,我国税收管理体制适应我国经济发展现实情况并不断发展,不断进步,但有待进一步完善。

1. 明确界定政府事权

分税制改革首先要转变政府职能,明确政府与市场的职能,划清政府与企业的事权界线。按照效率原则确定政府与市场的关系。凡是市场可以有效发挥作用的领域,政府都不应干预。对于市场失灵,政府又能够有效管理的事务,政府部门应管理到位。其次要从中央与地方政府的职能划分和公共产品的受益范围这两个层面,合理划分各级政府的事权。凡是一级政府可以有效提供、有效管理的公共产品及事务,原则上就应该赋予该级政府相应的职能,因为基层政府具有了解当地居民公共产品有效需求的信息优势。最后,在政府间事权划分上,应该根据"比较优势"原则,凡是地方具有比较优势的事权项目,原则上都应该划分给地方。

2. 合理划分各级财政支出范围

政府财政收入直接关系到政府职能的履行,有效的财政分权体制必须明确各级财政的职责,并有相应的财政支持。各级政府间事权划分的合理与否,直接关系各级财政的支出职责范围和公共品提供效率方面问题。各级政府支出范围的划分,应该在充分考虑政府职责的基础上,遵循受益原则、效率原则、行动原则及区域原则等。要在保证各级政府权益的基础上,考虑各级政府提供公共产品和服务的效率,给予地方政府相应的财权,确保各地区因地制宜发展地方经济。随着市场经济的不断发挥发展,部分公共事务开始朝着宏观化方向发展。例如,资源的开发与利用、道路交通的统一规划、生态环境的保护及疫情的防御和救治,不仅需要地方政府切实发挥职能,更需要中央政府的参与。因此,对于疫情防治、教育、医疗卫生、社会保障、就业、资源开发、环境保护等方面的支出,应打破传统行政性分权的方式,一定程度上改变当前主要靠地方提供上述公共品的困难问题,将上述支出逐步列入中央、省、市县级政府的共同职责范围,由中央统一规划、统一调控,在资金上由享有主要收益的地方提供,上级政府和中央适当地给予资助;或者由上级政府和中央共同提供,共同分享收益。

3. 完善政府间转移支付制度

现行转移支付制度主要是宏观调控型,重视财政转移支付体系的整体功能,体现效率优先、兼顾公平的原则。其中,均衡性转移支付是落后地区的重要财政收入来源,国家通过均衡性转移支付等方式来弥补落后地区的财力缺口，有助于促进地区经济良性、健康发展。所以要进一步调整转移支付的规模和结构，削减具有反向调节功能的专项转移支付，相应提高均衡性转移支付的规模。从理论角度看，政府间转移支付的规模存在一个合理的度，在这"度"内转移支付的社会收益应该大于政府间资金上划下拨的成本。在实际中，应根据各地区实际情况确定转移支付的规模。此外，转移支付的方式也应进一步简化，应当扩大有条件转移支付范围，缩小无条件转移支付的范围，发挥转移支付平衡地方政府预算的功能。

4. 适当扩大地方税权

税权在本质上体现着中央政府与地方政府对于税收利益的划分，是实现纵向财力协调的制度支撑。税权在内容上主要是中央政府、地方政府税收立法权、管理权及税收收入的划分，税权的划分对于国家经济稳定、资源配置及收入分配均产生巨大的影响。1994年分税制改革，国家将税收立法权集中于中央政府，有利于进一步强化中央政府的宏观调控功能，税收管理权由中央财政和地方财政共享，给予地方政府一定的税权，有利于地方经济发展。但是随着"营改增"的实施，地方政府主体税种缺失，财政收入难以持续稳定增长。因此，应当根据地方经济发展状况、自然条件、地方治理结构，赋予地方政府一定程度的税种开征、停征权和税目税率、税收优惠的选择权，从而有利于地方政府调整税收收入结构，增强地方财力预期和财政自主性。

5. 完善地方税收体系

分税制改革后，中央财政能力得以强化，但是地方财政收入在总财政收入中的比重却呈现下降趋势，主要原因在于分税制将快速解决中央财政收入短缺的问题放在了首位，对财政体制的改革主要集中在中央与省级政府层面，未涉及省、市、县、乡镇之间的财政分配关系。因此，分税制改革的方向应当向完善地方税收体系发展，可以通过培育新的地方主体税种，或重新将现行税种纳入地方税体系的方式进行改革。

6. 加强税法建设，完善税收征管

加强税法建设，首先要全面落实税收法定原则，健全税费法律法规制度，当前我国需要一部税收基本法来解决税收法律关系的一些基本问题，为此，我国应当加快税收基本法的制定步伐。在此基础上，要严格规范税务执法行为，坚持依法依规征税，加强税收征管，同时要强化税务执法内部控制和监督，构建起全面覆盖、全程防控、全员有责的税务执法风险信息化内控监督体系。

思 考 题

1. 税收管理体制的内涵及税收管理权的构成是什么？
2. 确定税收管理体制应当遵循哪些原则？

3. 简述税收管理模式的分类及不同管理模式的利弊。

4. 简述分税制的含义及类型。

5. 分税制管理体制的原则与依据是什么？

6. 分税制管理体制改革的方向有哪些？

深化亚太税收合作，共绘数字发展蓝图

即测即练

参 考 文 献

[1] 王玮. 税收学原理 [M]. 北京：清华大学出版社，2020.
[2] 《税收学》编写组. 税收学 [M]. 北京：高等教育出版社，2021.
[3] 黄桦. 税收学 [M]. 北京：中国人民大学出版社，2020.
[4] 杨斌. 税收学原理 [M]. 北京：高等教育出版社，2008.
[5] 胡怡建. 税收学 [M]. 上海：上海财经大学出版社，2020.
[6] 郝春虹. 税收经济学 [M]. 天津：南开大学出版社，2006.
[7] 王国清. 税收经济学 [M]. 成都：西南财经大学出版社，2006.
[8] [英] 西蒙·詹姆斯，克里斯托弗·诺布斯. 税收经济学 [M]. 北京：中国财政经济出版社，2004.
[9] 马克和. 中国税制 [M]. 北京：中国财政经济出版社，2018.
[10] 郭庆旺，赵志耘. 公共经济学 [M]. 北京：高等教育出版社，2010.
[11] 蒋洪，朱萍，刘小兵. 公共经济学：财政学 [M]. 上海：上海财经大学出版社，2016.
[12] 尚可文. 财政学 [M]. 北京：科学出版社，2013.
[13] [美] 哈维·罗森. 财政学 [M]. 平新乔，译. 北京：中国人民大学出版社，2003.
[14] 张守文. 税法原理 [M]. 北京：北京大学出版社，2021.
[15] 谭光荣，曹越. 税收学 [M]. 北京：清华大学出版社，2021.
[16] 刘剑文. 财税法 [M]. 北京：北京大学出版社，2020.
[17] 梁俊娇. 税法 [M]. 北京：中国人民大学出版社，2021.
[18] 蔡昌. 税法 [M]. 北京：中国人民大学出版社，2021.
[19] 尚可文，孟丽. 政府、市场与财政 [M]. 兰州：兰州大学出版社，2009.
[20] 温来成. 政府经济学 [M]. 北京：国家行政学院出版社，2009.
[21] 李晓红. 税法 [M]. 北京：清华大学出版社，2021.
[22] 梁文涛. 税法 [M]. 北京：中国人民大学出版社，2020.
[23] 马海涛，白彦锋. 纳税评估 [M]. 北京：经济科学出版社，2010.
[24] 尚可文. 纳税评估教程 [M]. 北京：北京交通大学出版社，2011.
[25] 梁俊娇. 税收征管效率研究 [M]. 北京：中国财政经济出版社，2006.
[26] 尚可文. 税收征管模式改革与创新 [M]. 重庆：重庆大学出版社，2021.
[27] 王玲，等. 税收理论与实务 [M]. 北京：清华大学出版社，2020.
[28] 张莹. 税收理论与实务 [M]. 北京：中国人民大学出版社，2021.

教师服务

感谢您选用清华大学出版社的教材！为了更好地服务教学，我们为授课教师提供本书的教学辅助资源，以及本学科重点教材信息。请您扫码获取。

》 教辅获取

本书教辅资源，授课教师扫码获取

》 样书赠送

经济学类重点教材，教师扫码获取样书

 清华大学出版社

E-mail：tupfuwu@163.com
电话：010-83470332 / 83470142
地址：北京市海淀区双清路学研大厦 B 座 509

网址：http://www.tup.com.cn/
传真：8610-83470107
邮编：100084